本书为"古文字与中华文明传承发展工程"研究成果

古文字与中华文明
传承发展工程

秦人的信仰世界

王子今 ◎ 著

中国社会科学出版社

图书在版编目（CIP）数据

秦人的信仰世界／王子今著 . —北京：中国社会科学出版社，2023.4
ISBN 978 - 7 - 5227 - 1716 - 6

Ⅰ.①秦…　Ⅱ.①王…　Ⅲ.①信仰—民间文化—研究—中国—秦代
Ⅳ.①B933

中国国家版本馆 CIP 数据核字（2023）第 052851 号

出 版 人	赵剑英
责任编辑	吴丽平
特约编辑	史慕鸿
责任校对	夏慧萍
责任印制	戴　宽

出　　　版	中国社会科学出版社
社　　　址	北京鼓楼西大街甲 158 号
邮　　　编	100720
网　　　址	http://www.csspw.cn
发 行 部	010 - 84083685
门 市 部	010 - 84029450
经　　　销	新华书店及其他书店

印　　　刷	北京明恒达印务有限公司
装　　　订	廊坊市广阳区广增装订厂
版　　　次	2023 年 4 月第 1 版
印　　　次	2023 年 4 月第 1 次印刷

开　　　本	710×1000　1/16
印　　　张	24.75
插　　　页	2
字　　　数	396 千字
定　　　价	128.00 元

凡购买中国社会科学出版社图书，如有质量问题请与本社营销中心联系调换
电话:010 - 84083683

目　　录

秦先祖"善御""善走"传说及其神学意义

　　以"秦"为代表性符号的在西北得到发育条件的风格鲜明的文化，后来因军事政治强势实体完成了统一。秦人的初期发展与建国历程，值得早期文明史研究者关注。两汉时期，匈奴人、西域人称中原人为"秦人"。现今国家代号 CHINA，不少学者以为与"秦"相关。考察华夏民族史，也应当重视秦史的标本性意义。

　　《史记》记述有关秦早期先祖的传说有"善御""善走"情节，相关故事体现出传说时代历史文化信息的引人注目的个性。这一现象与秦人早期移徙行为有关，也与秦人很早就通过畜牧业经营成功开发交通动力有关。秦人得到中原王朝的重视即以"马大蕃息"为标志的交通能力的优越为重要条件。

　　以"秦"为标志符号的早期国家重视通过移动流徙找寻适宜的发展空间，创造崛起的历史机遇，择定正确的进取路径。秦于西部兴起，得到草原生态环境、游牧民俗影响等多方面的优越条件，获得机动性方面的强势。秦早期文明的发育，有"善御""善走"的特殊资质因素。相关文化基因对秦人重视交通建设的传统形成影响。我们在考察秦统一的历史因素时，发现交通方面的优势甚至成为统一的秦帝国成立的重要条件。

一　"大费"事迹："与禹平水土"，"佐舜调驯鸟兽"

　　远古传说时代的若干神话，体现出交通进步与文明奠基的关系。[①] 而

---

① 　参看王子今《轩辕传说与早期交通的发展》，《炎黄文化研究》第 8 期（《炎（接下页）

秦史与秦文化的早期迹象中，也可以发现相关信息。

《史记》卷五《秦本纪》记述"秦之先"事迹，自"帝颛顼之苗裔"起，有与"禹""舜"相关的光荣：

> 秦之先，帝颛顼之苗裔孙曰女修。女修织，玄鸟陨卵，女修吞之，生子大业。大业取少典之子，曰女华。女华生大费，与禹平水土。已成，帝锡玄圭。禹受曰："非予能成，亦大费为辅。"帝舜曰："咨尔费，赞禹功，其赐尔皂游。尔后嗣将大出。"乃妻之姚姓之玉女。大费拜受，佐舜调驯鸟兽，鸟兽多驯服，是为柏翳。舜赐姓嬴氏。①

"大费""与禹平水土"，"赞禹功"，禹称"非予能成，亦大费为辅"，肯定了他作为主要助手的功绩。而"禹平水土"，是以艰辛的交通实践取得成功的。《史记》卷二《夏本纪》记载："禹乃遂与益、后稷奉帝命，命诸侯百姓兴人徒以傅土，行山表木，定高山大川。禹伤先人父鲧功之不成受诛，乃劳身焦思，居外十三年，过家门不敢入。……陆行乘车，水行乘船，泥行乘橇，山行乘檋。左准绳，右规矩，载四时，以开九州，通九道，陂九泽，度九山。"国家经济管理与行政控制的交通规划也因此得以成就："食少，调有余相给，以均诸侯。禹乃行相地宜所有以贡，及山川之便利。"②"大费"通过交通实践"赞""辅"夏禹"平水土"的历史功业。其作用，应当影响了秦史的走向与秦文化的面貌。

"帝舜"宣布奖励"大费"："其赐尔皂游。"司马贞《索隐》："游音旒。谓赐以皂色旌旆之旒，色与玄玉色副，言其大功成也。然其事亦当有所出。"③"旌旆"即旗帜，是首先在交通行为中发挥宣传作用，实现炫耀威权的效能的。所谓"言其大功成也"，即标示其政治功绩，扩展其政治影响。所谓"然其事亦当有所出"，推定此传说情节当反映了历史真实。

（接上页）黄春秋》增刊，2001 年）；《神农"连山"名义推索》，《炎黄文化研究》第 11 辑，大象出版社 2010 年 11 月版，第 21—29 页；《交通史视角的早期国家考察》，《历史研究》2017 年第 5 期。

① 《史记》，中华书局 1959 年 9 月版，第 173 页。

② 《史记》，第 51 页。

③ 《史记》卷五《秦本纪》，第 174 页。

"大费""佐舜调驯鸟兽，鸟兽多驯服，是为柏翳"。所谓"调驯鸟兽，鸟兽多驯服"，体现出与野生动物的亲和，亦暗示在野生动物驯化方面有所贡献。"驯"的成功，可以看作后来实现畜牧业发展的历史先声。现代动物考古学的知识告诉我们，马应是自西传入。但是这种传入过程的延续，也有"调驯"的程序。早期畜牧业的进步，与"调驯鸟兽，鸟兽多驯服"的成就相关。其中作为主要交通动力的马的"调驯""驯服"，有特别重要的意义。《史记》卷五《秦本纪》记载周孝王言申侯曰："昔伯翳为舜主畜，畜多息，故有土，赐姓嬴。今其后世亦为朕息马，朕其分土为附庸。"于是"邑之秦，使复续嬴氏祀，号曰秦嬴"。① 明确说"大费"即"柏翳"或曰"伯翳""佐舜调驯鸟兽，鸟兽多驯服"，主要的任务是"主畜"，主要的成就是"畜多息"。由所谓"今其后世亦为朕息马"，说明秦先祖"大费"的经营，其实可以看作秦人后来畜牧业获得突出成就的历史先声。

后来秦人对养马业的技术保障的重视②，对畜种引进与改良的重视③，

---

① 《史记》，第177页。

② 《史记》卷八七《李斯列传》所谓"刑弃灰于道者"，张守节《正义》："弃灰于道者黥也。韩子云：'殷之法，弃灰于衢者刑。子贡以为重，问之。仲尼曰：灰弃于衢必燔，人必怒，怒则斗，斗则三族，虽刑之可也。'"第2555—2556页。对于所谓"刑弃灰于道者"或者"弃灰于道者刑"，历代均以为"督深""刑虐"，对于其立法的动机，则有不同的认识。或说使人行之所易而无离所恶，如韩非拟仲尼说；或说深督轻罪，则民不敢犯重罪，如李斯、桑弘羊说；或说防微杜渐，以绝其原，如孟康、颜师古说；或说余烬或有火，恐致燔庐舍，如臣瓒说。明时则有学者发表了独异于前人的见解，张萱《疑耀》卷三"秦法弃灰"条："秦法，弃灰于道者弃市。此固秦法之苛，第弃灰何害于事，而苛酷如此？余尝疑之，先儒未有发明者。偶阅《马经》，马性畏灰，更畏新出之灰，马驹遇之辄死，故石矿之灰，往往令马落驹。秦之禁弃灰也，其为畜马计耶？一日又阅《夏小正》及《月令》，乃毕得其说。仲夏之月毋烧灰。郑氏注谓为伤火气是矣。是月王颁马政，游牝别群，是毋烧灰者，亦为马也。固知弃灰于道，乃古人先有此禁，但未必刑之如秦法。古人惟仲夏乃行此禁，秦或四时皆禁，故以为苛耳。"〔（明）张萱撰，栾保群点校：《疑耀》，文物出版社2019年8月版，第90页〕又张燧《千百年眼》卷四有"秦法弃灰有故"条，其文字除"余尝疑之"作"盖尝疑之"外，竟然与张萱《疑耀》卷三"秦法弃灰"条完全相同。参看王子今《秦法"刑弃灰于道者"试解——兼说睡虎地秦简〈日书〉"鬼来阳（扬）灰"之术》，《陕西历史博物馆馆刊》第8辑，三秦出版社2001年6月版，第83—90页；《河西汉简所见"马禖祝"礼俗与"马医""马下卒"职任》，《秦汉研究》第8辑，陕西人民出版社2014年9月版，第9—17页。

③ 李斯《谏逐客书》说到秦王"外厩"中的"骏良駃騠"，许多研究者以为即騾。参看王子今《李斯〈谏逐客书〉"駃騠"考论——秦与北方民族交通史个案研究》，《人文杂志》2013年第2期。最早表现驴的形象的青铜杖首，发现于可能与秦有密切关系的鄂尔多斯地区。鄂尔多斯青铜器博物馆征集战国圆雕立驴青铜竿头饰，参看秦始皇帝陵博物院《萌芽·成长·融合——东周时期北方青铜文化臻萃》，三秦出版社2012年8月版，第142、145页。

其实都是"大费"以来畜牧业经营传统的继承。

二 秦人"善御"传统

秦人先祖多有善于"御"的特殊能力。《史记》卷五《秦本纪》中有几代秦人相继为政治领袖承担"御"这种技艺要求其高的劳作的故事：

> 大费生子二人：一曰大廉，实鸟俗氏；二曰若木，实费氏。其玄孙曰费昌，子孙或在中国，或在夷狄。费昌当夏桀之时，去夏归商，为汤御，以败桀于鸣条。大廉玄孙曰孟戏、中衍，鸟身人言。帝太戊闻而卜之使御，吉，遂致使御而妻之。自太戊以下，中衍之后，遂世有功，以佐殷国，故嬴姓多显，遂为诸侯。①

"费昌当夏桀之时，去夏归商，为汤御，以败桀于鸣条。""为汤御"的"费昌"是"鸣条"之战大败"夏桀"的功臣。"御"的技能在车战时代表现出十分重要的意义。后来，"大廉玄孙曰孟戏、中衍，鸟身人言。帝太戊闻而卜之使御，吉，遂致使御而妻之"。又一位秦人先祖"中衍"因"御"得到信用，甚至得到了"帝太戊""妻之"的荣耀。

我们尚不明确"自太戊以下，中衍之后，遂世有功，以佐殷国"是以怎样的资质能力服务于"殷国"而"有功"。但是在世官制时代，他们以"御"的专长为最高权力者贡献高等级的服务，自己因此成为贵族，即所谓"故嬴姓多显，遂为诸侯"的可能性是存在的。

三 "蜚廉善走"故事

《史记》卷五《秦本纪》关于秦早期历史的记述，涉及"恶来"与"蜚廉"的特殊能力：

> ……其玄孙曰中潏，在西戎，保西垂。生蜚廉。蜚廉生恶来。恶来有力，蜚廉善走，父子俱以材力事殷纣。周武王之伐纣，并杀恶

---

① 《史记》，第174页。

来。是时蜚廉为纣石北方，还，无所报，为坛霍太山而报，得石棺，铭曰"帝令处父不与殷乱，赐尔石棺以华氏"。死，遂葬于霍太山。①

所谓"蜚廉生恶来。恶来有力，蜚廉善走，父子俱以材力事殷纣"，《水经注》卷六《汾水》作："飞廉以善走事纣，恶来多力见知。"② 李瀚《蒙求》也写作"恶来多力，蜚廉善走"。③

《史记》卷三《殷本纪》记载纣王时代政治危局的发生，也涉及"恶来"："费中善谀，好利，殷人弗亲。纣又用恶来。恶来善毁谗，诸侯以此益疏。"关于"恶来"，司马贞《索隐》："秦之祖蜚廉子。"④《史记》卷五《秦本纪》"恶来有力"⑤，"父子俱以材力事殷纣"与《水经注》卷六《汾水》"恶来多力"，都说到对"力"的尊崇。这是符合秦文化的基本取向的。⑥

而因"善走"之特殊行进能力，体现出其才质有益于在战争生活与政治生活中实现较快的节奏与较高的效能。"蜚廉善走"之"善走"，是说其体能善于奔跑，表现出高度的机动性。"善走"一语的使用，《史记》中除蜚廉事迹而外，只有一例。见于《史记》卷四九《外戚世家》褚少孙补述关于女子"贞好"发表的议论，说到"马"的"善走"："褚先生曰：浴不必江海，要之去垢；马不必骐骥，要之善走；士不必贤世，要之知道；女不必贵种，要之贞好。传曰：'女无美恶，入室见妒；士无贤不肖，入朝见嫉。'美女者，恶女之仇。岂不然哉！"⑦ 所谓"马不必骐骥，要之善走"提示我们古文献中"善走"一语所形容的奔跑速度。后世史书记录中关于魏晋南北朝至于唐宋人物如苻生"走及奔马"⑧，伊馛"走及奔马"⑨，

---

① 《史记》，第174页。

② （北魏）郦道元著，陈桥驿校证：《水经注校证》，中华书局2007年7月版，第161页。

③ 《全唐诗》，中华书局1960年4月版，第9962页。

④ 《史记》卷三《殷本纪》，第106、107页。

⑤ 裴骃《集解》："《晏子春秋》曰：'手裂虎兕。'"《史记》，第175页。

⑥ 参看王子今《略说秦"力士"——兼及秦文化的"尚力"风格》，《秦汉研究》第7辑，陕西人民出版社2013年10月版，第1—15页。

⑦ 《史记》，第1984—1985页。

⑧ 《晋书》卷一一二《苻生载记》，中华书局1974年11月版，第2872页。《魏书》卷九五《临渭氐苻生传》，中华书局1974年6月版，第2074页。

⑨ 《魏书》卷四四《伊馛传》，第989页。《北史》卷二五《伊馛传》，中华书局1974年10月版，第911页。

达奚震"走及奔马"①，麦铁杖"日行五百里，走及奔马"②，高开道"走及奔马"③，史弘肇"日行二百里，走及奔马"④，高彦筠"走及奔马"⑤，王进"走及奔马"⑥，侯霸荣"走及奔马"⑦ 等事迹，可以作为参考，帮助我们理解"蜚廉善走"的行进速度。

四　"造父"神话异事迹与"传舍南河中五星曰造父"

《史记》卷五《秦本纪》记载"造父"为周穆王驾车曾经有远游千里的"西巡狩"实践：

> 皋狼生衡父，衡父生造父。造父以善御幸于周缪王，得骥、温骊、骅骝、騄耳之驷，西巡狩，乐而忘归。徐偃王作乱，造父为缪王御，长驱归周，一日千里以救乱。缪王以赵城封造父，造父族由此为赵氏。自蜚廉生季胜已下五世至造父，别居赵。赵衰其后也。恶来革者，蜚廉子也，蚤死。有子曰女防。女防生旁皋，旁皋生太几，太几生大骆，大骆生非子。以造父之宠，皆蒙赵城，姓赵氏。⑧

《左传·昭公十二年》说到"昔穆王欲肆其心，周行天下"的事迹。⑨ 与《穆天子传》同出于汲冢的《竹书纪年》也有周穆王西征的明确记载。

---

①　《周书》卷一九《达奚震传》，中华书局 1971 年 11 月版，第 306 页。《北史》卷六五《达奚震传》，第 2301 页。

②　《隋书》卷六四《麦铁杖传》，中华书局 1973 年 8 月版，第 1511 页。《北史》卷七八《麦铁杖传》，第 2633 页。

③　《旧唐书》卷五五《高开道传》，中华书局 1975 年 5 月版，第 2256 页。《新唐书》卷八六《高开道传》，中华书局 1975 年 2 月版，第 3711 页。

④　《旧五代史》卷一〇七《汉书·史弘肇传》，中华书局 1976 年 5 月版，第 1401 页。《新五代史》卷三〇《汉臣传·史弘肇传》，中华书局 1974 年 12 月版，第 330 页。

⑤　《旧五代史》卷一二三《周书·高彦筠传》，第 1622 页。

⑥　《旧五代史》卷一二四《周书·王进传》，第 1629 页。《新五代史》卷四九《杂传·王进传》，第 558 页。

⑦　《宋史》卷四八二《北汉刘氏世家》，中华书局 1974 年 11 月版，第 13937 页。

⑧　《史记》，第 175 页。

⑨　《春秋左传集解》，上海人民出版社 1977 年 8 月版，第 1357 页。

《艺文类聚》卷九一引《纪年》曰："穆王十三年，西征，至于青鸟之所憇。"《艺文类聚》卷七引《纪年》曰："周穆王十七年，西征，至昆仑丘，见西王母，王母止之。"① 除了《史记》卷五《秦本纪》，司马迁在《史记》卷四三《赵世家》中，也记述"缪王使造父御，西巡狩，见西王母"故事。② "造父以善御幸于周缪王""西巡狩"事，是传说时代秦史的重要情节。

　　《穆天子传》记载周穆王率领有关官员和七萃之士，随从"六师"，"北征""西征"，经"昆仑之丘""群玉之山"，"至于西王母之邦"，又"畋于旷原"，"还归于周"的行程。一些研究者认为，周穆王西巡行程，到达中亚甚至西亚地方，有的学者甚至认为，穆天子西行可能已经在欧洲中部留下了足迹。③ 《穆天子传》一书很早就已经产生了广泛的文化影响。④ 其中所记述的内容富有神话色彩，因而关于《穆天子传》的性质，

---

① 方诗铭、王修龄：《古本竹书纪年辑证》，上海古籍出版社 1981 年 2 月版，第 46—48 页。

② 《史记》，第 1779 页。

③ 顾实推定的周穆王西行路线："大抵穆王自宗周瀍水以西首途，逾今河南直隶山西，出雁门关，由归化城西，绕道河套北岸，而西南至甘肃之西宁，入青海，登昆仑。复下昆仑而走于阗，升帕米尔（Pamir）大山，至兴都库士山（Hindukush M. t s）"，再折而北，东还至喀什噶尔河，循叶尔羌河，至群玉之山，再西逾帕米尔，经达尔瓦兹（Darwarz），撒马尔干（Samarkand），布哈尔（Bokhara），然后入西王母之邦，即今波斯之第希兰（Teheran）也。又自今阿拉拉特（Ararat）山，逾第弗利斯（Tifris）之库拉（Kura）河，走高加索山之达利厄尔（Dariel）峡道，北入欧洲大平原。盖在波兰（Poland）华沙（Warsaw）附近，休居三月，大猎而还，经今莫斯科（Moscow）北之拉独加（Ladoga）湖，再东南傍窝尔加（Volga）河，逾乌拉尔（Ural）山之南端，通过里海（Caspian Sea）北之干燥地（Ard region），及今阿拉尔海（Aral Sea）中，循吹（Chu）河南岸，至伊锡克库尔（Issik Kul）湖南，升雅克沙勒山，而走乌什，阿克苏，焉耆。再由哈密，长驱千里，还归河套北，逾阴山山脉，经乌喇特旗，归化城，走朔平府右玉县，而南逾洪涛山，入雁门关之旁道，南升井陉山之东部，通过翟道太行山而还归宗周。"顾实编：《穆天子传西征讲疏》，中国书店 1990 年 8 月版，第 23—24 页。

④ 陶渊明《读山海经诗十三首》之一："泛览周王传，流观山海图。俯仰终宇宙，不乐复何如？"逯钦立注："周王传，指《穆天子传》。"逯钦立校注：《陶渊明集》，中华书局 1979 年 5 月版，第 133 页。据《大业拾遗记》："炀帝敕学士杜宝修《水势图经》十五卷，新成。以三月上巳日，会群臣于曲水，以观水势。""总七十二势"的大型表演中，有取材于《穆天子传》的所谓"穆天子奏《钧天乐》于玄池"，"猎于操津，获玄貉白狐"，"觞西王母于瑶池之上"三势。（宋）李昉等编：《太平广记》，中华书局 1961 年 9 月版，第 1735—1736 页。更为人们所熟知的还有唐李商隐《瑶池》诗："瑶池阿母绮窗开，黄竹歌声动地哀。八骏日行三万里，穆王何事不重来？"刘学锴、余恕诚著：《李商隐诗歌集解》，中华书局 1988 年 12 月版，第 567 页。

历来存在不同的认识。有人曾经把它归入"起居注类"，有人则将其列入
"别史类"或者"传记类"之中。大致都看作历史记载。然而清人编纂的
《四库全书》却又将其改隶"小说家类"。不过，许多学者注意到《穆天
子传》中记录的名物制度一般都与古代礼书的内容大致相合，因此认为
内容基本可信。可能正是出于这样的考虑，《四部丛刊》和《四部备要》
仍然把《穆天子传》归入"史部"之中。

　　对于周穆王西征线路，还可以进行认真的考察。关于"造父"行迹
以及这位传说人物在早期交通史中的地位，也可以因此得到更深入的认
识。《穆天子传》明确记载"造父"的内容，有卷一："天子之骏：赤骥、
盗骊、白义、逾轮、山子、渠黄、华骝、绿耳。""天子之御：造父、三
百、耿翛、芍及。"卷四："天子命驾八骏之乘：右服骅骝而左绿耳，右
骖赤蘢而左白俄；天子主车，造父为御，啻啇为右。次车之乘：右服渠
黄而左逾轮，右骖盗骊而左山子；柏夭主车，参百为御，奔戎为右。天子
遂东南翔行，驰骋千里，至于巨蒐氏。""驰驱千里，遂入于宗周。官人
进白鹄之血，以饮天子，以洗天子之足。造父乃具羊之血，以饮四马之
乘，一。"①

　　或许与其神异事迹有关，"造父"后来成为天上星座的名号。《晋书》
卷一一《天文志上》写道：

　　　　传舍南河中五星曰造父，御官也，一曰司马，或曰伯乐。②

"造父以善御幸于周缪王"，继承了费昌、中衍等先辈的事业。而"得骥、
温骊、骅骝、騄耳之驷"，显示他有相马的技能。秦人重视相马。《淮南
子·道应》记载"伯乐"为秦穆公"求马"的故事："秦穆公谓伯乐曰：
'子之年长矣。子姓有可使求马者乎？'对曰：'良马者，可以形容筋骨相
也。相天下之马者，若灭若失，若亡其一。若此马者，绝尘弭辙。臣之
子，皆下材也，可告以良马，而不可告以天下之马。臣有所与供儋缠采薪
者九方堙，此其于马，非臣之下也。请见之。'穆公见之，使之求马。三
月而反报曰：'已得马矣。在于沙丘。'穆公曰：'何马也？'对曰：'牡而

---

　　① 顾实校定：《新校定本穆天子传》，第6、11—13页；顾实编：《穆天子传西征讲疏》。
　　② 《晋书》，第290页。

黄。'使人往取之，牝而骊。穆公不说，召伯乐而问之曰：'败矣！子之所使求者，毛物、牝牡弗能知，又何马之能知！'伯乐喟然大息曰：'一至此乎！是乃其所以千万臣而无数者也。若堙之所观者，天机也。得其精而忘其粗，在内而忘其外，见其所见而不见其所不见，视其所视而遗其所不视。若彼之所相者，乃有贵乎马者。'马至，而果千里之马。"①

五　"木禺车马"：秦人信仰世界中的交通因素

秦人所立诸畤中，先后相继有秦襄公所立西畤、秦文公所立鄜畤和秦献公所立畦畤。鄜畤和畦畤位于陕西关中，西畤位于甘肃礼县，礼祀对象都是白帝。三处白帝之祠，反映了秦人神秘主义信仰体系中白帝的崇高地位。白帝是西方天帝，白帝崇拜应与秦人以西北作为主要根据地的历史事实有关。而以少暤为名号的白帝三畤的确立，又使人联想到秦人东来的传说，且与秦人向东方奋进的历史趋势一致。这三处祠白帝畤的位置关系，很可能也体现了秦人政治地理观的某些特征。西汉"五帝"祭祀制度化以后，白帝仍是"五帝"之一。②

《史记》卷五《秦本纪》说，"襄公""始国"，"乃用骝驹、黄牛、羝羊各三，祠上帝西畤"。③《史记》卷二八《封禅书》记载秦时四方诸祠，唯地处关中者有车马之祭，谓"此皆在雍州之域，近天子之都，故加车一乘，骝驹四"。雍有四畤，"畤驹四匹，木禺龙栾车一驷，木禺车马一驷，各如其帝色"。④所谓"加车一乘，骝驹四"，以及所谓"驹四匹"，应是指车马实物。而所谓"木禺龙栾车一驷，木禺车马一驷"，司马贞《索隐》："禺，一音寓，寄也。寄龙形于木，寓马亦然。一音偶，亦谓偶其形于木也。"⑤木禺应同木偶，实即木制模型。《汉书》卷二五上《郊祀志上》则作"木寓龙一驷，木寓车马一驷"。⑥这一以木制车马模

---

① 何宁撰：《淮南子集释》，中华书局 1998 年 10 月版，第 859—862 页。
② 王子今：《秦人的三处白帝之祠》，《早期秦文化研究》，三秦出版社 2006 年 8 月版，第 21—33 页。
③ 《史记》，第 179 页。
④ 《史记》，第 1374、1376 页。
⑤ 《史记》卷二八《封禅书》，第 1377 页。
⑥ 《汉书》，中华书局 1962 年 6 月版，第 1209 页。

型作为祭品的祭祀方式，应是秦人的神学发明，也体现了对秦人喜好车马之传统的继承。

汉文帝十三年（前 167），以"方内艾安，民人靡疾，间者比年登"，于是"增诸神祠"，"其河、湫、汉水加玉各二，及诸祠，各增广坛场，珪币俎豆以差加之"，唯关西诸畤不同，"增雍五畤路车各一乘，驾被具；西畤、畦畤禺车各一乘，禺马四匹，驾被具"。① 献物用车马，意义并不在于"此皆在雍州之域，近天子之都"，而实际上是"且因秦故祠"②，沿袭统一前秦国本土的制度，西汉一仍其旧，表现出秦地传统风习的长久影响。

车马，是提高交通效率的极其重要的条件。秦人祭祀天帝时奉献车马或车马模型，可以从一个侧面反映其传统观念中对于交通的重视。

对于秦人信仰世界中的"五帝"组合，李零提出"秦系五帝"的说法，认为："秦祭五帝，作为一种完备的制度，或许形成于秦灵公（前 424—前 415）作吴阳上下畤之后，吕不韦（前 292—前 235）作《吕氏春秋》之前，更大可能在战国时期，特别是秦惠文王（前 337—前 311）以来，属于秦并天下的预告。""秦系五帝以二暤为主，黄炎为辅，外加颛顼。这种五帝与周系五帝不同，周系五帝是黄帝以下分颛顼、帝喾二系，颛顼以下分尧、舜二系，属于垂直系统，其中没有二暤集团。秦系五帝是以五帝配五方五色，属于平面系统，兼赅东西南北中。"③ 所谓"秦系五帝"与"周系五帝"的区别值得探讨。而用"木禺车马"或称"木寓车马"的方式与秦人交通理念的关系，特别是所透露出的秦人关于"帝"的崇拜系统中"车马"的意义，我们应当予以特别的重视。

汉文帝时，设立"渭阳五帝庙"，"祠所用及仪亦如雍五畤"。④ "上亲郊见渭阳五帝庙。"⑤ 又有长门"五帝坛"的营建："文帝出长门，若见五人于道北，遂因其直北立五帝坛，祠以五牢具。"汉文帝时代的"渭

---

① 《史记》卷二八《封禅书》，第 1381 页。

② 《汉书》卷二五下《郊祀志下》载匡衡语，第 1257 页。

③ 李零：《帝系、族姓的历史还原——读徐旭生〈中国古史的传说时代〉》，《文史》2017年第 3 辑。

④ 《史记》卷二八《封禅书》，第 1382 页。

⑤ 《史记》卷一〇《孝文本纪》，第 430 页。

阳、长门五帝使祠官领"①，可以看作"雍五畤"五帝纪念仪程向西汉王朝统治中心的延伸。② 而"出长门，若见五人于道北"情节中"长门""道北"之交通结构定位，也是不可以忽视的。

中国传说时代流传远古英雄开创交通事业的故事，如夸父追日③、愚公移山④等。秦人在自己的信仰体系中为"帝"设计了"车马"等交通条件，符合交通能力成就早期文明进步的历史真实，也显现出秦人意识中交通理念的地位。

六　"马大蕃息"与秦早期崛起

《史记》卷五《秦本纪》记载了秦史在"非子"阶段于犬丘表现出对于养马业的重视，并有所成就的史迹：

> 非子居犬丘，好马及畜，善养息之。犬丘人言之周孝王，孝王召使主马于汧渭之间⑤，马大蕃息。孝王欲以为大骆適嗣。申侯之女为大骆妻，生子成为適。申侯乃言孝王曰："昔我先郦山之女，为戎胥轩妻，生中潏，以亲故归周，保西垂，西垂以其故和睦。今我复与大骆妻，生適子成。申骆重婚，西戎皆服，所以为王。王其图之。"于

---

① 《史记》卷二八《封禅书》，第 1383 页。

② 参看王子今《论秦汉雍地诸畤中的炎帝之祠》，《文博》2005 年第 6 期；《秦陇地方的姜炎文化纪念遗存》，《宝鸡文理学院学报》（社会科学版）2009 年第 5 期。

③ 《山海经·海外北经》："夸父与日逐走，入日。渴欲得饮，饮于河渭。河渭不足，北饮大泽。未至，道渴而死。弃其杖，化为邓林。"《山海经·大荒北经》："大荒之中，有山，名曰成都载天。……夸父不量力，欲追日景，逮之于禺谷。将饮河而不足也，将走大泽，未至，死于此。"袁珂校注：《山海经校注》，上海古籍出版社 1980 年 7 月版，第 238、427 页。

④ 《列子·汤问》："太形王屋二山，方七百里，高万仞；本在冀州之南，河阳之北。北山愚公者，年且九十，面山而居。惩山北之塞，出入之迂也，聚室而谋，曰：'吾与汝毕力平险，指通豫南，达于汉阴，可乎？'……遂率子孙荷担者三夫，叩石垦壤，箕畚运于渤海之尾。""帝感其诚，命夸蛾氏二子负二山，一厝朔东，一厝雍南。自此，冀之南、汉之阴无陇断焉。"杨伯峻撰：《列子集释》，中华书局 1979 年 10 月版，第 159—161 页。又《列子·汤问》："龙伯之国有大人，举足不盈数步而暨五山之所。"杨伯峻撰：《列子集释》，第 154 页。也可以读作交通神话。

⑤ 张守节《正义》："言于二水之间，在陇州以东。"

　　是孝王曰："昔伯翳为舜主畜，畜多息，故有土，赐姓嬴。今其后世亦为朕息马，朕其分土为附庸。"邑之秦，使复续嬴氏祀，号曰秦嬴。亦不废申侯之女子为骆适者，以和西戎。①

　　秦早期国家的形成，与"主畜，畜多息"，"马大蕃息"的畜牧业成就有直接关系。而这一成就首先充实了交通动力。

　　两周之际，国家行政中心向东转移。《史记》卷五《秦本纪》记载了平王东迁这一政治史与交通史重大事件中秦人发挥的重要作用：

　　　　秦襄公将兵救周，战甚力，有功。周避犬戎难，东徙雒邑，襄公以兵送周平王。平王封襄公为诸侯，赐之岐以西之地。曰："戎无道，侵夺我岐、丰之地，秦能攻逐戎，即有其地。"与誓，封爵之。襄公于是始国，与诸侯通使聘享之礼，乃用骊驹、黄牛、羝羊各三，祠上帝西畤。②

　　"周避犬戎难，东徙雒邑"，而"襄公以兵送周平王"，是一次成功的军事交通行为。秦"始国"的时代条件，是以秦襄公率军"送周平王"为标志的。

　　五年之后，"（秦襄公）十二年，伐戎而至岐"。三年之后，"（秦文公）三年，文公以兵七百人东猎"。这可能是一次试探性远行。次年，"四年，至汧渭之会"。经卜居，"占曰吉，即营邑之"。③

　　可以说，正是在"主畜，畜多息"，"马大蕃息"，即在交通动力方面取得特殊优势的基础上，秦完成了立国的基本程序，并进而向东发展。秦人对交通的长期重视，通过交通推进政治军事方面进取的成功努力，成为秦崛起的重要条件。

　　秦先祖在交通能力方面的神异传说，应当与秦史相关情节有密切关系。

---

①　《史记》，第 177 页。
②　《史记》，第 179 页。
③　《史记》，第 179 页。

七 "善走"能力与秦交通史"轻足" "利足""走士"身份

秦国曾经组织大规模的运输。① 秦国历代国君多崇尚远行。② 这些历史迹象反映的秦人对于交通的看重，以及秦国力表现于交通方面的优势，甚至成为秦实现统一的重要的历史条件。③

秦先祖"善御""善走"故事，在秦后来的历史文化形象中依然保留有遗存。

除"造父以善御幸于周缪王"外，还有"善御"者伯乐服务于秦穆公的说法。④

----

① 最著名者，有《左传·僖公十三年》："晋荐饥，使乞籴于秦。""秦于是乎输粟于晋，自雍及绛相继，命之曰汎舟之役。"《春秋左传集解》，第 284 页。"汎舟之役"而外，秦史上另一次大规模粮运的记载，是秦昭襄王十二年（前 295）"予楚粟五万石"。《史记》卷五《秦本纪》，第 210 页。《九章算术·均输》中有关"均输粟"的算题，所列条件有"一车载二十五斛"，"车载二十五斛"。白尚恕：《〈九章算术〉注释》，科学出版社 1983 年 12 月版，第 191、195 页。根据居延汉简中有关粮运的简文，可知这一数额是符合汉代运输生产的实际的。裘锡圭：《汉简零拾》，《文史》第 12 辑。按照汉代运粮车辆的载重指标每车 25 石计，运送 5 万石粮食需组织多达 2000 辆运车的浩荡车队。

② 参看王子今《秦国君远行史迹考述》，《秦文化论丛》第 8 辑，陕西人民出版社 2001 年 8 月版，第 132—151 页。

③ 参看王子今《秦国交通的发展与秦的统一》，《史林》1989 年第 4 期；《秦统一原因的技术层面考察》，《社会科学战线》2009 年第 9 期。

④ 《史记》卷一一七《司马相如列传》："阳子骖乘，纤阿为御。"司马贞《索隐》："张揖云：'阳子，伯乐也。孙阳字伯乐，秦缪公臣，善御者也。'"第 3009—3010 页。《汉书》卷五七上《司马相如传上》"阳子骖乘，孅阿为御"，颜师古注引郭璞曰："孅阿，古之善御者。"第 2539 页。《汉书》卷六四下《王褒传》："王良执靶，韩哀附舆，纵驰骋骛，忽如景靡，过都越国，蹶如历块；追奔电，逐遗风，周流八极，万里壹息。何其辽哉？人马相得也。"关于"王良执靶"，颜师古注："张晏曰：'王良，邮无恤，字伯乐。'晋灼曰：'靶音霸，谓辔也。'"颜师古说："参验《左氏传》及《国语》、《孟子》，邮无恤、邮良、刘无止、王良，总一人也。《楚辞》云'骥踌躇于敝辇，遇孙阳而得代'。王逸云孙阳，伯乐姓名也。《列子》云伯乐，秦穆公时人。考其年代不相当，张说云良字伯乐，斯失之矣。"第 2823—2824 页。《后汉书》卷八〇下《文苑列传下·祢衡》："飞兔、騕袅，绝足奔放，良、乐之所急。"李贤注："王良、伯乐，善御人也。"中华书局 1965 年 5 月版，第 2654—2655 页。《三国志》卷一九《魏书·陈思王植传》："伯乐善御马。"中华书局 1959 年 12 月版，第 573 页。

在秦史与秦文化的遗存中，也可以看到与"善走"有关的信息。如秦出土文献资料中可见"轻足""利足""走士"身份，其称谓符号的使用，很可能与秦先祖"善走"的传统有关。

睡虎地秦简《田律》中有要求将关于农作的信息及时上报上级行政部门的法律规定："雨为澍，及诱（秀）粟，辄以书言书稼，诱（秀）粟及狼（垦）田畼毋稼者顷数。稼已生后而雨，亦辄言雨少多，所利顷数。旱及暴风雨、水潦、眚（螽）蚰、群它物伤稼者，亦辄言其顷数。近县令轻足行其书，远县令邮行之，尽八月□□之。"睡虎地秦墓竹简整理小组译文："下了及时的雨和谷物抽穗，应即书面报告受雨、抽穗的顷数和已开垦而没有耕种的田地的顷数。禾稼生长后下了雨，也要立即报告雨量多少，和受益田地的顷数。如有旱灾、暴风雨、涝灾、蝗虫、其他害虫等灾害损伤了禾稼，也要报告受灾顷数。距离近的县，文书由走得快的人专程递送，距离远的县由驿站传送，在八月底以前【送达】。"①

律文中的"轻足"，整理小组解释为"走得快的人"。上古文献可见"轻足者"之说。《前汉纪》卷四《高祖四》："秦失其鹿，天下争逐之，高材轻足者先得。"②《淮南子·览冥》也写道："质壮轻足者为甲卒千里之外……"③ 这里所说的"轻足者"，大致也是指足力轻捷矫健，"走得快的人"。或直接作"轻足善走者"，《吴子·图国》："能逾高超远、轻足善走者，聚为一卒。"④ 然而这些言及"轻足"的文例，与睡虎地秦简《田律》作为身份称谓之所谓"轻足"在文字表现形式上有所不同。也有以"轻足"指代"轻足者"的文例。如《淮南子·齐俗》："江河决沉一乡，父子兄弟相遗而走，争升陵阪，上高丘，轻足先升，不能相顾也。"⑤ 又《东观汉记》卷一《世祖光武皇帝》："……连胜，遂令轻足将书与城

① 睡虎地秦墓竹简整理小组：《睡虎地秦墓竹简》，文物出版社 1978 年 11 月版，第 24—26 页。

② 张烈点校：《两汉纪》，中华书局 2002 年 6 月版，第 51 页。

③ 何宁撰：《淮南子集释》，第 494 页。

④ 李兴斌等注译：《武经七书新译》，齐鲁书社 2018 年 6 月版，第 64 页。

⑤ 何宁撰：《淮南子集释》，第 825 页。

中诸将……"① 此"令轻足将书与……"与睡虎地秦简《田律》"令轻足行其书"句式大致相同。刘秀有意透露援军已到的情报，其具体情节是"令轻足将书与城中诸将，言宛下兵复到，而阳坠其书"，可知这里所说的"轻足"，应当是传递军书的邮驿系统从业人员。

里耶秦简可见"邮利足"身份。如"☐迁陵以邮利足行洞庭，急"（8－90），"☐迁陵以邮利足行洞☐"（8－527 背）。有研究者指出，"利足"，"指善于行走。《荀子·劝学》：'假舆马者，非利足也，而致千里。'睡虎地秦简《秦律十八种·田律》简 2－3 '近县令轻足行其书，远县令邮行之'，其中'轻足'指走得快的人，与'利足'文义相近。不过里耶简'利足'和'邮'连言，似指邮人中行走尤快者。"②

对于"轻足"、"利足"及相关历史文化现象的考察，应当有利于理解秦的交通能力以及秦政的节奏特征。③

此外，西安中国书法艺术博物馆藏秦封泥有"走士""走士丞印"④，可知当时有"走士"身份，也有以"走士"为名号的行政机构。所谓"走士"，或许可以理解为与秦先祖遥远的"善走"传说有所对应。

我们看到，秦神学意识中对先祖"善走"能力的崇拜，是与交通史中的实践感觉为基础的。

---

① 《东观汉记》记载："（王寻、王邑）二公遣步骑数千乘合战，上奔之，斩首数十级。诸部将喜曰：'刘将军平生见小敌怯，今见大敌勇，甚奇怪也！'上复进，二公兵却，诸部乘之，斩首数百千级，连胜。遂令轻足将书与城中诸将，言宛下兵复到，而阳坠其书。读之，恐。上遂选精兵三千人，从城西水上奔阵，二公兵于是大奔北，杀司徒王寻，而昆阳城中兵亦出，中外并击，会天大雷风，暴雨下如注，滍水成川，滍水盛溢。二公大众遂溃乱，奔赴水，溺死者以数万，滍水为之不流。王邑、严尤、陈茂轻骑乘死人渡滍水逃去。"（东汉）刘珍等撰，吴树平校注：《东观汉记校注》，中州古籍出版社 1987 年 3 月版，第 4 页。
② 陈伟主编：《里耶秦简牍校释》（第一卷），武汉大学出版社 2012 年 1 月版，第 60 页。
③ 参看王子今《里耶秦简"邮利足"考》，《首都师范大学学报》2018 年第 2 期。
④ 《秦封泥选》（西安中国书法艺术博物馆藏），《书法》2017 年第 10 期。

秦人的三处白帝之祠

秦人所立诸畤中，先后相继有秦襄公所立西畤、秦文公所立鄜畤和秦献公所立畦畤。鄜畤和畦畤位于陕西关中，西畤位于甘肃礼县，礼祀对象都是白帝。三处白帝之祠，反映了秦人神秘主义信仰体系中白帝的崇高地位。白帝是西方天帝，白帝崇拜应与秦人以西北作为主要根据地的历史事实有关。而以少暤为名号的白帝三畤的确立，又使人联想到秦人东来的传说，且与秦人向东方奋进的历史趋势一致。这三处祠白帝畤的位置关系，很可能也体现了秦人政治地理观的某些特征。西汉"五帝"祭祀制度化以后，白帝只是"五帝"之一，已经不再具有当年秦人意识中超越其他诸帝的尊贵地位了。

由于秦国史《秦记》在西汉年间的遗存①，又由于汉人对秦礼祀制度的全面继承，我们可以根据古籍的相关记载认识秦人信仰体系的若干特征。回顾秦的祭祀礼俗，分析白帝受到特殊尊崇的历史事实，应当有益于认识和理解秦早期文化的面貌，以及秦社会意识神学背景的一个侧面。

一 秦"畤"体现的文化精神

秦人对于"畤"的设置和经营，表现出独特的文化精神。司马迁记述相关历史事实时所谓"僭端见矣"的评论，透露出人们对于秦人作"畤"行为其背后的文化意义的重视。

关于秦诸畤的陆续设立，我们在《史记》卷二八《封禅书》中可以看到这样的记录：

---

① 参看王子今《〈秦记〉考识》，《史学史研究》1997 年第 1 期；《〈秦记〉及其历史文化价值》，《秦文化论丛》第 5 辑，西北大学出版社 1997 年 6 月版，第 42—53 页。

秦襄公既侯，居西垂，自以为主少皞之神，作西畤，祠白帝，其牲用骝驹黄牛羝羊各一云。①

这是史籍最早的关于白帝纪念的记录。裘锡圭研究上海博物馆藏战国楚简《子羔》篇有关商得金德传说的内容引录秦襄公"作西畤，祠白帝"事，指出："《封禅书》记秦人祀神之事颇详，当有秦人记载为据。如此处所记无误，则早在东西周之交，以少皞为白帝的说法即已存在。"②《史记》卷二八《封禅书》秦襄公"作西畤，祠白帝"事之后紧接着又记载：

其后十六年，秦文公东猎汧渭之间，卜居之而吉。文公梦黄蛇自天下属地，其口止于鄜衍。文公问史敦，敦曰："此上帝之征，君其祠之。"于是作鄜畤，用三牲郊祭白帝焉。

自未作鄜畤也，而雍旁故有吴阳武畤，雍东有好畤，皆废无祠。或曰："自古以雍州积高，神明之隩，故立畤郊上帝，诸神祠皆聚云。盖黄帝时尝用事，虽晚周亦郊焉。"其语不经见，缙绅者不道。③

此后有"陈宝"之祠的设立。这一政治行为与一次天文现象有关，"作鄜畤后九年，文公获若石云，于陈仓北阪城祠之。其神或岁不至，或岁数来，来也常以夜，光辉若流星，从东南来集于祠城，则若雄鸡，其声殷云，野鸡夜雊。以一牢祠，命曰陈宝"。④《封禅书》又记载：

作鄜畤后七十八年，秦德公既立，卜居雍，"后子孙饮马于河"，遂都雍。雍之诸祠自此兴。用三百牢于鄜畤。作伏祠。磔狗邑四门，以御蛊菑。⑤德公立二年卒。其后四年，秦宣公作密畤于渭南，祭

---

① 《史记》，中华书局1959年9月版，第1358页。

② 裘锡圭：《释〈子羔〉篇"䢼"字并论商得金德之说》，收入《裘锡圭学术文集·简牍帛书卷》，复旦大学出版社2012年6月版，第501页。

③ 《史记》，第1358—1359页。

④ 《史记》，第1359页。

⑤ 关于"磔狗邑四门，以御蛊菑"的理解，参看王子今《秦德公"磔狗邑四门"宗教文化意义试说》，《中国文化》总12期，又收于《周秦文化研究》，陕西人民出版社1998年11月版，第866—873页。

青帝。①

随后，秦穆公时代未见明确的有关"畤"的建设的记载，"其后十四年，秦缪公立，病卧五日不寤；寤，乃言梦见上帝，上帝命缪公平晋乱。史书而记藏之府。而后世皆曰秦缪公上天。秦缪公即位九年，齐桓公既霸，会诸侯于葵丘，而欲封禅。……缪公立三十九年而卒"。②

可以看到，这一时期，东方神祠事业则受到权力者和思想家共同的特殊关注。不过，在距泰山神秘主义中心最近的地区，不仅没有出现有新意的相关设计，继续实践传统神学程序的试探也遭到否定，"其后百有余年，而孔子论述六蓺，传略言易姓而王，封泰山禅乎梁父者七十余王矣，其俎豆之礼不章，盖难言之。或问禘之说，孔子曰：'不知。知禘之说，其于天下也视其掌。'《诗》云纣在位，文王受命，政不及泰山。武王克殷二年，天下未宁而崩。爰周德之洽维成王，成王之封禅则近之矣。及后陪臣执政，季氏旅于泰山，仲尼讥之"。③

与东方神祠事业"不章"的情形形成鲜明对照的，是此后秦人的"畤"的设置，逐渐走向完备：

> 其后百余年，秦灵公作吴阳上畤，祭黄帝；作下畤，祭炎帝。④

对于秦灵公作畤事，司马贞《索隐》解释说："吴阳，地名，盖在岳之南。又上云'雍旁有故吴阳武畤'，今盖因武畤又作上、下畤以祭黄帝、炎帝。"裴骃《集解》："徐广曰：'凡距作密畤二百五十年。'"⑤

随后，秦献公又"作畦畤栎阳"，成为秦公作畤史的尾声：

> 后四十八年，周太史儋见秦献公曰："秦始与周合，合而离，五百岁当复合，合十七年而霸王出焉。"栎阳雨金，秦献公自以为得金

---

① 《史记》，第1360页。
② 《史记》，第1360—1361页。
③ 《史记》，第1363—1364页。
④ 《史记》，第1364页。
⑤ 《史记》，第1364页。

瑞，故作畦畤栎阳而祀白帝。①

对于秦献公"作畦畤"事，裴骃《集解》引晋灼曰："《汉注》在陇西西县人先祠山下，形如种韭畦，畦各一土封。"司马贞《索隐》引《汉旧仪》："祭人先于陇西西县人先山，山上皆有土人，山下有畤，埒如菜畦，畤中各有一土封，故云畤。"又引《三苍》云："畤，埒也。"② 注家解释了"畤"的形制，然而不言栎阳"畦畤"，似乎这里强调的是"畤"的原生形态。③

《史记》卷二八《封禅书》还写道："其后百二十岁而秦灭周，周之九鼎入于秦。或曰宋太丘社亡，而鼎没于泗水彭城下。"④ 看来，讨论有关秦作畤行为的时序记录，可能是很有意思的事。秦襄公"作西畤，祠白帝"之后 300 年，秦献公"作畦畤栎阳而祀白帝"，这意味着同样"祀白帝"之"畤"向东迁移了 400 公里左右，这一情形，和秦献公"徙治栎阳，且欲东伐，复缪公之故地，修缪公之政令"的志向是一致的，也正切合了"德公元年，初居雍城大郑宫"，又"以牺三百牢祠鄜畤"时，卜辞显示的"后子孙饮马于河"的预言。⑤ 而《史记》卷五《秦本纪》所谓"（献公）十一年，周太史儋见献公曰：'周故与秦国合而别，别五百岁复合，合十七岁而霸王出'"者，正是因为与秦人东进的军事强势和政治威权相符合，于是受到史家的重视。⑥

秦"畤"的出现与逐步完备，体现出秦人在发展进程中追求宏大，

① 《史记》，第 1364—1365 页。

② 《史记》，第 1365 页。

③ 有人认为秦献公所设置的畦畤在西垂，并否定司马迁"作畦畤栎阳而祀白帝"之说："西垂早有西畤祠白帝了，还用得着再祠白帝！"康世荣：《祁山稽古》，第 13 届诸葛亮研讨会论文，收入《秦西垂文化论集》，文物出版社 2005 年 4 月版，第 322 页。此说可以商榷。

④ 《史记》，第 1365 页。

⑤ 张守节《正义》："卜居雍之后，国益广大，后代子孙得东饮马于龙门之河。"《史记》卷五《秦本纪》，第 184、202 页。

⑥ 《史记》卷一五《六国年表》："太史公读《秦记》，至犬戎败幽王，周东徙洛邑，秦襄公始封为诸侯，作西畤用事上帝，僭端见矣。"第 685 页。而后"畤"的设置的向东发展，则"僭"的态势更为明显。宋人黄震《黄氏日抄》卷五四《读杂史四·东莱大事记》也视秦作"畤"为"大事"。"太史公读《秦记》"，《黄氏日抄》引作"太史公续《秦纪》"。参看（宋）黄震撰《黄氏日抄》（五），上海师范大学古籍整理研究所编《全宋笔记》第 10 编，大象出版社 2018 年 4 月版，第 10 册第 95 页。

追求完美，力争创新，力争进取的积极的文化精神。

二 "白帝少皞的祀典特别隆重" 与秦的起源

在传统神话系统中，白帝少皞是西方天帝。《山海经·西次三经》："长留之山，其神白帝少昊居之。"① 楚辞《九章·惜诵》："令五帝以析中兮，戒六神与向服。" 王逸注："五帝，谓五方神也。东方为太皞，南方为炎帝，西方为少昊，北方为颛顼，中央为黄帝。"②

也有人认为少皞是东方神。徐旭生在讨论远古时代的 "东夷集团" 时说，"这一集团较早的氏族，我们所知道的有太皞（或作太昊，实即大皞），有少皞（或作少昊，实即小皞），有蚩尤"。《逸周书·尝麦》："昔天之初，□作二后：乃设建典，命赤帝分正二卿；命蚩尤于宇少昊，以临四方，司□□上天未成之庆。" 黄帝杀蚩尤之后，"乃命少昊清司马鸟氏以正五帝之官，故名曰质。天用大成，至于今不乱"。徐旭生说，"蚩尤既居于少昊之地，那他的部落应该是在山东省的西南部。黄帝杀他以后就在他的同族内选择一位能同征服部落合作的首长，大约是另外一个氏族的首长叫作清的，使他仍居于少昊故地，绥靖蚩尤氏原来领导的人民，因地称氏，所以也叫作少昊"。他说，"少皞" "属于东夷集团"。

徐旭生认为，秦人来自东方，"东夷集团中有一支的异军突出，从东方跋涉山川，跑到西方，在那里'保世滋大'，渐成大国。这就是曾服役于商纣，及纣败后辗转西走的蜚廉的后裔，秦。秦人嬴姓，自认为出于少皞，与徐、赵同祖。所以《史记》卷二八《封禅书》说秦襄公'始列为诸侯'，居于西垂（今甘肃天水县境），就'自以为主少皞之神，作西畤，祠白帝'（周平王元年，秦襄公八年，纪元前770）"。秦文公定居在汧、渭之间，"因为梦见'黄虵'（古蛇字），就在那附近鄜衍的地方'作鄜畤，……郊祭白帝'。这件事应该注意的地方是秦文公虽然梦见黄蛇，可是鄜衍所郊祭的仍为白帝"。后来又有秦献公 "作畦畤栎阳而祀白帝"。

徐旭生说，"秦人来自东方，太皞为东夷集团的明神，太皞、少皞又同以'皞'为氏，那秦人推少皞为出于太皞，也很难说"。他指出：

---

① 袁珂校注：《山海经校注》，上海古籍出版社1980年7月版，第51页。
② （宋）洪兴祖撰，白化文等点校：《楚辞补注》，中华书局1983年3月版，第121页。

秦人作時有六：三个祭白帝，剩下的三个祭青帝、黄帝、炎帝。祭黄帝、炎帝比立西時晚三百四十八年；比立密時晚二百五十年。白帝少皞的祀典特别隆重，是因为他是秦人所自出；青帝太皞继立，是因为他系同集团的明神。①

徐旭生甚至写道："我疑惑以白配西就是因为秦人以少皞为主。"

至于秦人礼祀白帝与其族源的关系，徐旭生说，"秦人先立時祭东方神，迟之又久才又祭西方神，线索颇为明白"。②

为什么白帝少皞或以为东方神，或以为西方神呢？古代神系中的这一复杂情形或许也与秦人"从东方迁往西方建国"的经历有关。

有学者认为，"少昊所以在东夷集团中被奉为西帝，一方面是因其本部族在东夷集团中居于偏西的位置，处于作为东帝的太昊族即青鸟氏族的西面"，"另一方面，作为西方金德白帝的少昊，其本人所由出的部族，必定就是那个曾任金正蓐收神的少昊氏四叔之一的'该'所在的那个部族，也必定就是段连勤所说与秦人同祖之造父赵氏所由出的伯赵氏之族。伯赵氏，其实就是少昊联盟五鸟氏中的白鸟氏"。"杜预注《左传》伯赵曰：伯赵，伯劳也。而伯劳鸟正是身上带有白色特征的鸟，伯劳也就相当于白劳。"③ 以神话学或文化人类学视角考察远古文化，都会注意到鸟崇拜与早期秦文化的关系。一些学者由此形成秦人东来的倾向。④

秦人东来还是西来，学界久有争论。

主张秦人起源于东方的学者，既得到比较充备的文献记载的支持，也

---

① 徐旭生：《中国古史的传说时代》（增订本），文物出版社 1985 年 10 月版，第 48、50—51、205—207 页。

② 徐旭生：《中国古史的传说时代》（增订本），第 50—51、48、211—212 页。

③ 论者还指出，"这伯劳鸟最富特征之处，就是她那纯乳白色的颊及喉，这也许就是她被称之为伯劳即白劳的根本原因。白色在五行中与金相对应，在五方中与西方相对应，作为处于白鸟氏即伯赵氏族长位置的少昊，在五鸟氏中代表金德西方、并被东夷之民奉为西方金德的白帝，也就是理所当然的了"。陈平：《关陇文化与嬴秦文明》，江苏教育出版社 2005 年 4 月版，第 157—158 页。

④ 参看王子今《文明初期的部族融合与龙凤崇拜的形成》，《文博》1986 年第 1 期；田静、史党社《〈山海经〉与秦人早期历史探索》，《华夏文化》1999 年第 2 期。

有考古文物资料的依据。① 然而另一种意见，以为秦人起源于西方。此说
起初为王国维首倡。② 蒙文通也认为秦人起源于西戎。③ 后来更多有学者
结合文献数据和考古学文化遗存进行了有意义的论证。④ 也有学者主张
"以'源于东而兴于西'加以概括的秦文化二源说"。⑤ 而所谓"自以为
主少暤之神，作西畤，祠白帝"所透露的对于少暤的神秘主义信仰，由
于少暤作为早期方位代号或东或西未能明朗，对于秦人东来抑或西来的争
论中"二源"的意见似乎也可以有所帮助。

三　礼县鸾亭山 "西畤" 发现

对于西畤的所在，有学者曾经推定在甘肃礼县红河乡犬戎遗址以南的
天台山。"天台者，祭天之台也。"⑥ 有学者说，在大堡子山以东 10 公里
有祁山堡，"西畤之址就是祁山堡"。⑦

早期秦文化联合考古队在甘肃礼县鸾亭山发现了一处祭祀遗址。⑧ 其

---

① 较早论证秦人起源于东方者，有卫聚贤《中国民族的来源》，《古史研究》（第 3 集），
上海商务印书馆 1937 年 4 月版，第 1—92 页；黄文弼《秦为东方民族考》，《史学杂志》1945 年
创刊号。后来学者的论述，可参看邹衡《论先周文化》，《夏商周考古学论文集》，文物出版社
1980 年 10 月版，第 297—356 页；林剑鸣《秦史稿》，上海人民出版社 1981 年 2 月版，第 14—20
页；韩伟《关于"秦文化是西戎文化"质疑》，《青海考古学会会刊》1981 年第 2 期；韩伟《关
于秦人族属及文化渊源管见》，《文物》1986 年第 4 期。

② 王国维：《秦都邑考》，王国维著，彭林整理《观堂集林》（外二种），河北教育出版社
2001 年 6 月版，第 269—271 页。

③ 蒙文通：《秦之社会》，《史学季刊》1940 年第 1 卷第 1 期；蒙文通：《秦为戎族考》，
《禹贡》1936 年第 6 卷第 7 期。

④ 参看俞伟超《古代"西戎"和"羌"、"胡"文化归属问题的探讨》，《青海考古学会会
刊》1980 年第 1 期；《关于"卡约文化"和"唐汪文化"的新认识》，《中亚学刊》创刊号，中
华书局 1987 年 8 月版（均收入《先秦两汉考古学论集》，文物出版社 1985 年 6 月版，第 180—
210 页；前者改题为《古代"西戎"和"羌"、"胡"考古学文化归属问题的探讨》）；刘庆柱
《试论秦之渊源》，《先秦史论集》（《人文杂志》1982 年增刊）。

⑤ 黄留珠：《秦文化二源说》，《西北大学学报》1995 年第 3 期。

⑥ 陈泽：《西垂西畤考》，《礼县文史资料》第 4 辑，收入《秦西垂文化论集》，文物出版
社 2005 年 4 月版，第 426 页。

⑦ 康世荣：《祁山稽古》，第 13 届诸葛亮研讨会论义，收入《秦西垂文化论集》，第
321 页。

⑧ 早期秦文化联合考古队：《2004 年甘肃礼县鸾亭山遗址发掘主要收获》，《中国历史文
物》2005 年第 5 期。

性质，有学者判定"应即历史上的西畤"。"鸾亭山遗址既然是古代祭天的场所，则非西畤莫属，而且沿袭了秦襄公以来的传统，所祭上帝为白帝。"

对于"周代的祭祀单位"何以在 2004 年下半年度鸾亭山山顶的发掘中尚未发现，论者提出有如下的可能，"首先，F4 方向朝东，它的房基迭压寺洼文化的灰坑，又被汉代单位迭压，不排除其年代为东周时期，而且是用于祭祀之类活动的特殊建筑的可能性。其次，在鸾亭山南北向冲沟的东侧山腰上发现的夯土台基以及成片的夯土，年代和功能尚不能确定，在它南面的山梁上分布着周代墓葬区；夯土台周围采集到大量的西周陶片，有早到西周中期的；因此，周代的'西畤'位于山腰，汉代转移到山顶上的可能性也是很大的"。

论者于是提出："总之，鸾亭山山顶遗址即便不是西畤的全部，也应是它的一部分。"①

随着发掘工作和研究工作的进展，相信对于"西畤"的面貌，会提供更为确切的信息。

四　"西畤—雍地诸畤—畦畤"的方位关系

"西畤"、"鄜畤"和"畦畤"都是"祀白帝"的神祠中心。"自以为主少暤之神"，崇拜"少暤之神"的秦族国家迅速向"少暤"神话发生的地域扩张，以"西畤—鄜畤—畦畤"祀所移动的轨迹同时保留了秦人神学意识的一段历史记录。

如果注意到"西畤—雍地诸畤—畦畤"的方位关系，可以发现这三处祀所大体位于一条东西直线上，而雍地诸畤处于中轴的位置，"西畤"和"畦畤"与雍地的直线距离亦相当。

有学者曾经讨论西汉长安的"南北超长建筑基线"以及张家山汉简《二年律令》中"五关"的位置关系，都透露出秦汉人的地理意识和方位测定技术。前者涉及"秦东门"②，后者所论"五关"均是秦关③。与秦

---

① 梁云：《对鸾亭山祭祀遗址的初步认识》，《中国历史文物》2005 年第 5 期。

② 秦建明、张在明、杨政：《陕西发现以汉长安城为中心的西汉南北向超长建筑基线》，《文物》1995 年第 3 期。

③ 王子今、刘华祝：《说张家山汉简〈二年律令·津关令〉所见五关》，《中国历史文物》2003 年第 1 期。

始皇经营咸阳新宫殿区，"表南山之颠以为阙"相对应，秦直道的石门，也可以看作甘泉宫的"北山"之"阙"。① 子午岭—直道，子午道—直河，在咸阳—长安正北正南形成了纵贯千里的轴线。这一现象，应当看作秦汉都城规划的基本构成内容之一。另一组对应关系，表现为直道的起点—石门—甘泉宫北阙与子午道的起点—"南山之颠"—阿房宫南阙。

这一认识，也是和秦始皇以甘泉宫、咸阳宫、阿房宫共同作为秦宫主体结构的构想相一致的。②

"西畤—鄜畤—畦畤"的方位关系，提供了年代更早的历史文化信息，也许可以为我们进行相关研究提供新的认识基点。

五　西汉"五帝庙""祠所用及仪亦如雍五畤"

自秦至于汉，"五帝"传说逐渐成熟。③ 汉文帝时，对于五帝之祀又有特别的重视。《史记》卷一〇《孝文本纪》记载：

> 十五年，黄龙见成纪，天子乃复召鲁公孙臣，以为博士，申明土德事。于是上乃下诏曰："有异物之神见于成纪，无害于民，岁以有年。朕亲郊祀上帝诸神。礼官议，毋讳以劳朕。"有司礼官皆曰："古者天子夏躬亲礼祀上帝于郊，故曰郊。"于是天子始幸雍，郊见五帝，以孟夏四月答礼焉。赵人新垣平以望气见，因说上设立渭阳五庙。④

所谓"渭阳五庙"，裴骃《集解》："韦昭曰：'在渭城。'""渭阳五庙"，又写作"渭阳五帝庙"：

---

① 参看王子今、焦南峰《秦直道石门琐议》，《秦俑秦文化研究——秦俑学第五届学术讨论会论文集》，陕西人民出版社 2000 年 8 月版，第 507—510 页。

② 王子今：《秦直道的历史文化观照》，《人文杂志》2005 年第 5 期。

③ 参看徐旭生《五帝起源说》，《中国古史的传说时代》（增订本），第 197—215 页。

④ 《史记》，第 430 页。

十六年，上亲郊见渭阳五帝庙。①

看来，"渭阳五庙"或"渭阳五帝庙"从决策、设计到施工、落成、使用，时间很短，也就是一年左右。《史记》卷二八《封禅书》记载：

赵人新垣平以望气见上，言："长安东北有神气，成五采，若人冠絻焉。或曰东北神明之舍，西方神明之墓也。天瑞下，宜立祠上帝，以合符应。"于是作渭阳五帝庙，同宇，帝一殿，面各五门，各如其帝色。祠所用及仪亦如雍五畤。②

夏四月，文帝亲拜霸渭之会，以郊见渭阳五帝。五帝庙南临渭，北穿蒲池沟水，权火举而祠，若光辉然属天焉。于是贵平上大夫，赐累千金。而使博士诸生刺六经中作王制，谋议巡狩封禅事。③

随后，又有长门"五帝坛"的建设：

文帝出长门，若见五人于道北，遂因其直北立五帝坛，祠以五牢具。④

提议在长安附近"设立"新的以五帝为祭祀对象的神祠中心的新垣平，在又过了一年之后却被治罪："人有上书告新垣平所言气神事皆诈也。下平吏治，诛夷新垣平。"⑤ 新垣平的骗局暴露之后，汉文帝不再亲临"五帝庙"行礼，然而依然派遣专门官员代表前往，"自是之后，文帝怠于改正朔服色神明之事，而渭阳、长门五帝使祠官领，以时致礼，不往焉"。⑥ 也就是说，汉文帝因方士煽动而升温的"五帝"崇拜狂热，这时终于有

---

① 《史记》，第430页。

② 张守节《正义》："《括地志》云：'渭阳五帝庙在雍州咸阳县东三十里。'《宫殿疏》云：'五帝庙一宇五殿也。'按：一宇之内而设五帝，各依其方帝别为一殿，而门各如帝色也。"第1382页。

③ 《史记》，第1382页。

④ 《史记》，第1383页。

⑤ 《史记》，第1383页。又，《史记》卷一〇《孝文本纪》："（十七年）其岁，新垣平事觉，夷三族。"第430页。

⑥ 《史记》，第1383页。

所冷却，不过，"渭阳、长门五帝使祠官领，以时致礼"，祭祀制度依旧
维持。

1971 年西安大明宫公社联志村出土类似礼县鸾亭山祭祀遗址发现
玉人。1980 年西安西北郊芦家口村祭祀坑出土玉器也有类似发现。① 有
学者认为，芦家口村出土玉器"应是西汉时期在未央宫内祭天活动的遗
物"。"联志村位于汉长安城东南约 4.5 公里处，征诸史籍，在这个位
置汉代的郊祀地点惟有武帝所建的'泰一坛'。"② 其实，这里也很有可
能是汉文帝所建"长门五帝"祀所的遗址。何清谷曾经指出，"（长门）
在汉长安故城东南，浐水的西侧。浐水古代又习称长水"。"可能因在
长水水口，因称长门。"③ 人们都会注意到，其方位与联志村发现相
近。④ 至于"渭阳五帝庙"，有的学者认为在汉景帝阳陵南所谓"罗经
石"遗址所在。⑤ 这一论点，我们可以在进行相关讨论时参考。按此推
论唯与新垣平所谓"长安东北有神气，成五采"之"长安东北"方位
不合。

汉文帝时代的"渭阳、长门五帝"之祠，"祠所用及仪亦如雍五畤"，
可以看作"雍五畤"五帝纪念仪程向西汉王朝统治中心的延伸。而新垣
平所谓"长安东北有神气，成五采"，以及作成之"渭阳五帝庙""帝一
殿，面各五门，各如其帝色"，其五采五色中，炎帝的赤色应当有突出的
地位，这是因为汉文帝尊崇"渭阳五帝庙"的神学表态，已经确定了
"尚赤"的文化主题。

《史记》卷一〇《孝文本纪》关于"渭阳五帝庙"及其郊祀制度有
比较明确的记载：

---

① 刘云辉：《东周秦国玉器大观》，杨伯达主编《中国玉文化玉学论丛》（续编），紫禁城
出版社 2004 年 4 月版，第 296—297 页。

② 梁云：《对鸾亭山祭祀遗址的初步认识》，《中国历史文物》2005 年第 5 期。

③ 何清谷校注：《三辅黄图校注》，三秦出版社 1995 年 10 月版，第 180 页。

④ 发表联志村玉人资料的研究者，将其年代标示为"秦"。西安市文物管理委员会编：
《玉器》（主编：韩保全，撰义：韩保全、王长启），陕西旅游出版社 1992 年版，图49、图50。

⑤ 阳陵考古队：《"罗经石"遗址的考古发现》，"汉长安城与汉文化——纪念汉长安城考
古 50 周年国际学术研讨会"论文，西安，2006 年 10 月；赵化成：《阳陵"罗经石"遗址初为
"渭阳五帝庙"说》，"汉长安城与汉文化——纪念汉长安城考古 50 周年国际学术研讨会"论文，
西安，2006 年 10 月。

十六年，上亲郊见渭阳五帝庙，亦以夏答礼而尚赤。①

"尚赤"的文化倾向的表现直接与"五帝"信仰有关，是值得特别注意的。西汉晚期刘向父子曾经从儒学"天统"意识出发构建"汉得火"之说，《汉书》卷二五下《郊祀志下》："刘向父子以为帝出于《震》，故包羲氏始受木德，其后以母传子，终而复始，自神农、黄帝下历唐虞三代而汉得火焉。故高祖始起，神母夜号，著赤帝之符，旗章遂赤，自得天统矣。"② 或以为这一观点发表后，并没有得到明确肯定，汉王朝"尚赤"，实始于汉光武帝时代。如《汉书》卷二五下《郊祀志下》颜师古注："邓展曰：'向父子虽有此议，时不施行，至光武建武二年，乃用火德，色尚赤耳。'"③《后汉书》卷一下《光武帝纪下》记载："（建武二年春正月）壬子，起高庙，建社稷于洛阳，立郊兆于城南，始正火德，色尚赤。"李贤注："汉初土德，色尚黄，至此始明火德，徽帜尚赤，服色于是乃正。"④ 此或邓展以为"至光武建武二年，乃用火德，色尚赤耳"意见的根据，而汉文帝"尚赤"的历史文化迹象，似不宜忽视。《后汉书》卷一一《刘盆子传》："侠卿为制绛单衣、半头赤帻……"李贤注："董仲舒《繁露》曰：'以赤统者，帻尚赤。'盆子承汉统，故用赤也。"⑤ 宋人程大昌《演繁露》卷一五《帻》："若《东观汉记》载，光武初起服赤帻，赐段颎赤帻大冠一具。……盖汉以火王，其在五德尚赤耳。故董仲舒《繁露》曰：'以赤统者，帻尚赤。'是专汉制也。"⑥《后汉书》卷二九《郅恽传》说，郅恽上书王莽有"汉历久长，孔为赤制"语。李贤注："言孔丘作纬，著历运之期，为汉家之制。汉火德尚赤，故云为赤制，即《春秋感精符》云'墨、孔生为赤制'是也。"⑦ 又如《初学记》卷二二引《史记》："沛公祠黄帝、蚩尤于沛庭，旗帜皆尚赤。"⑧《太平御览》

---

① 《史记》，第 430 页。

② 《汉书》，中华书局 1962 年 6 月版，第 1270—1271 页。

③ 《汉书》，第 1271 页。

④ 《后汉书》，中华书局 1965 年 5 月版，第 27 页。

⑤ 《后汉书》，第 481 页。

⑥ （宋）程大昌撰，许逸民校证：《演繁露校证》，中华书局 2018 年 12 月版，第 1009 页。

⑦ 《后汉书》，第 1025 页。

⑧ （唐）徐坚等著：《初学记》，中华书局 1962 年 1 月版，第 524 页。

卷三四一同。① 《艺文类聚》卷一二引《汉书》："汉承尧运，德祚已盛，断蛇著符，旗帜尚赤，协于火德，自然之应，得天统矣。"② 看来，汉"用火德，色尚赤"的观念和制度之最初起始，还有必要继续讨论。

事实表明，在汉文帝时代，白帝只是"五帝"之一，已经不再具有当年秦人意识中超越其他诸帝的尊贵地位了。

---

① （宋）李昉等撰：《太平御览》，中华书局用上海涵芬楼影印宋本 1960 年 2 月复制重印版，第 1564 页。

② （唐）欧阳询撰，汪绍楹校：《艺文类聚》，上海古籍出版社 1965 年 11 月版，第 227 页。

秦雍地诸畤中的炎帝之祠

秦人所立诸畤中，秦灵公所作吴阳下畤的祭祀对象是炎帝。吴阳下畤的设置，体现了炎帝纪念的礼俗制度。秦汉长期以吴阳下畤为高等级的祀所，反映了当时神秘主义信仰体系中炎帝的崇高地位。在秦人的祭祀系统中，炎帝已经受到特殊的尊敬。根据古籍记载，可以试探索秦汉雍地诸畤中的炎帝之祠——吴阳下畤的大致位置。讨论吴阳下畤和其他诸畤的方位关系和主次关系，以及以五帝为祭祀对象的五畤和"渭阳五帝庙""长门五帝坛"的关系，也可以推知炎帝崇拜在汉代有所演变的事实。此外，分析位于雍地的吴阳下畤与姜阳、姜氏城、姜水流域炎帝传说是否存在某种文化联系，也是有意义的。

一 秦人作"畤"与秦文化的个性

秦人作"畤"，是秦文化富有个性的表现。《史记》卷二八《封禅书》中关于秦诸畤的陆续设立，有这样的记录，首先"作西畤"，这是在秦襄公立国之后在西垂进行的神学建设：

> 秦襄公既侯，居西垂，自以为主少暤之神，作西畤，祠白帝，其牲用骝驹黄牛羝羊各一云。

随后则"作鄜畤"：

> 其后十六年，秦文公东猎汧渭之间，卜居之而吉。文公梦黄蛇自天下属地，其口止于鄜衍。文公问史敦，敦曰："此上帝之征，君其

祠之。"于是作鄜畤，用三牲郊祭白帝焉。

在"鄜畤"建设之前，"雍"地附近还曾经有"吴阳武畤"和"好畤"的存在，不过后来祠祀废止：

> 自未作鄜畤也，而雍旁故有吴阳武畤，雍东有好畤，皆废无祠。或曰："自古以雍州积高，神明之隩，故立畤郊上帝，诸神祠皆聚云。盖黄帝时尝用事，虽晚周亦郊焉。"其语不经见，缙绅者不道。①

所谓"立畤郊上帝，诸神祠皆聚"，是以"雍"为神学中心的规划已经进行。

而"陈宝"之祠随即设立，"作鄜畤后九年，文公获若石云，于陈仓北阪城祠之。其神或岁不至，或岁数来，来也常以夜，光辉若流星，从东南来集于祠城，则若雄鸡，其声殷云，野鸡夜雊。以一牢祠，命曰陈宝"。②

"畤"的规划，与政治建设有密切的关联。《史记》卷二八《封禅书》有这样的记载：

> 作鄜畤后七十八年，秦德公既立，卜居雍，"后子孙饮马于河"，遂都雍。雍之诸祠自此兴。用三百牢于鄜畤。作伏祠。磔狗邑四门，以御蛊菑。③

"雍"都确立，秦人在关中西部立国的格局初步形成，于是以"雍"为中心的"诸祠"群得以形成。所谓"磔狗邑四门，以御蛊菑"的做法，说明秦神秘主义文化的复杂构成中，有早期巫术的痕迹。

随着秦崛起之后向东发展趋势的明朗化，"畤"的规划和建立，透露出新的动向。

---

① 《史记》，中华书局 1959 年 9 月版，第 1358—1359 页。
② 《史记》，第 1359 页。
③ 关于"磔狗邑四门，以御蛊菑"的理解，参看王子今《秦德公"磔狗邑四门"宗教文化意义试说》，《中国文化》总 12 期，又《周秦文化研究》，陕西人民出版社 1998 年 11 月版，第 866—873 页。

德公立二年卒。其后四年，秦宣公作密畤于渭南，祭青帝。①

"作密畤于渭南"，除了空间位置的新异，"青帝"尊崇，体现出政治文化格局走向宏大的迹象。

"其后十四年，秦缪公立。"随后，整个秦穆公时代虽然并没有进行"畤"的建设，然而这一时期秦文化在信仰生活方面的表现，似乎有神权得到更高等级尊崇的迹象：

（秦穆公）病卧五日不寤；寤，乃言梦见上帝，上帝命缪公平晋乱。史书而记藏之府。而后世皆曰秦缪公上天。秦缪公即位九年，齐桓公既霸，会诸侯于葵丘，而欲封禅。……缪公立三十九年而卒。②

所谓"秦缪公上天"和"齐桓公""欲封禅"形成一西一东两个极端的神学竞争。

在这一时期，似乎东方神祠事业受到权力者和思想家共同的特殊关注。不过，在距泰山神秘主义中心最近的地区，不仅没有看到有新意的相关设计，实践原有神学程序的试探也遭到否定，"其后百有余年，而孔子论述六蓺，传略言易姓而王，封泰山禅乎梁父者七十余王矣，其俎豆之礼不章，盖难言之。或问禘之说，孔子曰：'不知。知禘之说，其于天下也视其掌。'《诗》云纣在位，文王受命，政不及泰山。武王克殷二年，天下未宁而崩。爰周德之洽维成王，成王之封禅则近之矣。及后陪臣执政，季氏旅于泰山，仲尼讥之。"③ 而与此形成鲜明对照的情形，是此后秦人的"畤"的设置，逐渐走向完备：

其后百余年，秦灵公作吴阳上畤，祭黄帝；作下畤，祭炎帝。④

秦人以"畤"为重要标志的神学构成看来已经相当完备。对于秦灵公作

---

① 《史记》，第1360页。
② 《史记》，第1360—1361页。
③ 《史记》，第1363—1364页。
④ 《史记》，第1364页。

時事，司馬貞《索隐》解釋說："吴阳，地名，盖在岳之南。又上云'雍旁有故吴阳武時'，今盖因武時又作上、下時以祭黄帝、炎帝。"裴骃《集解》："徐广曰：'凡距作密時二百五十年。'"①

随后，秦献公"作畦時栎阳"，是秦公作時史的最后一幕。而"栎阳"这一地点的选定，是与秦人向东挺进的战略态势相一致的。栎阳"畦時"的祠祀对象也是"白帝"：

> 后四十八年，周太史儋见秦献公曰："秦始与周合，合而离，五百岁当复合，合十七年而霸王出焉。"栎阳雨金，秦献公自以为得金瑞，故作畦時栎阳而祀白帝。②

对于秦献公"作畦時"事，裴骃《集解》引录了晋灼这样的解说："《汉注》在陇西西县人先祠山下，形如种韭畦，畦各一土封。"司馬貞《索隐》引《汉旧仪》："祭人先于陇西西县人先山，山上皆有土人，山下有時，埒如菜畦，時中各有一土封，故云時。"又引《三苍》云："時，埒也。"③注家解释了"時"的形制，然而不言栎阳"畦時"，似乎这里强调的是"時"的原生形态。

《史记》卷二八《封禅书》还写道："其后百二十岁而秦灭周，周之九鼎入于秦。或曰宋太丘社亡，而鼎没于泗水彭城下。"④ 秦"時"的兴起与完善，与"宋太丘社亡"形成了鲜明的对照。

二　雍：秦神祀中心

虽然"畦時"具有护佑秦军胜势的象征意义，栎阳却只是秦献公时代具有前敌意义的临时的军政中心。⑤ 秦孝公"以（商）鞅为大良造"，

---

① 《史记》，第 1364 页。
② 《史记》，第 1364—1365 页。
③ 《史记》，第 1365 页。
④ 《史记》，第 1365 页。
⑤ 有学者以为秦献公曾经都栎阳。其实，结合史籍记载和考古数据分析，栎阳未曾作为秦都。参看王子今《秦献公都栎阳说质疑》，《考古与文物》1982 年第 5 期；《栎阳非秦都辨》，《考古与文物》1990 年第 3 期。

又"作为筑冀阙宫庭于咸阳，秦自雍徙都之"①，随即推行新法，秦史进入了新的纪年。

秦史虽然呈示出文化的跃进，旧有的神祀传统却长期得以继承。秦统一后，秦始皇依然十分重视雍地的地位。

甚至到了西汉时期，秦的神祀传统为汉帝国的执政者几乎全面继承，雍地依然是最受重视的皇家神祀中心。

《史记》卷五《秦本纪》："（宣公）四年，作密畤。"张守节《正义》引《括地志》：

> 汉有五畤，在岐州雍县南，则鄜畤、吴阳上畤、下畤、密畤、北畤。秦文公梦黄蛇自天而下。属地，其口止于鄜衍，作畤，郊祭白帝，曰鄜畤。秦宣公作密畤于渭南，祭青帝。秦灵公作吴阳上畤，祭黄帝；作下畤，祠炎帝。汉高帝曰："天有五帝，今四，何也？待我而具五。"遂立黑帝，曰北畤是也。②

《括地志》对于"在岐州雍县南"的汉"五畤"，提出了两种位列次序：

> （1）"鄜畤、吴阳上畤、下畤、密畤、北畤"。
> （2）秦文公作"鄜畤"，"秦宣公作密畤"，"秦灵公作吴阳上畤，祭黄帝；作下畤，祠炎帝"，汉高帝作"北畤"。

（2）列述年代次序。（1）则前承地理位置陈述，全句为："汉有五畤，在岐州雍县南，则鄜畤、吴阳上畤、下畤、密畤、北畤。"则很可能是以"五畤"的方位为序。如此，则雍地"五畤"中，"祠炎帝"的"吴阳下畤"位列正中。

特别值得我们注意的，是《史记》卷二八《封禅书》所说："自未作鄜畤也，而雍旁故有吴阳武畤，雍东有好畤，皆废无祠。"③所谓"吴阳武畤"，应是周人经营，甚至是更早的祀所，只是长期"皆废无祠"，为

---

① 《史记》卷六八《商君列传》，第 2232 页。
② 《史记》，第 185 页。
③ 《史记》，第 1359 页。

秦人重新修立。

　　也许"秦灵公作吴阳上畤，祭黄帝；作下畤，祠炎帝"①，依然恢复了"废无祠"之前的神祀内容和神祀对象。

　　这样，就创置年代来说，"吴阳武畤"或许是最早的。有理由说，在此基础上秦灵公所作纪念炎帝的"吴阳下畤"，应体现了符合"周余民"心理的文化政策②，也继承了当地渊源久远的信仰传统。纬书有周"色尚赤"之说③，也可以为我们认识"周余民"文化势力对秦的影响提供参考。

三　由秦至汉的"炎帝"传说

　　自秦至于汉，"五帝"传说逐渐成熟。④ 而其中"炎帝"传说对于社会已经有很深的影响。⑤

　　汉文帝时，对于五帝之祀又有特别的重视。《史记》卷一○《孝文本纪》记载：

　　　　十五年，黄龙见成纪，天子乃复召鲁公孙臣，以为博士，申明土德事。于是上乃下诏曰："有异物之神见于成纪，无害于民，岁以有年。朕亲郊祀上帝诸神。礼官议，毋讳以劳朕。"有司礼官皆曰："古者天子夏躬亲礼祀上帝于郊，故曰郊。"于是天子始幸雍，郊见五帝，以孟夏四月答礼焉。赵人新垣平以望气见，因说上设立渭阳五庙。⑥

---

　　① 《史记》卷二八《封禅书》，第 1364 页。

　　② 《史记》卷五《秦本纪》："（文公）十三年，初有史以纪事，民多化者。十六年，文公以兵伐戎，戎败走。于是文公遂收周余民有之，地至岐，岐以东献之周。"第 179 页。

　　③ 《后汉书》卷三《章帝纪》李贤注引《礼纬》："十一月，时阳气始施于黄泉之下，色皆赤。赤者阳气，故周为天正，色尚赤。"中华书局 1965 年 5 月版，第 153 页。

　　④ 参看徐旭生《五帝起源说》，《中国古史的传说时代》（增订本），文物出版社 1985 年 10 月版，第 197—215 页。

　　⑤ 参看宋超《战国秦汉时期炎帝传说的演变》，《炎帝文化与 21 世纪中国社会发展》，岳麓书社 2002 年 9 月版，第 78—85 页。

　　⑥ 《史记》，第 430 页。

所谓"渭阳五庙",裴骃《集解》:"韦昭曰:'在渭城。'""渭阳五庙",又写作"渭阳五帝庙":

> 十六年,上亲郊见渭阳五帝庙。①

看来,"渭阳五庙"或"渭阳五帝庙"从决策、设计到施工、落成、使用,时间很短,也就是一年左右。《史记》卷二八《封禅书》记载:

> 赵人新垣平以望气见上,言:"长安东北有神气,成五采,若人冠絻焉。或曰东北神明之舍,西方神明之墓也。天瑞下,宜立祠上帝,以合符应。"于是作渭阳五帝庙,同宇,帝一殿,面各五门,各如其帝色。祠所用及仪亦如雍五畤。
>
> 夏四月,文帝亲拜霸渭之会,以郊见渭阳五帝。五帝庙南临渭,北穿蒲池沟水,权火举而祠,若光辉然属天焉。于是贵平上大夫,赐累千金。而使博士诸生刺六经中作王制,谋议巡狩封禅事。②

随后,又有长门"五帝坛"的建设:

> 文帝出长门,若见五人于道北,遂因其直北立五帝坛,祠以五牢具。③

提议在长安附近"设立"新的以五帝为祭祀对象的神祀中心的新垣平,在又过了一年之后却被治罪:"人有上书告新垣平所言气神事皆诈也。下平吏治,诛夷新垣平。"④ 新垣平的骗局暴露之后,汉文帝不再亲临"五帝庙"行礼,然而依然派遣专门官员代表前往,"自是之后,文帝怠于改正朔服色神明之事,而渭阳、长门五帝使祠官领,以时致礼,不往焉"。⑤

---

① 《史记》,第430页。

② 《史记》,第1382页。

③ 《史记》,第1383页。

④ 《史记》,第1383页。《史记》卷一〇《孝文本纪》:"(十七年)其岁,新垣平事觉,夷三族。"第430页。

⑤ 《史记》,第1383页。

也就是说，汉文帝因方士煽动而升温的"五帝"崇拜狂热，这时终于有所冷却，不过，"渭阳、长门五帝使祠官领，以时致礼"，祭祀制度依旧维持。

汉文帝时代的"渭阳、长门五帝"之祠，"祠所用及仪亦如雍五畤"，可以看作"雍五畤"五帝纪念仪程向西汉王朝统治中心的延伸。而新垣平所谓"长安东北有神气，成五采"，以及作成之"渭阳五帝庙""帝一殿，面各五门，各如其帝色"，其五采五色中，炎帝的赤色应当有突出的地位，这是因为汉文帝尊崇"渭阳五帝庙"的神学表态，已经确定了"尚赤"的文化主题。

《史记》卷一〇《孝文本纪》有明确的记载：

> 十六年，上亲郊见渭阳五帝庙，亦以夏答礼而尚赤。①

"尚赤"的文化倾向的表现直接与"五帝"信仰有关，是值得特别注意的。西汉晚期刘向父子曾经从儒学"天统"意识出发构建"汉得火"之说，《汉书》卷二五下《郊祀志下》："刘向父子以为帝出于《震》，故包羲氏始受木德，其后以母传子，终而复始，自神农、黄帝下历唐虞三代而汉得火焉。故高祖始起，神母夜号，著赤帝之符，旗章遂赤，自得天统矣。"② 或以为这一观点发表后，并没有得到明确肯定，汉王朝"尚赤"，实始于汉光武帝时代。如《汉书》卷二五下《郊祀志下》颜师古注："邓展曰：'向父子虽有此议，时不施行，至光武建武二年，乃用火德，色尚赤耳。'"③《后汉书》卷一《光武帝纪下》记载："（建武二年春正月）壬子，起高庙，建社稷于洛阳，立郊兆于城南，始正火德，色尚赤。"李贤注："汉初土德，色尚黄，至此始明火德，徽帜尚赤，服色于是乃正。"④ 此或邓展以为"至光武建武二年，乃用火德，色尚赤耳"意见的根据，而汉文帝"尚赤"的历史文化迹象，似不宜忽视。

《后汉书》卷一一《刘盆子传》："侠卿为制绛单衣、半头赤帻……"

---

① 《史记》，第430页。
② 《汉书》，中华书局1962年6月版，第1270—1271页。
③ 《汉书》，第1271页。
④ 《后汉书》，第27页。

李贤注："董仲舒《繁露》曰：'以赤统者，帻尚赤。'盆子承汉统，故用赤也。"① 宋人程大昌《演繁露》卷一五《帻》："若《东观汉记》载，光武初起服赤帻，赐段颎赤帻大冠一具。……盖汉以火王，其在五德尚赤耳。故董仲舒《繁露》曰：以赤统者，帻尚赤。是专汉制也。"② 《后汉书》卷二九《郅恽传》说，郅恽上书王莽有"汉历久长，孔为赤制"语。李贤注："言孔丘作纬，著历运之期，为汉家之制。汉火德尚赤，故云为赤制，即《春秋感精符》云'墨、孔生为赤制'是也。"③ 又如《初学记》卷二二引《史记》：

> 沛公祠黄帝、蚩尤于沛庭，旗帜皆尚赤。④

《太平御览》卷三四一同。⑤《艺文类聚》卷一二引《汉书》：

> 汉承尧运，德祚已盛，断蛇著符，旗帜尚赤，协于火德，自然之应，得天统矣。⑥

《太平御览》卷八七引《汉书赞》略同，"旗帜尚赤"作"旗炽尚赤"。⑦看来，汉"用火德，色尚赤"的观念和制度之最初起始，还有必要继续讨论。而这一文化特征与尊崇赤帝—炎帝是否存在某种内在的关系，也是我们所关心的。

四　"炎帝以姜水成"

《太平寰宇记》卷三〇"虢县"条："周原。《史记》卷二八《封

---

① 《后汉书》，第 481 页。
② （宋）程大昌撰，许逸民校证：《演繁露校证》，中华书局 2018 年 12 月版，第 1009 页。
③ 《后汉书》，第 1025 页。
④ （唐）徐坚等著：《初学记》，中华书局 1962 年 1 月版，第 524 页。
⑤ （宋）李昉等撰：《太平御览》，中华书局用上海涵芬楼影印宋本 1960 年 2 月复制重印版，第 1564 页。
⑥ （唐）欧阳询撰，汪绍楹校：《艺文类聚》，上海古籍出版社 1965 年 11 月版，第 227 页。
⑦ （宋）李昉等撰：《太平御览》，第 413 页。

禅书》云：秦文公作鄜畤，秦灵公作吴阳上畤，宣公作密下畤，是三畤焉。畤，止也。神灵所止处。"①　《太平御览》卷一六四引《史记》："秦文公作鄜畤，灵公作吴阳上畤，又作下畤。"原注："今郡内有三畤原。"②

《雍录》卷七《秦汉五畤》说"上畤下畤"："文公后二百十五年，灵公于吴阳作上畤以祭黄帝，作下畤以祭炎帝。"又写道：

> 武畤好畤
> 武畤好畤，在雍县旁之吴阳。此二畤者，不知何世所造。参求其地，即灵公所立上畤下畤，正在吴阳也。灵公既立上下两畤，则昔之武畤好畤不在五畤之数矣。③

《关中胜迹图志》卷一六《名山》："五畤原在凤翔县南二十里。"毕沅说："谨按《太平寰宇记》作'三畤原'，以秦文公鄜畤、宣公密畤、灵公吴阳上畤在此原，故号'三畤原'也。④　又于扶风县亦载'三畤原'云：'在县南二十里。'今考扶风汉美阳地。《班志》既称五畤皆在雍县，则不得复在美阳。意其为复出之误。当以在凤翔者为正。"⑤《陕西通志》卷二八《祠祀一》："上畤下畤，在景山之阳。秦灵公作，以祀黄帝〔炎帝〕。贾志。"⑥

按照《雍录》的说法，"武畤好畤，在雍县旁之吴阳"，"参求其地，即灵公所立上畤下畤，正在吴阳也"。而司马迁有关楚汉之争的战事记录

①　（宋）乐史撰，王文楚等点校：《太平寰宇记》，中华书局 2007 年 11 月版，第 645 页。

②　（宋）李昉等撰：《太平御览》，第 799 页。

③　末句黄永年点校本作"□昔之武畤好畤不在五畤之数矣"。（宋）程大昌撰，黄永年点校：《雍录》，中华书局 2002 年 6 月版，第 148—149 页。明《古今逸史》本作"则昔之武畤好畤不在五畤之数矣"。第 76 页。（宋）高似孙撰《纬略》卷九"上雍"条即作"则昔之武畤好畤不在五畤之数矣"。清《守山阁丛书》本，第 95 页。

④　《太平御览》卷五七引《史记·封禅书》："秦文公作鄜畤，灵公作吴阳上畤，宣公又作密下畤，盖三畤在此原，故号'三畤原'。"第 277 页。

⑤　（清）毕沅撰，张沛校点：《关中胜迹图志》，三秦出版社 2004 年 12 月版，第 473—474 页。

⑥　（清）刘于义等监修，（清）沈青崖等编纂：《陕西通志》，《景印文渊阁四库全书》，台湾商务印书馆 1986 年 3 月版，第 552 册第 514 页。

多有涉及"好畤"者①，《史记》卷一一三《南越列传》又可见"好畤陆贾"②，《汉书》卷二八上《地理志上》"右扶风"条下写道："好畤，垝山在东。有梁山宫，秦始皇起。莽曰好邑。"③西汉好畤县在今干县东，与"雍县旁之吴阳"距离过远。考吴阳下畤所在，还应当注意"在雍县旁"的方位指定。

五　炎帝"姜姓"与雍地姜泉、姜水、姜氏城

《国语·晋语四》："炎帝以姜水成。"④炎帝传说和"姜水"的关系，暗示炎帝部族曾经活跃的空间地域。早有学者指出，"姜姓起源于陕西西部黄土原上"，探索炎帝传说的发生，应当注意宝鸡"姜城堡、清姜河、神农庙、磻溪水、姜氏城"地名的存在。⑤

《艺文类聚》卷一一引《帝王世纪》："炎帝神农氏，姜姓也，人身牛首，长于姜水。有圣德。"⑥《初学记》卷九引《帝王世纪》："神农氏，姜姓也。母曰妊姒，有乔氏之女，名女登，游于华阳，有神龙首感，女登于尚羊生炎帝，人身牛首，长于姜水。有圣德，以火承木，位在南方，主夏，故谓之炎帝。"⑦《绎史》卷四引《帝王世纪》："炎帝，神农氏，姜姓也。母曰任姒，有蟜氏女登，为少典妃，游华阳，有神龙首感生。炎帝人身牛首，长于姜水，有圣德。"⑧司马贞补《史记·三皇本纪》："炎帝，神农氏，姜姓。母曰女登，有娲氏之女，为少典妃，感神龙而生。炎帝人身牛首，长于姜水，因以为姓。"⑨

---

① 《史记》卷八《高祖本纪》、卷一八《高祖功臣侯者年表》、卷五四《曹相国世家》、卷五七《绛侯周勃世家》、卷九五《樊郦滕灌列传》，第368、935、2024、2067、2655页。

② 《史记》，第2970页。

③ 《汉书》，第1547页。

④ 徐元诰撰，王淑民、沈长云点校：《国语集解》（修订本），中华书局2002年6月版，第337页。

⑤ 徐旭生：《中国古史的传说时代》（增订本），第122页。

⑥ （唐）欧阳询撰，汪绍楹校：《艺文类聚》，第209页。

⑦ （唐）徐坚等著：《初学记》，第196页。

⑧ （清）马骕撰，王利器整理：《绎史》，中华书局2002年1月版，第24页。

⑨ （汉）司马迁撰，［日］泷川资言考证，［日］水泽利忠校补：《史记会注考证附校补》，上海古籍出版社1986年4月版，第3页。

《太平御览》卷七〇引《三辅旧事》："姜泉在岐山县。皇甫谧《帝王世纪》云：'炎帝神农氏母有乔氏女登为少典妃，游华阳，感神而生炎帝，长于姜水，因以氏焉。'郦元注《水经》云：'炎帝长于姜女，即此水是焉。'"① 今本《水经注》卷一八《渭水》写道：

> 岐水又东径姜氏城南，为姜水，按《世本》：炎帝，姜姓。《帝王世纪》曰：炎帝，神农氏，姜姓。母女登游华阳，感神而生炎帝，长于姜水，是其地也。东注雍水。②

姜水应是雍水的支流。

《太平寰宇记》卷三〇"岐山县"："渭水，在县南三十里，经邑界。姜泉。皇甫谧《帝王世纪》云：'炎帝神农氏，母有蟜氏女，登为少典妃，游华阳，感神而生炎帝。长于姜水，因以氏焉。'郦道元注《水经》云：'炎帝长于姜水。'即此水也。"③《元丰九域志》卷三《秦凤路·次府凤翔府扶风郡凤翔节度》："次畿，岐山，府东四十里，一十四乡，马碛、驿店二镇，有岐山、终南山、渭水、姜水、汧水。"④

《陕西通志》卷三《建置第二》：

> 姜　炎帝后姜姓，国扶风美阳，有姜氏城。《路史》岐水东径姜氏城南，为姜水。《帝王世纪》曰：炎帝神农氏长于姜水。《水经注》⑤

同书卷一〇《山川三》：

> 横水。即杜水，一名小横水，一名米流川，一名岐水，一名姜水，俗名潢河，一名

---

① （宋）李昉等撰：《太平御览》，第 331 页。

② （北魏）郦道元著，陈桥驿校证：《水经注校证》，中华书局 2007 年 7 月版，第 442 页。

③ （宋）乐史撰，王文楚等点校：《太平寰宇记》，第 639 页。

④ （宋）王存撰，土文楚、魏嵩山点校：《元丰九域志》，中华书局 1984 年 12 月版，第 122 页。

⑤ （清）刘于义等监修，（清）沈青崖等编纂：《陕西通志》，《景印文渊阁四库全书》，第 551 册第 107 页。

水南河，一名双溪。

在县南三里，自凤翔界流入，合雍水。《县图》杜水东南流，合漆、岐二水，俗谓之小横水，亦或名之米流川。径岐山而又屈径周城南，又历周原下，自下亦名岐水。又东径姜氏城南，为姜水，与雍水合。《水经注》：周城在县东北。岐山县有姜水。《九域志》

雍水在县南门外，自岐山界流入，又东入武功界。《县册》雍水自合姜水，又东径美阳县之中亭川。《水经注》：美阳故城在县北。[①]

看来，与炎帝传说密切相关的姜泉、姜水、姜氏城，应当都在雍城近旁。礼祀炎帝的吴阳下畤的定位，也应当参考这一事实。而渭水以南的姜水、姜城，其地名形成的时代以及与炎帝传说的关系，可以另外考察。

---

① （清）刘于义等监修，（清）沈青崖等编纂：《陕西通志》，《景印文渊阁四库全书》，第551 册第536、538 页。

关于秦德公"磔狗邑四门"

秦立国初，秦德公经营秦都雍，曾经有"磔狗邑四门"行为。"磔狗"于"门"的宗教文化意义有说明的必要。而秦史有关都邑交通规划的巫术背景，也可以由相关分析得到理解。

一 "磔狗邑四门""以狗御蛊"

秦德公定都于雍，在秦向东发展的战略进程中有重要意义。司马迁在《史记》卷一四《十二诸侯年表》中又记述秦德公二年（前676）时事：

> 初作伏，祠社，磔狗邑四门。①

历史迈上文明初阶之后，随着聚落规模逐渐扩大以及相对确定的地域文化中心的形成，于是出现了具有行政领导作用的以夯筑城垣作为基本防御形式的城邑。考察中国古代城市史，可以看到"象天法地"以造筑城邑的传统原则，有着久远的文化影响。而城门设置对于实践这一原则的特殊意义，尤其引人注目。② 城门具有控制交通，外防内守的重要作用，然而透

① 《史记》，中华书局1959年9月版，第573页。
② 《吴越春秋·阖闾内传》记载，吴王阖闾委计于伍子胥，令其筑作城郭，"因地制宜"，以"天气之数以威邻国"。"子胥乃使相土尝水，象天法地，造筑大城，周回四十七里。陆门八，以象天八风；水门八，以法地八聪。筑小城，周十里，陵门三，不开东面者，欲以绝越明也。立阊门者，以象天门，通阊阖风也。立蛇门者，以象地户也。阖闾欲西破楚，楚在西北，故立阊门以通天气，因复名之'破楚门'。欲东并大越，越在东南，故立蛇门以制敌国。吴在辰，其位龙也，故小城南门上反羽为两鲵鱙，以象龙角。越在巳地，其位蛇也，故南大门上有木蛇北向首内，示越属于吴也。"（汉）赵晔撰，周生春辑校汇考：《吴越春秋辑校汇考》，中华书局2019年6月版，第31—32页。

过其实用意义，进行相关意识形式方面的分析，又可以察见其内涵的若干文化信息。① 秦德公"磔狗邑四门"史事，或许亦可以作为认识中国古代宗教文化某些特质的重要线索。

司马迁在《史记》卷五《秦本纪》中又写道：

（德公）二年，初伏，以狗御蛊。

张守节《正义》解释说：

六月三伏之节起秦德公为之，故云"初伏"。"伏"者，隐伏避盛暑也。《历忌释》云："'伏'者何？以金气伏藏之日也。四时代谢，皆以相生：立春，木代水，水生木；立夏，火代木，木生火；立冬，水代金，金生水；立秋，以金代火，故至庚日必伏。庚者金，故曰'伏'也。"

"蛊"者，热毒恶气为伤害人，故磔狗以御之。

"磔"，禳也。狗，阳畜也。以狗张磔于郭四门，禳却热毒气也。②

《史记》卷五《秦本纪》记载："德公元年，初居雍城大郑宫。以牺三百牢祠鄜畤。卜居雍，后子孙饮马于河。"③ "磔狗邑四门""以狗御蛊"事在定居于雍次年，又极可能是初居雍经历第一个夏季"禳却热毒气"的措施，因而对于秦人定都于雍具有重要意义。而"德公生三十三岁而立，立二年卒"，壮岁弃国之后，长子宣公立12年，中子成公立4年，而少子穆公在位39年，"自岐雍之间，修德行武，东平晋乱，以河为界，西霸戎翟，广地千里，无子致伯，诸侯毕贺，为后世开业，甚光美"④，实现了德公时代"后子孙饮马于河"的预言。

---

① 例如《史记》卷六《秦始皇本纪》所谓"自雍门以东至泾、渭，殿屋复道周阁相属"，又"表南山之颠以为阙"，甚至"立石东海上朐界中，以为秦东门"，就体现出秦始皇意向雄阔，"未能恬侻"，"以为自古莫及己"的文化性格。《史记》，第239、256—257页。

② 《史记》，第184页。

③ 《史记》，第184页。

④ 《史记》，第184—185、202页。

二　城门"磔禳"的礼俗传统

秦德公"磔狗邑四门""以狗御蛊"事，至少在当时秦人看来，与秦穆公以雍城为基地，开创秦史新纪元之事业的成功，存在着某种神秘的关系。

《吕氏春秋·季春纪》又说到城门磔牲以祭，已经形成传统礼俗：

> 国人傩，九门磔禳，以毕春气。

高诱解释说：

> "傩"，读《论语》"乡人傩"同。命"国人傩"，索宫中区隅幽暗之处，击鼓大呼，驱逐不祥，如今之正岁逐除是也。"九门"，三方九门也。嫌非王气所在，故磔犬羊以禳木气尽之，故曰"以毕春气"也。①

《淮南子·时则》也写道：

> （季春之月）令国傩，九门磔攘，以毕春气。

高诱注："'傩'，散宫室中区隅幽暗之处，击鼓大呼，以逐不祥之气，如今驱疫逐除是也。'九门'，三方九门也。磔大阳气尽之，故曰'毕春之气'也。"②《礼记·月令》"季春之月"条也有"命国难，九门磔攘，以毕春气"的文字，郑玄解释说："此'难'，难阴气也。阴寒至此不止，害将及人。所以及人者，阴气右行，此月之中日，行历昴，昴有大陵积尸之气，气佚则厉鬼随而出行。命方相氏帅百隶索室驱疫以逐之。又磔牲以攘于四方之神，所以毕止其灾也。"③

---

① 许维遹撰，梁运华整理：《吕氏春秋集释》，中华书局 2009 年 9 月版，第 64 页。
② 何宁撰：《淮南子集释》，中华书局 1998 年 10 月版，第 393 页。
③ （清）朱彬撰，饶钦农点校：《礼记训纂》，中华书局 1996 年 9 月版，第 238—239 页。

《风俗通义·祀典》有"杀狗磔邑四门"条，其中写道：

> 俗说：狗别宾主，善守御，故著四门，以辟盗贼也。
>
> 谨按《月令》："九门磔禳，以辟春气。"盖天子之城，十有二门，东方三门，生气之门也。不欲使死物见于生门，故独于"九门"杀犬"磔禳"。"犬"者，金畜；"禳"者，却也。抑金使不害春之时所生，令万物遂成其性。火当受而长之，故曰"以毕春气"。功成而退，木行终也。《太史公记》："秦德公始杀狗磔邑四门，以御蛊灾。"今人杀白犬以血题门户，正月白犬血辟除不祥，取法于此也。①

《风俗通义·怪神》又有"世间多有狗作变怪"条，说到以狗血涂门户辟除咎殃的民间风习：

> 世间多有狗作变怪，扑杀之，以血涂门户，然众得咎殃。②

"众得咎殃"，或以为当作"免得咎殃"。③看来，初见于秦德公事迹的"磔狗"于门的礼俗，对于汉代风尚仍然有显著的影响。"九门"，高诱以为"三方九门也"，应劭亦理解为："盖天子之城十有二门，东方三门，生气之门也。不欲使死物见于生门，故独于'九门'杀犬'磔禳'。"《礼记·月令》"季春之月"条所谓"田猎，罝罘、罗网、毕翳、餧兽之药毋出九门"，高诱亦认为："天子城十二门，东方三门，王气所在，餧兽之药所不得出也。嫌余三方九门得出，故特戒之。"吴澄又说："南三门，王之正门，平日此等之物皆不得出，余门则出，此月则皆禁之。"而孙希旦则指出："愚谓天子十二门，诸侯降于天子，则九门。秦本侯国，其时国门犹沿旧制，故曰'九门'。"④依孙氏说，所谓"九门磔禳"，正是可以于秦俗中追溯其初源的社会文化现象。

---

① （汉）应劭撰，王利器校注：《风俗通义校注》，中华书局1981年1月版，第377—378页。

② （汉）应劭撰，王利器校注：《风俗通义校注》，第418页。

③ 清代学者卢文弨在《群书拾补》中说："疑讹，或'众'当作'免'。"参看（汉）应劭撰，王利器校注：《风俗通义校注》，第418页。

④ （清）孙希旦撰，沈啸寰、王星贤点校：《礼记集解》，中华书局1989年2月版，第433页。

三　"磔禳"于门的民族学资料

"磔禳"于门这种风习传衍相当久远，至今在一些少数民族地区依然可以发现其遗存。

例如，景颇族婚礼中被"抢"来的新娘，"要通过四根木桩，即'鬼桩'才能进入男家的房屋"。这种所谓"鬼桩"其实象征具有特定意义的"门"。"在每根木桩上都拴着牺牲品"，每根木桩前又都有一名村社祭司"董萨"负责杀牲，让牲血溅漏木桩周围的草蓬。[①] 景颇族称被刀枪致死或因水淹而死者的鬼魂为"麦死"鬼。在送这种鬼魂的仪式中，"杀狗，用狗血拌饭，用树叶包成九包"，随后"董萨"祷告说："你远远地去吧！过一座山，两座山……九座山，十座山"，"是麦死鬼就去吧，是好人的魂就退回门内来，要关门了，去的快去，回的快回。""董萨"随即割断拉吊门的绳子，吊门于是关紧，然后又念诵道："你们远远地去，永远不要再回来。"[②] 看来，狗血于生死之"门"前，有驱避鬼魂的特殊的神奇效用。

水族在驱鬼扫寨之后，"用枣刺把村寨的四周围起来，或者用草绳和五倍子树削成的木刀把整个村寨围起来。在村寨大门口用两把大木刀搭成'鬼架子'，各家各户的大门口上也挂木刀"，架子上陈设有狗的下颚骨，用土碗覆盖，"据说能使恶鬼再不能进村"。[③]

云南金平县一、五区的哈尼族"举行驱鬼活动时，各寨杀鸡一只，剥下鸡皮和翅膀，用木杆撑起，插在路口。或者杀狗，将狗的四肢和尾巴挂在寨门口，表示禁止寨人外出和外人入寨"。金平二区的哈尼族举行寨门祭时，"要在村寨通路口立两根木杆，上用草绳拉起，将狗的四肢和尾巴、鸡翅膀拴在绳上，同时还要悬挂木刀、木枪、借以驱鬼避邪"。[④]

广东连南瑶族自治县南岗排瑶族存在称作"架桥"的以祈福为目的的宗教习俗。"'架桥'的地点是在排脚的十字路口或是大树脚下"，其仪

---

① 宋恩常：《景颇族的原始宗教形态》，《中国少数民族宗教初编》，云南人民出版社 1985 年 3 月版，第 146—147 页。

② 桑耀华等：《景颇族的鬼魂崇拜与祭祀》，《云南民族民俗和宗教调查》，云南民族出版社 1985 年 4 月版，第 210—211 页。

③ 陈国安：《水族的宗教信仰》，《中国少数民族宗教初编》，第 354 页。

④ 宋恩常：《哈尼族宗教信仰的几个侧面》，《中国少数民族宗教初编》，第 244 页。

式大致是："由先生公念'架桥'经，一边念经一边杀小狗，以小狗的鲜血淋纸钱，装一碗狗血，在旁边架起炉灶煮着狗肉"，祈拜完毕，即食用狗肉。①

《礼记·月令》："九门磔攘"，孙希旦《集解》："磔，磔裂牲体也。'九门磔攘'者，逐疫至于国外，因磔牲以祭国门之神，欲其攘除凶灾，御止疫鬼，勿使复入也。"② 哈尼族，瑶族断裂狗牲肢体的做法，颇合"磔狗"亦即"杀犬磔禳"之古义。

云南景洪县雅奴寨基诺族在举行每年 3 次预防瘟疫发生的祭祀时，杀狗两条，在村寨出入口竖立高桩，上悬挂狗头，并涂以狗血，贴附狗毛。景洪县巴雅、巴夺村基诺族举行祈祝稻谷丰收的祭礼活动时，也有"把狗血和狗毛贴在窝棚柱上"的礼俗形式。③

云南麻栗坡县一些地方的苗族，"为祈求全村人丁健康平安，常在夏历过年后的正、二月由巫师主持举行'拦鬼'活动，以狗血涂在七八片木刀上，再把木刀挂在寨门的草绳上以阻拦'牙鬼'入寨"。④

贵州凯里县舟溪地区的苗族又有为全寨平安、瘟疫不作，用狗供祭寨前大树的风习。⑤

四　《金枝》：将猴子的尸体"吊在村门口"

以生灵作为牺牲以增益"门"的神力，是一种相当普遍的做法。

著名的英国人类学家詹·乔·弗雷泽（J. G. Frazer）在《金枝》一书中记录了相关巫术形式。印度东南部的库密人在驱除天花这一阿拉库来的魔鬼时，"所有的村子都戒严，谁也不许进村或出村。他们将一只猴子在地上摔死，把它的尸体吊在村门口。猴子的血，拌上河里的小鹅卵石，洒

---

① 李凤等：《南岗排瑶族社会调查》，《连南瑶族自治县瑶族社会调查》，广东人民出版社1987 年 2 月版，第 113 页。

② （清）孙希旦撰，沈啸寰、王星贤点校：《礼记集解》，第 437 页。

③ 宋恩常等：《景洪县雅奴寨基诺族宗教调查》、《景洪县巴雅、巴夺村基诺族宗教调查》，《云南民族民俗和宗教调查》，第 192、169 页。

④ 杨通儒：《解放前苗族的民间宗教》，《中国少数民族宗教初编》，第 374 页。

⑤ 杨通儒等：《凯里县舟溪地区苗族的生活习俗》，《苗族社会历史调查》（二），贵州民族出版社 1987 年 2 月版，第 280 页。

在屋上，每家的门槛都用猴子尾巴扫过，魔鬼就赶走了"。①

　　熊安生注《礼记·月令》"九门磔攘"："'磔攘'之牲，案《小司徒》云'小祭祀，奉牛牲'，又《牧人》云'凡毁事，用駹可也'，则是用牛也。《羊人》云：'凡沈、辜、侯攘，共羊牲。'《犬人》云：'凡几、珥、沈、辜，用駹可也。'《鸡人》云：'面禳，共鸡牲。'是用羊用犬用鸡也。盖大难用牛，其余难用羊用犬，小者用鸡。"② 也有人认为，"駹"是指毛色斑杂的牲。《周礼·秋官·犬人》郑玄注引郑司农云："駹，谓不纯色也。"贾公彦疏："駹，谓杂色牲。"③

　　然而，不能排除与此相应之礼俗的早期形态，曾经有使用人牲的形式。

五　建"门"使用人牲的可能

　　殷墟商代宫殿遗址多发现奠基时埋入的牲人和牲畜。每一宫门基址下埋有四五个持戈、盾和贝的牲人。这种葬坑大致有两种形式：一种在门的两旁，均面向前；另一种在门的前面，均面向后。牲人都作跪姿。有的还随葬一条狗。进行发掘的考古学家指出，"门旁及门前的跪着的人等，当系房屋的保卫者"。"奠基的狗和守卫的人，是与建筑的程序有关，各系一次埋入。"④ 有的学者分析，这些葬坑是宫殿建造过程中举行安门等仪式时留下的遗迹。举行安门仪式时往往杀埋人和狗。用作人牲者生前身份可能是武装侍从，葬坑分置门的两侧或当门处；其中不少人是活埋的，"尤其残忍的是埋在门下的还有小孩"。研究者推测，"这些宗庙或住所布置如此森严的守卫，无非是为了防止死鬼来侵扰"。在一些中小型建筑门址旁侧，也多埋有牲畜骨架，"甚至还有被砍下的人头骨和幼儿遗骸"。⑤

---

　　① ［英］詹·乔·弗雷泽：《金枝：巫术与宗教之研究》，徐育新等译，中国民间文艺出版社 1987 年 6 月版，第 786 页。

　　② （清）孙希旦撰，沈啸寰、王星贤点校：《礼记集解》，第 437 页。

　　③ （清）孙诒让撰，王文锦、陈玉霞点校：《周礼正义》，中华书局 1987 年 12 月版，第 2867—2868 页。

　　④ 石璋如：《殷墟最近之重要发现附论小屯地层》，《中国考古学报》第 2 册，商务印书馆 1947 年 3 月版，第 31、37 页。

　　⑤ 北京大学历史系考古教研室商周组：《商周考古》，文物出版社 1979 年 1 月版，第 70—71 页。

在世界其他文化系统中，也可以发现与此类似的例证。

英国人类学家爱德华·泰勒（E. B. Tylor）在《原始文化》一书中写道，位于非洲塞内加尔河上的黑人国家加拉姆（Galam），"在新的稳固移居的正门前通常活埋一个男孩和姑娘，以便使稳固成为不能攻破的"。这种风俗曾经为西苏丹的班巴拉（Bambarrad）的暴君"在广泛的范围内推行过"。据在印度的英国传教士麦森（Mason）转记的一位目击者的口述，在印度德纳赛林建造新城塔瓦的城门时，在每一个为立柱准备的坑中都抛进了一个犯人作为给庇护的魔鬼的牺牲。此外，如"关于为了庇护的魔鬼而埋在缅甸故都曼德勒门下的人的牺牲的故事"等，也"是关于实际存在之地方习惯的历史形式或神话形式的回忆"。爱德华·泰勒还指出，"甚至在英国领土上也有这种情形"。①

六 "埋首"于门

在《左传·文公十一年》中，可以看到关于秦德公"磔狗邑四门"事前 20 年及后 60 年两则埋首于门的史例的记载：

> 冬十月甲午，败狄于咸，获长狄侨如。富父终甥摏其喉，以戈杀之，埋其首于子驹之门，以命宣伯。②

鲁人败狄，杀其首领，而"埋其首于子驹之门"，又以敌亡将之名命名生子，用以纪功。而所谓埋其首于门，似乎并非出于纪念的目的。杜预注："子驹，鲁郭门。"③《左传·文公十一年》又记载：

> 齐襄公之二年，郑瞯伐齐，齐王子成父获其弟荣如，埋其首于周首之北门。④

---

① ［英］爱德华·泰勒：《原始文化》，连树声译，上海文艺出版社 1992 年 8 月版，第 110—112 页。

② 《春秋左传集解》，上海人民出版社 1977 年 8 月版，第 477 页。

③ 《春秋左传集解》，第 478 页。

④ 《春秋左传集解》，第 477 页。

据杜预注，"周首"是齐国城邑。① 齐襄公二年，即公元前 696 年；鲁文公十一年，即公元前 616 年。司马迁曾经对这两则史事予以特殊的注意。他在《史记》卷三二《齐太公世家》中写道：

> 惠公二年，长翟来，王子城父攻杀之，埋之于北门。②

又《史记》卷三三《鲁周公世家》：

> （文公）十一年十月甲午，鲁败翟于咸，获长翟乔如，富父终甥春其喉，以戈杀之，埋其首于子驹之门，以命宣伯。③

司马迁又记述道：

> 齐惠公二年，郦瞒伐齐，齐王子城父获其弟荣如，埋其首于北门。④

《左传》"齐襄公"，《史记》作"齐惠公"。⑤ 如"齐惠公二年"说不误，则事在公元前 607 年。然若此则不当记于《左传·文公十一年》。破敌杀将，又埋其首于城门之下，自有攘灾压胜的特殊意义。不过，我们目前尚不清楚，这是否是只是仅仅针对"狄"（"翟"）人的特殊的厌敌之术。

考古发掘收获提供了有关年代甚早的城门下埋有头骨的资料。陕西神木石峁遗址外城东门址有比较集中的发现。据发掘者介绍，"外城东门址周边共发现集中埋藏人头骨的遗迹 6 处，其中外瓮城外（K1）及门道处（K2）各发现埋置人头骨 24 具；东门址北端石砌城墙的墙体基础之下发现 4 处，埋藏头骨数量 1—16 具不等"。"司马迁《史记·封禅书》中记

---

① 《春秋左传集解》，第 478 页。

② 《史记》，第 1496 页。

③ 《史记》，第 1535 页。

④ 《史记》，第 1535 页。

⑤ 或以为司马迁误写，而泷川资言《史记会注考证》引陆粲的意见，以为"今本《左传》传写误"。（汉）司马迁撰，［日］泷川资言考证，［日］水泽利忠校补：《史记会注考证附校补》，上海古籍出版社 1986 年 4 月版，第 895 页。

载了战国晚期秦德公'磔狗邑四门，以御蛊灾'。石峁外城东门址附近所见集中埋藏的头骨，均位于早期地面之下或石墙墙体之下，应于城墙修建时的奠基或祭祀活动有关。"①联系"秦德公'磔狗邑四门，以御蛊灾'"事进行学术分析是正确的。然而所谓"战国晚期"是错误的。秦德公二年（前676），时在春秋前期。

七　"尸诸城上"

《左传·僖公二十八年》记述公元前632年晋国与曹国的战事，又可见城门磔人的历史记载：

> 晋侯围曹，门焉，多死，曹人尸诸城上，晋侯患之。②

"尸诸城上"，杜预解释说："磔晋死人于城上。"③晋军伐曹，强攻其城门，多有阵亡者，曹人磔其尸于城门之上，晋文公患之，后来从舆人之计，以发掘曹人祖坟的方式实施报复，终于在精神上制伏曹守军。又如《左传·成公二年》记载：

> 春，齐侯伐我北鄙，围龙。顷公之嬖人卢蒲就魁门焉，龙人囚之。齐侯曰："勿杀！吾与而盟，无入而封。"弗听，杀而膊诸城上。④

所谓"膊诸城上"，杜预注："膊，磔也。"⑤龙城守军在公元前589年齐鲁之战中擒获攻打城门的齐顷公的宠臣卢蒲就魁，拒绝齐人讲和的建议而磔之于城门上，大约亦深信如此则可以厌难制胜。然而却激怒了齐顷公，

---

① 孙周勇、邵晶、邸楠：《石峁遗址的考古发现与研究综述》，《中原文物》2020年第1期。
② 《春秋左传集解》，第372页。
③ 《春秋左传集解》，第378页。
④ 《春秋左传集解》，第640页。
⑤ 《春秋左传集解》，第645页。

"齐侯亲鼓士陵城，三日，取龙"。① 曹人和鲁人的行为，大约反映了早期迷信观念的遗存，而敌对一方对此亦"患之"，也说明这种心理遗存其覆盖地域，可能仍然相当广阔。

所以"尸诸城上"，"脯诸城上"，或是因为城下已被敌军占据，或是因为如此更可以强化其心理震慑威力。

又如《荀子·宥坐》说道：

女以谏者为必用邪？吴子胥不磔姑苏东门外乎！②

据《史记》卷六六《伍子胥列传》，伍子胥被吴王赐死，曾告诸舍人：

抉吾眼县吴东门之上，以观越寇之入灭吴也。③

剜其眼而悬于城门之上，当是由磔于城门而产生的联想。

汉代仍然可以看到这样的史例，《汉书》卷六七《云敞传》：

（吴）章坐要斩，磔尸东市门。④

又《后汉书》卷七七《酷吏列传·阳球》：

僵磔（王）甫尸于夏城门。⑤

虽然作为刑罚形式，其意义与先古礼俗显然已经有所不同，然而从具体做法看，仍可以依稀感受到磔尸于门古习在当时人心理中的片断遗存。

以秦德公"磔狗邑四门"所反映的秦地风习与大致同时代的东方礼俗相比照，可以看到磔狗与直接使用人牲，或埋首、磔尸的明显区别。

①　《春秋左传集解》，第 640 页。

②　（清）王先谦撰，沈啸寰、王星贤点校：《荀子集解》，中华书局 1988 年 9 月版，第 526 页。

③　《史记》，第 2180 页。

④　《汉书》，中华书局 1959 年 9 月版，第 2927 页。

⑤　《后汉书》，中华书局 1962 年 6 月版，第 2500 页。

这一事实或许可以告诉人们，长期以来因距中原僻远，致使东方人"夷翟遇之"①，或以为"秦杂戎翟之俗"，"秦之德义不如鲁卫之暴戾"②的观念，其实反映出某种文化偏见。以民气刚急而曾经被东方人比之为"虎狼"③ 的秦文化的特质，其实在某些方面可能较东方各国更为文明。

八　秦简《日书》的《门忌》

贾谊《过秦论》说："秦俗多忌讳之禁。"④ 秦人有关"门"的观念其神秘主义色彩之浓重，可能更胜于东方人。

例如，天水放马滩秦简《日书》乙种可见《门忌》简文 30 条。"门有东、西、南、北、寒、仓、财门之分，各有禁忌。"如：

寒门不寒濡泥聚聚易所室妻不去必为寡　　　　　乙1
仓门是富井居西南困居西北廥必南无　　　　　　乙2
南门是将军门可聚粮使客入岁更　　　　　　　　乙4
北门乡所邦门诎某筑日必有丧过之必以壬午筑之　乙18⑤

云梦睡虎地秦简《日书》甲种有题为："直（置）室门"（114 正壹，115 正壹）的内容，与前引简例相关者，我们看到：

---

① 《史记》卷五《秦本纪》说，孝公以前，"秦僻在雍州，不与中国诸侯之会盟，夷翟遇之"，秦人以为"诸侯卑秦，丑莫大焉"。第 202 页。

② 《史记》卷一五《六国年表》，第 685 页。

③ 《史记》卷六九《苏秦列传》两处说到"交彊虎狼之秦以侵天下"。第 2254、2261 页。卷六《秦始皇本纪》："秦王为人"，"少恩而虎狼心"。第 230 页。卷七《项羽本纪》："秦王有虎狼之心。"第 313 页。卷四四《魏世家》："秦与戎翟同俗，有虎狼之心，贪戾好利无信，不识礼义德行。"第 1857 页。卷四〇《楚世家》："秦虎狼，不可信。"第 1728 页。卷八四《屈原贾生列传》："秦虎狼之国，不可信。"第 2484 页。卷六九《苏秦列传》："夫秦，虎狼之国也，有吞天下之心。""秦，虎狼之国，不可亲也。"第 2261 页。"秦虎狼之国"的说法，又见于卷七一《樗里子甘茂列传》、卷七五《孟尝君列传》等。第 2308、2354 页。

④ 《史记》卷六《秦始皇本纪》，第 278 页。

⑤ 何双全：《天水放马滩秦简综述》，《文物》1989 年第 2 期。

寡门兴与毋定外凶	114 正贰
仓门富井居西南困居北乡詹詹毋绝县肉	115 正贰
南门将军门贱人弗敢居	116 正贰
北门利为邦门贱人弗敢居	126 正贰①

放马滩秦简《日书》乙种又有如下内容：

祠门良日甲申良申壬申	乙 24②

睡虎地秦简《日书》乙种亦可见：

祠户日壬申丁酉癸丑亥吉龙丙寅庚寅	33 贰—34 贰
祠门日甲申辰乙亥丑酉吉龙戊寅辛巳	35 贰—36 贰③

睡虎地秦简《日书》甲种又有关于"祭门"（4 正贰，5 正贰）的内容。④
此外，关于"为门"（甲种 69 正壹，乙种 86 壹，97 壹）、"穿户"（乙种
196 壹）、"徐（除）门户"（甲种 102 正贰）等⑤，也都有严格的禁忌。
睡虎地秦简《日书》甲种还可见以"门"为题的简文：

八月七日及冬未春戌夏丑秋辰是胃四敫不可初穿门为户牖伐木坏
　垣起　　　　　　　　　　　　　　　　　　　　143 背⑥

可见"多忌讳之禁"的"秦俗"中，有关"门"的迷信尤其引人注目，
磔狗与使用人牲或埋首磔尸相比较，似乎并不可以理解为禁忌等级稍低或
时人重视程度较为淡薄。

---

① 睡虎地秦墓竹简整理小组：《睡虎地秦墓竹简》，文物出版社 1990 年 9 月版，释文注释第 199 页。

② 何双全：《天水放马滩秦简综述》，《文物》1989 年第 2 期。

③ 睡虎地秦墓竹简整理小组：《睡虎地秦墓竹简》，释义注释第 236 页。

④ 睡虎地秦墓竹简整理小组：《睡虎地秦墓竹简》，释文注释第 181 页。

⑤ 睡虎地秦墓竹简整理小组：《睡虎地秦墓竹简》，释文注释第 191、197、237、238、248 页。

⑥ 睡虎地秦墓竹简整理小组：《睡虎地秦墓竹简》，释文注释第 226 页。

应劭《风俗通义·祀典》说："杀狗磔邑四门"，是因为"狗别宾主，善守御"。① 宋玉《九辩》写道：

> 岂不郁陶而思君兮？
> 君之门以九重。
> 猛犬狺狺而迎吠兮，
> 关梁闭而不通。②

也暗示"犬"与"关"防"门"卫的关系。然而联想到春秋时期一些秦墓设有腰坑，在墓坑中留生土二层台，在腰坑和二层台上埋殉狗的情形，以及春秋晚期和战国早期一些秦墓在二层台上或墓主身旁殉狗的情形③，我们似乎有理由推想，秦德公"磔狗邑四门"所以"杀犬磔禳"，或许还有值得进一步探讨的更深层的文化涵义。

九　"初伏，以狗御蛊"

我们还应当注意到，秦德公"磔狗邑四门"是与"初作伏"相联系的，《史记》卷九《秦本纪》即写作"初伏，以狗御蛊"。张守节解释说："'伏'者，隐伏避盛暑也。""'蛊'者，热毒恶气为伤害人，故磔狗以御之。""以狗张磔于郭四门，禳却热毒气也。"④《史记》卷一四《十二诸侯年表》："初作伏，祠社，磔狗邑四门。"⑤《史记》卷二八《封禅书》记载："作伏祠。磔狗邑四门，以御蛊菑。"⑥

然而《吕氏春秋》、《淮南子》、《礼记·月令》及《风俗通义》所谓"九门磔攘（禳）"则为"季春之月""以毕春气"仪礼。⑦ 其形式虽然相

---

① （汉）应劭撰，王利器校注：《风俗通义校注》，第 377 页。
② （宋）洪兴祖撰，白化文等点校：《楚辞补注》，中华书局 1983 年 3 月版，第 188 页。
③ 叶小燕：《秦墓初探》，《考古》1982 年第 1 期。
④ 《史记》，第 184 页。
⑤ 《史记》，第 573 页。
⑥ 《史记》，第 1360 页。
⑦ 许维遹撰，梁运华整理：《吕氏春秋集释》，第 64 页。何宁撰：《淮南子集释》，第 393 页。（清）孙希旦撰，沈啸寰、王星贤点校：《礼记集解》，第 436 页。（汉）应劭撰，王利器校注：《风俗通义校注》，第 377 页。

近，然而时节的差别，反映其本义或起初就有所不同。值得注意的是，两广地区直到晚世民间仍保留"以狗御蛊"，"磔狗以御""热毒恶气"之秦地风习的遗存。屈大均《广东新语》卷九论"广州时序"，说道："夏至，磔犬御蛊毒。"① 又乾隆《归善县志》："夏至，食犬肉，饭荔枝酒助阳气。"② 乾隆《顺德县志》："夏至，磔狗食之，解疟。"③ 道光《恩平县志》："夏至，掰荔荐祖考，磔犬以辟阴气，御蛊毒。"④ 道光《开平县志》："夏至日，磔狗食，以辟阴气，云可解疟。"⑤ 道光《西宁县志》："夏至日，或烹狗集饷，谓一阴生，用热物以胜之。"⑥ 咸丰《顺德县志》："夏至日，掰荔荐祖考，磔犬以辟阴气。"⑦ 同治《番禺县志》："夏至，磔犬御蛊毒。"⑧ 同治《韶州府志》同。⑨ 光绪《高明县志》："夏至，烹狗以压阴气。"⑩ 光绪《花县志》："夏至，烹犬而食，云解疟疾。"⑪ 光绪《惠州府志》："夏至，食犬肉，饮荔枝酒助阳气。"⑫ 民国《四会县志》："夏至，多磔犬以扶阳气。"⑬ 民国《罗定志》："夏至烹狗，以扶阳气。"⑭ 民国《灵川县志》："夏至日，烹狗作食以助阴。"⑮

岭南民习可见古秦风遗存，很可能与《史记》所记述的秦始皇时代

---

① （清）屈大均撰：《广东新语》，中华书局1985年4月版，第298—299页。

② 乾隆《归善县志》卷一五，清乾隆四十八年刊本，第757页。

③ 乾隆《顺德县志》卷二，清乾隆十五年刻本，第305页。

④ 道光《恩平县志》卷一五，清道光五年刊本，第630页。

⑤ 道光《开平县志》卷三，清道光三年刻本，第148页。同样内容又见于道光《新宁县志》卷四，清道光十九年刻本，第201页；民国《赤溪县志》卷一，民国九年刊本，第125页。

⑥ 道光《西宁县志》卷三，清道光十年刊本，第175页。

⑦ 咸丰《顺德县志》卷三，清咸丰刊本，第265页。

⑧ 同治《番禺县志》卷六，清同治十年刊本，第165页。民国《龙门县志》卷五亦称："夏至，磔犬御蛊毒。"民国二十五年铅印本，第119页。

⑨ 同治《韶州府志》卷一一，清同治十三年刊本，第892页。同样的说法又见于民国《增城县志》卷一，民国十年刻本，第221页；民国《东莞县志》卷九，民国十年铅印本，第264页。

⑩ 光绪《高明县志》卷二，清光绪二十年刊本，第99页。民国《高要县志》卷五同，民国二十七年重刊本，第195页。

⑪ 光绪《花县志》卷一，清光绪十六年重刊本，第99页。

⑫ 光绪《惠州府志》卷四五，清光绪十年刊本，第3205页。

⑬ 民国《四会县志》编一，民国十四年刊本，第455页。

⑭ 民国《罗定志·地理志第六》，民国二十四年铅印本，第287页。

⑮ 民国《灵川县志》卷四，民国十八年石印本，第349页。

的如下史事有关:

> 发诸尝逋亡人,赘婿,贾人略取陆梁地,为桂林、象郡、南海,以適遣戍。(《史记》卷六《秦始皇本纪》)

> 略定杨越,置桂林、南海、象郡,以谪徙民,与越杂处。(《史记》卷一一三《南越列传》)①

《汉书》卷一下《高帝纪下》也记载:"徙中县之民南方三郡,使与百粤杂处。"② 秦人移居南边之后形成的文化影响,很可能使当地民俗受到了来自西北的强烈影响。

而朝鲜族至今仍有暑期食用狗肉的风习,很可能也是与秦人流入当地有关。《后汉书》卷八五《东夷列传》:"辰韩,耆老自言秦之亡人,避苦役,適韩国,马韩割东界地与之。其名'国'为'邦','弓'为'弧','贼'为'寇','行酒'为'行觞',相呼为'徒',有似秦语,故或名之为'秦韩'。"③ 又《史记》卷一一五《朝鲜列传》也记载,在朝鲜王满"传子至孙右渠"前后,"所诱汉亡人滋多"。④ 当文化中心区域礼俗融变换移之后,交通相对隔闭的地区则往往多可以保存古风。"礼失而求诸野"⑤ 的古语,在这里或许即可以得到释说的实例。

---

① 《史记》,第 253、2967 页。

② 《汉书》,第 73 页。

③ 《后汉书》,第 2819 页。

④ 《史记》,第 2986 页。

⑤ 《汉书》卷三〇《艺文志》论诸子九家:"仲尼有言:'礼失而求诸野。'方今去圣久远,道术缺废,无所更索,彼九家者,不犹愈于野乎?"第 1746 页。又刘歆《移太常博士》:"今上所考视,其古文旧书,皆有征验,外内相应,岂苟而已哉。夫'礼失求之于野',古文不犹愈于野乎!"《汉书》卷三六《楚元王传》,第 1971 页。又《文中子·魏相》:"文中子曰:'吾闻礼于关生,见负樵者几焉;正乐正霍生,见持竽者几焉。吾将退而求诸野矣。'"张沛撰:《中说校注》,中华书局 2013 年 7 月版,第 219 页。

秦人"鸟崇拜"说与"雕鸷之秦"比喻

关于秦文化的起源，有来自东夷的说法。或说秦人继承"鸟崇拜"的传统。战国时期东方人对秦人、秦国和秦文化的敌视倾向，见于史籍文献者，有"虎狼之秦"的说法。近似者又有所谓"雕鸷之秦"。以猛禽形容秦的威势和强权，还有其他例证。如言"秦为大鸟"等。对秦王政个人的形容，也有"挚鸟膺"，"其性悍勇"之说。东方人所谓"雕鸷之秦"，似乎可以理解为将"雕鸷"视作秦文化的象征符号。这种语言习惯到汉代仍有遗存。"雕鸷之秦"的比喻，或许与秦人"鸟崇拜"之说有一定关系。而"雕鸷"在曾经予秦文化以显著影响的草原民族的视野中有特殊意义，或许也是这一文化现象形成的因素之一。

一 "玄鸟"神话与"鸟俗氏""鸟身人言"

"秦之先"与"鸟"有神秘的关系。

关于秦人起源，长期以来有东来说与西来说的争论。一些学者曾经注意到，东夷族原始文化有崇拜鸟图腾的迹象。[①] 而秦史确实可见能够归入鸟崇拜的现象。黄文弼认为，秦为嬴姓。嬴姓诸国的分布，多在山东南部、江苏北部、安徽东北部、自徐州以东至于海滨一带。秦人关于鸟的祖先传说，也与东方有关。[②] 顾颉刚《鸟夷族的图腾崇拜及其氏族集团的灭亡》也指出秦人来自东方，其信仰之崇拜迹象与"鸟"有密切的关联，

---

① 《左传·昭公十七年》说到"少皞氏鸟名官"的情形。《春秋左传集解》，上海人民出版社1977年8月版，第1420—1421页。

② 黄文弼：《嬴秦为东方民族考》，《史学杂志》1945年创刊号。

"鸟是他们的图腾,他们全族人民的生命都是从鸟图腾里来的"。① 林剑鸣曾经论秦人和殷人的祖先曾经有过共同崇拜的"图腾"。② 研究秦文化早期源起的学者,不论其最终学术立场如何,大多注意到秦人"东来"的意见,而与"鸟"相关的意识史信息,也受到重视。③

涉及秦人先祖的传说,有"吞""玄鸟""生子"的情节。《史记》卷五《秦本纪》:"秦之先,帝颛顼之苗裔孙曰女修。女修织,玄鸟陨卵,女修吞之,生子大业。大业取少典之子,曰女华。女华生大费,与禹平水土。已成,帝锡玄圭。禹受曰:'非予能成,亦大费为辅。'帝舜曰:'咨尔费,赞禹功,其赐尔皂游。尔后嗣将大出。'乃妻之姚姓之玉女。大费拜受,佐舜调驯鸟兽,鸟兽多驯服,是为柏翳。舜赐姓嬴氏。"而"大费生子二人:一曰大廉,实鸟俗氏;……"其名号出现了"鸟"。司马贞《索隐》:"以仲衍鸟身人言,故为鸟俗氏。"另有同样"鸟身人言"者:"大廉玄孙曰孟戏、中衍,鸟身人言。……"张守节《正义》:"身体是鸟而能人言。又云口及手足似鸟也。"④ 《太平御览》卷九一四引《史记》曰:"秦仲知百鸟之音,与之语,皆应焉。"⑤ 也说到和"鸟"的特殊关系。

"玄鸟陨卵,女修吞之,生子大业"传说,与"鸟俗氏"名号以及"鸟身人言"神话,都反映传说时代的秦文化构成中可能有与"鸟"相关的基因。有的学者以所谓"鸟图腾"崇拜指称秦文化的这种特点。其实,后世文献中也可以看到"鸟"的神秘象征在秦史中的反映。如《初学记》卷二五引鱼豢《典略》:"秦伯出猎,至于咸阳,有大鸟流下,化为白雀,衔绿丹书,集于公车。"⑥ 又如《宋书》卷一八《礼志五》记载有关车制的文化渊源:"何承天谓战国并争,师旅数出,悬乌之设,务察风祲,宜

---

① 顾颉刚:《鸟夷族的图腾崇拜及其氏族集团的灭亡》,半坡博物馆编《史前研究 2000》,三秦出版社 2000 年 9 月版,第 200—210 页。

② 林剑鸣:《秦史稿》,上海人民出版社 1981 年 2 月版,第 14—18 页。

③ 史党社:《日出西山——秦人历史新探》,陕西人民出版社 2013 年 5 月版,第 70—85 页;陶兴华:《秦早期文明追迹》,甘肃教育出版社 2016 年 10 月版,第 53—57 页;雍际春:《秦早期历史研究》,中国社会科学出版社 2017 年 8 月版,第 47—54 页。

④ 《史记》,中华书局 1959 年 9 月版,第 173—174 页。

⑤ (宋)李昉等撰:《太平御览》,中华书局用上海涵芬楼影印宋本 1960 年 2 月复制重印版,第 4050 页。

⑥ (唐)徐坚等著:《初学记》,中华书局 1962 年 1 月版,第 619 页。

是秦矣。"① 车辆"悬乌之设"即与"鸟"有关的装置，缘由追溯到"秦"。而《北堂书钞》卷一三〇引沈约《宋书》："战国并争，旅师数出，元鸟之设，务察氛祲，疑是秦制也。"② "悬乌"作"元鸟"即"玄鸟"，不仅归入"秦制"，而且上溯到"秦之先""女修"传说了。

　　秦人早期历史文化进程中涉及"鸟"的记忆遗存，与秦文化的有些表象有一定的关系。

二 "虎狼之秦"与"雕鸷之秦"

　　战国时期，东方人自以为占据中原"礼义"文化制高点而鄙视居于"西垂"的秦人③，指斥"秦戎翟之教"④，"秦与戎翟同俗"。所谓"秦与戎翟同俗"，与秦"有虎狼之心"并说⑤，体现了当时的语言习惯。当时东方人对秦与秦文化的批判，又可见"虎狼之秦"的说法，或说"秦虎狼"，"秦，虎狼之国"。

　　《史记》卷四〇《楚世家》："楚怀王见秦王书，患之。欲往，恐见欺；无往，恐秦怒。昭雎曰：'王毋行，而发兵自守耳。秦虎狼，不可信，有并诸侯之心。'"⑥《史记》卷六九《苏秦列传》三见以"虎狼"比喻秦的文例："……又说魏襄王曰：'……臣窃量大王之国不下楚。然衡人怵王交强虎狼之秦以侵天下，卒有秦患，不顾其祸。夫挟强秦之势以内劫其主，罪无过此者。'""说楚威王曰：'……夫秦，虎狼之国也，有吞天下之心。秦，天下之仇雠也。衡人皆欲割诸侯之地以事秦，此所谓养仇

---

① 《宋书》，中华书局 1974 年 10 月版，第 500 页。

② 孔广陶校记："王石华校照陈本，'风侵'改'氛祲'。今按陈本又脱'疑是'句。俞本将此条改如《类聚》内，作《宋书·舆服志》。'元'作'玄'。余引颇详。"（唐）虞世南编撰：《北堂书钞》，中国书店据光绪十四年南海孔氏刊本 1989 年 7 月影印版，第 518 页。

③ 《史记》卷五《秦本纪》："（周宣王）复予秦仲后，及其先大骆地犬丘并有之，为西垂大夫。""文公元年，居西垂宫。"第 178、179 页。《史记》卷六《秦始皇本纪》："至周之衰，秦兴，邑于西垂。"第 276 页。《史记》卷二八《封禅书》："秦襄公既侯，居西垂。"第 1358 页。《史记》卷一五《六国年表》："楚强南服，秦霸西垂。"第 758 页。

④ 《史记》卷六八《商君列传》："商君曰：'始秦戎翟之教，父子无别，同室而居。今我更制其教，而为其男女之别，大筑冀阙，营如鲁卫矣。子观我治秦也，孰与五羖大夫贤？'"第 2234 页。

⑤ 《史记》卷四四《魏世家》载信陵君无忌语。第 1857 页。

⑥ 《史记》，第 1728 页。

而奉雠者也。夫为人臣，割其主之地以外交强虎狼之秦，以侵天下，卒有秦患，不顾其祸。夫外挟强秦之威以内劫其主，以求割地，大逆不忠，无过此者。'""楚王曰：'寡人之国西与秦接境，秦有举巴蜀并汉中之心。秦，虎狼之国，不可亲也。'"① 又如《史记》卷七一《樗里子列传》："游腾为周说楚王曰：'……今秦，虎狼之国，使樗里子以车百乘入周，周以仇犹、蔡观焉，故使长戟居前，强弩在后，名曰卫疾，而实囚之。且夫周岂能无忧其社稷哉？恐一旦亡国以忧大王。'"② 《史记》卷七五《孟尝君列传》记载了孟尝君与苏代的对话。苏代也说到"秦，虎狼之国也"：

　　秦昭王闻其贤，乃先使泾阳君为质于齐，以求见孟尝君。孟尝君将入秦，宾客莫欲其行，谏，不听。苏代谓曰："今旦代从外来，见木禺人与土禺人相与语。木禺人曰：'天雨，子将败矣。'土禺人曰：'我生于土，败则归土。今天雨，流子而行，未知所止息也。'今秦，虎狼之国也，而君欲往，如有不得还，君得无为土禺人所笑乎？"孟尝君乃止。③

《史记》卷八四《屈原贾生列传》："怀王欲行，屈平曰：'秦虎狼之国，不可信，不如毋行。'"④ 所谓"秦虎狼之国"，表现了东方人对秦国力雄厚、军威强盛、攻势凶猛的体会。

　　称秦国政治领袖为"虎狼"者，亦有多例。如："（尉）缭曰：'秦王为人，蜂准，长目，挚鸟膺，豺声，少恩而虎狼心，居约易出人下，得志亦轻食人。……'"⑤ 又如："樊哙曰：'……夫秦王有虎狼之心，杀人如不能举，刑人如恐不胜，天下皆叛之。……'"⑥ 尉缭秦王政身边臣子，樊哙秦汉之际活跃的政治人物，所谓"秦王""虎狼心"与"秦王有虎狼之心"是相当宽广社会层面人们的习用语。

　　前引信陵君无忌谓魏王语完整记录见于《史记》卷四四《魏世家》：

① 《史记》，第 2254—2261 页。

② 《史记》，第 2308 页。

③ 《史记》，第 2354 页。

④ 《史记》，第 2484 页。

⑤ 《史记》卷六《秦始皇本纪》，第 230 页。

⑥ 《史记》卷七《项羽本纪》，第 313 页。

"秦与戎翟同俗，有虎狼之心，贪戾好利无信，不识礼义德行。苟有利焉，不顾亲戚兄弟，若禽兽耳，此天下之所识也，非有所施厚积德也。故太后母也，而以忧死；穰侯舅也，功莫大焉，而竟逐之；两弟无罪，而再夺之国。此于亲戚若此，而况于仇雠之国乎？"①这段话指斥秦昭襄王"贪戾好利无信，不识礼义德行"，有关"太后母也，而以忧死；穰侯舅也，功莫大焉，而竟逐之；两弟无罪，而再夺之国"事，包含重要信息。涉及宣太后"忧死"情节，是其他文献未曾透露的。②以"虎狼"喻秦的同时，又言"若禽兽耳"。"虎狼"当然是"兽"。那么，有没有指其为"禽"的具体言辞呢？我们看到，这样的情形是有的。如《史记》卷八六《刺客列传》：

> 鞠武曰："夫行危欲求安，造祸而求福，计浅而怨深，连结一人之后交，不顾国家之大害，此所谓'资怨而助祸'矣。夫以鸿毛燎于炉炭之上，必无事矣。且以雕鸷之秦，行怨暴之怒，岂足道哉。燕有田光先生，其为人智深而勇沉，可与谋。"③

"雕鸷之秦"一如"虎狼之秦"。"虎狼"是猛"兽"，"雕鸷"是猛"禽"。所谓"以雕鸷之秦，行怨暴之怒"，是对秦与秦政具有典型性意义的比拟。

我们读郭嵩焘《史记札记》关于《秦始皇本纪》记述"秦王初并天下"指示"议帝号"事，回顾了自秦王政十七年（前230）至二十六年（前221）的统一战争："秦王初并天下，令丞相、御史曰：'异日韩王纳地效玺，请为藩臣，已而倍约，与赵、魏合从畔秦，故兴兵诛之，虏其王。寡人以为善，庶几息兵革。赵王使其相李牧来约盟，故归其质子。已而倍盟，反我太原，故兴兵诛之，得其王。赵公子嘉乃自立为代王，故举

---

　①《史记》，第1857页。篇末司马迁以"太史公曰"形式发表了史论："太史公曰：吾适故大梁之墟，墟中人曰：'秦之破梁，引河沟而灌大梁，三月城坏，王请降，遂灭魏。'说者皆曰魏以不用信陵君故，国削弱至于亡，余以为不然。天方令秦平海内，其业未成，魏虽得阿衡之佐，曷益乎？"司马贞《索隐》："按：谯周曰'以予所闻，所谓天之亡者，有贤而不用也，如用之，何有亡哉？使纣用三仁，周不能王，况秦虎狼乎？'"第1864页。

　②参看王子今《秦史的宣太后时代》，《光明日报》2016年1月20日第14版；《卸妆半月：宣太后世家》，中国人民大学大学出版社2016年8月版。

　③《史记》，第2529页。

兵击灭之。魏王始约服入秦，已而与韩、赵谋袭秦，秦兵吏诛，遂破之。荆王献青阳以西，已而畔约，击我南郡，故发兵诛，得其王，遂定其荆地。燕王昏乱，其太子丹乃阴令荆轲为贼，兵吏诛，灭其国。齐王用后胜计，绝秦使，欲为乱，兵吏诛，虏其王，平齐地。寡人以眇眇之身，兴兵诛暴乱，赖宗庙之灵，六王咸伏其辜，天下大定。今名号不更，无以称成功，传后世。其议帝号。'"① 之后有所评议："案此诏令御史之文，历叙兼并六国情事，雄直高简，足见鹰扬虎视之概。"② 所谓"鹰扬虎视"，也用"雕鸷""虎狼"禽兽之喻肯定其英雄主义。

三　"秦为大鸟"，"鹰击""奋翼鼓羽"

以所谓"以雕鸷之秦，行怨暴之怒"指责秦的军事政治风格，是体现出仇恨情绪的言辞。战国时期秦的强势国力、雄劲兵威、激切的进取精神与急烈的节奏风格激起的东方人的强烈敌意因此得以体现。东方人所谓"雕鸷之秦"，于礼仪自尊立场有鄙夷的倾向，然而同时也暗含敬畏的心理。

类似的语言表达方式，又有"秦为大鸟"之说。

《史记》卷四〇《楚世家》记载，秦韩伊阙之战后，秦军大胜，秦王随即挑战楚王："秦乃遗楚王书曰：'楚倍秦，秦且率诸侯伐楚，争一旦之命。愿王之饬士卒，得一乐战。'楚顷襄王患之，乃谋复与秦平。七年，楚迎妇于秦，秦楚复平。""十四年，楚顷襄王与秦昭王好会于宛，结和亲。十五年，楚王与秦、三晋、燕共伐齐，取淮北。十六年，与秦昭王好会于鄢。其秋，复与秦王会穰。"在"秦楚复平"，双方关系缓和，从"乐战"转而"好会"的背景下，楚人有上言激励楚王进取扩张者。其建议借用射鸟寓言形式，表达了站在楚国立场上的比较深沉的战略思考："（楚顷襄王）十八年，楚人有好以弱弓微缴加归雁之上者，顷襄王闻，召而问之。"其人"对"言，自称"好射"，随即以"小矢之发"为譬，发表了涉及国家发展方向的这样一番议论："小臣之好射鶀雁③，

---

① 《史记》卷六《秦始皇本纪》，第235—236页。关于"议帝号"事，参看王子今《秦始皇议定"帝号"与执政合法性宣传》，《人文杂志》2016年第2期。

② （清）郭嵩焘：《史记札记》，商务印书馆1957年9月版，第40页。

③ 司马贞《索隐》："小雁也。"

罗鸗①，小矢之发也，何足为大王道也。且称楚之大，因大王之贤，所弋非直此也。昔者三王以弋道德，五霸以弋战国。故秦、魏、燕、赵者，鹍雁也；齐、鲁、韩、卫者，青首也②；驺、费、郯、邳者，罗鸗也。外其余则不足射者。见鸟六双③，以王何取？王何不以圣人为弓，以勇士为缴，时张而射之？此六双者，可得而囊载也。其乐非特朝昔之乐也④，其获非特凫雁之实也。王朝张弓而射魏之大梁之南，加其右臂而径属之于韩，则中国之路绝而上蔡之郡坏矣。还射圉之东，解魏左肘而外击定陶，则魏之东外弃而大宋、方与二郡者举矣。⑤且魏断二臂，颠越矣；膺击郯国，大梁可得而有也。王绩缴兰台⑥，饮马西河，定魏大梁，此一发之乐也。若王之于弋诚好而不厌，则出宝弓，碆新缴⑦，射嚄鸟于东海，还盖长城以为防⑧，朝射东莒⑨，夕发浿丘⑩，夜加即墨，顾据午道⑪，则长城

----

① 裴骃《集解》："徐广曰：'吕静曰鸗，野鸟也。音龙。'"司马贞《索隐》："鸗，小鸟。"

② 司马贞《索隐》："亦小凫，有青首者。"

③ 司马贞《索隐》："以喻下文秦赵等十二国，故云'六双'。"

④ 司马贞《索隐》："昔犹夕也。"

⑤ 张守节《正义》："言王朝张弓射魏大梁、汴州之南，即加大梁之右臂；连韩、郯，则河北中国之路向东南断绝，则韩上蔡之郡自破坏矣。复遶雍丘围城之东，便解散魏左肘宋州，而外击曹定陶，及魏东之外解弃，则宋、方与两郡并举。"

⑥ 裴骃《集解》引徐广曰："绩，紫也……。兰，一作'简'。"张守节《正义》："郑玄云：'绩，屈也，江沔之闲谓之紫，收绳索绩也。'按：缴，丝绳，系弋射鸟也。若膺击郯，围大梁已了，乃收弋缴于兰台。兰台，桓山之别名也。"

⑦ 裴骃《集解》："徐广曰：'以石傅弋缴曰碆。'"司马贞《索隐》："碆作'磻'。"

⑧ 裴骃《集解》引徐广曰："'嚄'，一作'独'。……盖，一作'益'。益县在乐安，盖县在泰山。济北卢县有长城，东至海也。"司马贞《索隐》："嚄音昼，谓大鸟之有钩喙者，以比齐也。还音患，谓遶也。盖者，覆也。言射者环遶盖覆，使无飞走之路，因以长城为防也。徐以盖为益县，非也。长城当在济南。"张守节《正义》："《太山郡记》云：'太山西北有长城，缘河径太山千余里，至琅邪台入海。'《齐记》云：'齐宣王乘山岭之上筑长城，东至海，西至济州千余里，以备楚。'《括地志》云：'长城西北起济州平阴县，缘河历太山北冈上，经济州淄川，即西南兖州博城县北，东至密州琅邪台入海。'《蓟代记》云齐有长城巨防，足以为塞也。'"

⑨ 张守节《正义》："《括地志》云：'密州莒县，故莒子国。《地理志》云周武王封少昊之后嬴姓于莒，始都计斤，春秋时徙居莒也。'"

⑩ 裴骃《集解》引徐广曰："在清河。"张守节《正义》："《括地志》云：'浿丘，丘名也，在青州临淄县西北二十五里也。'"

⑪ 司马贞《索隐》："顾，反也。午道当在齐西界。一从一横为午道，亦未详其处。"张守节《正义》："刘伯庄云'齐西界'。按：盖在博州之西境也。"

之东收而太山之北举矣。① 西结境于赵②而北达于燕③，三国布瓰④，则从不待约而可成也。北游目于燕之辽东而南登望于越之会稽，此再发之乐也。若夫泗上十二诸侯，左萦而右拂之，可一旦而尽也。今秦破韩以为长忧，得列城而不敢守也；伐魏而无功，击赵而顾病⑤，则秦魏之勇力屈矣，楚之故地汉中、析、郦可得而复有也。王出宝弓，碆新缴，涉鄳塞⑥，而待秦之倦也，山东、河内⑦可得而一也。劳民休众，南面称王矣。"说者据说"好以弱弓微缴加归雁之上者"，即善于射鸟的猎手，自称"好射鴽雁，罗鸗"，所言意在求楚国崛起，以"张弓而射"激励楚王军事扩张，用语频言弓缴弋射事，凡3见"弓"，4见"缴"，4见"弋"，6见"射"。⑧ 凡敌国，均视作禽鸟："秦、魏、燕、赵者，鴽雁也；齐、鲁、韩、卫者，青首也；驺、费、郯、邳者，罗鸗也"，而齐国又被称作"嚖鸟"，即"大鸟之有钩喙者"。对齐国的战略关注，与楚国迁都逐步向东北方向移动的态势是一致的。⑨

值得特别注意的，是这位关心楚国发展的操"小矢""好射鴽雁，罗鸗"者在战略形势的分析中，特别说到"秦为大鸟""东面"威胁"赵""楚""韩魏"的严重局势：

故曰秦为大鸟，负海内而处，东面而立，左臂据赵之西南，右臂傅楚鄢郢，膺击韩魏，垂头中国，处既形便，势有地利，奋翼鼓瓰，方三千里，则秦未可得独招而夜射也。

---

① 张守节《正义》："言从济州长城东至海，太山之北，黄河之南，尽举收于楚。"

② 张守节《正义》："言得齐地约结于赵，为境界，定从约也。"

③ 司马贞《索隐》："北，一作'杜'。杜者，宽大之名。言齐晋既伏，收燕不难也。"张守节《正义》："北达，言四通无所滞碍。言燕无山河之限也。"

④ 裴骃《集解》引徐广曰："音翅。一作'属'。"司马贞《索隐》："亦作'翅'，同式豉反。三国，齐、赵、燕也。"

⑤ 司马贞《索隐》："顾犹反也。"

⑥ 裴骃《集解》引徐广曰："或以为'冥'，今江夏。一作'黾'。"张守节《正义》："《括地志》云：'故郾城在陕州河北县东十里，虞邑也。杜预云河东大阳有郾城是也。'徐言江夏，亦误也。"

⑦ 张守节《正义》："谓华山之东，怀州河内之郡。"

⑧ 又2见"张"，3见"发"。

⑨ 参看王子今《战国秦汉时期楚文化重心的移动——兼论垓下的"楚歌"》，《北大史学》第12辑，北京大学出版社2007年1月版，第13—24页。

以"秦为大鸟"作为说明国家战略的比喻。关于"膺击韩魏",司马贞《索隐》:"谓韩、魏当秦之前,故云'膺击'。俗本作'鹰',非。"①关于"垂头中国",司马贞《索隐》:"垂头犹申颈也。言欲吞山东。"②

以"秦为大鸟,负海内而处,东面而立"形容秦的区域优越与战略强势,是符合当时"唯秦雄天下"③,"秦地半天下"④ 的形势的。所谓"左臂据赵之西南,右臂傅楚鄢郢,膺击韩魏,垂头中国",以"大鸟"身体部位形容秦国对各地的威胁。而所谓"奋翼鼓㧑,方三千里,则秦未可得独招而夜射也",特别强调了秦国势的强盛。

关于"大鸟",东汉又有杨震故事。太尉杨震因"奸臣"樊丰等潜言被迫自杀,"岁余,顺帝即位,樊丰、周广等诛死,震门生虞放、陈翼诣阙追讼震事。朝廷咸称其忠,乃下诏除二子为郎,赠钱百万,以礼改葬于华阴潼亭,远近毕至。先葬十余日,有大鸟高丈余,集震丧前,俯仰悲鸣,泪下沾地,葬毕,乃飞去。郡以状上。时连有灾异,帝感震之枉,乃下诏策曰:'故太尉震,正直是与,俾匡时政,而青蝇点素,同兹在藩。上天降威,灾眚屡作,尔卜尔筮,惟震之故。朕之不德,用彰厥咎,山崩栋折,我其危哉!今使太守丞以中牢具祠,魂而有灵,傥其歆享。'于是时人立石鸟象于其墓所"。⑤ 四川渠县出土汉代"大鸟"与当地以汉阙为标志的墓葬文化的关系,有学者揭示了其政治象征意义。⑥ 此"大鸟"与前说"秦为大鸟"之"大鸟"之意义显然是不同的,但是所谓"上天降威"之"威"与受到警告者感觉"我其危哉"的"危"的对应关系,却显示相互间又有一定的相似之处。与"连有灾异""灾眚屡作""山崩栋折"同样,"有大鸟高丈余,集震丧前,俯仰悲鸣,泪下沾地,葬毕,乃

---

①　前引"膺击郊国,大梁可得而有也",也说"膺击",或许体现了善于弋射者对禽鸟习性细致观察形成的语言习惯,因而值得注意。

②　《史记》,第1730—1732页。

③　《史记》卷八三《鲁仲连邹阳列传》,第2459页。

④　《史记》卷七〇《张仪列传》,第2289页。

⑤　《后汉书》卷五四《杨震传》,中华书局1965年5月版,第1767页。

⑥　孙家洲、李禹阶:《从杨震屈死一案看东汉统治体制的弊端》,《咸阳师范学院学报》2012年第1期;孙家洲:《渠县博物馆所见"神兽石雕"应为冯焕墓阙"大鸟石像"试说》,"汉阙与秦汉文明学术研讨会"论文,2013年9月,渠县;孙家洲:《由渠县冯焕阙前"神兽石雕"残石论及汉代"大鸟刻石"及其意义》,《汉阙与秦汉文明学术研讨会论文集》,中国文史出版社2014年5月版。

飞去",也是"上天降威"的一种形式。

四 秦王"挚鸟膺"

《史记》卷六《秦始皇本纪》记载,秦始皇统一战争期间的关键时段,曾经有"逐客"至于"止逐客令"的政策反复:"大索,逐客,李斯上书说,乃止逐客令。李斯因说秦王,请先取韩以恐他国,于是使斯下韩。韩王患之。与韩非谋弱秦。"秦招致"大梁人尉缭",作为"客",尉缭建议略诸侯"豪臣"以破解"诸侯合从"危险,推进统一事业:

> 大梁人尉缭来,说秦王曰:"以秦之强,诸侯譬如郡县之君,臣但恐诸侯合从,翕而出不意,此乃智伯、夫差、愍王之所以亡也。愿大王毋爱财物,赂其豪臣,以乱其谋,不过亡三十万金,则诸侯可尽。"秦王从其计,见尉缭亢礼,衣服食饮与缭同。

秦王听从尉缭的计谋①,并表现特别的亲近。然而尉缭自有明智士人的警觉,以为"不可与久游"。他对于"秦王为人"的评价,有一段著名的言辞。其中就"秦王"形貌与心理的判断,使用了"挚鸟"即"鸷鸟"的比喻:

> 缭曰:"秦王为人,蜂准②,长目,挚鸟膺,豺声,少恩而虎狼心,居约易出人下,得志亦轻食人。我布衣,然见我常身自下我。诚使秦王得志于天下,天下皆为虏矣。不可与久游。"乃亡去。秦王觉,固止,以为秦国尉,卒用其计策。

关于"挚鸟膺",张守节《正义》:"鸷鸟,鹘。膺突向前,其性悍勇。"③

---

① 参看孙家洲《"反间":秦统一进程中的成功策略》,《咸阳师范学院学报》2017 年第 5 期;《"重金收买"与"离间计"在秦统一过程中的作用》,《光明日报》2017 年 7 月 17 日第 14 版。

② 裴骃《集解》引徐广曰:"蜂,一作'隆'。"张守节《正义》:"蜂,孚逢反。准,章允反。蜂,虿也,高鼻也。文颖曰:'准,鼻也。'"

③ 《史记》,第 230 页。

指出其猛禽的品性。"挚鸟"即"鸷鸟"的解释是合理的。《太平御览》卷八六引《史记》即作"鸷鸟"。①

王安石《秦始皇》诗特别突出地强调其"鸷鸟膺"的特征:"天方猎中原,狐兔在所憎。伤哉六孱王,当此鸷鸟膺。抟取已扫地,翰飞尚凭凌。游将跨蓬莱,以海为丘陵。勒石颂功德,群臣助骄矜。举世不读《易》,但以刑名称。蚩蚩彼少子,何用辨坚冰。"② 所谓"鸷鸟膺"作为代表秦王的符号,在诗中也表现了秦军的无敌强势。而"伤哉六孱王,当此鸷鸟膺"以及"抟取已扫地,翰飞尚凭凌"诗句,形容秦统一战争实际上使"中原"成为"猎"场。"鸷鸟""翰飞""凭凌","抟取""狐兔","六""王""扫地",竟然一往无前。明张岱《夜航船》卷一三《容貌部·形体》"祖龙"条写道:"秦始皇虎口,日角,火目,隆准,鸷鸟膺,豺声。长八尺六寸,大七围,手握兵执矢,号曰'祖龙'。侯生数其淫暴,谓万万均朱,千千桀纣。"③ 以为"鸷鸟膺"是与"手握兵执矢"对应的凶暴之相。

郭沫若以先学医后研史的经历,曾经就秦始皇"挚鸟膺"有所讨论,以为是小儿营养不良导致的鸡胸。他说,尉缭所言"秦王为人,蜂准,长目,挚鸟膺,豺声,少恩而虎狼心","都是生理上的残缺,特别是'挚鸟膺',现今医学上所说的鸡胸,是软骨症的一种特征"。"软骨症患者,骨的发育反常,故尔胸形鼻形都呈变异,而气管炎或气管枝炎是经常并发的。有这三种征候,可以下出软骨症的诊断。因为有这生理上的缺陷,秦始皇在幼时一定是一位可怜的孩子,相当受了人的轻视。""这样身体既不健康,又受人轻视,精神发育自难正常。为了图谋报复,要建立

---

① (宋)李昉等撰:《太平御览》,第408页。明李贽《藏书》卷二《世纪·混一诸侯》"吕秦始皇帝"条直接写作"鸷鸟膺"。(明)李贽著:《藏书》,中华书局1959年5月版,第13页。明王世贞撰《弇州四部稿》卷一四二《说部》同。《景印文渊阁四库全书》,第1281册第325页。同样文字,又见于(明)张懋修撰《墨卿谈乘》卷四《人物》"尉缭范蠡"条,《四库未收书辑刊》第3辑,北京出版社2000年版,第28册第65页;(明)张时彻撰《芝园集》外集卷一〇,《四库全书存目丛书》,齐鲁书社1997年7月版,集部第82册第669页;(清)李锴《读书杂述》卷一〇,《续修四库全书》,第1135册第456页。

② (宋)王安石撰,(宋)李壁注,李之亮补笺:《王荆公诗注补笺》卷一二《古诗》。巴蜀书社2002年1月版,第224页。

③ (明)张岱撰,刘耀林校注:《夜航船》,浙江古籍出版社1987年2月版,第504—505页。

自己的威严，很容易地发展向残忍的一路。身居王位，要这样发展也没有什么阻碍。结果他是发展向着这一条路上来了。'少恩而虎狼心'，便是这种精神发展的表征。"①

近年关于生理史身体史的研究兴起。《史记》中秦王政"蜂准，长目，挚鸟膺，豺声"是典型的历史记录。其他又有项羽"重瞳"及刘邦"美须髯，左股有七十二黑子"等。论者多以这种异相与政治生活相联系。如《史记》卷一《五帝本纪》："虞舜者，名曰重华。"张守节《正义》："目重瞳子，故曰重华。"②《史记》卷七《项羽本纪》："太史公曰：吾闻之周生曰'舜目盖重瞳子'，又闻项羽亦重瞳子。羽岂其苗裔邪？何兴之暴也！"③《史记》卷八《高祖本纪》："高祖为人，隆准而龙颜，美须髯，左股有七十二黑子。"张守节《正义》："《合诚图》云：'赤帝体为朱鸟，其表龙颜，多黑子。'按：左，阳也。七十二黑子者，赤帝七十二日之数也。木火土金水各居一方，一岁三百六十日，四方分之，各得九十日，土居中央，并索四季，各十八日，俱成七十二日，故高祖七十二黑子者，应火德七十二日之征也。"④ 其中"挚鸟膺""鸷鸟膺"具有政治象征意义，与"重瞳""七十二黑子"等还是有所不同。

五　"若鸷鸟之追群雀"：汉人的秦史记忆之一

以猛禽比喻秦人的军势强权，亦见于汉人文字。可以理解为一种真确的历史记忆。《盐铁论·伐功》载有大夫言，追述东周时期中原民族与北方草原民族的军事竞争：

> 大夫曰："齐桓公越燕伐山戎，破孤竹，残令支。赵武灵王逾句注，过代谷，略灭林胡、楼烦。燕袭走东胡，辟地千里，度辽东而攻朝鲜。蒙公为秦击走匈奴，若鸷鸟之追群雀。匈奴势慑，不敢南面而望十余年。及其后，蒙公死而诸侯叛秦，中国扰乱，匈奴纷纷，乃敢

① 郭沫若：《吕不韦与秦王政的批判》，《十批判书》，东方出版社 1996 年 3 月版，第449—450 页。
② 《史记》，第 31 页。
③ 《史记》，第 338 页。
④ 《史记》，第 342、343 页。

复为边寇。……"①

这里说到"齐桓公""伐山戎，破孤竹，残令支"，"赵武灵王""略灭林胡、楼烦"，"燕袭走东胡"，"攻朝鲜"，"蒙公""击走匈奴"，其中只有蒙恬事迹直接以"鸷鸟"比喻。蒙恬在北河方向的进取，也是秦统一的战略主题之一。② 所谓"若鸷鸟之追群雀"，生动形容了秦军"宰割天下，分裂河山"，"追亡逐北，伏尸百万"③ 的战争强势。

对于"蒙公为秦击走匈奴"，王利器校注："《史记·匈奴传》：'后秦灭六国，而始皇帝使蒙恬将十万之众北击胡，悉收河南地。'"对于"若鸷鸟之追群雀"，王利器校注："《左传》文公十八年：'见无礼于其君者，诛之如鹰鹯之逐鸟雀也。'"④ 关于"鹰鹯"和"鸟雀"的关系，汉代文献的相关信息又有《初学记》卷三〇引焦贡《易林》："鹰栖茂树，候雀往来。"⑤

《尉缭子·武议》："起兵直使甲胄生虮虱者，必为吾所效用也。鸷鸟逐雀，有袭人之怀、入人之室者，非出生也，后有惮也。"⑥ 使用了"鸷鸟逐雀"的比喻。

六 "鸷翰""仪、秦行"：汉人的秦史记忆之二

扬雄《法言·渊骞》说到一些历史人物，在"颜渊""闵子骞"、"仲尼"及"七十子"、"舜""禹""皋陶"及"秦悼武、乌获、任鄙"、"孟轲""荆轲"、"鲁仲连"、"邹阳"、"信陵、平原、孟尝、春申"、"樗里子"、"周之顺、赧""秦之惠文、昭襄"、"蒙恬"、"吕不韦"、"白起"、"要离"之后，说到张仪、苏秦。我们注意到，所涉及人物，以秦人及历史行为与文化表现与秦史关联密切者居多。关于张仪、苏秦，扬雄写道：

---

① 王利器校注：《盐铁论校注》（定本），中华书局1992年7月版，第494页。
② 王子今：《秦统一局面的再认识》，《辽宁大学学报》2013年第1期。
③ （汉）贾谊：《过秦论》，《史记》卷六《秦始皇本纪》，第279页。
④ 王利器校注：《盐铁论校注》（定本），第497页。
⑤ （唐）徐坚等著：《初学记》，第731页。
⑥ 徐勇：《尉缭子浅说》，解放军出版社1989年2月版，第95页。

　　或问："仪、秦学乎鬼谷术，而习乎纵横言，安中国者各数十年，是夫？"曰："诈人也，圣人恶诸。"曰："孔子读，而仪、秦行，何如也？"曰："甚矣！凤鸣而鸷翰也。"……①

　　以"鸷翰"言"诈人""仪、秦行"。"凤鸣"比喻"孔子"德音，"鸷翰"形容"仪、秦"恶行。

　　不计孔子"七十子"，《法言·渊骞》讨论的其他28位历史名人中，大多与秦史关涉紧密。其中如"荆轲"、"鲁仲连"、"信陵、平原、孟尝、春申"等，以及"仪、秦"，如果没有与秦国直接间接的外交史军事史表现，则个人历史色彩可以说完全黯然无光。而"秦悼武、乌获、任鄙"、"秦之惠文、昭襄"、"蒙恬"、"吕不韦"、"白起"等活跃于秦国上层执政集团的8位人物，在28人花名册中占到28.57%。秦"力士""乌获、任鄙"也是上层高官，是需要说明的。② 而《史记》卷七〇《张仪列传》记载，使楚后，"张仪归报，秦惠王封仪五邑，号曰武信君"。③ 则张仪也是秦国贵族。④ 而苏秦虽然成功"约六国从秦"，使得"秦兵不敢窥函谷关十五年"，但是起初也曾经在秦国活动。《史记》卷六九《苏秦列传》写道："（苏秦）乃西至秦。秦孝公卒。说惠王曰：'秦四塞之国，被山带渭，东有关河，西有汉中，南有巴蜀，北有代马，此天府也。以秦士民之众，兵法之教，可以吞天下，称帝而治。'秦王曰：'毛羽未成，不可以高蜚；文理未明，不可以并兼。'方诛商鞅，疾辩士，弗用。"秦惠文王所谓"毛羽未成，不可以高蜚"，是可以使人联想到"雕鸷之秦"的。⑤《史记》卷六《秦始皇本纪》引贾谊《过秦论》："秦孝公据殽函之固，拥雍州之地，君臣固守而窥周室，有席卷天下，包举宇内，囊括四海之

---

　　① 汪荣宝撰，陈仲夫点校：《法言义疏》，中华书局1987年3月版，第442页。

　　② 《史记》卷五《秦本纪》："武王有力好戏，力士任鄙、乌获、孟说皆至大官。"《史记》，第209页。参看王子今《略说秦"力士"——兼及秦文化的"尚力"风格》，《秦汉研究》第7辑，陕西人民出版社2013年10月版，第1—15页。

　　③ 《史记》，第2294页。

　　④ 如果张仪列名秦国上层执政集团，则合计9位人物，占总人数28的32.14%。

　　⑤ 《史记》，第2262、2242页。苏秦说秦惠文王事受到重视。《史记》卷五五《留侯世家》："刘敬说高帝曰：'都关中。'"说到"天府之国"。司马贞《索隐》："苏秦说秦惠王云'秦地势形便，所谓天府'。"第2043、2044页。又《史记》卷九九《刘敬叔孙通列传》司马贞《索隐》："案：《战国策》苏秦说惠王曰'大王之国，地势形便，此所谓天府'。"第2717页。

意，并吞八荒之心。当是时，商君佐之，内立法度，务耕织，修守战之备，外连衡而斗诸侯，于是秦人拱手而取西河之外。""外连衡而斗诸侯"句下，司马贞《索隐》："《战国策》曰：'苏秦亦为秦连衡。'"① 应当是说秦惠文王执政时苏秦"西至秦""说惠王"事迹。

有关苏秦"西至秦""说惠王"情形，《战国策·秦策一》的记载与《史记》略异而更为详尽："苏秦始将连横，说秦惠王曰：'大王之国，西有巴、蜀、汉中之利，北有胡貉、代马之用，南有巫山、黔中之限，东有肴、函之固。田肥美，民殷富，战车万乘，奋击百万，沃野千里，蓄积饶多，地势形便，此所谓天府，天下之雄国也。以大王之贤，士民之众，车骑之用，兵法之教，可以并诸侯，吞天下，称帝而治。愿大王少留意，臣请奏其效。'"秦惠文王的态度比较消极。"秦王曰：'寡人闻之，毛羽不丰满者不可以高飞，文章不成者不可以诛罚，道德不厚者不可以使民，政教不顺者不可以烦大臣。今先生俨然不远千里而庭教之，愿以异日。'"苏秦表示"臣固疑大王不能用也"，然而仍然发表了积极攻战的建议："兵胜于外，义强于内；威立于上，民服于下。今欲并天下，凌万乘，诎敌国，制海内，子元元，臣诸侯，非兵不可！"他对于"王固不能行也"表示遗憾。据说"说秦王书十上而说不行"，最终"黑貂之裘弊，黄金百斤尽，资用乏绝，去秦而归"。② 《史记》载秦惠文王语所谓"毛羽未成，不可以高蜚"，《战国策》作"毛羽不丰满者不可以高飞"。

《法言·渊骞》指斥"诈人""仪、秦行"，以"鸷翰"比喻，应当与"雕鸷之秦"的历史记忆有关。

以"鸷"形容政治军事风格，言凶猛、残酷、激切、暴烈。如苏秦说秦王所鼓动的"废文任武"，"缀甲厉兵，效胜于战场"，"宽则两军相攻，迫则杖戟相橦"，以求"兵胜""威立"。③ 然而以"鸷翰"言"仪、秦行"之"诈"，似乎并不直接说其"强""厉"。但是我们读《史记》卷四一《越王句践世家》载大夫逢同谏句践语"鸷鸟之击也，必匿其形"④，及《史记》卷一二二《酷吏列传》："（义）纵以鹰击毛挚为治"，

---

① 《史记》，第278—279页。

② （汉）刘向集录：《战国策》，上海古籍出版社1985年3月版，第78—85页。

③ （汉）刘向集录：《战国策》，第81页。

④ 《史记》，第1743页。

裴骃《集解》："徐广曰：'鸷鸟将击，必张羽毛也。'"① 可知"鹰""鸷"的智慧，是可以体现为不同形式的"奸"的。扬雄以"鸷翰"言"诈人""仪、秦行"，比喻是贴切的。

通过"毛羽未成，不可以高蜚"，"毛羽不丰满者不可以高飞"，以及"鸷鸟将击，必张羽毛也"之"毛羽""羽毛"，也可以增进对于"鸷翰"的理解。

七 "嬴氏搏翼"，"秦政利觜长距"：
汉人的秦史记忆之三

张衡《东京赋》论秦的崛起，从由余参观秦穆公宫室说起："由余以西戎孤臣，而悝穆公于宫室……"薛综注："由余但西戎孤陋之臣耳。"李善注："《史记》曰：由余本晋人，亡入西戎，相戎王。使来聘秦，观秦之强弱。穆公示以宫室，引之登三休之台。由余曰：臣国土阶三尺，茅茨不翦，寡君犹谓作之者劳，居之者淫。此台若鬼为之，则神劳矣；使人为之，则人亦劳矣。于是穆公大惭。"② 张衡写道，秦统一前后的宫室建筑，曾经有"七雄并争竞，相高以奢丽"的阶段。"楚筑章华"，"赵建丛台"，皆是实例。文中也以猛禽比喻秦在迅速崛起与实现统一的历史进程中的强劲风格：

> 周姬之末，不能厌政，政用多僻。始于宫邻，卒于金虎。嬴氏搏翼，择肉西邑。是时也，七雄并争竞，相高以奢丽。楚筑章华于前，赵建丛台于后。秦政利觜长距，终得擅场。思专其侈，以莫己若。乃构阿房，起甘泉，结云阁，冠南山。

关于"嬴氏搏翼，择肉西邑"，薛综注："嬴，秦姓也。《周书》曰：无为虎搏翼，将飞入邑，择人而食也。搏翼，谓著翼也。搏，与附同。"李周

---

① 《史记》，第 3146、3147 页。
② 《史记》卷五《秦本纪》："戎王使由余于秦。由余，其先晋人也，亡入戎，能晋言。闻缪公贤，故使由余观秦。秦缪公示以宫室、积聚。由余曰'使鬼为之，则劳神矣。使人为之，亦苦民矣。'"第 192 页。

翰注："谓据西邑之险，择诸侯而攻之。"所谓"嬴氏搏翼"解释为"为虎搏翼"、为虎"著翼"，可以将"虎狼之秦"体现出的对秦的恐惧与所谓"雕鸷之秦"结合起来。

关于"秦政利觜长距，终得擅场"，薛综注："言秦以天下为大场，喻七雄为斗鸡。利觜长距者，终擅一场也。《史记》曰：秦始皇，秦襄王子，名政。《说义》曰：擅，专也。"吕向注："言始皇甲兵猛锐，竟灭六国，专有天下。"① 政论家史论家使用所谓"七雄""斗鸡"，"天下""大场"的比喻，应生成于"斗鸡"娱戏形式普遍兴起的时代。② 曹植《斗鸡》诗写道："觜落轻毛散，严距往往伤。""愿蒙狸膏助，长得擅此场。"赵幼文校注解释"擅此场"，即引《东京赋》"秦政利觜长距，终得擅场"句。③ 应场《斗鸡诗》："双距解长维，飞踊超敌伦。芥羽张金距，连战何缤纷。""专场驱众敌，刚捷逸等群。""专场"可以联系"擅场"理解。诗句说到"距"。刘桢《斗鸡》："丹鸡被华采，双距如锋芒。""利爪探玉除，瞋目含火光。""轻取奋勾喙，电击复还翔。"④ 也形容了"距""爪"的锋利，同时说到"勾喙"，也就是《东京赋》所谓"利觜"。左思《吴都赋》："羽族以觜距为刀铍。"⑤ 动物学的常识，被用以进行战争史的表述。⑥

---

① （梁）萧统编，（唐）李善、吕延济、刘良、张铣、吕向、李周翰注：《六臣注文选》，中华书局 1987 年 8 月版，第 62—63 页。

② 春秋时期已有"斗鸡"之戏风行的迹象。《左传·昭公二十五年》："季郈之鸡斗。季氏介其鸡，郈氏为之金距。"《春秋左传集解》，第 1522 页。西汉例证可见《白孔六帖》卷九四"鸡"条引王褒诗："蹳踱始横行，意气欲相倾。入场疑挑战，逐退似追兵。"（唐）白居易原本，（宋）孔传续撰：《白孔六帖》，《四库类书丛刊》，上海古籍出版社 1992 年 5 月版，第 530 页。说到"入场"。王褒《四子讲德论》说"秦之时"，"处位而任政者，皆短于仁义，长于酷虐，狼挚虎攫，怀残秉贼"。王洪林著：《王褒集考译》，巴蜀书社 1998 年 6 月版，第 38 页。"挚"字的使用值得注意。可能"斗鸡"竞技在民间普遍流行，在东汉魏晋以后渐成风习。

③ （三国魏）曹植著，赵幼文校注：《曹植集校注》，中华书局 2016 年 10 月版，第 1、3 页。

④ 俞绍初辑校：《建安七子集》，中华书局 1989 年 7 月版，第 167—168、186—187 页。"双距解长维"，或作"双距解长维"。吴云主编：《建安七子集校注》（修订版），天津古籍出版社 2005 年 1 月版，第 495 页。

⑤ （梁）萧统编，（唐）李善、吕延济、刘良、张铣、吕向、李周翰注：《六臣注文选》，第 112 页。

⑥ 《新唐书》卷二三下《仪卫志下》记述军乐仪仗："鼓吹部有捔鼓"。"捔鼓十曲"中有"三《鸷鸟击》"，"六《雕鹗争》"。第 508 页。也体现出对猛禽习性的熟悉以及"鸷鸟击"等禽鸟行为与军事生活的关系。

"秦政利觜长距"的比喻后世仍然经常使用。唐岑文本《拟剧秦美新》："异哉秦氏之为政也，恃崤、函之作固，因襄、文之余烈，穷起、翦之暴兵，纳鞅、斯之邪说。兼两州之地，削六雄之辙。先王之道废，曩圣之德灭。利觜长距，殚苍生之命；刮语焚书，愚黔首之性。海内訾其凶灭，天下苦其苛政。"① 直接以"利觜长距"形容"秦氏之为政"，指斥秦"恃崤、函之作固，因襄、文之余烈，穷起、翦之暴兵，纳鞅、斯之邪说"。高适《苍鹰赋》："周官以司寇比德，汉氏以将军作传。钩成利嘴，电转奇眸。苍姿迭色，玄距联鞴。"其实，如"苍鹰"一般形成"苛政"的正是"周""汉"之间的"秦"时。赋文虽直接说"周""汉"，但是"李斯上蔡之门，情何更溺"语句，又是联系到秦史的。"利嘴"与"玄距"相对应，承袭《东京赋》之说，指出了"苍鹰"一类猛禽击杀猎物致死对方的主要工具是"嘴"和"距"。高适写道："夫其庶类之呈能，未若兹禽之为鸷。"校注者解释："鸷，性猛。'夫其'二句，意谓若说万类各显其能，没有像鹰这种鸟这样性猛的。"② "鸷"，在这里用作形容词。

古代文献中亦多见以"利嘴"形容空中猛禽的。如《初学记》卷三〇引傅玄《鹰赋》曰："含炎离之猛气兮，受金刚之纯精。独飞跱于林野兮，复徊翔于天庭。"又曰："觜利吴戟，目类星明，雄姿邈代，逸气横生。"③ 说飞翔于"林野""天庭"的"鹰"，"觜利"是其"雄姿""逸气"最突出的显现。张九龄《鹰鹘图赞序》："鸟之鸷者，曰鹰曰鹘。""夫授以劲翮，意不群飞；资其利觜，义在鲜食。生有自然之权，用无可抑之势。古之言武士、法吏齐名比义者，以其严若郅都，飞若李广，委质于所事，报功于所养，不惮摧翼以亏勇，不立垂枝以屈节。"④ 也强调"鸷""鸟"之"利嘴"杀伤力最强。苏颋《双白鹰赞并序》说"东夷君长""贡白鹰一双"，"所谓金气之英，瑶光之精，高髻伟臆，长距秀颈，奋发而锐，坚刚则厉，摩天绝海，电击飙逝。观其行时，令顺秋

① （宋）李昉等编：《文苑英华》卷三五九《帝道》，中华书局1966年5月版，第1840页。
② （唐）高适著，孙钦善校注：《高适集校注》，上海古籍出版社1984年2月版，第298—299页。
③ （唐）徐坚等著：《初学记》，第731页。
④ （唐）张九龄撰，熊飞校注：《张九龄集校注》卷一七，中华书局2008年11月版，第910页。

杀，指麾应捷，顾眄余雄，当落鹏之赏，蔑仇鹯之敌，实稀代之尤也"。则突出说到"奋发而锐，坚刚则厉"的"雄""鹰"的"长距"。①

看来，张衡《东京赋》对于"嬴氏搏翼，择肉西邑"进行历史总结时所谓"秦政利觜长距，终得擅场"之"利觜长距"已经成为人们习用的一种文化符号，有时单纯用以形容飞鸟的搏击。但是在政论与史论中，依然长期作为批判"秦氏之为政"时论说对象的代号。如宋章如愚编撰《山堂考索》续集卷五四《君道门·始皇》"天厌秦"条载李泰伯语即以此指代秦政："嬴政之有天下也。始以利觜长距，鸡斗六国而擅场，复以钩爪锯牙，虎噬万方而择肉，终以多藏厚敛，蚕食兆民而富国。"②

宋人宋庠《斗鸡》诗写道："对垒氍毹地，双惊灭玉尘。长鸣非后郭，利嘴欲专秦。鸥领聊延敌，鹰扬愿杀身。君恩定多少，引距即随人。"③ 虽然以"利嘴""引距"言"斗鸡"，且比喻直接针对"秦"，然而"鸥领""延敌"、"鹰扬""杀身"诸语，又为战国"对垒"时"秦"军的战斗力，提示"鸥""鹰"等猛禽其实是作为象征符号使用的。

八 草原"射猎"者视野中的"雕鸷"

以为秦文化西来的意见，与秦与"戎翟"文化接近的说法切合。相关文化迹象，也可以帮助我们从另一角度考察和理解所谓"雕鸷之秦"发生的因由。

西北草原民族日常行为包括"射猎"。简单称之为游牧民族其实并不十分确切。他们的基本生产方式是包括"射猎"的。《史记》卷一一〇《匈奴列传》记载："其俗，宽则随畜，因射猎禽兽为生业，急则人习战攻以侵伐，其天性也。"④ 所谓"因射猎禽兽为生业"，是明确的关于其"生业"的记述。《匈奴列传》还写道："单于终不肯为寇于汉边，休养息士马，习射猎，数使使于汉，好辞甘言求请和亲。"⑤ "习射猎"，也是匈

---

① （宋）李昉等编：《文苑英华》卷七八四《杂赞》，第4145—4146页。
② （宋）章如愚编撰·《山堂考索》，中华书局1992年10月版，第1231页。
③ （宋）宋庠：《元宪集》卷四《五言律诗》，《景印文渊阁四库全书》，第1087册第431页。
④ 《史记》，第2879页。
⑤ 《史记》，第2912页。

奴人的基本生活方式。"儿能骑羊，引弓射鸟鼠；少长则射狐兔：用为食。"① 也说明了这一情形。

《史记》卷一〇九《李将军列传》记述了这样的战例："匈奴大入上郡，天子使中贵人从广勒习兵击匈奴。中贵人将骑数十纵，见匈奴三人，与战。三人还射，伤中贵人，杀其骑且尽。中贵人走广。广曰：'是必射雕者也。'广乃遂从百骑往驰三人。三人亡马步行，行数十里。广令其骑张左右翼，而广身自射彼三人者，杀其二人，生得一人，果匈奴射雕者也。"关于所谓"射雕者"及"匈奴射雕者"，裴骃《集解》："文颖曰：'雕，鸟也，故使善射者射也。'"司马贞《索隐》："一名鹫，以其毛作矢羽。"②

在以游牧射猎为主体经济形式的人们的视野中，"雕鸷"是大地和长天之间富有机动性和攻击力的神奇生物。其形象丰富了草原荒漠环境条件下鲜活生动的风景，也是雄劲实力和进取意识的象征。

九 "挚鸟之发""鸷击之甚"

李广事迹有关"射雕者""匈奴射雕者"的文字，所谓"雕"，司马贞《索隐》："案：服虔云'雕，鹗也'。《说文》云'似鹫，黑色，多子'。一名鹫……韦昭云'鹗，一名雕也'。"可知当时有关动物学种属的知识中"雕""鹗""鹫"等禽鸟的类同。

进行"雕鸷"的名物判别，以及分析相关猛禽的动物学品性，可能还是有相当多的困难的。《汉书》卷五一《邹阳传》："鸷鸟絫百，不如一鹗。"颜师古注引如淳曰："鸷鸟比诸侯，鹗比天子。"颜师古说："鸷击之鸟，鹰鹯之属也。鹗自大鸟而鸷者耳，非雕也。絫，古累字。鹗音愕。"③《汉书》卷五四《李广传》，颜师古注："雕，大鸷鸟也，一名鹫，

---

① 《史记》，第 2879 页。

② 《史记》，第 2868 页。

③ 《汉书》，中华书局 1962 年 6 月版，第 2340 页。《后汉书》卷五一《庞参传》："御史中丞樊准上疏荐参曰：'臣闻鸷鸟累百，不如一鹗。'"第 1687 页。《后汉书》卷八〇下《文苑列传下·祢衡》"鸷鸟累伯，不如一鹗"，第 2653 页。《三国志》卷五四《吴书·吕蒙传》："权曰：'鸷鸟累百，不如一鹗。'"中华书局 1959 年 12 月版，第 1276 页。意思大致是一样的。

黑色，翮可以为箭羽，音彫。"① 《汉书》卷九〇《酷吏传·郅都》："是时民朴，畏罪自重。而都独先严酷，致行法不避贵戚，列侯宗室见都侧目而视，号曰'苍鹰'。"颜师古注："言其鸷击之甚。"② 《汉书》卷九一《货殖传》"鹰隼未击"，颜师古注："隼亦鸷鸟，即今所呼为鹘者也。《月令》：'孟秋之月，鹰乃祭鸟，用始行戮。'"③ 与这样的知识有关，《后汉书》卷五《安帝纪》："秋节既立，鸷鸟将用。"李贤注："鸷鸟谓鹰鹯之类也。《广雅》曰：'鸷，执也。以其能服执众鸟。'""顺秋行诛，同鹰鹯之鸷击也。"④ 《后汉书》卷五九《张衡传》："雕鹗竞于贪婪兮"，李贤注："雕、鹗，鸷鸟也，以喻谗佞也。"⑤

《史记》卷一二九《货殖列传》说产业成功的因素，包括经营的时机、节奏和效率："趋时若猛兽挚鸟之发。"⑥ 《后汉书》卷六〇上《马融传》："狗马角逐，鹰鹯竞鸷，骁骑旁佐，轻车横厉，相与陆梁，聿皇于中原。"⑦ 所谓"鹰鹯竞鸷"，似乎亦强调速度和节奏。《后汉书》卷七九下《儒林列传下·谢该》"王师电鸷，群凶破殄"之"电鸷"⑧，似乎也有这样的意思。《汉书》卷八《宣帝纪》说到"羽林"名号，颜师古注引应劭曰："林，喻若林木之盛。羽，羽翼鸷击之意。故以名武官焉。"⑨ 《三国志》卷四二《蜀书·郤正传》："鹰扬鸷腾，伊、望之事也。"⑩ 所谓"鹰扬"，正是"名武官"习用文字符号。"鸷腾"与"鹰扬"的对应关系，是明朗的。

以"鸷"形容激进精神，除前引"竞鸷""电鸷"而外，又有"勇鸷"之说。邓禹称颂吴汉"其人勇鸷"。李贤注："凡鸟之勇锐，兽之猛

① 《汉书》，第 2440 页。
② 《汉书》，第 3648 页。
③ 《汉书》，第 3679 页。
④ 《后汉书》，第 229 页。
⑤ 《后汉书》，第 1918 页。
⑥ 《史记》，第 3259 页。
⑦ 《后汉书》，第 1960 页。
⑧ 《后汉书》，第 2584 页。
⑨ 《汉书》，第 260 页。
⑩ 《三国志》，第 1037 页。

悍者，皆名鸷也。"①《三国志》卷九《魏书·曹真传》作"勇鸷"。② 亦
有"忿鸷"之说。《汉书》卷九四下《匈奴传下》："天性忿鸷。"颜师古
注："鸷，很也。"③《后汉书》卷三一《杜诗传》"忿鸷之师"，李贤注：
"鸷，击也。"④"忿鸷"又见于《三国志》卷二一《魏书·王粲传》裴松
之注引鱼豢曰。⑤ 又有"鸷强"语，也值得注意。《后汉书》卷一八《吴
盖陈臧列传》赞曰："吴公鸷强，实为龙骧。电埽群孽，风行巴、梁。虎
牙猛力，功立睢阳。宫、俊休休，是亦鹰扬。"关于"鸷强"，李贤注：
"《战国策》曰：'廉颇为人，勇鸷而爱士。白起视瞻不转者，执志强
也。'"关于"鹰扬"，李贤注引《诗》曰："惟师尚父，时惟鹰扬。"⑥

　　秦汉人有关猛禽的动物学知识，在历史文献中的遗存比较纷杂。
《急就篇》卷四："鹰鹞鸨鸹翳雕尾。"颜师古注："鹰，一名来鸠，亦
曰爽鸠。鹞，一名题肩，亦曰击征，又名负爵，色类甚多，皆鸷鸟也。
郑康成以击征为鹰，失之矣。鸨，大鸟，其肉出尺胾，今俗呼为独豹。
豹者，鸨声之讹耳。鸨字或作鴇，音读亦同，鸹者，鸹也，关西谓之
鸹鹿，山东谓之鸹捋，皆象其鸣声；又呼为错落，亦鸹声之转也。
翳，谓凡鸟羽之可隐翳者也，舞者所持羽翿以自隐翳，因名为翳云。今
雅乐《文康部》所持者，即此物。也一曰翳者谓华盖也，今之雉尾扇
是其遗象。雕，亦大鸷鸟也，一名鷻，其尾尤盛，故特称之耳。"《急
就篇》卷四关于禽鸟的内容，即："凤爵鸿鹄雁鸷雉。鹰鹞鸨鸹翳雕
尾。鸠鸽鹑鶸中网死。鸢鹊鸱枭惊相视。"⑦ 其中"鹰鹞鸨鸹翳雕尾"
说的主要都是猛禽。

　　也许以后研究工作的推进，可以深化有关《急就篇》"鹰鹞鸨鸹翳
雕尾"的名物学认识。而动物考古技术水准的提升和禽鸟骨骼标本采集
鉴定工作的完备，会使相关知识的若干内容得到确认的条件。然而在现

----

① 《后汉书》卷一八《吴汉传》，第 676 页。

② 《三国志》，第 280 页。

③ 《汉书》，第 3814 页。

④ 《后汉书》，第 1095 页。"忿鸷"又见于《续汉书·百官志五》"州郡"条刘昭注补引应
劭《汉官》。第 3622 页。

⑤ 《三国志》，第 604 页。

⑥ 《后汉书》，第 698 页。

⑦ 管振邦译注，宙浩审校：《颜注急就篇译释》，南京大学出版社 2009 年 8 月版，第 212—
217 页；张传官撰：《急就篇校理》，中华书局 2017 年 8 月版，第 363—373 页。

今的学术基础上，我们还是可以了解"雕鸷之秦"这一历史语言形式体现的社会立场和文化态度的。秦人的法家理念、进取精神、尚武倾向与激进节奏，当时在秦地以外文化环境中的影响，也可以通过相关分析有所发现。

"大神""威神"祀告：
秦军事史的神巫文化色彩

　　秦国石刻文字所谓《诅楚文》者，多有学者以为作于秦楚相攻伐时。关于《诅楚文》真伪，学界讨论，异见纷呈。其版本考订，亦各有认真精审之说。① 以为原石文字不伪的判断，大致可以信从。《诅楚文》的主题为谴责楚王背盟，祈求神灵帮助秦人战胜入侵秦国的楚师。《诅楚文》既有战争史与外交史的重要信息，也透露了秦社会意识形态巫文化基因的深刻影响。秦人信仰世界的面貌因此有所显现。其中有关交通史的信息也值得战国秦汉史与战国秦汉考古研究者注意。《诅楚文》的内容可以反映当时秦国战争行为与外交活动的交通条件。对于秦交通史的若干细节的认识，《诅楚文》的研读也有积极的意义。交通史视角的《诅楚文》研究，也是交通考古的工作内容。

一　《诅楚文》："所述史事多为旧书所无"

　　《诅楚文》自北宋时代发现之后，传有三石，一为《巫咸文》，二为

---

① 施蛰存：《金石丛话·秦石刻文》，《北山金石录》，华东师范大学出版社2012年6月版，第521页；姜亮夫：《秦诅楚文考释——兼释亚驼、大沈久湫两辞》，《兰州大学学报》（社会科学版）1980年第4期；陈炜湛：《〈诅楚文〉献疑》，《古文字研究》第14辑，中华书局1986年6月版，第197—208页；史党社、田静：《郭沫若〈诅楚文考释〉订补》，《文博》1999年第4期；张翀：《〈诅楚文〉真伪与版本问题新研》，《中国社会科学院历史研究所学刊》第6集，商务印书馆2010年1月版，第57—66页；张海燕：《〈诅楚文〉补论》，硕士学位论文，首都师范大学，2011年。

《大沈厥湫文》，三为《亚驼文》。[①] 郭沫若曾经指出，“文中所述史事多为旧书所无”，可以提供“正足补史之缺文”，“可补史之阙文”的“意外的资料”。[②]

关于《诅楚文》的年代，据多位学者考定，当秦惠文王时。容庚以为楚怀王十六年，秦惠文王后元十二年（前313）。[③] 郭沫若则说，“我敢断定：《诅文》之作实在怀王十七年——惠文王后元十三年”。[④] 即公元前312年。

郭氏云：“惠文王后元七年，楚怀王十一年，楚怀王曾为纵长，牵山东六国兵共攻秦，此即文中所谓‘牵诸侯之兵以临加我’当时。‘秦出兵击六国，六国兵皆引而归’，据史书所载，六国似毫无所获。但文中言‘遂取吾边城’云云，正足补史之缺文。”郭沫若进行了《诅楚文》全文的考释。他以《大沈厥湫文》作为基础写出释文，同时注明与《巫咸文》的文字歧异：

又秦嗣王，敢用吉玉宣璧」使其宗祝邵鼛，布愍告于」不显大神厥湫，以底楚王」熊相之多皋。昔我先君穆」公及楚成王，是勠力同心，」两邦若壹。绊以婚姻，袗以」斋盟。曰枼万子孙，毋相为」不利。亲卬大沈厥湫而质[⑤]」焉。今楚王熊相，康回无道，」淫夸其乱，宣奓競从，变输」盟剌，内之则虣虐不姑，刑[⑥]」戮孕妇，幽剌敍戚，拘圉其」叔父，寘者冥室椟棺之中。」外之则冒改厥心，不畏皇」天上帝，及大沈厥湫之光[⑦]」列威神，而兼倍十八世之」诅盟，衔者侯之兵以临加」我。欲刬伐我社稷，伐威我」百姓，求蔑灋皇天上帝及」大神厥湫之卹祠，圭玉，羲[⑧]」牲，述取𢔶边城新郢

① 或题《祀巫咸文》《祀大沈厥湫文》《祀亚驼文》，或题《告巫咸文》《告大沈厥湫文》《告亚驼文》。

② 郭沫若：《诅楚文考释》，科学出版社1982年10月版，第293、308、295页。

③ 容庚：《诅楚文考释》，《古石刻零拾》，考古学社1934年12月版。《容庚学术著作全集》，中华书局2011年7月版，第14册第141—143页。

④ 郭沫若：《诅楚文考释》，第291页。

⑤ 郭注：“《巫咸文》作‘亲卬不显大神巫咸而质’。”

⑥ 郭注：“《巫咸文》作‘不辜’。”

⑦ 郭注：“《巫咸文》作‘及不显大神巫咸’。”

⑧ 郭注：“《巫咸文》作‘不显大神巫咸’。”

及郝、」长、敕，偌不敢曰可。今又悉①」兴其众，张矜意怒，饰甲底」兵，奋士盛师，以偪偌边竞②，」将欲复其眦述，唯是秦邦」之赢众敝赋，輶輶栈舆，礼」傻介老，将之以自救也。亦③」应受皇天上帝，及大沈厥④」湫之幾灵德赐，克剂楚师⑤，」且复略我边城。敢数楚王」熊相之倍盟犯诅。箸者石」章，以盟大神之威神。

郭沫若作为历史学者，期求通过对《诅楚文》的文字学考察，发现历史学的新知。这样的努力是应当肯定的。

此前历代关注《诅楚文》者，大多视为虚妄之语，看作政治史的反面内容。相关评说，语气往往有强烈的批判色彩，或予抨击，或予耻笑。例如宋人苏轼《诅楚文》诗先引《诅楚文》文语，随即回顾商鞅诈虏魏将公子卬故事⑥，揭露"秦俗"对于"社鬼"也可以欺谩："刳胎杀无罪，亲族遭围绊。计其所称诉，何啻桀、纣乱。吾闻古秦俗，面诈背不汗。岂惟公子卬，社鬼亦遭谩。辽哉千载后，发我一笑粲。"⑦王柏则写道："昭襄诅楚，虐民慢神"，"言诬不怍，勒篆坚珉"，以为其文字乃"稷诅遗丑"，"自播其恶"。关于秦史的演进，又有"强弩之末，六国自焚；曾不百年，吕已代嬴"语⑧，说秦始皇血统承继吕氏，秦政其实因此已经终结。⑨宋人谢采伯则说秦的"咒诅"最终回报自身："秦《诅楚文》……声楚王熊相之恶，著诸石章，以盟大神之威神。""后

①　郭注："《巫咸文》夺'长'字，'又'作'有'。"
②　郭注："《巫咸文》夺'盛'字，'偪'作'倍'。"
③　郭注："《巫咸文》'也'作'殹'。"
④　郭注："《巫咸文》作'不显大神巫咸'。"
⑤　郭注："《巫咸文》夺'之'字。"
⑥　《史记》卷六八《商君列传》："（秦孝公）使卫鞅将而伐魏。魏使公子卬将而击之。军既相距，卫鞅遗魏将公子卬书：'吾始与公子欢，今俱为两国将，不忍相攻，可与公子面相见，盟，乐饮而罢兵，以安秦魏。'魏公子卬以为然。会盟已，饮，而卫鞅伏甲士而袭虏魏公子卬，因攻其军，尽破之以归秦。"中华书局1959年9月版，第2232—2233页。
⑦　（清）王文诰辑注，孔凡礼校点：《苏轼诗集》卷三《凤翔八观》，中华书局1982年2月版，第107—108页。
⑧　（宋）王柏：《诅楚文辞》，《鲁斋集》卷四《辞》，《景印文渊阁四库全书》，第1186册第51页。
⑨　如严肃的史家所言，"吕易嬴之说，战国好事者为之"。"缘秦犯众怒，恶尽归之，遂有吕政之讥。"（清）梁玉绳：《史记志疑》，中华书局1981年4月版，第1308—1309页。

并天下，二世而亡。佛经云：咒诅、诸毒药，所欲害身者，还著于本人。"①

对于认定《诅楚文》为"言诬""慢神"的指责，郭沫若说："秦国固然多诈，但国与国之间何国不然？秦人较原始，于信神之念实甚笃，观《史记·封禅书》所纪自明。故余信文中所述必非谩词，正足以补史之缺文。"② 秦人"诅楚"，自然站在自己的立场上言军事、外交、信仰。但《诅楚文》作为秦楚战争史与外交史的真实反映，应当大体是可信的。宋人方匀遗稿《秦诅楚文跋尾》其实就《诅楚文》真实纪史之"可贵"已经有所论说："秦人尝与楚同好矣，楚人背盟，秦人疾之，幸于一胜，遍告神明，著诸金石，以垂后世，何其情之深切一至是欤！余昔固尝怪秦、楚虎狼之国，其势若不能并立于天下，然以邻壤之近，十八世之久，而未闻以弓矢相加，及得此碑，然后知二国不相为害，乃在于盟诅之美、婚姻之好而已。战国之际，忠信道丧，口血未干，而兵难已寻者比比皆是，而二国独能守区区之信，历三百年有余岁而不变，不亦甚难得而可贵乎！然而《史记》及诸传记皆不及之也。"又就石刻文字与《史记》关于楚国世代及战事记录的差异，指出："知简策之不足尽信，而碑刻之尤可贵也。"③ 指出秦楚长期"难得而可贵"的友好自有"忠信"的意识基础，而《诅楚文》有关后来"兵难"的历史信息，也超越了"简策"的记载。

二 "亲卬大沈厥湫而质"

正如郭沫若所说，重视《诅楚文》这种文物资料的历史价值，"是可以得到意外的资料的"。

从交通史的视角看，《诅楚文》透露的若干重要信息值得重视。例如，《诅楚文》可见对于秦楚两国长期以来外交关系的回顾：

---

① （宋）谢采伯：《密斋笔记》卷四，《丛书集成初编》，新文丰出版公司 1986 年 1 月版，第 87 册第 36 页。

② 郭沫若：《诅楚文考释》，第 293—298 页。

③ （宋）方勺撰，许沛藻、杨立扬点校：《泊宅编》卷二，中华书局 1983 年 7 月版，第 7—8 页。

又秦嗣王,敢用吉玉宣璧使其宗祝邵鼇,布憝告于不显大神厥
湫,以底楚王熊相之多辠。昔我先君穆公及楚成王,是勠力同心,两
邦若壹。绊以婚姻,衿以斋盟。曰枼万子孙,毋相为不利。亲卬大沈
厥湫而质焉。……

秦穆公、楚成王时代所谓"两邦""同心""若壹",相互"婚姻""斋
盟",是要通过交通往来实现的。联系秦楚的"武关道"曾经发挥了重要
的历史文化作用。[①]

关于《诅楚文》所谓"十八世之诅盟",宋方匋《秦诅楚文跋尾》
说:"'熊相背十八世之诅盟。'今《世家》所载,自成王至熊相才十七世
尔。"[②] 这是依楚君世系的推算。郭沫若写道:"依《秦本纪》,穆公之后
为康、共、桓、景、哀、惠、悼、厉、共、躁、怀、灵、简、惠、出子、
献、孝、惠文,恰为十八世。"[③] 今按:悼公之后为厉共公。不应分为
"厉、共"。"穆公之后"仅十七世,自穆公起始,则共"十八世"。郭氏
上文写道:"文为秦人所作,'十八世'的世代自当以秦史为本位。由秦
穆公至惠文王恰当为'十八世'。"[④] 这一说法可能是正确的。

《诅楚文》说秦楚两国"绊以婚姻,衿以斋盟。曰枼万子孙,毋相为
不利",随即言:"亲卬大沈厥湫而质焉"。似未可理解为"昔我先君穆公
及楚成王"曾经一同亲临朝那湫,"亲卬大沈厥湫而质焉"。推想即使是
秦穆公和楚成王均与中原文化保持一定距离,而彼此则相互比较亲近的时
代,楚成王亲行远至秦地西北的可能性也不大。《史记》卷三二《齐太公
世家》对秦楚当时与中原诸国的关系有如下表述:"秦穆公辟远,不与中
国会盟。楚成王初收荆蛮有之,夷狄自置。"[⑤] 《史记》卷五《秦本纪》

---

① 王子今、焦南峰:《古武关道栈道遗迹调查简报》,《考古与文物》1986 年第 2 期;王子
今、周苏平、焦南峰:《陕西丹凤商邑遗址》,《考古》1989 年第 7 期;商鞅封邑考古队:《陕西
丹凤县秦商邑遗址》,《考古》2006 年第 3 期;王子今:《武关·武候·武关候:论战国秦汉武关
位置与武关道走向》,《中国历史地理论丛》2018 年第 1 期。武关道联系秦楚的积极意义,还表
现于秦史上一次大规模粮运的记载,即后来秦昭襄王十二年(前295)"予楚粟五万石"事。《史
记》卷五《秦本纪》,第 210 页。

② (宋)方勺撰,许沛藻、杨立扬点校:《泊宅编》卷二,第 8 页。

③ 郭沫若:《诅楚文考释》,第 307 页。

④ 郭沫若:《诅楚文考释》,第 289 页。

⑤ 《史记》,第 1491 页。

和《史记》卷四〇《楚世家》看不到有关秦穆公和楚成王直接交往的明确的情节。唯一一则记录楚成王可能与秦交好的史例，即："成王恽元年，初即位，布德施惠，结旧好于诸侯。"① 不过这时的秦国，还是秦宣公时代，秦穆公即位，是在 12 年之后。

然而，《诅楚文》之《大沈厥湫文》所谓"亲卬大沈厥湫而质焉"，以及《巫咸文》所见"亲卬不显大神巫咸而质"，确实也都是"旧书所无"，"正足以补史之缺文"的记录。"又秦嗣王，敢用吉玉宣璧使其宗祝邵鼜，布憝告于不显大神厥湫，以底楚王熊相之多辠。昔我先君穆公及楚成王，是戮力同心，两邦若壹。绊以婚姻，衿以斋盟。曰枼万子孙，毋相为不利。亲卬大沈厥湫而质焉。……"郭沫若说："'又秦嗣王'：凡有虞、有夏、有殷、有周之有，文献中均作有。此作又即左右之右，言无有出其右者而尊大也。'嗣王'乃秦惠文王。"② 其实，"又秦嗣王"，可以读作"有秦嗣王"，同样显示"尊大"。"亲卬"，郭沫若未作解说，应当理解为"宗祝邵鼜"受命"布憝告于不显大神厥湫"，其实象征着秦惠文王亲自前往，"用吉玉宣璧"告神。

《诅楚文》之《大沈厥湫文》，"治平中，渭之耕者得之于朝那湫旁"。③ 郭沫若写道："（《史记》张守节）《正义》引《括地志》云：'朝那湫祠在原州平高县东二十里。'案今在甘肃平凉县境。《告厥湫文》出朝那湫旁，地望正合。"④ 李家浩也说，"《大沈厥湫文》出土于朝那（今甘肃平凉县）"。⑤ 其实，"甘肃平凉县"之说不确。唐代原州平高县在今宁夏固原。⑥ "朝那湫"地望，正在宁夏固原。⑦ 作为秦穆公代表的"宗祝邵鼜"所经历辛苦的交通实践，其实是意味着"又秦嗣王"本人的虔诚恭敬的。这应当就是"亲卬"的字义。

① 《史记》卷四〇《楚世家》，第 1697 页。

② 郭沫若：《诅楚文考释》，第 298 页。

③ 郭沫若：《诅楚文考释》，第 282 页。

④ 郭沫若：《诅楚文考释》，第 300 页。

⑤ 李家浩：《关于〈诅楚文〉"鞁輪"的释读》，《中国语言学》2008 年第 1 辑。

⑥ 谭其骧主编：《中国历史地图集》，中国地图出版社 1982 年 10 月版，第 5 册第 61—62 页。

⑦ 王子今：《秦汉时期的朝那湫》，《固原师专学报》2002 年第 2 期。

三　战争与军事交通:"山东六国兵攻秦"与楚取秦"边城"

据郭沫若释文,《诅楚文》:"兼倍十八世之诅盟,衔者侯之兵以临加我。"① 宋人方匋遗稿《秦诅楚文跋尾》:"以事论之,楚自成王之后,未尝与秦作难。及怀王熊槐十一年,苏秦为合从之计,六国始连兵攻秦,而楚为之长,秦出师败之,六国皆引而归。今碑云'熊相率诸侯之兵以加临我'者,真谓此举。盖《史记》误以熊相为熊槐耳。"② 据郭沫若的解说,"此即怀王十一年,惠文王后元七年时事。《楚世家》'山东六国兵攻秦,楚怀王为纵长。至函谷关,秦兵出击六国,六国兵皆引而归。'《秦本纪》'韩、赵、魏、燕、齐帅匈奴共攻秦,秦使庶长疾与战于修鱼,虏其将申差,败赵公子渴、韩太子奂,斩首八万二千。'"③

楚怀王以"纵长"身份"衔者侯之兵以临加我",当由"函谷关"通路西向攻秦,不经由武关道。

"者侯之兵"即"诸侯之兵"中,"燕、齐帅匈奴"都可以称作远征。"攻秦"联军中这些部队"至函谷关"的行军路径与交通方式,都值得考察。

楚怀王作为"纵长",除了兵力调度、战事指挥,还需要进行军事交通方面的协调,这虽然有相当大的难度,却是"为纵长""衔者侯之兵""攻秦"必须承担的职任。

宋方匋《秦诅楚文跋尾》引《诅楚文》"楚取我边城新郢及郞长",又言:"而《史记》只言六国败退而已。由是知简策之不足尽信,而碑刻之尤可贵也。"④ 据郭沫若说,此句应读作"遂取吾边城新郢及郞、长、敔"。又指出,"新郢无可考。郞当即商於之於。《集解》云'在顺阳郡南乡、丹水二县。有商城在於中,故谓之商於。'《通典》云:'今内乡县有於村亦曰於中,即古商於地。'此文之郞当即於村、於中,其地必甚

---

① 郭沫若:《诅楚文考释》,第297页。
② (宋)方勺撰,许沛藻、杨立扬点校:《泊宅编》卷二,第8页。
③ 郭沫若:《诅楚文考释》,第307页。
④ (宋)方勺撰,许沛藻、杨立扬点校:《泊宅编》卷二,第8页。

小。长亦丹水附近地名。夷王时器有《敔簋》者记淮夷内伐事云：'南淮夷殳，内伐溟、昂、叄泉、裕、敏阴、阳洛。王令敔追御于上洛、析谷，至于伊、班、长、榜。'二文可互证，均在今河南西部。敽当即是莘，春秋西虢地名有名莘者，《左传》庄公十二年'有神降于莘'，地在今河南卢氏县境内。此等'边城'当是小地。据此可知六国攻秦时，其它五国均损兵折将，而楚独略有获，此可补史之阙文。"①

关于秦"边城新郢及鄝、长、敽"所在空间位置，其实还需要认真考定。而楚人"述取偗边城新郢及鄝、长、敽"，也许并非"山东六国兵攻秦，楚怀王为纵长"时。很可能反映了此战役结束之后的秦楚边境冲突。

楚军夺取秦国多个"边城"与秦军的防卫，都必然有军事运输行为以为后勤保障。

所谓"边城新郢及鄝、长、敽"，很可能就是在"商於"之地及邻近地方。还应当注意到，秦楚两国之间重要通路丹江川道，在两国关系史上的交通地理意义非常突出。②"边城"之争夺所体现出的战略意义，可以从交通条件的视角予以认识。

四　蓝田之战：军事交通的实时记录

所谓"今又悉兴其众"，"偗偪边竞"，及秦军抗击楚军的战争情势保存于《诅楚文》中，可能是这一文献最可宝贵的"正足以补史之缺文"，"可补史之阙文"的价值所在。

《诅楚文》写道，楚人"悉兴其众，张矜意怒，饰甲底兵，奋士盛师，以偗偪边竞，将欲复其殁述"，而"唯是秦邦之嬴众敝赋，輶輸栈舆，礼傻介老，将之以自救也"。关于"今又悉兴其众"，"偗偪边竞"，宋方匋《秦诅楚文跋尾》写道："熊相率诸侯之兵以加临我""其后五年，怀王忿张仪之诈，复发兵攻秦。故碑又云'今又悉兴其众，以偪我边境'

① 郭沫若：《诅楚文考释》，第307—308页。
② 楚文化早期发展路径与丹江通道的关系，使得楚人对这一方向的领土得失异常重视。参看王子今《丹江通道与早期楚文化——清华简〈楚居〉札记》，《简帛·经典·古史》，上海古籍出版社2013年8月版，第151—158页。

也。是岁秦惠王二十六年也。王遣庶长章拒楚师，明年春，大败之丹阳，遂取汉中之地六百里。碑云'克齐，楚师复略我边城'是也。然则碑之作正在此时，盖秦人既胜楚而告于诸庙之文也。"① 容庚以为战事发生在楚怀王十六年，秦惠文王后元十二年（前313），时楚受秦张仪之间与齐绝，秦许以"商於之地六百里"，结果只允以"六里"。楚怀王大怒，遂发兵西击秦，秦亦发兵击之。并引王厚之说："《诅楚文》之作即在此时。"②

　　杨宽以为事在"楚怀王大怒"，"大举发兵进攻商於之地"时。"'新郢及郝'就是指'商於之地'，'郝'即是'於'，新郢当是秦取得商以后新改的地名。秦惠文王常以新得之地改名，如得魏阴晋改名'宁秦'，得魏少梁改名'夏阳'。因为晋、梁都是国名。得商而改名新郢，因为秦原有地名商（即商君封邑）。所谓'今又悉兴其众'，就是指楚王大怒，将要大举进攻商於之地了。"③

　　郭沫若考论："案此当在怀王十七年，是年春秦楚战于丹阳，楚兵大败。'怀王大怒，乃悉国兵复袭秦，战于蓝田'，有大败。此言'又悉兴其众'与'悉国兵复袭秦'一语可谓字字相合。盖春季之战规模尚小，此战乃倾国之师相敌，故秦人亦下总动员令，四处告神求祐也。"又说："《诅文》之作，可征当时情势甚为严重，在楚乃'悉兴其众'，即倾全国之师从事侵伐，而在秦亦等于下总动员令，所谓'唯是秦邦之嬴众敝赋，輶輴栈舆，礼傁介老，将之以自救'，也是倾全国之师从事抵抗。为此，故需四处告神，连神鬼的力量都加以动员了。"④

　　蓝田之战，《史记》卷五《秦本纪》与《史记》卷一五《六国年表》都没有记录。《史记》卷四〇《楚世家》记载："十七年，与秦战丹阳，秦大败我军，斩甲士八万，虏我大将军屈匄、裨将军逢侯丑等七十余人，遂取汉中之郡。楚怀王大怒，乃悉国兵复袭秦，战于蓝田，大败楚军。韩、魏闻楚之困，乃南袭楚，至于邓。楚闻，乃引兵归。"张守节《正义》："蓝田在雍州东南八十里，从蓝田关入蓝田县。"⑤ 秦史记录中不言

---

① （宋）方勺撰，许沛藻、杨立扬点校：《泊宅编》卷二，第7页。

② 容庚：《诅楚文考释》，《古石刻零拾》；《容庚学术著作全集》，第14册第142页。

③ 杨宽：《战国史》（增订本），上海人民出版社1998年3月版，第361页。

④ 郭沫若：《诅楚文考释》，第309、290页。

⑤ 《史记》，第1724页。

蓝田之战，或许因为楚军袭秦，至于蓝田，已经深入秦国腹地，逼近秦政治中枢[1]，或《秦记》因为之讳。[2] 齐湣王使使遗楚王书，说道："王欺于张仪，亡地汉中，兵锉蓝田，天下莫不代王怀怒。"[3] 说到蓝田战役。杨宽《战国史》肯定这一史实："楚怀王因汉中失守而大怒，再发大军袭秦，一度深入到蓝田，结果又大败。"[4] 所谓"深入"，言及秦国所面对军事情势之极端严重。杨宽《战国史》多次修改增订[5]，这一认识超越了以前以为"蓝田"在楚地的意见。[6]

丹阳之战，秦军应当充分利用了武关道的交通条件。蓝田之战的军事形势演进，说明这条秦人付出甚多精力，长年苦心经营，达到极高技术等级的道路系统[7]，竟为敌方楚军所利用。

五　关于"赢众敝赋，韅輱栈舆"

《诅楚文》写道，面对楚军的进犯，"唯是秦邦之赢众敝赋，韅輱栈舆，礼傻介老，将之以自救也"。

所谓"赢众敝赋，韅輱栈舆，礼傻介老"，郭沫若说："此三读为平列语，每二字为一项。'栈舆'即《周礼·春官·巾车》'士乘栈车'之

---

① 后世又有楚军由武关道进军蓝田直抵秦帝国腹心的战例。《史记》卷八《高祖本纪》："因袭攻武关，破之。又与秦军战于蓝田南，益张疑兵旗帜，诸所过毋得掠卤，秦人憙，秦军解，因大破之。又战其北，大破之。乘胜，遂破之。汉元年十月，沛公兵遂先诸侯至霸上。秦王子婴素车白马，系颈以组，封皇帝玺符节，降轵道旁。"第361—362页。刘邦"与秦军战于蓝田南"，"又战其北"，两战均"大破之"，终于结束了秦的统治。

② 王蘧常《秦史》卷三《世纪第三》述秦惠文王后元十三年"击楚于丹阳"，"又攻楚汉中，取地六百里，置汉中郡"，"十四年，伐楚，取召陵"。也不言蓝田战事。上海古籍出版社2000年12月版，第21页。

③ 《史记》卷四〇《楚世家》，第1725—1726页。

④ 杨宽：《战国史》（增订本），第362页。

⑤ 王子今：《战国史研究的扛鼎之作——简评新版杨宽〈战国史〉》，《光明日报》2003年9月2日。

⑥ 上海人民出版社1980年7月版杨宽《战国史》写道："战国时有两个蓝田，一在秦国，在今陕西省蓝田县西；一在楚国，在今湖北省钟祥县西北。《史记·楚世家》《正义》误以秦的蓝田解释楚的蓝田。"第329页。

⑦ 王子今、焦南峰：《古武关道栈道遗迹调查简报》，《考古与文物》1986年第2期；王子今：《武关道蓝桥河栈道形制及设计通行能力的推想》，《栈道历史研究与3S技术应用国际学术研讨会论文集》，陕西人民教育出版社2008年8月版。

栈车。郑玄云：'不革鞔而漆之'，可知即是木板车，车之至贱者。"① 李家浩说："'栈舆'，即栈车，是一种用竹木做成的简陋车子。《盐铁论·散不足》：'古者椎车无柔，栈舆无植及其后。'""《考工记·舆人》'栈车欲弇'，郑玄注：'为其无革鞔，不坚，易坼坏也。'《列子·力命》记齐景公游于牛山，史孔、梁丘据曰'弩马稜车可得而乘也'，殷敬顺《释文》：'稜，当作栈'。《晏子春秋》及诸书皆作'栈车'，谓编木为之。"② 《诅楚文》于是提供了直接的重要的交通史资料。"栈舆"应当是民间最普及的车型，在下层社会的劳动生活中，得到广泛的应用。这种简陋的车型，在汉代画象中仍有所表现。

《诅楚文》郭沫若释文其中所谓"鞌鞴"，学者释读多有分歧。李家浩则释为"鞌鞴"。他列举了 6 种不同的解说，并提出了自己的意见："我认为'鞌鞴'，其实就是'襜褕'。"李家浩还写道：《左传》宣公十二年说楚之先王若敖、蚡冒'筚路蓝缕，以启山林'，昭公十二年说楚之先王熊绎'筚路蓝缕，以处草莽'。《方言》卷三引宣公十二年'筚路蓝缕'作'筚路襤褛'。《史记·楚世家》跟昭公十二年'筚路蓝缕'相当的文字作'荜露蓝蒌'。据服虔、杜预等人注，'筚路'或'荜露'即'柴车'，也就是栈车。《方言》卷四：'襜褕……以布而无缘，敝而紩之谓之襤褛。'于此可见，'鞌（襜）鞴（褕）栈舆'与'筚路蓝（襤）缕（褛）'的文例相同，唯词序不同；文义相近，都是指简朴的衣服和简陋的车子。从这一点来说，也可以证明我们把《诅楚文》的'鞌鞴'读为'襜褕'是合理的。""按照上引《方言》的说法，襜褕这种服装名称还是秦国地区的方言。""襜褕是短衣。""秦始皇陵出土的武士俑，身多着长至膝的衣服，陕西的学者将其称为战袍。襜褕的长短或与之仿佛。这样长度的襜褕，对于当时流行的长至脚的深衣来说，当然是短衣了。"③ 我们还注意到，《晋书》卷一一一《慕容暐载记》载尚书左丞申绍上疏："今帑藏虚竭，军士无襜褕之赍，宰相侯王迭以侈丽相尚，风靡之化，积习成俗，卧薪之谕，未足甚焉。"④ 可知"襜褕"与"宰相侯王"之"侈

① 郭沫若：《诅楚文考释》，第 309 页。

② 李家浩：《关于〈诅楚文〉"鞌鞴"的释读》，《中国语言学》2008 年第 1 辑。

③ 李家浩：《关于〈诅楚文〉"鞌鞴"的释读》，《中国语言学》2008 年第 1 辑。

④ 《晋书》，中华书局 1974 年 11 月版，第 2856 页。

丽"形成强烈反差，正是下层"军士"最基本的衣装。

《诅楚文》言"赢众敝赋，**鞴輮**栈舆，礼傻介老"，说士众赢弱疲老，军资贫乏，装备简陋，用以与"张矜意怒，饰甲厎兵，奋士盛师"的楚军形成鲜明对照，以求取得神灵的哀怜和护佑。按照李家浩的说法，即"卑词以谀神"："想借此卑词得到神灵的同情，保佑自己，赢得战争的胜利。"①

对于"**鞴輮**"这种衣服的具体形制，认识有所不同。郭沫若从自己的见解出发，以为是适用于作战的军服，"惠文王与赵武灵王同时，即此可知，于时秦亦已采用胡服"。② 从这一认识出发，则"**鞴輮**"与"栈舆"同样，都可以理解为与交通行为有密切关系的军事装备。

六　"四处告神"的交通史考察

杨宽曾经特别指出《诅楚文》"诅的巫术"的意义。③ 有学者也强调《诅楚文》对于认识"先秦时代告神之礼"、"祝祷""神灵"礼俗以及"中国传统的巫的文化"的"参考价值"。④ 据说《诅楚文》之《巫咸文》出土于凤翔（今陕西凤翔）开元寺土下，《大神厥湫文》出土于朝那（今宁夏固原）之朝那湫旁，《亚驼文》出土于真宁（今甘肃正宁）要册湫旁。⑤ 陈昭容指出："亚驼神与要册湫之关系待考，然其为秦境内之水神则可知。"⑥ 裘锡圭论证要册湫或与之有关的河流，在古代曾有过"亚驼"，亦即"呼池"的可能性是存在的。"'亚驼'，确应读为'虖池'（即'滹沱'），但其所指并非晋之虖池。汉代以前，在今甘肃东端泾川至正宁一带，应有一条河流与晋之虖池同名。西汉末年平帝时改为安民县的呼池苑即因之得名。要册湫当与此河有关，诅楚文的'亚驼'即指此湫

---

① 李家浩：《关于〈诅楚文〉"鞴輮"的释读》，《中国语言学》2008 年第 1 辑。

② 郭沫若：《诅楚文考释》，第 309 页。

③ 杨宽：《秦诅楚文所表的诅的巫术》，《文学遗产》1995 年第 5 期。

④ 杜莉娜：《秦〈诅楚文〉浅释》，《文教资料》2012 年第 1 期；延娟芹：《论秦国的两篇祝祷辞》，《宝鸡文理学院学报》（社会科学版）2011 年第 3 期；万青：《〈诅楚文〉研究与整理》，硕士学位论文，天津师范大学，2009 年。

⑤ 参看吴郁芳《〈诅楚文〉三神考》，《文博》1987 年第 4 期。

⑥ 陈昭容：《从秦系文字演变的观点论〈诅楚文〉的真伪及其相关问题》，《中央研究院历史语言研究所集刊》第六十二本第四分，1993 年。

或此河之神。"① 雍际春又指出,《亚驼文》告神之地在属于泾水水系的支党河(阎子川河)上游的要册湫。② 则《大神厥湫文》"箸者石章,以盟大神之威神"事之空间定位,较《亚驼文》更偏向西北。

秦人重祠祀。《史记》卷二八《封禅书》说秦旧地祀所:"自华以西,名山七,名川四。曰华山,薄山。薄山者,衰山也。岳山,岐山,吴岳,鸿冢,渎山。渎山,蜀之汶山。水曰河,祠临晋;沔,祠汉中;湫渊,祠朝邶;江水,祠蜀。亦春秋泮涸祷塞,如东方名山川;而牲牛犊牢具珪币各异。而四大冢鸿、岐、吴、岳,皆有尝禾。陈宝节来祠。其河加有尝醪。此皆在雍州之域,近天子之都,故加车一乘,骝驹四。汧、洛二渊,鸣泽、蒲山、岳嶽山之属,为小山川,亦皆岁祷塞泮涸祠,礼不必同。而雍有日、月、参、辰、南北斗、荧惑、太白、岁星、填星、辰星、二十八宿、风伯、雨师、四海、九臣、十四臣、诸布、诸严、诸述之属,百有余庙。西亦有数十祠。于湖有周天子祠。于下邽有天神。沣、滈有昭明、天子辟池。于杜、亳有三社主之祠、寿星祠;而雍菅庙亦有杜主。杜主,故周之右将军,其在秦中,最小鬼之神者。各以岁时奉祠。唯雍四時上帝为尊,其光景动人民唯陈宝。故雍四時,春以为岁祷,因泮冻,秋涸冻,冬塞祠,五月尝驹,及四仲之月月祠,若陈宝节来一祠。春夏用骍,秋冬用骝。時驹四匹,木禺龙栾车一驷,木禺车马一驷,各如其帝色。黄犊羔各四,珪币各有数,皆生瘗埋,无俎豆之具。三年一郊。秦以冬十月为岁首,故常以十月上宿郊见,通权火,拜于咸阳之旁,而衣上白,其用如经祠云。西時、畦時,祠如其故,上不亲往。"③ 秦神祀系统的设置,名目相当繁多,结构亦极复杂。这应当与秦信仰世界构成之多元的特点有关。秦的神学体系部分继承了周礼祀传统,又有自身的创造,很可能有陆续杂入了多种文化因素的神巫成分。

其中所谓"常以十月上宿郊见,通权火,拜于咸阳之旁",涉及烽火传递的交通方式。④ 而《诅楚文》内容中值得特别我们注意的,是"湫

① 裘锡圭:《诅楚文"亚驼"考》,《文物》1998 年第 4 期,收入《裘锡圭学术文集·金文及其他古文字卷》,复旦大学出版社 2012 年 6 月版,第 325 页。
② 雍际春:《"亚驼""呼池"与要册湫考辨》,《陕西师范大学学报》(哲学社会科学版)2008 年第 2 期。
③ 《史记》,第 1372—1377 页。
④ 王子今:《试说秦烽燧——以直道军事通信系统为中心》,《文博》2004 年第 2 期。

渊，祠朝那"，乃系西北方向距离秦统治中枢最遥远的祀所，而面对楚军全力入侵，大战来临，"秦嗣王，敢用吉玉宣璧使其宗祝邵鼛，布憝告于不显大神厥湫"。郭沫若说："'宗祝邵鼛'：宗祝，官名；邵鼛，人名。宗祝当如《周官》的大祝小祝。'大师宜于社，造于祖'。小祝'大师掌釁祈号祝，有寇戎之事则保郊祀于社'。今铭中所言正为师旅寇戎之事，故由宗祝以告于神。"① 此"宗祝邵鼛"的礼祀，其交通实践颇为辛苦。而"宗祝邵鼛，布憝告于不显大神"，当不止此所谓"厥湫"一处。事实当如前引郭沫若所指出的，楚人"悉兴其众，张矜意怒，饰甲底兵，奋士盛师"，"乃倾国之师相敌"。这在秦人看来，确实"当时情势甚为严重"，因而不得不认真对应，"亦下总动员令，四处告神求祐也"。"四处告神，连神鬼的力量都加以动员了。"裴锡圭也指出："秦王此次诅楚，所告之神大概很多，所刻之石决不会仅有三块。但其余刻石尚未为后人发现，也可能发现时由于不受重视而即遭毁弃。"②

《左传·成公十三年》："国之大事，在祀与戎。"③ 所谓"四处告神"，或说"所告之神大概很多"，是往多处"亲印""不显大神"，企望予以助佑，以期"克剂楚师，且复略我边城"的与"戎"事密切相关的"祀"的行为。"宗祝邵鼛"或许还有其他专职官员"四处"辛苦奔走，有特定时限，又要表现绝对的恭敬，是我们在认识秦人信仰礼俗的同时应当注意到的特殊的交通史现象。

① 郭沫若：《诅楚文考释》，第 299—300 页。
② 裴锡圭：《诅楚文"亚驼"考》，《文物》1998 年第 4 期，收入《裴锡圭学术文集·金文及其他古文字卷》，第 320 页。
③ 《春秋左传集解》，上海人民出版社 1977 年 8 月版，第 722 页。

秦人的"蚩尤"崇拜

"蚩尤"神话在先秦已经出现，在汉代则流传日广，传说的情节也愈为曲折复杂。秦代官方祭祀体系中有"蚩尤"的地位，民间信仰内容中也可见"蚩尤"的影响。作为与先古圣王的正统体系持敌对立场的"蚩尤"，其勇武精神的渲染和悲剧故事的架构，很可能萌生于先秦，在秦时得到认定，最终在汉代完成。认识秦人的信仰史的时候，不应当忽略与"蚩尤"崇拜相关的文化现象。

一 "蚩尤"：反正统的战神

"蚩尤"，是传说时代神而非圣的部族联盟领袖，曾经挑起与黄帝部族和炎帝部族的战争。

关于"蚩尤"与黄帝涿鹿决战的形势，《逸周书·尝麦》有如下记载："蚩尤乃逐帝，争于涿鹿之阿，九隅无遗。赤帝大慑，乃说于黄帝，执蚩尤，杀之于中冀。"① 《山海经·大荒北经》如此记录涿鹿战事："蚩尤作兵伐黄帝，黄帝乃令应龙攻之冀州之野。应龙畜水，蚩尤请风伯雨师，纵大风雨。黄帝乃下天女曰魃，雨止，遂杀蚩尤。"② 《史记》卷三《殷本纪》记述汤"作《汤诰》"，其中说道："昔蚩尤与其大夫作乱百姓，帝乃弗予，有状。先王言不可不勉。"按照司马贞《索隐》的解释，"帝，天也。谓蚩尤作乱，上天乃不佑之，是为'弗予'。'有状'，言其

---

① 黄怀信、张懋镕、田旭东撰，黄怀信修订，李学勤审定：《逸周书汇校集注》（修订本），上海古籍出版社 2007 年 3 月版，第 732—733 页。

② 袁珂校注：《山海经校注》，上海古籍出版社 1980 年 7 月版，第 430 页。

罪大而有形状，故黄帝灭之。"①

《山海经·大荒北经》说："蚩尤作兵。"②《太平御览》卷二七〇引《世本》也写道："蚩尤作兵。"③《吕氏春秋·荡兵》则说："人曰'蚩尤作兵'，蚩尤非作兵也，利其械矣。未有蚩尤之时，民固剥林木以战矣。"④《管子·地数》："葛卢之山，发而出水，金从之，蚩尤受而制之，以为剑、铠、矛、戟。……雍狐之山，发而出水，金从之，蚩尤受而制之，以为雍狐之戟、芮戈。"⑤《史记》卷一《五帝本纪》司马贞《索隐》则写道："《管子》曰：'蚩尤受卢山之金而作五兵。'"⑥《路史·后纪四·蚩尤传》注引《世本》也说："蚩尤作五兵：戈、矛、戟、酋矛、夷矛。"⑦

至今人们习惯以"炎黄"为民族血脉之正统，而"蚩尤"则是与"炎黄"相攻伐的对立政治势力的领袖。

二　"蚩尤"早期形象

上古历史文献中，可以看到比较集中的关于"蚩尤"故事的记录。

司马迁在《史记》卷一《五帝本纪》中写道："诸侯相侵伐，暴虐百姓，而神农氏弗能征。于是轩辕乃习用干戈，以征不享，诸侯咸来宾从。而蚩尤最为暴，莫能伐。炎帝欲侵陵诸侯，诸侯咸归轩辕。轩辕乃修德振兵，治五气，蓺五种，抚万民，度四方，教熊罴貔貅䝙虎，以与炎帝战于阪泉之野。三战，然后得其志。蚩尤作乱，不用帝命。于是黄帝乃征师诸侯，与蚩尤战于涿鹿之野，遂禽杀蚩尤。而诸侯咸尊轩辕为天子，代神农氏，是为黄帝。"⑧

据《史记》卷一《五帝本纪》，"蚩尤"败死之后，"而诸侯咸尊轩

---

① 《史记》，中华书局1959年9月版，第97页。

② 袁珂校注：《山海经校注》，第430页。

③ （宋）李昉等撰：《太平御览》，中华书局用上海涵芬楼影印宋本1960年2月复制重印版，第1261页。

④ 许维遹撰，梁运华整理：《吕氏春秋集释》，中华书局2009年9月版，第158页。

⑤ 黎翔凤撰，梁运华整理：《管子校注》，中华书局2004年6月版，第1355页。

⑥ 《史记》，第3页。

⑦ （宋）罗泌：《路史》，《四部备要》，中华书局1989年3月版，第44册第80页。

⑧ 《史记》，第3页。

辕为天子，代神农氏，是为黄帝。"张守节《正义》引《龙鱼河图》：
"黄帝慑政，有蚩尤兄弟八十一人，并兽身人语，铜头铁额，食沙石子，
造立兵仗刀戟大弩，威振天下，诛杀无道，不慈仁。万民欲令黄帝行天子
事，黄帝以仁义不能禁止蚩尤，乃仰天而叹。天遣玄女下授黄帝兵信神
符，制伏蚩尤，帝因使之主兵，以制四方。蚩尤没后，天下复扰乱，黄帝
遂画蚩尤形像以威天下，天下咸谓蚩尤不死，八方万邦皆为弭服。"① 值
得注意的是，在新的政治文化秩序建立之后，失败者"蚩尤"仍然表现
出重要的历史影响。所谓"铜头铁额，食沙石子，造立兵仗刀戟大弩，
威振天下"，反映"蚩尤"所在的部族很可能确实是早期冶金业的开
创者。

　　《龙鱼河图》，清人朱彝尊《经义考》卷二六四归入"《怸纬二》"。②
日本学者安居香山、中村璋八辑《纬书集成》在"河图编"中列入《龙
鱼河图》。③ 按照纬书研究者的意见，"纬书是对一批流行于西汉末年至东
汉末年的带有相当神秘色彩的书籍的总称。其内容极为庞杂，涉及天文、
地理、哲学、伦理、政治、历史、神话、民俗，以及医学等自然科学"。
"纬书实已涉及当时社会、人文、自然科学的大部分领域。"④ "纬的命名，
本以配经而言。汉代的纬学实际是经学的一部分，在考察汉代经学的时

---

　　① 《史记》，第4—5页。

　　② 朱彝尊写道："按《龙鱼河图》，贾思勰《齐民要术》屡引之。有云：'瓜有两鼻者杀
人，羊有一角食之杀人。玄鸡白头食之病人。此服食家言尔。'又云：'各以腊月鼠断尾，正月
旦日未出时，家长斩鼠著屋中，祝云：付敕屋吏，制断鼠虫，三时言功，鼠不敢行。'又云：
'埋蚕沙于宅亥地，大富。得蚕丝吉利，以一斛二斗，甲子日镇宅大吉，财致千万。'又云：'岁
暮夕四更中，取二七豆子，二七麻子，家人头发少许，合麻豆著井中，咒敕讫，使其家竟年不遭
伤寒，辟五方疫鬼。'又《太平御览》引其文云：'妇人无以夫衣合浣之，使不利。'又云：'以
卖马钱娶妇，令多恶疾，夫妻离别。'又云：'悬艾虎鼻门上，宜官，子孙带印绶。悬虎鼻门中，
周一年，取烧作屑，与妇饮之，二月中便有娠，生贵子，勿令人知之，泄则不验也，亦勿令妇见
之。'又云：'七月七日，取小赤豆，男吞一七，女吞二七，令人毕岁无病。是日取乌鸡血，和
三月三日桃花末，涂面及身，三日后，肌白如玉。'观其大略，无异道家厌胜之术，与经义何神？
至谓'蚩尤兄弟八十一人，皆铜头铁额，食砂石子'，尤属不伦。诸怸纬中邪说诬民盖未有甚于
此书者已。"（清）朱彝尊撰，林庆彰等主编：《经义考新校》，上海古籍出版社2010年12月版，
第4739—4740页。

　　③ ［日］安居香山、［日］中村璋八辑：《纬书集成》，河北人民出版社1994年12月版，
下册第1149—1157页。

　　④ 吕宗力、栾保群：《〈纬书集成〉前言》，［日］安居香山、［日］中村璋八辑《纬书集
成》，上册第2—3页。

候，如果屏弃纬学，便无法窥见经学的全貌。"①"《龙鱼河图》等多为古帝王传说资料，虽属史事谶，但从某些方面来说，应属纬类。"②《龙鱼河图》记录的"蚩尤"传说，也可以从"伦理、政治、历史、神话、民俗"等角度进行文化分析。

《史记》所谓"蚩尤没后，天下复扰乱，黄帝遂画蚩尤形像以威天下，天下咸谓蚩尤不死，八方万邦皆为弭服"，反映"蚩尤"虽然战败，但是其军事威望和文化影响仍然长期存在。《太平御览》卷七九引《龙鱼河图》记述此事，又写作："蚩尤没后，天下复扰乱，黄帝遂画蚩尤形象以威天下，天下咸谓蚩尤不死，八方万邦皆为殄服。"③吕思勉曾经写道："所以兼祠蚩尤者，蚩尤为黄帝所灭，其后或服黄帝；又蚩尤故盛强，黄帝亦或席其旧名，以劫制天下，故其事迹颇相混。""蚩尤"故事，"传说虽不足据，亦必略有所本也"。④有的学者指出，《龙鱼河图》中的"蚩尤"神话，是基于《史记》卷一《五帝本纪》"蚩尤作乱，不用帝命"以及"于是黄帝乃征师诸侯，与蚩尤战于涿鹿之野，遂禽杀蚩尤"的说法"繁衍而成，这一点没有问题"。论者又指出，"当然，类似的传说在《山海经·大荒北经》中也有"，"纬书的传说和《山海经》的立说年代何者在前很难断定，大约它们都是依据有关黄帝的古老传说先后形成的"。论者还注意到，相关传说有情节更为丰富的情形，例如，"黄帝、蚩尤之争成了旱魃传说，即假托为风伯雨师之争"。⑤

"蚩尤"作为传说中的悲剧人物，在民间长期保持着影响。《述异记》记载了有关"蚩尤"崇拜的传说与民俗："蚩尤能作云雾。涿鹿今在冀州，有蚩尤神，俗云：人身牛蹄，四目六手。今冀州人掘地得骷髅，如铜铁者，即蚩尤之骨也。今有蚩尤齿，长二寸，坚不可碎。秦汉间说，蚩尤

①　李学勤：《〈纬书集成〉序》，[日]安居香山、[日]中村璋八辑《纬书集成》，上册第2页。

②　[日]安居香山、[日]中村璋八：《〈纬书集成〉解说》，[日]安居香山、[日]中村璋八辑《纬书集成》，上册第69页。

③　（宋）李昉等撰：《太平御览》，中华书局用上海涵芬楼影印宋本1960年2月复制重印版，第368页。

④　《吕思勉读史札记》甲帙《先秦》"蚩尤作兵"条，上海古籍出版社1982年8月版，第284—285页。

⑤　[日]安居香山、[日]中村璋八：《〈纬书集成〉解说》，[日]安居香山、[日]中村璋八辑《纬书集成》，上册第72页。

氏耳鬓如剑戟，头有角，与轩辕斗，以角抵人，人不能向。今冀州有乐名
'蚩尤戏'，其民两两三三，头戴牛角而相抵。汉造'角抵'戏，盖其遗
制也。太原村落间，祭蚩尤神，不用牛头。今冀州有蚩尤川，即涿鹿之
野。汉武时，太原有蚩尤神昼见，龟足蛇首；首疫，其俗遂为立祠。"①
《皇览·冢墓记》说："蚩尤冢，在东平郡寿张县阚乡城中，高七丈，民
常十月祀之。有赤气出如匹绛帛，民名为'蚩尤旗'。肩髀冢，在山阳钜
野县重聚，大小与阚冢等。传言黄帝与蚩尤战于涿鹿之野，黄帝杀之，身
体异处，故别葬之。"② 此外，沈括《梦溪笔谈》卷三写道："解州盐泽，
方百二十里。久雨，四山之水，悉注其中，未尝溢。大旱，未尝涸。卤色
正赤，在版泉之下，俚俗谓之'蚩尤血'。"③ 蚩尤作为败死于黄帝之手的
传说人物，在民间长久地保留着影响，是值得重视的民俗文化现象。种种
后世相关传说，不排除原生于汉代的可能。

所谓"秦汉间说，蚩尤氏耳鬓如剑戟，头有角，与轩辕斗，以角抵
人，人不能向"，所谓"今冀州有乐名'蚩尤戏'，其民两两三三，头戴
牛角而相抵，汉造'角抵'戏，盖其遗制也"，所谓"汉武时，太原有蚩
尤神昼见，龟足蛇首"，正以民俗遗存的形式曲折反映了汉代蚩尤传说在
民间的盛行。

三 秦始皇东巡祠"兵主""蚩尤"

据《史记》卷二八《封禅书》记载，秦始皇时代，曾经"东游海上，
行礼祠名山大川及八神"。"八神将自古而有之，或曰太公以来作之。"④
所谓"八神"之中，列为第三位的就是战神"蚩尤"：

即帝位三年，东巡郡县，祠驺峄山……于是始皇遂东游海上，行
礼祠名山大川及八神，求仙人羡门之属。八神将自古而有之，或曰太

---

① （梁）任昉著，（明）程荣校：《述异记》卷上，（明）程荣纂辑《汉魏丛书》，吉林大
学出版社 1992 年 12 月版，第 697 页。

② （清）冯孙翼辑：《皇览》，《丛书集成初编》，商务印书馆 1937 年 12 月版，第 172 册第
3 页。

③ （宋）沈括撰，金良年点校：《梦溪笔谈》，中华书局 2015 年 11 月版，第 20 页。

④ 《史记》，第 1367 页。

公以来作之。齐所以为齐，以天齐也。其祀绝莫知起时。八神：一曰天主，祠天齐。天齐渊水，居临菑南郊山下者。二曰地主，祠泰山梁父。盖天好阴，祠之必于高山之下，小山之上，命曰"畤"；地贵阳，祭之必于泽中圜丘云。三曰兵主，祠蚩尤。蚩尤在东平陆监乡，齐之西境也。四曰阴主，祠三山。五曰阳主，祠之罘。六曰月主，祠之莱山。皆在齐北，并勃海。七曰日主，祠成山。成山斗入海，最居齐东北隅，以迎日出云。八曰四时主，祠琅邪。琅邪在齐东方，盖岁之所始。皆各用一牢具祠，而巫祝所损益，珪币杂异焉。

秦始皇东巡的祠祀活动，体现了对齐地神祀体系的全面继承。对于"八神"——恭敬礼祀。其中"三曰兵主，祠蚩尤"。而"蚩尤在东平陆监乡，齐之西境也"。对于所谓"兵主"所在"东平陆监乡"，裴骃《集解》："徐广曰：'属东平郡。'"司马贞《索隐》："监音阚。韦昭云：'县名，属东平。'《皇览》云：'蚩尤冢在东平郡寿张县阚乡城中。'"[1] 这一祠祀行为意义重要，受到史家关注。

《汉书》卷二五上《郊祀志上》写道："于是始皇遂东游海上，行礼祠名山川及八神，求仙人羡门之属。八神将自古而有之；或曰太公以来作之。齐所以为齐，以天齐也。其祀绝，莫知起时。八神，一曰天主，祠天齐。天齐渊水，居临菑南郊山下下者。二曰地主，祠泰山梁父。盖天好阴，祠之必于高山之下畤，命曰'畤'；地贵阳，祭之必于泽中圜丘云。三曰兵主，祠蚩尤。蚩尤在东平陆监乡，齐之西竟也。四曰阴主，祠三山；五曰阳主，祠之罘山；六曰月主，祠莱山：皆在齐北，并勃海。七曰日主，祠盛山。盛山斗入海，最居齐东北阳，以迎日出云。八曰四时主，祠琅邪。琅邪在齐东北，盖岁之所始。皆各用牢具祠，而巫祝所损益，圭币杂异焉。"对于"兵主"位置，颜师古注："东平陆，县名也。监，其县之乡名也。"[2]

汉定天下后，重新明确祭祠制度。在被确定为国家正式祭祀体系的诸祠之中竟然有"蚩尤之祠"赫然居于前列：

---

① 《史记》，第 1366—1368 页。
② 《汉书》，中华书局 1962 年 6 月版，第 1202—1203 页。

令祝官立蚩尤之祠于长安。①

《汉书》卷二五下《郊祀志下》记载，汉宣帝时，曾经又设立蚩尤祠：

　　（祠）蚩尤于寿良。

这是在地方的又一处"蚩尤"之祠，然而是由最高执政者决策设置。寿良，颜师古注："东郡之县也。"②

　　《后汉书》卷二四《马援传》说，汉明帝时，马援兄子马严"拜将军长史"，将兵屯西河美稷，卫护南单于，据记载：

　　听置司马、从事，牧守谒敬，同之将军。敕（马）严过武库，祭蚩尤，帝亲御阿阁，观其士众，时人荣之。

李贤注引《前书音义》曰：

　　蚩尤，古天子，好五兵，故令祭之。③

可见出师之军祭蚩尤，大约已经成为一种传统。而"蚩尤"祀所在"武库"，是特别应当注意的。

　　《史记》中，还有一条有关"蚩尤"的史料值得注意。卷二〇《建元以来侯者年表》褚少孙补记："（富民侯）田千秋，家在长陵，以故高庙寝郎上书谏孝武曰：'子弄父兵，罪当笞。父子之怒，自古有之。蚩尤畔父，黄帝涉江。'上书至意，拜为大鸿胪。征和四年为丞相，封三千户。"④"子弄父兵"，以蚩尤为例，仍然突出其习兵好战的品性。所谓"蚩尤畔父，黄帝涉江"，语不易解，或许说明了当时蚩尤传说尚有今人已经不能确知的其他情节。遗憾的是，田千秋著名上书中的这一段话，在

《汉书》中竟然没有反映。清华大学藏战国竹简《五纪》说到蚩尤身份："黄帝又（有）子曰寺＝蚘＝既长成（简98）人，乃作为五兵（简99）。"程浩于是据田千秋语认为，"由此看来，《五纪》中蚩尤为黄帝之子，以及成人后作兵叛父的相关传说，到了汉代犹有流传"。①

可以提示秦民间社会流传"蚩尤"神异传说的文化现象，还有王家台秦简《归藏》"劳"卦卦辞"昔者蚩尤卜铸五兵"。②

《艺文类聚》卷六〇有晋顾恺之《祭牙文》："维某年某月日，录尚书事豫章公裕敢告黄帝蚩尤五兵之灵：两仪有政，四海有王。奉命在天，世德重光。烈烈高牙，阗阗伐鼓。白气经天，简扬神武。"③ 清人秦蕙田《五礼通考》卷二三七又录有"后汉滕辅《祭牙文》"："恭修太牢，洁荐遄灵。推毂之任，实讨不庭。天道助顺，正直聪明。敬建高牙，神武攸托。雄戟推锋，龙渊洒锷。"秦蕙田在此文和晋顾恺之《祭牙文》之后写道："蕙田案：此祭黄帝蚩尤五兵。"④ "黄帝蚩尤五兵"的说法，提示了"黄帝"和"蚩尤"的特殊关系。刘邦起兵反秦，"祠黄帝，祭蚩尤"，则是具体史证。

四　刘邦反秦起事"祭蚩尤于沛庭"

民俗文化遗存中有关"蚩尤"故事的记忆，体现了相关传说在民间的久远影响。司马迁在《史记》中的有关记述，也保留了同样的文化信息。《史记》卷八《高祖本纪》记载，秦末各地民众暴动，刘邦初起兵，行军祭之礼：

> 祠黄帝，祭蚩尤于沛庭，而衅鼓，旗帜皆赤。

裴骃《集解》引应劭曰："蚩尤好五兵，故祠祭之求福祥也。"又引瓒曰：

---

① 程浩：《清华简〈五纪〉中的黄帝故事》，《文物》2021年第9期。
② 王明钦：《王家台竹简概述》，《新出简帛研究》，文物出版社2004年12月版，第32页。
③ （唐）欧阳询撰，汪绍楹校：《艺文类聚》，上海古籍出版社1965年11月版，第1078页。
④ （清）秦蕙田撰，方向东、王锷点校：《五礼通考》卷二三七《军礼五·出师》，中华书局2020年11月版，第18册第11477页。

"管仲云：'割卢山交而出水，金从之出，蚩尤受之以作剑戟。'"而司马贞《索隐》则说："《管子》云：'葛卢之山，发而出金。'今注引'发'作'交'及'割'，皆误也。"① 刘邦起沛祭"蚩尤"事，《史记》卷二八《封禅书》中也有记载：

> 高祖初起，祷丰枌榆社。徇沛，为沛公，则祠蚩尤，衅鼓旗。②

《高祖本纪》"祭蚩尤"，《封禅书》"祠蚩尤"，应是对同一事件的不同表述。

刘邦参与反秦暴动，正式举兵时"祭蚩尤""祠蚩尤"，是以秦时民间信仰体系对"蚩尤"的尊崇为背景的军事行为。

据《史记》卷九七《郦生陆贾列传》，刘邦与项羽争天下，使郦食其说齐王，有夸耀汉军军功的言辞：

> 夫汉王发蜀汉，定三秦；涉西河之外，援上党之兵；下井陉，诛成安君；破北魏，举三十二城：此蚩尤之兵也，非人之力也，天之福也。③

梁玉绳《史记志疑》卷三二引翁孝廉曰："郦生以蚩尤比汉王，毋乃失辞。④《汉书》改作'黄帝'是。"⑤ "蚩尤之兵"和"黄帝之兵"的差异，亦反映吕思勉所谓"其事迹颇相混"的情形。

五　"蚩尤之旗"

"蚩尤"因勇战好胜著名，于是在司马迁所处的时代，曾经被看作战神的形象，也曾经被视为兵争的象征。《史记》卷二七《天官书》写道：

---

① 《史记》，第350—351页。

② 《史记》，第1378页。

③ 《史记》，第2695页。

④ 原注："《新序》同。"

⑤ （清）梁玉绳撰：《史记志疑》，中华书局1981年4月版，第1349页。

秦始皇之时，十五年彗星四见，久者八十天，长或竟天。其后秦遂以兵灭六王，并中国，外攘四夷，死人如乱麻，因以张楚并起，三十年之间，兵相骀藉，不可胜数。自蚩尤以来，未尝若斯也。①

有所谓"蚩尤之旗"的星象，被看作天下兵战的预警：

蚩尤之旗，类彗而后曲，象旗。见则王者征伐四方。

元光、元狩，蚩尤之旗再见，长则半天。其后京师师四出，诛夷狄者数十年，而伐胡尤甚。②

长沙马王堆汉墓 3 号汉墓出土以天文气象现象占验吉凶的帛书，整理者拟名为《天文气象杂占》，并以为其中"最最珍贵的，是在它最下面一列的中段，有 29 个彗星图"。其中最后一幅，就是所谓"蚩尤之旗"的图象。在画面以下有文字标识，写作：

蚩又（尤）旗
兵在外归③

汉初文物资料所见"蚩又（尤）旗」兵在外归"，应当与战国晚期以来兵争急烈的历史现象联系起来理解。

汉初"高祖所立"一系列祠祀主题，后世有所调整。《汉书》卷二五下《郊祀志下》记载："孝宣参山、蓬山、之罘、成山、莱山、四时、蚩尤、劳谷、五床、仙人、玉女、径路、黄帝、天神、原水之属，皆罢。"④

---

① 《史记》，第 1348 页。

② 《史记》卷二七《天官书》，第 1335、1348—1349 页。

③ 席泽宗：《马王堆汉墓帛书中的彗星图》，《文物》1978 年第 2 期；《长沙马王堆三号墓出土西汉帛书〈天文气象杂占〉》，《中国文物》第 1 期，文物出版社 1979 年版，第 1—10 页。

④ 《汉书》，第 1258 页。

六 "蚩尤辟兵钩"

汉代民间以蚩尤为战神的崇拜心理，通过某些文物遗存也能够得到体现。美国华盛顿弗利尔美术馆藏有造型颇为生动的汉代蚩尤形带钩。与沂南汉画象石所见者不同，蚩尤头上没有弩弓，而口中衔矛，右手持剑，又以左手举盾，成为钩首。两足所抓，左为刀，右为钺。《太平御览》卷三五四引《东观汉记》曰："诏令赐邓遵金蚩尤辟兵钩一。"① 所谓"蚩尤辟兵钩"，可能就是这种带钩。② 河北石家庄东岗头东汉墓出土的同类器物，蚩尤"手持剑和盾，足握刀和斧"，身侧又有四神形象。③ 日本学者林巳奈夫在《汉代鬼神的世界》中又引录另一件同类器物，而著明"出土地不明"。④ 可知蚩尤作为主兵之神，在汉代社会有相当广泛的影响。《初学记》卷二六引《搜神记》曰："元康中，妇人饰五兵佩。"⑤《说郛》卷七七下宇文氏《妆台记》也写道："惠帝元康中，妇人之饰有五兵佩，又以金银瑇瑁之属为斧钺戈戟以当笄。"⑥ 联系汉代文物所谓"蚩尤辟兵钩"的"五兵"装饰，可知"五兵佩"自有由来。不过晋惠帝时竟然以为"妇人之饰"，于是被看作预示天下将要发生战乱的异象。

承文物学者贾麦明发现，为西北大学博物馆收藏的两件"蚩尤辟兵钩"，贾麦明判定为"战国蚩尤带钩"。断代是合理的。其中一件手持"五兵"，形制典型。另一件显现狞厉的"蚩尤"面容。以上所说汉代"蚩尤辟兵钩"，有些可能也是战国至秦代的用品。

---

① （宋）李昉等撰：《太平御览》，第 1629 页。

② 参看孙机《汉代物质文化资料图说》，文物出版社 1991 年 9 月版，第 252—253 页。这件汉代蚩尤形带钩，刘铭恕以为收藏在"美国波斯顿博物馆"，与孙机说不同。《关于沂南汉画象》，《考古通讯》1955 年第 6 期。

③ 王海航：《石家庄市东岗头村发现汉墓》，《考古》1965 年第 12 期。

④ ［日］林巳奈夫：《漢代の神神》，臨川書店 1989 年版，第 130 頁。

⑤ （唐）徐坚等著：《初学记》，中华书局 1962 年 1 月版，第 628 页。

⑥ （明）陶宗仪等编：《说郛三种》，明刻一百二十卷本，上海古籍出版社 1988 年 10 月版，第 3599 页。

七　齐鲁民间蚩尤纪念与"兵主" 蚩尤的空间对应

山东沂南汉墓出土画象石可见"神话人物、奇禽异兽"画面。《沂南古画像石墓发掘报告》有"关于神话人物奇禽异兽的考证"一节，其中写道："第14幅有一神怪，头上顶着弩弓和箭，四肢均持兵器，和武氏祠后石室第三石所见我们前认为是装豹戏的很相似。"据"拓片第14幅"文字说明，这幅画面的位置，在"前室北壁正中的一段"，"即通中室门的当中支柱"。从画面看，"神怪"正面直立，身似被甲，前臂后有羽。头顶张弩，三矢共一弦，中央一枚最为长厉。或许即象征古兵器"三连弩"。①"神怪"左手挥戟，右手舞钺，两足各持刀剑，身下又有盾护卫。据《沂南古画像石墓发掘报告》描述："朱雀之下为一神怪，虎首，头上顶着插三支箭的弩弓，张口露齿，胸垂两乳，四肢长着长毛，左手持着短戟，右手举着带缨的短刀，右足握一短剑，左足握一刀，胯下还立着一个盾牌。"②

收入《中国画像石全集》第1卷《山东汉画像石》的这幅图，题"沂南汉墓前室北壁中柱画像"。《图版说明》写道："画面上边饰锯齿纹、垂幛纹和卷云纹，左右边饰锯齿纹、卷云纹。画像上刻一朱雀展翅站立，头上三长羽，尾披地而分左右上翘。中刻一虎首神怪，头上顶着插三箭的弩弓，手执短矛、短戟，足趾挟刀、剑，胯下立置一盾。下刻龟蛇相交缠的玄武。"③

这一"神怪"形象的原型，应是传说时代的战神"蚩尤"。

《沂南古画像石墓发掘报告》说到的与第14幅"神怪"图"很相似"

---

① 《汉书》卷五四《李广传》："广身自以大黄射其裨将。"颜师古注引孟康曰："太公陷坚却敌，以大黄参连弩也。"第2445页。又同卷《李陵传》："发连弩射单于。"颜师古注："服虔曰：'三十弩共一弦也。'张晏曰：'三十絭共一臂也。'师古曰：'张说是也。'"第2453—2454页。

② 曾昭燏、蒋宝庚、黎忠义：《沂南古画像石墓发掘报告》，文化部文物管理局1956年9月版，第43—44、15页。

③ 蒋英炬主编：《中国画像石全集》第1卷《山东汉画像石》，山东美术出版社2000年6月版，《图版》第143页、《图版说明》第63页。

的"武氏祠后石室第三石所见我们前认为是装豹戏的"画面，有人描述说，"近右方的一个怪物，据说是方相氏。它一手执短戟，一手持剑，足举勾镶和矛，头顶弩弓，使用五种兵器"。[1] 也有学者认为这一"头戴以弓，左右手一持戈，一持剑，左右足一登弩，一蹑矛，睹其形状，至为狞猛"的画像应与蚩尤传说有关，题其图为《黄帝蚩尤战图》。[2] 又有学者作如下表述："一怪右向，人首兽身，头顶弩，左手执刀，右手持戟，左足挟勾镶，右足挟矛，似为蚩尤，一榜无题。"[3] 有的研究者也将其主题定义为"蚩尤战斗"。在刘兴珍、岳凤霞编写的《中国汉代画像石——山东武氏祠》一书中，以画面第三层为"蚩尤战斗图"，有解说文字："所谓蚩尤，是中国传说中九黎族的首领，曾经起风呼雨，以金属制作兵器。后来与黄帝战于涿鹿（今河北涿鹿），兵败被杀。"编者并绘有"蚩尤线描图"。对于第二层画面，有"风伯图"的认定。不过，编者误将"第二层"写作"第三层"。事实上，第三层原本确有"风伯"形象的表现，然而与第二层以囊鼓风不同，这位在以壶倾水的"雨师"身后的"风伯"，是挥舞着一件长柄扇形物扇风。在他的身后，一位不知名的神怪头发飞扬，显示着风力强大。[4] 第二层画面则"风伯"在"雨师"之前，且以自己头发扬起表现风力。画面所见"蚩尤"形象与"风伯雨师"的接近，与"蚩尤请风伯雨师，纵大风雨"的传说相合。武氏祠"蚩尤"画像，头顶弩，左手持剑，右手持戟，左足用勾镶，右足似使用矛头。

刘铭恕曾经注意到，沂南汉墓"前室北面石刻（原图24），其中有一非人非兽的怪物，面貌狰狞，左右手分别拿着刀剑"。他说，"这种形象和握持武器的情况，都很和武氏祠后石室第三石上面所见的那个持有5种兵器的怪物，以及美国波斯顿博物馆所藏的持有5种兵器的怪物带钩，有些相像；不过沂南的怪物画象，少拿了3种武器而已。这个持有5种兵器的怪物，我们曾经根据历史的记载……证明他就是蚩尤的画象和铸象"[5]，

---

① 朱锡禄：《武氏祠汉画像石》，山东美术出版社1986年12月版，第116页。

② 刘铭恕：《武梁祠后石室所见黄帝蚩尤战图》，《中国文化研究汇刊》第2期，1942年2月。

③ 蒋英炬、吴文祺：《汉代武氏墓群石刻研究》，山东美术出版社1995年9月版，第81页。

④ 《中国汉代的画像石——山东的武氏祠》，外文出版社1991年版，第130—131页。

⑤ 作者原注："参阅《中国文化研究汇刊》第二期拙作：《武梁祠画象石上所见的黄帝蚩尤古战图考》。"今按：原题应为《武梁祠后石室所见黄帝蚩尤战图考》，《中国文化研究汇刊》第2期，1942年2月。

"沂南画象的这个持有两种武器的怪物，也就是蚩尤的一个比较简单的画象，我想是可以肯定的。何况汉代还有把蚩尤的五兵，简为一兵的"。① 今按，刘铭恕所说"前室北面石刻（原图24）"，是根据1954年发表的沂南汉画象石墓发掘简报。② 在《沂南古画像石墓发掘报告》中，此图为"拓片第8幅，前室北壁上横额"。③ 可以定名为"蚩尤五兵"图的画面，发掘简报没有发表。而"沂南画象的这个持有两种武器的怪物，也就是蚩尤的一个比较简单的画象"的看法，似乎缺乏"肯定"的论证。这种"左右手分别拿着刀剑"的形象，其实或与"方相氏"形象有关。《后汉书》卷六〇上《马融传上》李贤注引《周礼》："方相氏掌执戈扬楯，帅百隶以驱疫。"④ 卷九《献帝纪》李贤注引《续汉书》："方相氏黄金四目，蒙熊皮，玄衣朱裳，执戈扬楯。"⑤《续汉书·礼仪志中》"大傩"条和《礼仪志下》"大丧"条都有"方相氏黄金四目，蒙熊皮，玄衣朱裳，执戈扬盾"的文句。⑥ 方相氏使用两件兵器。只是沂南汉画象所见左右各持刀戟，与"执戈扬盾"不同。还应当注意到，这幅图即《沂南古画像石墓发掘报告》中编号为第8幅者，即"前室北壁上的横额"，位置与"前室北壁正中一段"的第14幅十分接近。对于这一"神怪"，曾昭燏等写道："虎首豹纹，首上长出五个人首，四肢生着长毛，胸垂两乳，左手握着带缨的刀子，右手握着带缨的短戟。"⑦ 所使用文句，与对第14幅我们称为"蚩尤五兵"图者的描述中所谓"胸垂两乳，四肢长着长毛，左手持着短戟，右手举着带缨的短刀"，实在相似。至于这一"神怪"头上的"五个人首"所具有的象征意义是否与"五兵"有某种关联，也是值得讨论的课题。

《史记》卷二八《封禅书》说，秦始皇"东游海上"，"行礼祠""八神"之中，有被称作"兵主"的"蚩尤"之祠。"蚩尤在东平陆监乡，

---

① 刘铭恕：《关于沂南汉画象》，《考古通讯》1955年第8期。

② 华东文物工作队山东组：《山东沂南汉画像石墓》，《文物参考资料》1954年第8期。

③ 曾昭燏、蒋宝庚、黎忠义：《沂南古画像石墓发掘报告》，第14页。

④ 《后汉书》，第1964页。

⑤ 《后汉书》，第391页。

⑥ 《后汉书》，第3127、3144页。

⑦ 曾昭燏、蒋宝庚、黎忠义：《沂南古画像石墓发掘报告》，第14—15页。

齐之西境也。"① 据《汉书》卷二五下《郊祀志下》,汉宣帝"(祠)蚩尤于寿良"。寿良,颜师古注:"东郡之县也。"汉成帝时,丞相匡衡、御史大夫张谭建议,各地"所祠凡六百八十三所"中,"四百七十五所不应礼,或复重,请皆罢","奏可"。实施时,"孝宣参山、蓬山、之罘、成山、莱山、四时、蚩尤、劳谷、五床、仙人、玉女、径路、黄帝、天神、原水之属,皆罢"。② 从所列序次看,蚩尤祠的设置地点亦当在齐鲁地方。按照《中国历史地图集》标注的位置,寿良在今山东东平南。③ 而《皇览·冢墓记》所谓"蚩尤冢,在东平郡寿张县阚乡城中","肩髀冢,在山阳巨野县重聚"。④ 其地也都在齐鲁之境。在这一人文地理认识的基础上理解沂南和嘉祥汉墓"蚩尤五兵"画象出现的背景,应当是有益的。

早期"蚩尤"传说所谓"涿鹿之阿","冀州之野",说其征战在北地。而《管子》记录"蚩尤"开发矿冶,改进"五兵"的所谓"葛卢之山""雍狐之山",有学者指出其方位,正在齐鲁地方。⑤

沂南汉墓"蚩尤五兵"画象上为朱雀,下为玄武,其位居中的现象,也可以给我们某种有关区域信仰文化的启示。汉代以齐鲁为文化胜地,《汉书》卷二八下《地理志下》说:"汉兴以来,鲁、东海多至卿相。"⑥ 据《史记》卷六○《三王世家》褚少孙补述,燕王刘旦争权谋位,汉武帝感叹道:"生子当置之齐鲁礼义之乡,乃置之燕赵,果有争心,不让之端见矣!"⑦ 然而"齐鲁礼义之乡"竟长期沿承着对战神"蚩尤"的崇拜,可见古代文化构成因素的复杂。《龙鱼河图》所谓"黄帝以仁义不能禁止蚩尤,乃仰天而叹"体现的"蚩尤"行为反"仁义"的性质,特别

① 《史记》,第1367页。
② 《汉书》,第1250、1257—1258页。
③ 谭其骧主编:《中国历史地图集》,中国地图出版社1982年10月版,第2册第19—20、44—45页。
④ (清)冯孙翼辑:《皇览》,《丛书集成初编》,第172册第3页。
⑤ 郭沫若《管子集校》引张佩纶说:"葛卢,《续汉书·郡国志》东莱郡葛卢有尤涉亭,疑即葛卢山也。""雍狐者,《典论》'周鲁宝雍狐之戟,狐父之戈'。""沫若案:张说是也。"《郭沫若全集·历史编》,人民出版社1985年6月版,第8卷第183—185页。黎翔凤《管子校注》也引录张佩纶此说。第1359—1360页。
⑥ 《汉书》,第1663页。
⑦ 《史记》,第2118页。

值得注意。齐鲁地方"蚩尤"崇拜尤为浓重，反映了汉文化内涵丰富的特色。由此理解《汉书》卷九《元帝纪》所见汉宣帝"汉家自有制度，本以霸王道杂之，奈何纯任德教，用周政乎"语①，或许可以增进对汉代文化真实面貌的认识。看来，如果期求全面地说明汉代意识史，似乎不宜用"独尊儒术"作简单化的概括。

齐鲁地方"蚩尤"崇拜的热度偏高，应与齐人礼祀制度中的"兵主"地位有关。相关理念得到秦始皇的继承，是秦祠祀制度史中非常重要的现象。

八　"蚩尤五兵，李斯篆隶"

传说中的"蚩尤五兵"，被看作发明史上的重要成就。《太平御览》卷三三九引《尚书》写道："黄帝之时，以玉为兵。蚩尤之时，烁金为兵，割革为甲，始制五兵。"②

汉代已经以"五兵"作为主要兵器的统称。《太平御览》卷二四一引《汉旧仪》说："期门骑者，陇西工射猎人及能用五兵材力二百人，王莽以为虎贲郎。"③"能用五兵"应是军人有"材力"者的基本条件。"五兵"虽然已经成为指代武器的一种通用符号，然而其具体所指，却未能一致。《太平御览》卷三三九引《周礼》："五兵者，戈、殳、戟、矛、牟夷。"④《北堂书钞》卷七九"亭长"条引《汉旧仪》："亭长皆诵五兵。五兵，言弩、戟、刀、钩、铠也。"⑤《太平御览》卷三五三引《司马兵

---

① 《汉书》，第 277 页。

② （宋）李昉等撰：《太平御览》，《景印文渊阁四库全书》，台湾商务印书馆 1986 年 3 月版，第 896 册第 146 页。上海涵芬楼影印宋本无"尚书曰"三字。中华书局 1960 年 2 月复制重印版，第 1556 页。

③ （宋）李昉等撰：《太平御览》，中华书局 1960 年 2 月复制重印版，第 1142 页。

④ （宋）李昉等撰：《太平御览》，第 1554 页。

⑤ 孔广陶校注："今案，平津本《汉旧仪》卷下据聚珍本引云'亭长皆习设备五兵。五兵，弓弩、戟、盾、刀剑、甲铠'。孙氏夹注谓'《书钞》引五兵言弩、戟、刀、钩、铠也'。本钞作'盾'，不作'戟'。陈俞本作'剑'，不作'钩'。是孙引不能无误。考《后汉书》三十八《百官志》注引《汉官仪》亦与孙辑《旧仪》同。"（唐）虞世南编撰：《北堂书钞》，中国书店据光绪十四年南海孔氏刊本 1989 年 7 月影印版，第 292 页。

法》："弓矢围，殳矛守，戈戟助（五兵长短各有所宜，因事而施），凡五兵。"① 顾炎武《日知录》卷七"去兵去食"条说："古之言兵，非今日之兵，谓五兵也，故曰天生五材，谁能去兵。《世本》：'蚩尤以金作兵，一弓，二殳，三矛，四戈，五戟。'《周礼·司右》'五兵'注引《司马法》曰：'弓矢围，殳矛守，戈戟助是也。'"② 有人甚至认为车兵和步兵各有不同的"五兵"。《太平御览》卷三三九引樊文渊《七经义纲格论》曰："车上五兵：戈、殳、车戟、酋矛、牟夷。步卒五兵：戈、殳、车戟、酋矛、戟。"③ 正是因为对"五兵"的解说各有不同，战国秦汉图象资料所见"蚩尤五兵"的具体形式也有差异。

宋代学者多以"蚩尤五兵"与"李斯篆隶"并列，以为虽人物品德恶劣，然而其发明"不以人废"。《说郛》卷八九下欧阳修《集古录》"秦二世诏"条说："右秦二世诏，李斯篆。天下之事，固有出于不幸，苟有可用于世，不必皆圣贤之作也。蚩尤作五兵，纣作漆器，不以二人之恶而废万世之利也。小篆之法出于李斯。……"④ 王十朋《梅溪集》后集卷四《次韵梁尉秦碑古风》："上蔡猎师妙小篆，奴视俗体徒肥皮。东封太山南入越，大书深刻光陆离。沙丘风腥人事变，鬼饥族赤谁嗟咨。汉兴万事一扫去，惟有篆刻余刑仪。磨崖欲作不朽计，其如历数不及期。蚩尤五兵纣漆器，人物美恶宁相疵。我虽过秦爱遗画，南山入望频支颐。"⑤ 黄震《黄氏日钞》卷三九引李浩说："蚩尤五兵，李斯篆隶，苟便于世，不以人废。"⑥ 又张栻《南轩集》卷三七《吏部侍郎李公墓銘》说李浩事："公白宰相执政：蚩尤五兵，李斯篆隶，苟便于世，亦不当以人废。"⑦ 明代学者杨慎《丹铅余录》卷八也说："蚩尤五兵，李斯篆书，苟便于世，人其舍诸？鲧之城也，桀之瓦也，秦之边防也，隋之漕河也，

① （宋）李昉等撰：《太平御览》，第 1624 页。

② （清）顾炎武著，黄汝成集释，栾保群、吕宗力校点：《日知录集释》（全校本），上海古籍出版社 2013 年 10 月版，第 410 页。

③ （宋）李昉等撰：《太平御览》，第 1555 页。

④ （明）陶宗仪等编：《说郛三种》，明刻一百二十卷本，第 4121 页。

⑤ （宋）王十朋著，梅溪集重刊委员会编：《王十朋全集·诗集》卷一三，上海古籍出版社 1998 年 10 月版，第 217—218 页。

⑥ （宋）黄震撰：《黄氏日抄》（五），上海师范大学古籍整理研究所编《全宋笔记》第 10 编，大象出版社 2018 年 4 月版，第 9 册第 205 页。

⑦ （宋）张栻著，杨世文点校：《张栻集》，中华书局 2015 年 11 月版，第 1333 页。

至今赖之。故曰：善用人者无弃人，善用物者无弃物。"①"五兵"发明的意义得到肯定，于是"蚩尤"在文明史中的地位也得到了肯定。而"蚩尤五兵，李斯篆隶"，"蚩尤五兵，李斯篆书"并说的方式，使得我们在考察"蚩尤"崇拜的文化史时，不能不重视"秦"这一历史时段的相关现象。

---

① （明）杨慎撰，丰家骅校证：《丹铅总录校证》卷二三《璅语类》，中华书局 2019 年 8 月版，第 1087 页。

秦人信仰体系中的
"树神"和"木妖"

在秦人神秘主义意识中，有崇拜某些神异树木的内容。这种现象，在世界各民族不同的观念体系中，有文化的共性。树木在当时成为重要社会结构组织的信仰中心"社"的标志。"社树"于是在体现某种意义上的宗教的权威的同时，又兼有宗族的权威和宗法的权威的意义。某些树木所具有的神性，还表现于驱邪厌胜的功能。与树木有关的异象往往被理解为吉凶的征兆，也透露出值得注意的社会心理倾向。考察相关现象，可以充实我们对于秦人观念形态的认识。而其中可以体现广阔社会层面的生态意识的信息，尤其值得我们重视。

一 社树·社木·社丛

秦人社会生活中的"社"，是一种普遍的具有原始宗教意义的文化存在。

宁可分析汉代的"社"，"汉时，里普遍立社，穷乡僻壤乃至边远地区，都有里社，即以里名为社名，称某某里社。里的全体居民不论贫富都参加。主要活动是祭社神。春二月秋八月的上旬的戊日祭祀，个别地方还保留有古代以人祭社的痕迹。祭后在社下宴饮行乐，仍然是民间的重大节日。祭祀宴饮费用由全里居民分摊，有时也采取捐献的办法。社祭之外，求雨止雨也在社下，个人也向社神祈福立誓，被除疾病，也常见社神显示灵异的记载。总之，这个时期社的活动主要是宗教性的"。"社"往往以树木作为象征性标志。"社神的标识一般是一株大树或丛木，称为'社树'、'社木'或'社丛'；也有进一步封土为坛的，称为'社坛'，其上或为树，或奉木或石的'社主'；还有在社坛外修筑围墙或建立祠屋的。"① 看来所谓"祭后在社下宴饮行乐"，"求雨止雨也在社下"的"社下"，可以理解为"社树"、"社木"或"社丛"之下。有的学者认为，"社"有"树社"，有"丛社"。"树社与丛社之别，前者为人植的或天生的独木即成为社，后者多以天生的丛林为社。"②

《庄子·人间世》说到"匠石之齐"，"见栎社树"的故事。"其大蔽数千牛，絜之百围，其高临山十仞而后有枝，其可以为舟者旁十数。观者如市。"③《韩非子·外储说左上》可见所谓"筑社之谚"，又说道："谚曰：'筑社者，撽撅而置之，端冕而祀之。'"可见"社"的设立，有"筑"的工程要求。《韩非子·外储说右上》又写道："君亦见夫为社乎？树木而涂之，鼠穿其间，掘穴托其中。熏之，则恐焚木；灌之，则恐涂阤，此社鼠之所以不得也。"又说："夫社，木而涂之，鼠因自托也。熏之则木焚，灌之则涂阤，此所以苦于社鼠也。"④ 说明"社"的设立，还要有"涂之"护墙的工序。⑤ 不过，"树木"，显然是设置"社"的最基本的条件。大略相同的文字，又见于《晏子春秋·问上》、《韩诗外传》卷七之九及《说苑·政理》等。⑥《淮南子·说林》："侮人之鬼者，过社而摇其枝。"⑦ 也说"社鬼"所居，在于社树。

《论语·八佾》中有夏、殷、周用"社"不同的说法："哀公问主于宰我，宰我对曰：'夏后氏以松，殷人以柏，周人以栗，曰：使民战栗。'"⑧ 则三代的"社"，都用树木。《白虎通义·宗庙》又写道："《论

---

① 宁可：《汉代的社》，《文史》第9辑，中华书局1980年版。

② 凌纯声：《中国古代社之源流》，《中国边疆民族与环太平洋文化》，联经出版事业公司1979年版，第1434页。

③ （清）郭庆藩辑，王孝鱼整理：《庄子集释》，中华书局1961年7月版，第170页。

④ （清）王先谦撰，钟哲点校：《韩非子集解》，中华书局1998年7月版，第277、322—323页。

⑤ 《韩诗外传》卷七之九："齐景公问晏子：'为国何患？'晏子对曰：'患夫社鼠。'景公曰：'何谓社鼠？'晏子曰：'社鼠出窃于外，入托于社，灌之恐坏墙，熏之恐烧木。'"（汉）韩婴撰，许维遹校释：《韩诗外传集释》，中华书局1980年6月版，第249页。

⑥ 张纯一校注，梁运华点校：《晏子春秋校注》卷三《问上》，中华书局2014年5月版，第143—145页。（汉）韩婴撰，许维遹校释：《韩诗外传集释》，第249—251页。（汉）刘向撰，向宗鲁校证：《说苑校证》卷七《政理》，中华书局1987年7月版，第166—167页。

⑦ 何宁撰：《淮南子集释》卷一七，中华书局1998年10月版，第1232页。

⑧ 程树德撰，程俊英、蒋见元点校：《论语集释》，中华书局1990年8月版，第200页。

语》云:'哀公问主于宰我,宰我对曰:夏后氏以松,松者,所以自竦动。殷人以柏,柏者,所以自迫促。周人以栗,栗者,所以自战栗。'"①所谓"自竦动""自迫促""自战栗",当然是儒学政治道德和社会道德的宣传,"社"依据树木的文化原因,并没有得到说明。《周礼·地官·大司徒》:"设其社稷之壝而树之田主,各以其野之所宜木,遂以名其社与其野。"汉代学者郑玄注:"'所宜木',谓若松、柏、栗也。若以松为社者,则名松社之野以别方面。"② 关于三代"社"的标志,《淮南子·齐俗》说有不同,谓夏社用松、殷社用石、周社用栗。③ 则二用树,一用石。其实,从有的民族学资料看,"社石"和"社树"又是有关联的。据说,"羌族最初以白石作为天神的象征,不仅供奉在每家的屋顶上,而且也供奉在每一村寨附近的'神林'里"。"屋顶的白石是家祭的地方,而神林则是全寨公祭的场所。"④

"社"究竟为什么要以树木作为象征性标志呢?《白虎通义·社稷》有这样的说法:"社稷所以有树何? 尊而识之,使民望见即敬之,又所以表功也。故《周官》曰:'司徒班社而树之,各以土地所宜。'《尚书》逸篇曰:'大社唯松,东社唯柏,南社唯梓,西社唯栗,北社唯槐。'"⑤这应当是汉代比较普遍的认识。

"社树"因具有神性而形成宗教权威的情形,在后世民俗资料中仍有遗存。据凌纯声说,"今排湾族信为神之下降多坐在社树之下"。⑥ 又据考察,村社多造有石台,"其上植有大榕树,立石柱于其根部。社内遇有集会,头目及长老立于此演说,故有人称为司令台"。⑦ 或说:"台的中央植有榕树,树下竖立石柱","头目如欲集合社民,即立在台上大声呼唤"。

---

① (清)陈立撰,吴则虞点校:《白虎通疏证》,中华书局1994年8月版,第576页。

② (清)孙诒让撰,王文锦、陈玉霞点校:《周礼正义》,中华书局1987年12月版,第692页。

③ 何宁撰:《淮南子集释》,第789页。

④ 李绍明:《羌族以白石为中心的多神崇拜》,《中国少数民族宗教初编》,云南人民出版社1985年3月版,第114—115页。

⑤ (清)陈立撰,吴则虞点校:《白虎通疏证》,第89—90页。

⑥ 凌纯声:《台湾土著族的宗庙与社稷》,《中国边疆民族与环太平洋文化》,第1120页。

⑦ [日]小岛由道:《排湾族》,《番族惯习调查报告书》,台北,1922年版,第5卷第3册第340页。

至社民聚集时，头目或老者即在此讲话。①

二　陈涉对"丛祠"的利用与
刘邦"祷丰枌榆社"

《史记》卷四八《陈涉世家》关于陈胜起义前进行鼓动的形式，有这样的记述："……又间令吴广之次所旁丛祠中，夜篝火，狐鸣呼曰'大楚兴，陈胜王'。卒皆夜惊恐。旦日，卒中往往语，皆指目陈胜。"这里所说的"丛祠"，裴骃《集解》："张晏曰：'……丛，鬼所凭焉。'"司马贞《索隐》："《墨子》云：'建国必择木之修茂者以为丛位。'高诱注《战国策》曰：'丛祠，神祠也。丛，树也。'"② 陈涉、吴广"丛祠"故事，体现了秦时"社树"的文化作用，是可以看作秦意识史的史料的。文化人类学研究论著所说到的许多民族所共有的精灵"居于树上""吐露神谕"的观念，作为对应的文化信息值得我们注意："例如在也门的内格罗有神圣的棕榈，人们用祈祷和祭品来博得树上的恶魔的欢心，同时希望它赐给预言；又如古代的斯拉夫部落从居住在高大的槲树里达到神那里获得所提出的问题的答案，这种槲树跟多东人的那种其中住着神的预言性的槲树有很多相似处。"③

《史记》卷二八《封禅书》写道："高祖初起，祷丰枌榆社。……天下已定，诏御史，令丰谨治枌榆社，常以四时春以羊彘祠之。"裴骃《集解》："张晏曰：'枌，白榆也。社在丰东北十五里。'"张晏还引述了另一种解释，即"枌榆"是"乡名"，所谓"枌榆社"，"高祖里社也"。④ 这里的"枌榆社"，应当就是凌纯声所说的"树社"。起事之祝祷和成事之治祠，都反映了"树社"的神秘作用。

可知秦时"社"与"社树"的文化意义。

汉代有更为丰富的相关史料。《汉书》卷二七中之下《五行志中之下》中有这样的记载："建昭五年，兖州刺史浩赏禁民私所自立社。山阳

---

① 〔日〕千千岩助太郎：《台湾高砂族住家之研究》，台北，1937年版，第1报第21页。

② 《史记》，中华书局1959年9月版，第1950—1951页。

③ 〔英〕爱德华·泰勒：《原始文化》，连树声译，上海文艺出版社1992年8月版，第665页。

④ 《史记》，第1378页。

橐茅乡社有大槐树，吏伐断之，其夜树复立其故处。"对于浩赏的禁令，张晏解释说："民间三月九日又社，号曰'私社'。"臣瓒曰："旧制二十五家为一社，而民或十家五家共为田社，是'私社'。"颜师古以为"瓒说是"。[1] 槐树"伐断"而"复立"，其实是以"社树"的生命力，体现了"私社"的生命力。

对于秦汉时期在民间形成强大影响的"社树""社木""社丛"，可以追溯其更早的渊源。俞伟超曾经发现商代"单"的普遍性。他指出，卜辞中屡见"东单""南单""西单""北单"，又有所谓"东土""南土""西土""北土"，郭沫若释四"土"即四"社"，确实，"甲骨文中的'土'字，在绝大部分场合，可断为'社'字"。他推定，"东""西""南""北"四社，"很可能就是'东'、'西'、'南'、'北'四个'单'之中的'社'"。俞伟超还指出："'单'字的本义，显然与聚居无涉。甲骨文和商周金文'单'字的形体究竟象征什么东西，现在还无力作出妥善解释。《说文》也只是讲它从二'口'、'单'，是'四'的亦声，训为'大声也'，'单'则义阙（从段玉裁说），对这个字的原义，显然已说不清楚。近四川广汉三星堆相当于商代的早期蜀国的祭祀坑中所出铜树，顶上分权树枝作丫形。这种铜树，大概就是社树的模拟物。那时的农业公社中，每个公社大抵把土地崇拜的场所叫'社'，而以树作社神。'单'的字形，也许就是社树的象形。"[2] "'单'的字形，也许就是社树的象形"的推想，是有道理的。

三　睡虎地秦简《日书》甲种《稷辰》

实际上，由来已久的"社稷"崇拜，也与"社树""社木""社丛"有关。睡虎地秦简《日书》甲种有《稷辰》篇。饶宗颐指出："稷辰是集辰即丛辰也。《史记·陈涉世家》丛祠，《集解》引张晏曰：'丛，鬼所凭焉。'《索隐》引《墨子》：'木之修茂者为丛佐。'高诱注《国策》：'丛祠，神祠丛树也。'按丛辰正如丛祠、丛鬼、丛位、丛树

---

① 《汉书》，中华书局1962年6月版，第1413页。

② 俞伟超：《中国古代公社组织的考察》，文物出版社1988年10月版，第38—40、53页。

之比。"① 李学勤也说："稷"和"丛"的关系，可以"深入探讨"。② 刘乐贤则据秦汉文字及字书中的资料判断："稷辰读为丛辰是正确的。"③

《战国策·秦策三》："应侯谓昭王曰：'亦闻恒思有神丛欤？恒思有悍少年，请与丛搏，曰：吾胜丛，丛借我神三日；不胜丛，丛困我。乃左手为丛投，右手自为投，胜丛，丛借其神三日，丛往求之，遂弗归。五日而丛枯，七日而丛亡。'"④ 这里所说的"神丛"，虽自有神力，却又有人情化的性格。

睡虎地秦简《日书》中关于"宅居"的内容中说："祠木临宇，不吉。"整理小组注释："祠木，疑即社木。"⑤ 之所以称作"祠木"，是因为"社树"本身通常被作为祠祀对象的缘故。

四 "神树"和"树神"

赋予树木以神性的意识，有深远的文化影响。其真正的内涵，可能我们现今还难以完全理解。英国人类学家詹·乔·弗雷泽曾经详尽论述了"树神崇拜"的形式。《金枝》第 1 章"森林之王"，第 9 章"树神崇拜"，第 10 章"现代欧洲树神崇拜的遗迹"，第 15 章"橡树崇拜"，第 28 章"处死树神"等，都专门以丰富例证说明了这种文化存在。弗雷泽写道，德国语言学家和神话学家雅各布·格林对日耳曼语"神殿"一词的考察，表明日耳曼人最古老的圣所可能都是自然的森林。"无论当初情况是否确实如此，所有欧洲雅利安人的各氏族都崇拜树神，这一点则是已经

---

① 饶宗颐：《云梦秦简日书研究·稷（丛）辰》，饶宗颐、曾宪通《云梦秦简日书研究》，香港中文大学中国文化研究所中国考古艺术中心专刊（三），香港中文大学出版社 1982 年版，第 11—12 页。"丛佐"，《墨子·明鬼下》原文及《史记》司马贞《索隐》引文均作"丛位"。参看（清）孙诒让著，孙以楷点校《墨子间诂》，中华书局 1986 年 2 月版，第 234 页。《史记》卷四八《陈涉世家》，第 1951 页。

② 李学勤：《睡虎地秦简〈日书〉与楚、秦社会》，《江汉考古》1985 年第 4 期。

③ 刘乐贤：《睡虎地秦简日书研究》，文津出版社 1994 年 7 月版，第 58 页。

④ （汉）刘向集录：《战国策》，上海古籍出版社 1985 年 3 月版，第 197 页。

⑤ 睡虎地秦墓竹简整理小组：《睡虎地秦墓竹简》，文物出版社 1990 年 9 月版，释文注释第 210、211 页。

很好地得到证实了。"① 这种"崇拜树神"的情形其实并不仅见于欧洲。印度南部的泰伊雅姆神庙（Teuuam Shrine），据说就"修建在一棵千年古树的树干内部和树干的四周"。②

对于"神树"和"树神"的崇拜，在古代中国，也有值得重视的实例。

司马迁在《史记》卷三四《燕召公世家》中，有关于召公"甘棠"传说的记述："召公之治西方，甚得兆民和。召公巡行乡邑，有棠树，决狱政事其下，自侯伯至庶人，各得其所，无失职者。召公卒，而民人思召公之政怀棠树不敢伐，哥咏之，作《甘棠》之诗。"③《史记》卷一三〇《太史公自序》中也写道："嘉《甘棠》之诗。"④ 所谓"甘棠"故事，其实也隐约透露出一种"神树"或"树神"迷信的痕迹。

所谓"召公巡行乡邑，有棠树，决狱政事其下"，似乎暗示"棠树"对于"决狱政事"，有着某种神秘的作用。广西都安瑶族在发生争执时，双方备纸钱香烛到村边一株"枝繁叶茂的古老大树"下郑重"对神发誓"。这是一种"神判"的形式。这种可以裁决是非曲直的"神树"具有极高的权威，人们对它都"异常恐惧，不敢冒犯"，"妇女们更是不敢从树下经过"。⑤ 这种权威，也使人联想到民人对召公甘棠"不敢伐"事。云南怒江傈僳族自治州福贡县的调查资料反映，当地傈僳族举行"神判"仪式时，往往选择村外空地，"四周插上松枝、青竹竿和杂木枝条"。⑥

傈僳族尊事树神，"在大年三十那天要首先祭祀树神，在寨内的西方选择一棵长年不落叶的栎类树作为树神，每户都有棵神树。在大年三十晚上，杀一只开叫的大红公鸡，到神树边下杀，用香纸、酒肉祭祀……祈祷树神保佑来年全家清吉平安"。他们在祭祀山神时，也是"到较高的山头

　　① ［英］詹姆斯·乔治·弗雷泽：《金枝：巫术与宗教之研究》，徐育新等译，大众文艺出版社 1998 年 1 月版，第 168 页。

　　② ［美］理查德·舍克纳：《两部宗教庆典剧：拉姆纳加尔的"罗摩剧"和美国的"耶稣基督剧"》，张承谟译，［美］维克多·特纳编《庆典》，上海文艺出版社 1993 年 7 月版，第 122 页。

　　③ 《史记》，第 1550 页。

　　④ 《史记》，第 3307 页。

　　⑤ 夏之乾：《神判》，上海三联书店 1990 年 8 月版，第 24—25 页。

　　⑥ 马提口述，窦桂生整理：《忆福贡腊吐底保捞油锅"神判"事件》，怒江州政协文史研究组编《怒江文史资料选辑》（第 4 辑），1985 年 6 月版，第 63 页。

找一棵有代表性的巨树，将前面铲平，撒上松毛，献上供品"。① 体现原
始宗教信仰的民族学资料中，有关树神崇拜的礼俗，又见于白族②、鄂伦
春族③、黎族④、珞巴族⑤、苗族⑥、纳西族⑦、怒族⑧、土家族⑨、锡伯
族⑩、瑶族⑪、彝族⑫、藏族⑬、壮族⑭等民族的调查报告。

以树枝、竹竿象征林木的做法，似乎具有普遍性。例如，在《史记》
卷一一〇《匈奴列传》中，就可以看到关于匈奴礼俗的记述："岁正月，
诸长小会单于庭，祠。五月，大会茏城，祭其先、天地、鬼神。秋，马
肥，大会蹛林，课校人畜计。"所谓"茏城"的"茏"字，暗示当地草木
之繁盛。对于所谓"秋，马肥，大会蹛林"，注家也多以为与社祭有关。

① 《中国原始宗教资料汇编·傈僳族卷》，上海人民出版社 1993 年 10 月版，第 733—734 页。
② 《中国各民族原始宗教资料集成·白族卷》，中国社会科学出版社 1996 年 8 月版，第
508—510 页。
③ 《中国各民族原始宗教资料集成·鄂伦春族卷》，中国社会科学出版社 1999 年 5 月版，
第18 页。
④ 《中国各民族原始宗教资料集成·黎族卷》，中国社会科学出版社 1998 年 6 月版，第
673—674 页。
⑤ 《中国各民族原始宗教资料集成·珞巴族卷》，中国社会科学出版社 1999 年 6 月版，第
763—764 页。
⑥ 杨通儒等：《凯里县舟溪地区苗族的生活习俗》，《苗族社会历史调查》（二），贵州民族
出版社 1987 年 2 月版，第 280 页。
⑦ 刘龙初：《四川省木里藏族自治县俄亚乡纳西族调查报告》，《四川省纳西族社会历史调
查》，四川省社会科学院出版社 1987 年 6 月版，第 119 页；《中国原始宗教资料汇编·纳西族
卷》，上海人民出版社 1993 年 10 月版，第 65—66 页。
⑧ 《中国原始宗教资料汇编·怒族卷》，上海人民出版社 1993 年 10 月版，第 857—858 页。
⑨ 《中国各民族原始宗教资料集成·土家族卷》，中国社会科学出版社 1998 年 6 月版，第
56 页。
⑩ 《中国各民族原始宗教资料集成·锡伯族卷》，中国社会科学出版社 1999 年 5 月版，第
398 页。
⑪ 李凤等：《南岗排瑶族社会调查》，《连南瑶族自治县瑶族社会调查》，广东人民出版社
1987 年 2 月版，第 113 页；《中国各民族原始宗教资料集成·瑶族卷》，中国社会科学出版社
1998 年 5 月版，第 229 页。
⑫ 高立士：《密且人的原始宗教》，《思想战线》1989 年第 1 期。
⑬ 何耀华：《川西南纳木伊人和柏木伊人的宗教信仰述略》，《中国少数民族宗教初编》，
云南人民出版社 1985 年 3 月版，第 252—253 页；《中国各民族原始宗教资料集成·藏族卷》，中
国社会科学出版社 1999 年 5 月版，第 800—801 页。
⑭ 《中国各民族原始宗教资料集成·壮族卷》，中国社会科学出版社 1998 年 6 月版，第
518—522 页。

如司马贞《索隐》引服虔云："匈奴秋社八月中皆会祭处。"又引晋灼曰："李陵与苏武书云:'相竞趋蹛林',则服虔说是也。"张守节《正义》:"颜师古云:'蹛者,绕林木而祭也。鲜卑之俗,自古相传,秋祭无林木者,尚竖柳枝,众骑驰绕三周乃止,此其遗法也。'"①"无林木者,尚竖柳枝",这种匈奴"遗法",和傈僳族"四周插上松枝、青竹竿和杂木枝条"的做法,心理背景应当是一致的。

　　民族学数据中"神判"和"神树"或"树神"崇拜的关系,使我们联想到召公"决狱政事其下"的心理背景,可能也与"棠树"的神性有关。

　　"棠树"具有一定神性的观念,可能是由来已久的。《山海经·西次三经》就写道:"昆仑之丘,是实惟帝之下都。……有木焉,其状如棠,黄华赤实,其味如李而无核,名曰'沙棠',可以御水,食之使人不溺。"②《北堂书钞》卷一三七引《山海经》:"昆仑有沙棠木,食之不溺,以为舟船不沈。"③《渊鉴类涵》卷四一七引《飞燕外传》:"帝与飞燕游太液池,以沙棠木为舟。其木出昆仑山。人食其木,入水不沉。"④似乎昆仑神棠的传说,曾经在汉代社会广泛流行。

　　不过,司马迁在《史记》卷三四《燕召公世家》的最后,这样写道:"太史公曰:召公奭可谓仁矣!甘棠且思之,况其人乎?……"⑤他突出宣扬的,是"仁"政的成功。"甘棠"所隐含的神性,在司马迁笔下被悄然淡化了。其实,民人所深切"思之"的,很可能首先是"甘棠",然后才是"其人"召公奭呢。《墨子·明鬼下》说:"圣王""其傲也必于社。""傲于社者何也?告听之中也。"又说"昔者虞夏、商、周三代之圣王,其始建国营都曰","必择木之修茂者,立以为丛位"。而"古者圣王之为政若此",应当与"社树"在人心中的权威有关。⑥所谓"傲于社

---

① 《史记》,第2892—2893页。

② 袁珂校注:《山海经校注》,上海古籍出版社1980年7月版,第47页。

③ (唐)虞世南编撰:《北堂书钞》,中国书店据光绪十四年南海孔氏刊本1989年7月影印版,第561页。

④ (清)张英、王士祯等纂:《渊鉴类函》,北京市中国书店据1887年上海同文书局石印本1985年8月影印版,第17册第1页。

⑤ 《史记》,第1561—1562页。

⑥ (清)孙诒让著,孙以楷点校:《墨子间诂》,第233—235页。

者"在于"告听之中也",其实可以作为"召公巡行乡邑,有棠树,决狱
政事其下"的注脚。

五　秦史"神树"故事之一:"南山大梓"

秦史传说中也有"神树"故事。《史记》卷五《秦本纪》还记载:
"二十七年,伐南山大梓,丰大特。"秦文公时代的这一史事,具有浓重
的神秘主义色彩。裴骃《集解》有这样的解说:"徐广曰:'今武都故道
有怒特祠,图大牛,上生树本,有牛从木中出,后见于丰水之中。'"张
守节《正义》引《括地志》云:

> 大梓树在岐州陈仓县南十里仓山上。《录异传》云:"秦文公时,
> 雍南山有大梓树,文公伐之,辄有大风雨,树生合不断。时有一人
> 病,夜往山中,闻有鬼语树神曰:'秦若使人被发,以朱丝绕树伐
> 汝,汝得不困耶?'树神无言。明日,病人语闻,公如其言伐树,
> 断,中有一青牛出,走入丰水中。其后牛出丰水中,使骑击之,不
> 胜。有骑堕地复上,发解,牛畏之,入不出,故置髦头。汉、魏、晋
> 因之。武都郡立怒特祠,是大梓牛神也。"

张守节按:"今俗画青牛障是。"[1] 其实,也有可能《录异传》的这段文
字为张守节《正义》直接引录,而并非由《括地志》转引。

对于这一"大梓牛神"的传说,可以进行神话学和宗教学意义的分
析。其中有明确的"树神"事迹。而大梓树"文公伐之,辄有大风雨,
树生合不断"的神话,显示了其神性。"病人"传递神鬼之语,是原始宗
教惯见的形式。秦人有经营林业的历史,作为秦早期经济发展基地的西垂
之地,长期是林产丰盛的地区。[2] 原生林繁密的生态条件,成为特殊的物
产优势的基础。《汉书》卷二八下《地理志下》说秦先祖柏益事迹,有

---

① 《史记》,第180—181页。
② 《汉书》卷二八下《地理志下》:"天水、陇西,山多林木,民以板为室屋。""故秦诗曰
'在其板屋'。"第1644页。

"养育草木鸟兽"语①，经营对象包括"草木"。② 所谓"养育草木"，说明林业在秦早期经济形式中也曾经具有相当重要的地位。"大梓牛神"传说所谓"伐树，断，中有一青牛出"的情节，暗示已经进入农耕经济阶段的秦人，在其文化的深层结构中，对于以往所熟悉的林业、牧业和田猎生活，依然保留着长久的怀念。

六　秦史"神树"故事之二：泰山"五大夫松"

《史记》卷六《秦始皇本纪》记载，"二十八年，始皇东行郡县……上泰山，立石，封，祠祀。下，风雨暴至，休于树下，因封其树为五大夫。"③ 秦始皇封泰山树为五大夫，也隐约透露出尊崇"树神"的观念。不过，在"风雨暴至"时庇护秦始皇的泰山树只得到秦爵二十等中第九等的封爵，也显示出在新兴的至高无上的皇权面前，"树神"崇拜这种传统的自然信仰的影响，已经有所变化。

《史记》只说"封其树为五大夫"，而后来有的文献又称其为"五大夫松"。

《太平御览》卷九五三引应劭《汉官仪》曰："秦始皇上封泰山，逢疾风暴雨，赖得抱树。因封其树为'五大夫松'。"④《艺文类聚》卷八八引《泰山记》曰："岱宗小天门有秦时五大夫松在。"⑤

《风俗通义·怪神》有"李君神"条："谨按：汝南南顿张助，于田中种禾，见李核，意欲持去，顾见空桑中有土，因殖种，以余浆溉灌，后人见桑中反复生李，转相告语，有病目痛者，息阴下，言李君令我目愈，谢以一豚。目痛小疾，亦行自愈。众犬吠声，因盲者得视，远近翕赫，其下车骑常数千百，酒肉滂沱。闲一岁余，张助远出来还，见之，惊云：

---

①　《史记》卷五《秦本纪》则只说"调驯鸟兽"。第 173 页。

②　《汉书》，第 1641 页。

③　《史记》，第 242 页。

④　（宋）李昉等撰：《太平御览》，中华书局用上海涵芬楼影印宋本 1960 年 2 月复制重印版，第 4231 页。

⑤　（唐）欧阳询撰，汪绍楹校：《艺文类聚》，上海古籍出版社 1965 年 11 月版，第 1513 页。

'此有何神，乃我所种耳。'因就斫也。"① 可见，当时的有识之士已经发现，"神树"传说的生成，有些是基于误会。而我们认为更值得注意的，是所以能够"众犬吠声"，"远近翕赫"的社会心理背景。

七　"棘椎桃秉"

《艺文类聚》卷八八引《典术》曰："桑木者箕星之精神木虫食叶为文章人食之老翁为小童。"断句或作："桑木者．箕星之精神．木虫食叶为文章．人食之．老翁为小童．"② 然而明人《天中记》卷五一、《广博物志》卷四二及清人《格致镜原》卷六四引文"神木"后均有"也"字，即："桑木者，箕星之精，神木也。虫食叶为文章，人食之，老翁为小童。"③ 而古文献多见"某星之精"，不作"某星之精神"，则《艺文类聚》引文断句当作："桑木者，箕星之精，神木。虫食叶为文章，人食之，老翁为小童。"④

桑木被看作"神木"，在睡虎地秦简《日书》甲种《诘咎》篇可以看到例证。如："以桑心为丈（杖），鬼来而毄（击）之，畏死矣。"⑤ 在当时人的观念中，桑木，也是具有特殊神秘意义的材料。桑木所做叉，被用作祭祀用具。《仪礼·特牲馈食礼》郑玄注："旧说云，毕以御他神物，神物恶桑叉"，丧祭时，"执事用桑叉"。⑥ 所谓"神物恶桑叉"，值得注意。睡虎地《日书》又有用"桑"避鬼的方式："为桑丈（杖）奇（倚）户内"，"则不来矣"。⑦ 前引《日书》文字说以"桑心"击鬼。而"桑

---

① （汉）应劭撰，王利器校注：《风俗通义校注》，中华书局 1981 年 1 月版，第 405 页。

② （唐）欧阳询撰，汪绍楹校：《艺文类聚》，第 1520 页。

③ （明）陈耀文编：《天中记》，《景印文渊阁四库全书》，第 967 册第 447 页。（明）董斯张撰：《广博物志》，岳麓书社据明万历四十五年高晖堂刻本 1991 年 4 月影印版，第 922 页。（清）陈元龙撰：《格致镜原》，江苏广陵古籍刻印社据清雍正刻本 1989 年 11 月影印版，第 718 页。

④ 这段文字，康熙《御定佩文斋广群芳谱》卷一一引据《尚书考灵曜》，则出自汉代纬书。《景印文渊阁四库全书》，台湾商务印书馆 1986 年 3 月版，第 845 册第 456 页。

⑤ 睡虎地秦墓竹简整理小组：《睡虎地秦墓竹简》，释文注释第 212 页。

⑥ （汉）郑玄注，（唐）贾公彦疏，王辉整理：《仪礼注疏》卷四五《特牲馈食礼》，上海古籍出版社 2008 年 12 月版，第 1370 页。

⑦ 睡虎地秦墓竹简整理小组：《睡虎地秦墓竹简》，释文注释第 213 页。

皮"也有神效。睡虎地秦简《日书》甲种《诘咎》说，"以桑皮为□□之，烰（炮）而食之，则止矣"。① 《后汉书》卷八二下《方术列传下·徐登》说到神秘人物徐登、赵炳故事，他们"礼神唯以东流水为酌，削桑皮为脯"。② 其中"桑皮"的意义，也值得重视。③

睡虎地秦简《日书》甲种《诘咎》篇说到在"人毋故而鬼攻之不已"的情况下，"以桃为弓，牡棘为矢"，"见而射之"，则可以祛退。整理小组注释："《左传》昭公四年：'桃弧棘矢，以除其灾。'"④ 《左传》"桃弧棘矢，以除其灾"语，杜预注："桃弓、棘箭，所以禳除凶邪。"又《昭公十二年》："唯是桃弧棘矢，以共御王事。"杜预注："桃弧、棘矢，以御不祥。"⑤《焦氏易林》卷三《明夷·未既》："桃弓苇戟，除残去恶，敌人执服。"⑥《典术》有桃者"仙木"，为"五木之精"，可以"厌伏邪气制百鬼"的说法。⑦ "棘"，是北部中国极为普遍，常常野生成丛莽的一种落叶灌木，也有生成乔木者。其果实较枣小，肉薄味酸，民间一般通称为"酸枣"。枣，在中国古代是一种富有神异特性的果品。汉代铜镜铭文常见所谓"渴饮甘泉饥食枣"，是当时民间想象的神仙世界的生活方式。我们现在一般所说的"枣"，古时称作"常枣"。而"棘"，则称作"小枣"。二者字形都源起于"刺"的主要部分，前者上下重写，后者左右并

---

① 睡虎地秦墓竹简整理小组：《睡虎地秦墓竹简》，释文注释第212页。

② 《后汉书》，中华书局1965年5月版，第2742页。

③ 传说中体现"桑"之神异之性的例证，有"伊尹生空桑"的故事。《吕氏春秋·本味》："有侁氏女子采桑，得婴儿于空桑之中，献之其君。其君令烰人养之。察其所以然，曰：'其母居伊水之上，孕，梦有神告之曰：臼出水而东走，毋顾。明日，视臼出水，告其邻，东走十里，而顾其邑尽为水，身因化为空桑。'故命之曰伊尹。此伊尹生空桑之故也。"许维遹撰，梁运华整理：《吕氏春秋集释》，中华书局2009年9月版，第310页。

④ 睡虎地秦墓竹简整理小组：《睡虎地秦墓竹简》，释文注释第212、216页。

⑤ 《春秋左传集解》，上海人民出版社1977年8月版，第1357页。

⑥ 刘黎明著：《焦氏易林校注》，巴蜀书社2011年8月版，第639—640页。《古今注》卷上："桃弓苇矢，所以被除不祥也。"（晋）崔豹撰，牟华林校笺：《〈古今注〉校笺》，线装书局2014年9月版，第6页。

⑦ 《初学记》卷二八："《典术》曰：'桃者，五木之精也。故厌伏邪气制百鬼。故今人作桃符著门以厌邪。此仙木也。'"（唐）徐坚等著：《初学记》，中华书局1962年1月版，第673—674页。《艺文类聚》卷八六："《典术》曰：'桃者，五木之精也。今之作桃符著门上厌邪气。此仙木也。'"（唐）欧阳询撰，汪绍楹校：《艺文类聚》，第1467页。《太平御览》卷九六七："《典术》曰：'桃者，五木之精也，故厌伏邪气者也。桃之精生在鬼门，制百鬼，故今作桃人梗著门以厌邪。此仙木也。'"（宋）李昉等撰：《太平御览》，第4289页。

写。联系"枣"的神性，也可以帮助我们理解"棘"的神性。汉代史事中可以看到以"棘"辟鬼的实例。如《汉书》卷五三《景十三王传·广川惠王刘越》记载，阳成昭信潜广川王刘去姬荣爱，刘去杀害荣爱后，"支解以棘埋之"。①又卷八四《翟方进传》说，翟义起兵反抗王莽，事败，王莽夷灭其三族，"至皆同坑，以棘五毒并葬之"。又下诏谴责"反虏逆贼"，也说到"荐树之棘"的措施。②王莽又以傅太后、丁太后陵墓不合制度，建议发掘其冢墓。《汉书》卷九七下《外戚传下·定陶丁姬》记载，两座陵墓被平毁后，"莽又周棘其处以为世戒云"。所谓"周棘其处"，颜师古注："以棘周绕也。"③睡虎地秦简《日书》同篇驱鬼之术又有"以棘椎桃秉（柄）以憙（敲）其心，则不来"的内容，也体现了"桃"和"棘"的神力。④

又如睡虎地秦简《日书》所见"取牡棘烰室中"以及"毃（击）以桃丈（杖）"等驱鬼方式，也有同样的意义。所谓"毃（击）以桃丈（杖）"，整理小组注释："古人认为桃木可以避鬼。《淮南子·诠言》：'羿死于桃棓。'许注：'棓，大杖，以桃木为之，以击杀羿，由是以来鬼畏桃也。'"⑤《续汉书·礼仪志中》也有在大傩仪式中使用"桃杖"的记录。⑥"桃杖"具有神秘作用的观念后来甚至影响到生产实践中。如《农桑辑要》卷四引《务本新书》："农家下蛾多用桃杖翻连敲打。"⑦应当也是取其避邪之义。睡虎地秦简《日书》甲种中使用"棘"和"桃"驱鬼的方式，还有"取桃枱〈棓〉榴（段）四隅中央，以牡棘刀刊其宫蘠

①　《汉书》，第 2430 页。

②　《汉书》，第 3439 页。

③　《汉书》，第 4004 页。"棘"可以避鬼"以御不祥"的礼俗，在西方民族的文化传统中也有反映。如英国人类学家弗雷泽说：不列颠哥伦比亚的舒什瓦普人死去亲人后，必须实行严格的隔离。值得注意的是，"他们用带刺的灌木作床和枕头，为了使死者的鬼魂不得接近；同时他们还把卧铺四周也都放了带刺灌木。这种防范做法，明显地表明使得这些悼亡人与一般人隔绝的究竟是什么样的鬼魂的危险了。其实只不过是害怕那些依恋他们不肯离去的死者鬼魂而已"。[英] 詹姆斯·乔治·弗雷泽：《金枝：巫术与宗教之研究》，第 313 页。

④　睡虎地秦墓竹简整理小组：《睡虎地秦墓竹简》，释文注释第 212 页。

⑤　睡虎地秦墓竹简整理小组：《睡虎地秦墓竹简》，释文注释第 212、217 页。

⑥　《后汉书》，第 3128 页。

⑦　石声汉校注，西北农学院古农研究室整理：《农桑辑要校注》，农业出版社 1982 年 3 月版，第 124 页。

（墙）"以及"以桃更（梗）毄（击）之"，"以牡棘之剑刺之"等。①

班固《西都赋》有"灵草冬荣，神木丛生"语，李善注："'神木''灵草'，谓不死药也。"吕延济注："'灵草''神木'，言美也。"又张衡《西京赋》："神木灵草，朱实离离。"薛综注："'神木'，松柏灵寿之属。"② 其实，所谓"神木"的涵义，或许也与秦汉时期以为某些树木具有避邪厌胜之神性的观念有关。

八 "树神""木妖" 与秦人的生态意识

对于"树"的神性的崇拜，始于原始时代人们对世界的认识。詹·乔·弗雷泽在《金枝》中指出："在欧洲雅利安人的宗教史上，对树神的崇拜占有重要位置。这是非常自然的。因为在历史的最初时期，欧洲大陆上仍然覆盖着无垠的原始森林，林中分散的小块空旷地方一定像绿色海洋中的点点小岛。"③ 这种以自然史作为心理史的基础的分析，可以给我们以有益的启示。看来，"树神"崇拜及其相关意识，是在特定的生态条件下发生的。

英国人类学家爱德华·泰勒也曾经写道："树木和密林的精灵很值得我们注意，因为跟自然的原始万物有灵论有密切联系。这在人类思维的那一阶段上显得特别清楚，当时人们看待单个的树木像看待有意识的个人，并且作为后者，对它表示崇敬并奉献供品。这种树木是否具有类似人的生命和灵魂，是否仅仅像物神那样适于别的精灵居住，而对于精灵来说，树木是否像躯体一样等都很难说。"他还写道："但是，这种不确定性却是新的确证，即证明了关于物体固有的灵魂达到概念和关于移居的灵魂的概念只不过全是这种万物有灵观这一基本思想的变种。"他又举出了若干实例："马来半岛的明蒂拉人信仰'干图·卡依乌'，也就是'树木的精灵'，或'树魔'，它们居住在各种树木里，使人生病。某些树之所以被注意是因为它的恶魔特别凶恶。按照婆罗洲的达雅克人的概念，不应当砍

---

① 睡虎地秦墓竹简整理小组：《睡虎地秦墓竹简》，释文注释第214、215页。

② （梁）萧统编，（唐）李善、吕延济、刘良、张铣、吕向、李周翰注：《六臣注文选》卷一《西都赋》，卷二《西京赋》，中华书局1987年8月版，第31、59页。

③ ［英］詹姆斯·乔治·弗雷泽：《金枝：巫术与宗教之研究》，第167页。

断精灵居住的树木。假如传教士砍断了这种树，那么此后发生的第一次严重的情况，当然将归之于这种罪行。在苏门答腊马来人的信仰中，对某些老树来说，与其说它是树精灵的住所，不如说是树精灵的物质外壳。在汤加岛，土著们把祭品放在某些树的根部，因为他们认为在它们里面住着精灵。在美洲正是这样，假如树没有必要而被砍，则奥吉布瓦人的巫觋就会听到树的抱怨。"他还谈到了非洲的例子："黑人樵夫在砍伐某些树木的时候，害怕居住在它们里面的恶魔愤怒。但是，他给自己本人的善灵奉献供品，就能摆脱这种困境。"爱德华·泰勒还指出："南亚细亚的树木崇拜跟佛教的关系特别有趣。一直到今天，在信仰佛教的地区和处在佛教影响之下的地区，树木崇拜在理论方面和实践方面都显得十分确定。"他写道："缅甸的塔兰人，在砍树之前，向它的'卡鲁克'——也就是灵魂或居住在它里面的精灵——祈祷。暹罗人在砍伐树木之前，给它奉献馅饼和米饭，同时认为住在它里面的物神或树木之母，变成为用这树木建造成的船的善灵。……佛陀在自身的轮回之中曾经四十三次是树的精灵。传奇说，在佛陀还是树的精灵的时候，有个婆罗门经常向佛陀住于其中的树祈祷。但是变过来的师傅就责备树木崇拜者向什么都不知道也听不到的没有灵魂的物体祈祷。至于著名的菩提树，则它的殊荣不只限于古代佛教的史册，因为直到现在，从最初的那棵菩提树上生长出来的树枝至今还受到聚集起来的成千上万的巡礼者的崇拜，他们庆贺它，并向它祈祷，而那个树枝是公元前 3 世纪由国王阿梭卡从印度派人送到锡兰去的。"① 有关树木的今人看来颇为特别的意识和情感，是在与自然相亲近的观念背景下产生的。

秦人由"树神""木妖"信仰所表露的生态观念，在社会生活中，还体现为有关林木的种种禁忌。通过《日书》和《月令》等文化遗存，可以看到这些禁忌的严格和细密。限制砍伐树木的种种禁忌，有可能与相信"树精灵"存在的观念有关。《风俗通义·怪神》"世间多有伐木血出以为怪者"条写道："谨按：桂阳太守江夏张辽叔高，去鄢令，家居买田，田中有大树十余围，扶疏盖数亩地，播不生谷，遣客伐之，木中血出，客惊怖，归具事白叔高。叔高大怒曰：'老树汁出，此何等血？因自严行，复斫之，血大流洒，叔高使先斫其枝，上有一空处，白头公可长四五尺，忽

<hr />

① ［英］爱德华·泰勒：《原始文化》，连树声译，第 662、665 页。

出往赴叔高，叔高乃逆格之，凡杀四头，左右皆怖伏地，而叔高恬如也。徐熟视，非人非兽也，遂伐其树。其年司空辟侍御史兖州刺史，以二千石之尊，过乡里，荐祝祖考；白日绣衣，荣羡如此，其祸安居？《春秋》、《国语》曰：'木石之怪夔魍魉。'物恶能害人乎？"① 张辽和应劭作为明达之士，否定了"木怪"迷信，然而文题所谓"世间多有"，说明这种意识是十分普遍的。而故事本身，也有"白头公""忽出往赴"，"徐熟视"则"非人非兽"的情节，应劭所谓"物恶能害人乎"，其实也没有绝对否定"物"的存在。由此产生的对于砍伐树木的种种顾虑，形成了严格的禁忌。其中体现的秦汉民间生态观的若干特点，治生态史者应当关注。

《魏书》卷五五《刘芳传》记载，北魏宣武帝元恪当政的年代，太常卿刘芳以"社稷无树"，上疏曰："依《合朔仪注》：日有变，以朱丝系社树三匝。而今无树。"所论又引据《周礼》、《论语》、《白虎通》、《五经通义》、《五经要义》、《尚书逸篇》以及诸家《礼图》等。其说得到宣武帝认可。所引《五经通义》值得特别重视："《五经通义》云：'天子太社、王社，诸侯国社、侯社。制度奈何？曰：社皆有垣无屋，树其中以木，有木者土，主生万物，万物莫善于木，故树木也。'"② 刘芳据说对于儒学经典"理义精通"，有"刘石经"之称。这里的讨论，则依据对汉代经学的理解。所谓"以朱丝系社树三匝"，使我们联想到上文所说"南山大梓"故事"闻有鬼语树神曰：'秦若使人被发，以朱丝绕树伐汝，汝得不困耶？'树神无言"情节。

《汉书》卷二七上《五行志上》开篇引《经》谓"五行"次序是水、火、木、金、土，而正文论说的次序则以"木"为先。其说"木为变怪，是为木不曲直"，强调树木的异象，显示了自然生命常规遭遇破坏。所举实例，则只有《春秋》"木冰"一例："《春秋·成公十六年》：'正月，雨，木冰。'刘歆以为上阳施不下通，下阴施不上达，故雨，而木为之冰，雾气寒，木不曲直也。刘向以为冰者阴之盛而水滞者也，木者少阳，贵臣卿大夫之象也。此人将有害，则阴气胁木，木先寒，故得雨而冰也。是时叔孙乔如出奔，公子偃诛死。一曰，时晋执季孙行父，又执公，此执辱之异。或曰，今之长老名木冰为'木介'。'介'者，甲。甲，兵象也。

---

① （汉）应劭撰，王利器校注：《风俗通义校注》，第434页。
② 《魏书》，中华书局1974年6月版，第1225—1226页。

是岁晋有鄢陵之战，楚王伤目而败。属常雨也。"① 又《汉书》卷二七《五行志中之下》说到"十二月，李梅实"，"十月，桃李华，枣实"等事。② 所谓"木冰"以及果木非时节而花实，其实严格说来，不是树木异象，而是气候异象。③ 这是影响最显著的生态异象。《汉书》卷二七上《五行志上》的这一视角，说明树木在所有的自然存在物之中所以受到特殊的重视，是因为对于农耕社会来说，树木是蓬勃的生命力的象征，其生长条件如水、日照、土壤等，也与农作物有共同的需求。然而其枝叶之繁茂、体态之高大、年寿之长久，则远远超过一年生禾本作物。受天气灾异影响较小，也是树木生命力强盛的特征。《五经通义》所谓"万物莫善于木"，正在于此。可能也正是由于这样的原因，在当时的信仰体系中，树木受到特别的尊崇。

《后汉书》卷一下《光武帝纪下》记载："望气者苏伯阿为王莽使至南阳，遥望见春陵郭，唶曰：'气佳哉！郁郁葱葱然。'"④《论衡·吉验》说，事后刘秀问苏伯阿："何用知其气佳也？"苏伯阿答道："见其郁郁葱葱耳。"⑤ 郁郁葱葱，体现生机蓬勃的气象，被望气者视为"气佳"之势。这一迹象也可以从一个侧面说明在当时人的意识中，林光和人气之间，似乎有某种神秘的关系。至于当时人们对于林木之苍翠茂盛深加爱赏的明显的情感倾向，在文赋和诗作中也多有体现。

爱德华·泰勒曾经写道："赞美阿佛洛狄忒的荷马颂歌提到树木女神是长寿的，但不是永生的。她们同山上高大的松树和枝叶繁茂的槲树一起生长，但最后，当死期临近的时候，神奇的树也失去了汁液，它们的树皮脱落了，树枝易折了，这时它们的精灵也离开阳光灿烂的世界退走了。女树精的生命跟她的树有联系。当树受伤时，她也就生病；她会因威胁树的

---

① 《汉书》，第 1318—1320 页。
② 《汉书》，第 1412 页。又如《汉书》卷四《文帝纪》"冬十月，桃李华"，卷一〇《成帝纪》"秋，桃李实"等，既然录入帝纪，也说明当时社会对相关异象的普遍重视。第 121、308 页。
③ 《续汉书·五行志二》"草妖"题下所谓"献帝兴平元年九月，桑复生椹，可食"。也是同样的情形。《后汉书》，第 3300 页。
④ 《后汉书》，第 86 页。
⑤ 黄晖撰：《论衡校释》（附刘盼遂集解）卷二《吉验篇》，中华书局 1990 年 2 月版，第 97 页。

斧头而大声惊叫起来，她同被砍伐的树干一起死亡。"① 在北魏刘芳所处的礼制背景下，已经"社稷无树"。这一情形的发生有多种原因。但是许多迹象都确实使我们看到，先秦至于秦汉时期人们对于树木既相亲近又予爱重的情感和观念，随着历史的演进，已经发生了变化。

九　秦始皇陵"树草木以象山"

秦始皇陵建造，是第一个大一统王朝倾力经营的国家工程。营造耗时长久，工程量空前。太史公在《史记》卷六《秦始皇本纪》中提示了有关这座陵墓的具体的信息："始皇初即位，穿治郦山，及并天下，天下徒送诣七十余万人，穿三泉，下铜而致椁，宫观百官奇器珍怪徙臧满之。令匠作机弩矢，有所穿近者辄射之。以水银为百川江河大海，机相灌输，上具天文，下具地理。以人鱼膏为烛，度不灭者久之。二世曰：'先帝后宫非有子者，出焉不宜。'皆令从死，死者甚众。葬既已下，或言工匠为机，臧皆知之，臧重即泄。大事毕，已臧，闭中羡，下外羡门，尽闭工匠臧者，无复出者。树草木以象山。"其中说到陵上封土的形式：

> 树草木以象山。

裴骃《集解》："《皇览》曰：'坟高五十余丈，周回五里余。'"张守节《正义》："《关中记》云：'始皇陵在骊山。泉本北流，障使东西流。有土无石，取大石于渭南诸山。'《括地志》云：'秦始皇陵在雍州新丰县西南十里。'"② 裴骃《集解》与张守节《正义》对于"树草木以象山"的解释，只说陵山位置规模，并未言及"树草木"。有人说《史记》"此段乃葬始皇时事"，"笔势竦厚之极"，赞美其"作记妙手"③，也没有对"树草木"有所说明。不过《汉书》卷三六《刘向传》说："其后牧儿亡羊，羊入其凿，牧者持火照求羊，失火烧其臧椁。"④《水经注》卷一九

---

① ［英］爱德华·泰勒：《原始文化》，连树声译，第665—666页。
② 《史记》，第265—266页。
③ （清）程馀庆撰，高益荣、赵光勇、张新科编撰：《史记集说》，三秦出版社2011年4月版，第111页。
④ 《汉书》，第1954页。

《渭水》也说"牧人寻羊烧之"①，可见"树草木"之说确实。有学者解释"树草木以象山"文意："意谓在墓顶堆上土，种上草木，看上去就像山丘一样。"② 明人吕坤《四礼翼》中《丧后翼》"茔房"条写道："生而宫墙，殁而暴之中野，吾忍乎哉？作室于墓，莱以周垣，树以松楸，犹然室家也。生死安之。堪舆家言，墓不宜木。秦树草木以象山，后世陵寝因之，未见有不宜者。"③ 指出这种方式对"后世陵寝"形制形成了长久的影响。

贾山是对秦政多有评判的西汉政论家。我们对秦史的一些具体的认识，来自贾山的回顾。对于秦始皇陵的形制、规模和工程组织，贾山说：

> 死葬乎骊山，吏徒数十万人，旷日十年。下彻三泉合采金石，冶铜锢其内，漆涂其外，被以珠玉，饰以翡翠，中成观游，上成山林。为葬薶之侈至于此，使其后世曾不得蓬颗蔽冢而托葬焉。

所谓"上成山林"，说到陵冢植被覆盖的形式。对于"蓬颗蔽冢"，颜师古注："服虔曰：'谓块墣作冢，喻小也。'臣瓒曰：'蓬颗，犹裸颗小冢也。'晋灼曰：'东北人名土块为蓬颗。'师古曰：'诸家之说皆非。颗谓土块。蓬颗，言块上生蓬者耳。举此以对冢上山林，故言蓬颗蔽冢也。'"④ 颜注不赞同以为"蓬颗"形容"小冢"的意见，指出"蓬"就是"块上"所"生"植物。"生蓬"的提示，对于认识陵丘的自然形态相当重要。王先谦《汉书补注》取《颜氏家训·书证》"北土通呼物一凷"⑤，说

---

① （北魏）郦道元著，陈桥驿校证：《水经注校证》，中华书局2007年7月版，第461页。

② 韩兆琦注译，王子今原文总校勘：《新译史记》，三民书局股份有限公司2016年11月增订二版，第333页。

③ （明）吕坤：《四礼翼》，《续修四库全书》，第108册第372页。清人《读礼通考》卷八七《葬考六》"通论"题下引吕坤曰："生而宫墙，没而暴之中野，吾忍乎哉？作室于墓，筑以周垣，树以松楸，犹然室家也。生死安之。堪舆家言，墓不宜木。秦树草木以象山，后世陵寝因之，未见有不宜者。"《景印文渊阁四库全书》，台湾商务印书馆1986年3月版，第114册第105页。字句略异。

④ 《汉书》卷五一《贾山传》，第2328—2329页。

⑤ （北齐）颜之推撰，王利器集解：《颜氏家训集解》，上海古籍出版社1980年7月版，第427页。

明"块""颗"双声，"块亦为颗"，解释了"颗谓土块"①，而"蓬颗，言块上生蓬者"之说，也得到助证。颜师古以为"蓬颗蔽冢"与"冢上山林"对应的意见，是合理的。

其实，冢墓"树""木"的情形先秦时应当已经出现。《周礼·春官·冢人》："以爵等为丘封之度与其树数。"郑玄注："别尊卑也。"贾疏云："尊者丘高而树多，卑者封下而树少，故云别尊卑也。"② 如果考虑《周礼》成书年代存在争议，那么《吕氏春秋·安死》："世之为丘垄也，其高大若山，其树之若林。"高诱注："木聚生曰林也。"③ 则明确反映战国时事。《淮南子·齐俗》："殷人之礼……葬树松"，"周人之礼……葬树柏"。④ 又追溯到殷代。而《吕氏春秋·安死》："尧葬于谷林，通树之。"高诱注："通林以为树也。"⑤ 则说到更古远的时期。

不过，从比较明确的关于古来"不封不树"⑥ 传统礼俗的历史记忆看，"世之为丘垄也"，"其树之若林"的情形，出现不会很早。《太平御览》卷九五二引《孔丛子》："夫子墓方一里，诸弟子各以四方奇木来殖之。"⑦ 传说中孔子弟子们搜求四方奇木的这种纪念形式，有相当长久的影响。但是，有学者指出，"《孔丛子》一书的结集，不是一次性完成的，必然经过了长期的编纂、续修过程"。即使"秦末汉初之际，孔鲋可能已经写定、编纂完成《孔丛子》"的"前六卷"⑧，书中关于"夫子墓"早期形制的记录，亦未可确信。不过，孔子及其家族的墓园后来称作"孔林"⑨，则体现了冢墓所植林木成为代表性文化标志的情形，与我们这里讨论的主题有关。

---

① （清）王先谦撰：《汉书补注》，中华书局据清光绪二十六年虚受堂刊本 1983 年 9 月影印版，第 1089 页。

② （清）孙诒让撰，王文锦、陈玉霞点校：《周礼正义》，第 1698 页。

③ 陈奇猷校释：《吕氏春秋校释》，学林出版社 1984 年 4 月版，第 535、538 页。

④ 何宁撰：《淮南子集释》，第 789—790 页。

⑤ 陈奇猷校释：《吕氏春秋校释》，第 536、544 页。

⑥ 《易·系辞下》："古之葬者……葬之中野，不封不树。"（清）阮元校刻：《十三经注疏》，中华书局据原世界书局缩印本 1980 年 10 月影印版，第 87 页。

⑦ （宋）李昉等撰：《太平御览》，第 4227 页。

⑧ 孙少华：《〈孔丛子〉研究》，中国社会科学出版社 2011 年 11 月版，第 56 页。

⑨ 正史关于"孔林"最早的记载，见于《旧五代史》卷一一二《周书·太祖纪》："……遂幸孔林，拜孔子墓。"中华书局 1976 年 5 月版，第 1481 页。

秦始皇陵"树草木以象山","上成山林",可能是重要陵墓比较早的"树""木"的实例。有学者曾经指出,秦始皇陵可以看作我国最早的陵墓园林。① 这一说法是有一定根据的。《吕氏春秋》的记载比较明朗地指出"为丘垄""树之若林"的做法。该书撰成于秦地,以为此说首先体现秦地世俗现象的理解,也许比较接近史实。

张光直曾经分析古代中国"巫师通神的工具和手段",首先举列的就是:"(一)山","(二)树"。② 其论说细致充分,详尽有力,没有必要再在这里重复。我们所受到的学术启示,包括秦汉山陵树木神秘作用的理解,可以从"通神"追求的视角有所考察。《文选》卷二九何敬祖《杂诗》"瞻彼陵上柏,想与神人遇"诗句③,其实已经可以开启有重要意义的学术思路。

如果以生态环境史的思路分析,"树草木以象山"的努力,也许还有维护葬地某种生机与活力的出发点。在秦人的意识中,陵墓可能是需要这种生动活跃的气息的。张光直曾经分析过古代社会对于死后"魂魄"的形态和去向的认识。他指出,古代人的意识中,"人死之后魂魄分离,魂气升天,形魄归地",于是,"古代的埋葬制度与习俗便必然具有双重的目的与性格,即一方面要帮助魂气顺利地升入天界,一方面要好好地伺候形魄在地下宫室里继续维持人间的生活"。"不论南北早晚,中国古代葬俗对魂魄两者都是加以照顾的。"张光直提示我们注意,考察古代葬俗葬制,不宜忽略对"人神沟通的象征意义"的关注。④

秦始皇陵"树草木以象山",是丧葬史上的重要的标志性的转折。秦汉时期丧葬制度出现完备化、定型化的趋向,并且对后世产生了显著的影响。陵墓"山林"营造成为值得注意的现象。"树草木以象山"或"列树成林"以显现生机,或有利于墓主威势的表现与灵魂的上升。帝陵有以

---

① 徐卫民、呼林贵:《秦建筑文化》,陕西人民教育出版社 1994 年 7 月版,第 161—162 页。

② 张光直:《中国青铜时代》(二集),生活·读书·新知三联书店 1990 年 5 月版,第 52—55 页。

③ 李善注:"古诗曰:'青青陵上柏。'《文子》曰:'天地之间有神人、真人。'"李周翰注:"柏之耐寒而不凋,故想与神仙之人与之遇合,求长生也。"(梁)萧统编,(唐)李善、吕延济、刘良、张铣、吕向、李周翰注:《六臣注文选》,中华书局 1987 年 8 月版,第 553 页。

④ 张光直:《〈中国著名古墓发掘记〉序》,《考古人类学随笔》,生活·读书·新知三联书店 1999 年 7 月版,第 19—20 页。

"溉树"为职任的守视者。禁止"樵牧"以保护陵墓植被，是国家机器予以明确的"守陵""守冢""守墓"人员的责任。民间冢墓也特别注意林木的保护。相关制度礼俗成为长久继承的文化传统。陵墓植被保护，是宗法意识影响久远的表现，也体现出当时社会的生态环境保护理念。[1] 这些历史文化的变化由秦起始，是与秦人的意识形态相关的。

---

① 王子今：《秦汉陵墓"列树成林"礼俗》，《宝鸡文理学院学报》（社会科学版）2020 年第 3 期。

"宭卧"与屈肢葬

睡虎地秦简《日书》甲种《诘咎》题下有涉及"鬼之所恶，彼宭卧……"简文。所谓"宭卧"或许与秦传统葬俗屈肢葬有关。这一推想涉及秦人鬼神观念与生活方式的关系。相关认识的提出，或许还可以帮助我们深入理解秦人生死意识的复杂内涵。

一　睡虎地秦简《日书》言"鬼之所恶"

睡虎地秦简《日书》甲种《诘咎》篇，有对于"害民罔行，为民不羊"的"鬼"如何"诘之"的内容：

> ·诘咎，鬼害民罔（妄）行，为民不羊（妄），告如诘之，（二四背壹）
> 道（导）令民毋丽兇（凶）央（殃）。鬼之所恶，彼宭（屈）卧、箕（二五背壹）
> 坐、连行、奇（踦）立。（二六背壹）
> 人毋（无）故鬼攻之不已，是是刺鬼。以桃为弓，（二七背壹）
> 牡棘为矢，羽之鸡羽，见而射之，则已矣。（二八背壹）

关于"鬼之所恶，彼宭卧、箕坐、连行、奇立"，整理小组释文："鬼之所恶，彼宭（屈）卧箕坐，连行奇（踦）立。"整理小组注释："彼，是，见《经传释词》。箕坐，又名箕踞，坐时两腿向前张开，形如簸箕，《论衡·率性》：'椎髻箕坐。'""连行，即连步，《礼记·曲礼》注：'连步谓相随不相过也。' 踦，《说文》：' 一足也。' 踦立即以一足站立。"①
刘乐贤引郑刚云："奇立读倚立。"②

今按：《日书》本节旨在"道（导）令民毋丽兇（凶）央"，即向为
鬼所扰害的人指导辟鬼之术，首先就强调鬼所畏惧的，是"窋卧、箕坐、
连行、奇立"。箕坐，或写作箕倨、箕踞，一般认为即体态如箕的伸足而
坐的姿势。《庄子·至乐》："庄子妻死，惠子吊之，庄子则方箕踞鼓盆而
歌。"③《礼记·曲礼上》："立毋跛，坐毋箕。"④ 箕坐，是一种表现非礼
不敬态度的坐姿。《史记》卷八六《刺客列传》："（荆轲）倚柱而笑，箕
踞以骂。"⑤ 卷八九《张耳陈余列传》："高祖箕踞詈，甚慢易之。"⑥ 卷
一○四《田叔列传》："赵王张敖自持案进食，礼恭甚，高祖箕踞骂
之。"⑦ 卷一二四《游侠列传》："解出入，人皆避之。有一人独箕倨视
之，解遣人问其名姓。客欲杀之。解曰：' 居邑屋至不见敬，是吾德不脩
也，彼何罪！' 乃阴属尉史曰：' 是人，吾所急也，至践更时脱之。' 每至
践更，数过，吏弗求。怪之，问其故，乃解使脱之。箕踞者乃肉袒谢罪。
少年闻之，愈益慕解之行。"⑧《汉书》卷四三《陆贾传》："高祖使贾赐
佗印为南越王。贾至，尉佗魋结箕踞见贾。"⑨《后汉书》卷五五《章帝
八王传·河间孝王开》："（沈）景到国谒王，王不正服，箕踞殿上。"⑩
所谓"连行"，谓鱼贯相随而行。《周礼·考工记·梓人》："却行，仄行，
连行，纡行。"郑玄注："连行，鱼属。"贾公彦疏："云连行鱼属者，以

① 睡虎地秦墓竹简整理小组：《睡虎地秦墓竹简》，文物出版社 1990 年 9 月版，释文注释
第 212、216 页。

② 刘乐贤：《睡虎地秦简日书研究》，文津出版社 1994 年 7 月版，第 233—234 页。

③ （清）郭庆藩辑，王孝鱼整理：《庄子集释》卷六下《至乐》，中华书局 1961 年 7 月版，
第 614 页。

④ （清）孙希旦撰，沈啸寰、王星贤点校：《礼记集解》卷二《曲礼上第一之二》，中华书
局 1989 年 2 月版，第 41 页。

⑤ 《史记》，中华书局 1959 年 9 月版，第 2535 页。

⑥ 《史记》，第 2583 页。

⑦ 《史记》，第 2775 页。

⑧ 《史记》，第 3186 页。

⑨ 《汉书》，中华书局 1962 年 6 月版，第 2111 页。

⑩ 《后汉书》，中华书局 1965 年 5 月版，第 1808 页。

其鱼唯行相随，故谓之连行也。"① 所谓"奇立"，即踦立，单足而立，也就是以一足为主要支撑而侧立。《说文·足部》："踦，一足也。"② 《礼记·曲礼上》所谓"立毋跛"，即指这一姿势。孔颖达疏："跛，偏也。谓挈举一足，一足蹋地。立宜如齐，双足并立，不得偏也。"③

二　"窑卧"与屈肢葬的关联

所谓"窑卧"，当即蹴屈而卧。

《说文·穴部》："窑，物在穴中貌。"④ 窜穴中卧，必当蹴体屈肢。盛行蹴屈特甚的屈肢葬，是秦文化的突出特征之一。对于秦人屈肢葬的意义，许多学者进行过认真的探讨。有的学者认为是为了缩小墓圹以节省墓地和人工；有的学者认为屈肢是休息或睡眠的自然姿势；有的学者推断是为了捆绑死者，以防止其灵魂向生人作祟；有的学者认为屈肢葬像胞胎中胎儿的形象，象征着死者又回到他所生的地胎里边去⑤；有的学者则认为屈肢葬可称为"跽坐葬"，跽坐姿势是侍奉尊长之礼，因而屈肢葬应是秦国奴隶们的一种固定葬式⑥。至于屈肢葬的渊源，有的学者推测"当是受外方风俗的影响"，"很有受南俄方面影响的可能"。⑦ 也有的学者论证屈肢葬"本是起源于甘青地区的葬俗"，"秦人和永靖的辛店墓既都流行极为相似的屈肢葬，正表明了族属上的关系，即都是秦人的一支"。⑧

---

① （清）阮元校刻：《十三经注疏》，中华书局据原世界书局缩印本 1980 年 10 月影印版，第 925 页。

② （汉）许慎撰，（清）段玉裁注：《说文解字注》，上海古籍出版社 1981 年 10 月据经韵楼藏版影印版，第 81 页。

③ （清）孙希旦撰，沈啸寰、王星贤点校：《礼记集解》卷二《曲礼上第一之二》，第 42 页。

④ （汉）许慎撰，（清）段玉裁注：《说文解字注》，第 346 页。

⑤ 高去寻：《黄河下游的屈肢葬问题》，《中国考古学报》第 2 册，商务印书馆 1947 年 3 月版，第 121—166 页。

⑥ 韩伟：《试论战国秦的屈肢葬仪渊源及其意义》，《中国考古学会第一次年会论文集》（1979 年），文物出版社 1980 年版；又收入《磨砚书稿：韩伟考古文集》，科学出版社 2001 年 8 月版，第 69—75 页。

⑦ 高去寻：《黄河下游的屈肢葬问题》，《中国考古学报》第 2 册，第 150—162 页。

⑧ 俞伟超：《古代"西戎"和"羌"、"胡"考古学文化归属问题的探讨》，《先秦两汉考古学论集》，文物出版社 1985 年 6 月版，第 186—188 页。

根据睡虎地秦简《日书》中提供的资料，可以考察秦人精神世界的若干特征。古人"推生事死，推人事鬼"，"死如事生，示不背亡"①。窋卧，既然为"鬼之所恶"，入葬时为防止鬼物侵扰，很自然地会依照生前世俗将尸身摆置作"窋卧"之状。这应当就是秦人屈肢葬的真正意义。②

三　秦楚"窋卧"辨

有的学者对"窋卧"可能与屈肢葬有关的推想提出批评，认为"云梦《日书》并非'秦人'精神观念的结晶，而具有较多的楚文化因素"，"尤其值得注意的是云梦《日书》记避鬼之《诘》篇，天水《日书》不载，可知所谓避鬼'窋卧'显系楚地风习，而非'秦人'之俗"。论者又指出，丧葬"根据生世习俗将尸身摆置作'窋卧'之状"，"以防止鬼物侵扰"，"在逻辑上是合理的，但楚人之葬均为仰身直肢，不见一例屈肢葬，因而'窋卧'释作'蹲体屈肢'是不可信的"。"随葬《日书》的云梦睡虎地十一号墓主喜本人确实下肢微曲，但中外许多学者从不同角度论证了睡虎地墓地是'秦人的墓地'，而屈肢正是秦人的传统，故十一号墓主喜的下肢微曲自与楚人的'窋卧'无涉。需要指出的是，睡虎地'秦人的墓地'虽有一部分屈肢葬，但与'仰身直肢'为主，且屈肢者亦多与十一号墓主喜的蹲屈程度相若而与秦人'蹲屈特甚'的典型屈肢葬已相去甚远。这一现象正与秦国攻拔六国、秦人进入六国之乡，在当地文化氛围的浸濡下，其自身传统的屈肢葬俗日渐松弛的整体趋势合拍。因而无论是楚人，抑或是秦人，尸身仿象'窋卧'的说法，在目前考古资料中，均无以为证而每多牴牾。"③

秦人屈肢葬仿象"窋卧"说试图从精神文化的层次分析葬俗的意识背景，从考古学的角度提出具体实证的要求当然是合理的。但是否定这一推想的论点，首先，以"云梦《日书》记避鬼之《诘》篇，天水《日书》不载"，断定"所谓避鬼'窋卧'显系楚地风习，而非'秦人'之

---

① 黄晖撰：《论衡校释》（附刘盼遂集解）卷二四《讥日》，中华书局1990年2月版，第992页。

② 参看王子今《秦人屈肢葬仿象"窋卧"说》，《考古》1987年第12期。

③ 戴春阳：《秦墓屈肢葬管窥》，《考古》1992年第8期。

俗"，似乎过于武断；其次，提出"楚人的'窑卧'"之说，歪曲了论辩对象；最后，以为"睡虎地'秦人的墓地'虽有一部分屈肢葬，但与'仰身直肢'为主，且屈肢者亦多与十一号墓主喜的踡屈程度相若而与秦人'踡屈特甚'的典型屈肢葬已相去甚远"，又以"秦国攻拔六国、秦人进入六国之乡，在当地文化氛围的浸濡下，其自身传统的屈肢葬俗日渐松弛"解释这一现象，于是与自说产生逻辑矛盾。

秦人出行"结驷连骑"习尚的
信仰背景

　　《华阳国志·蜀志》批评"工商致结驷连骑"及"归女有百两之徒车"风习之"失",以为"原其由来,染秦化故也"。① 秦地"争奢侈"习尚,也体现于交通方式。《诗·秦风》载录表现"车马之好"的秦人诗作。秦史可见公子鍼车队和穰侯车队均有"千乘"规模。② 李斯行梁山宫,有"车骑众","始皇帝""弗善",而李斯被迫迅速"损车骑"情节。③ 而秦始皇出行,也以队列浩荡形成"重威"效应。秦人出行"结驷连骑"风习"原其由来",有"善御"技术传统和"马大蕃息"动力条件方面的优势。很可能在一定程度上也受到草原民族的影响。这一文化特征,促成了秦交通能力优势的形成。其文化惯性,也显著影响了汉代风俗。秦人出行"连骑"风尚,当然与交通能力的优越为基本条件。推想其意识背景,或许也与睡虎地秦简《日书》所见避鬼"连行"的理念有一定关系。

　　南匈奴单于呼韩邪来朝,汉王朝以郑重仪程迎送,史称"宠以殊礼"。④ 此所谓"殊礼"内涵颇为复杂。以骑兵列陈道上的仪式,汉武帝时代霍去病葬礼曾经有过演示。以这种方式显现庄严郑重,或许也可以看作接受草原游牧民族习尚的影响,"染"其"化"的历史表现。考察丝绸

---

① (晋)常璩撰,任乃强校注:《华阳国志校补图注》,上海古籍出版社1987年10月版,第148页。

② 《史记》卷五《秦本纪》,中华书局1959年9月版,第197页。《史记》卷七二《穰侯列传》,第2329页。

③ 《史记》卷六《秦始皇本纪》,第257页。

④ 《汉书》卷九四下《匈奴传下》,中华书局1962年6月版,第3798页。

之路史，应当注意相关现象。

一　《华阳国志》"结驷连骑""染秦化"说

秦人行事奢侈、追求宏大的传统，在多方面有所表现。如《史记》卷五《秦本纪》记载："戎王使由余于秦。由余，其先晋人也，亡入戎，能晋言。闻缪公贤，故使由余观秦。秦缪公示以宫室、积聚。由余曰：'使鬼为之，则劳神矣。使人为之，亦苦民矣。'"① 又《史记》卷八八《蒙恬列传》记录了蒙恬面对"赐死"帝命，临终时的感叹："……蒙恬喟然太息曰：'我何罪于天，无过而死乎？'良久，徐曰：'恬罪固当死矣。起临洮属之辽东，城堑万余里，此其中不能无绝地脉哉？此乃恬之罪也。'乃吞药自杀。"司马迁以"太史公曰"方式，发表了体现出历史真知的评论，批评其"阿意兴功"，"轻百姓力"："吾适北边，自直道归，行观蒙恬所为秦筑长城亭障，堑山堙谷，通直道，固轻百姓力矣。夫秦之初灭诸侯，天下之心未定，痍伤者未瘳，而恬为名将，不以此时强谏，振百姓之急，养老存孤，务修众庶之和，而阿意兴功，此其兄弟遇诛，不亦宜乎！何乃罪地脉哉？"② 所谓"兴功"而"轻百姓力"，与由余故事"使人为之，亦苦民矣"有一脉相承的关系。

秦政之失，在于连续轻易地大规模"兴功"，"轻百姓力"。然而这一政治史表现，其实是体现了文化传统的。

《史记》卷一二八《货殖列传》所言秦地风习"争奢侈"，还表现在交通风习方面。例如《华阳国志》卷三《蜀志》：

> 工商致结驷连骑……归女有百两之徒车……此其所失。原其由来，染秦化故也。③

---

① 《史记》，第 192 页。《后汉书》卷七九下《儒林列传下·谢该》李贤注引《史记》作"使人为之，亦苦人矣"。中华书局 1965 年 5 月版，第 2587 页。"民"作"人"，因由避讳。

② 《史记》，第 2570 页。参看王子今《蒙恬悲剧与大一统初期的"地脉"意识》，《首都师范大学学报》（社会科学版）2016 年第 4 期。

③ 任乃强说："'百两'谓嫁女之家，奁赠护送之车从人徒至百辆之多。"（晋）常璩撰，任乃强校注：《华阳国志校补图注》，第 148、150 页。

"徒车",刘琳《华阳国志校注》作"归女有百两之(徒)〔从〕车"。以为:"'徒'当作'从'。左思《蜀都赋》:'出则连骑,归从百两。'此处即变用其文。《诗·召南·鹊巢》:'之子于归,百两御之。'"① 刘琳"归女有百两之从车"之说可以参考。

所谓"染秦化",体现出对秦文化的逐渐认同。② 而通过"结驷连骑"等表现,可以在民俗层面透视重要的文化特质。

《盐铁论·刺权》及《散不足》言"连车列骑",《盐铁论·取下》所谓"列骑成行"③,均说关中风习。追溯其渊源,即所谓"原其由来",可以获得有意义的新认识。

二　《秦风》所见"车马之好"

《诗·秦风》中数见体现秦人"有车马之好"的诗句。《车邻》所谓"有车邻邻,有马白颠",《驷驖》所谓"驷驖孔阜,六辔在手","游于北园,四马既闲",以及《小戎》所谓"四牡孔阜,六辔在手,骐駠是中,騧骊是骖"等④,都表现出秦人对车马出行的特殊专好。

《诗·秦风·车邻》毛序:"秦仲始大,有车马、礼乐、侍御之好焉。"马瑞辰按:"服虔《左传注》曰:'秦仲始有车马、礼乐之好,侍御之臣。'"《诗·秦风·驷驖》,马瑞辰按:"服虔《左传注》曰:'秦仲有戎车四牡田狩之事。'"⑤ 宋人李樗、黄櫄撰《毛诗集解》卷一四《〈秦·车邻〉诂训传第十一》解释"有车马之好":

---

① （晋）常璩撰,刘琳校注:《华阳国志校注》,巴蜀书社1984年7月版,第325—326页。

② 参看王子今《秦兼并蜀地的意义与蜀人对秦文化的认同》,《四川师范大学学报》1998年第2期。

③ 《盐铁论·刺权》:"贵人之家,云行于涂,毂击于道","子孙连车列骑"。《盐铁论·散不足》:"今富者连车列骑,骖贰辎軿。"《盐铁论·取下》:"系马百驷、货财充内、储陈纳新者,不知有旦无暮、称贷者之急也。""乘坚驱良、列骑成行者,不知负檐步行者之劳也。"王利器校注:《盐铁论校注》（定本）,中华书局1992年7月版,第121、350、462—463页。

④ （清）阮元校刻:《十三经注疏》,中华书局据原世界书局缩印本1980年10月影印版,第368—370页。

⑤ （清）马瑞辰撰,陈金生点校:《毛诗传笺通释》,中华书局1989年3月版,第362、365页。

车马，即《诗》所言"有车邻邻，有马白颠"。

"邻邻"，众车之声也。"有马白颠"，《尔雅》曰：驹颡白颠。
舍人曰：驹，白也。颡，额也。额有白毛，今之戴星马也。此言车马
之好如此。①

宋人王安中《谢赐器甲表》写道："有秦仲车马之好。"② 可知《毛传》
对于《秦风》体现秦仲"有车马之好"的说法，为学人普遍认同。

所谓"车马之好"，曾经被看作负面政治表现。我们看到《汉书》卷
二五下《郊祀志下》记载："京兆尹张敞上疏谏曰：'愿明主时忘车马之
好，斥远方士之虚语，游心帝王之术，太平庶几可兴也。'"③

秦人的"车马之好"，在上层消费生活中，可能达到很高等级。《史
记》卷八七《李斯列传》载录《谏逐客书》：

……必秦国之所生然后可，则是夜光之璧不饰朝廷，犀象之器不
为玩好，郑、卫之女不充后宫，而骏良駃騠不实外厩，江南金锡不为
用，西蜀丹青不为采。④

秦王"外厩"蓄养"骏良駃騠"，是"车马之好"的例证。秦咸阳宫壁
画有车马图，秦始皇陵西侧随葬制作精美的铜车马，也是这一文化现象的
文物实证。

三　公子鍼和穰侯的车队及李斯梁山宫故事

秦人出行"结驷连骑"情形，通过有些历史迹象可以得到说明。《左
传·昭公元年》记载：秦景公三十六年（前541），秦后子鍼适晋，"其
车千乘"。《史记》卷五《秦本纪》写道：

---

① （宋）李樗、（宋）黄櫄撰：《毛诗集解》，《景印文渊阁四库全书》，第71册第278—
279页。

② （宋）王安中：《初寮集》卷四《表》，《景印文渊阁四库全书》，第1127册第80页。

③ 《汉书》，第1250页。

④ 《史记》，第2543页。参看王子今《李斯〈谏逐客书〉"駃騠"考论——秦与北方民族
交通史个案研究》，《人文杂志》2013年第2期。

景公母弟后子鍼有宠，景公母弟富，或谮之，恐诛，乃奔晋，车重千乘。①

《史记》卷一四《十二诸侯年表》："公弟后子奔晋，车千乘。"②

另一典型史例是秦昭襄王三十六年（前271），穰侯免相，出关就封邑时，"辎车千乘有余"。《史记》卷七二《穰侯列传》：

范雎自谓张禄先生，讥穰侯之伐齐，乃越三晋以攻齐也，以此时奸说秦昭王。昭王于是用范雎。范雎言宣太后专制，穰侯擅权于诸侯，泾阳君、高陵君之属太侈，富于王室。于是秦昭王悟，乃免相国，令泾阳之属皆出关，就封邑。穰侯出关，辎车千乘有余。③

《史记》卷七九《范雎蔡泽列传》也记载："收穰侯之印，使归陶，因使县官给车牛以徙，千乘有余。"④ 这里说"使县官给车牛以徙"，即由政府提供运输工具，与《穰侯列传》记载似有差异。然而，当时指称社会地位之所谓"千乘之尊"⑤，是有大致符合实际的合理性的。《史记》卷五九《五宗世家》说"诸侯贫者或乘牛车"⑥，也指出出行条件与财富实力直接相关。

关于权势之家的"富"与"侈"，李斯梁山宫故事也留下深刻的历史记忆。《史记》卷六《秦始皇本纪》：

始皇帝幸梁山宫，从山上见丞相车骑众，弗善也。中人或告丞相，丞相后损车骑。始皇怒曰："此中人泄吾语。"案问莫服。当是时，诏捕诸时在旁者，皆杀之。⑦

---

① 《史记》，第 197 页。
② 《史记》，第 646 页。
③ 《史记》，第 2329 页。
④ 《史记》，第 2412 页。
⑤ 《史记》卷一一二《平津侯主父列传》："陈涉无千乘之尊，尺土之地，身非王公大人名族之后，无乡曲之誉，非有孔、墨、曾子之贤，陶朱、猗顿之富也，然起穷巷，奋棘矜，偏袒大呼而天下从风……"第 2956 页。
⑥ 《史记》，第 2104 页。
⑦ 《史记》，第 257 页。

这是体现帝制时代皇权至上的著名史例。"梁山宫"始皇帝因"见丞相车骑众，弗善也"导致的"诏捕诸时在旁者，皆杀之"事件，向来为史家关注。清代学者胡渭《禹贡锥指》卷二写道："雍州有二梁山。一在韩城县西北，《诗》所云'奕奕梁山'者，《禹贡》之梁山也；一在乾州西北，西南接岐山县界，即《孟子》所云'太王居邠，逾梁山'者，非《禹贡》梁山也。"① 阎若璩《四书释地续》"梁山"条考论"梁山宫"的空间位置："雍州有二梁山。一在今韩城合阳两县境。……《孟子》梁山则在今乾州西北五里。其山横而长，自邠抵岐二百五十余里，山适界乎一百三十里之间。太王当日必逾此山，然后可远狄患，营都邑，改国曰周。……后秦始皇幸梁山宫，从山上见丞相车骑甚众，弗善。亦此梁山也。"② 秦梁山宫所在，被确定为陕西乾县吴店乡瓦子岗村。乾县城关镇西一处宫殿遗址发现"梁宫"戳印瓦，也有可能是"梁山宫"遗存。③

四　秦皇帝出行："示强，威服海内"

秦始皇梁山宫"见丞相车骑众，弗善也"，然而自己出行时，却追求宏大的仪仗形式。《史记》卷六《秦始皇本纪》记载：

> 二世与赵高谋曰："朕年少，初即位，黔首未集附。先帝巡行郡县，以示强，威服海内。今晏然不巡行，即见弱，毋以臣畜天下。"④

秦二世认为秦始皇"巡行郡县"的意义，即"示强，威服海内"。于是有效法"先帝"出巡的政治实践。⑤

秦始皇"巡行郡县，以示强"，随行车队当极尽威武壮观。因此项羽

---

① （清）胡渭著，邹逸麟整理：《禹贡锥指》，上海古籍出版社 1996 年 12 月版，第 28 页。

② （清）焦循《孟子正义》卷五引，（清）焦循撰，沈文倬点校：《孟子正义》，中华书局 1987 年 10 月版，第 164 页。又（清）阎若璩：《四书释地续》，《景印文渊阁四库全书》，第 210 册第 350—351 页。

③ 张在明主编：《中国文物地图集·陕西分册》，西安地图出版社 1998 年 12 月版，上册第 216—217 页、下册第 464 页。

④ 《史记》，第 267 页。

⑤ 参看王子今《秦二世元年东巡史事考略》，《秦文化论丛》第 3 辑，西北大学出版社 1994 年 12 月版，第 380—388 页。

曾经发表著名的感叹。《史记》卷七《项羽本纪》写道：

> 秦始皇帝游会稽，渡浙江，梁与籍俱观。籍曰："彼可取而代也。"①

刘邦在咸阳"观秦皇帝"，也曾经发表人们熟知的名言。《史记》卷八《高祖本纪》有这样的记述：

> 高祖常繇咸阳，纵观，观秦皇帝，喟然太息曰："嗟乎，大丈夫当如此也！"②

刘邦得"观秦皇帝"，应是"秦皇帝"车队在行进途中。

据《史记》卷六《秦始皇本纪》记载，秦二世曾经明确提出扩充出行车队编制的要求："朕尊万乘，毋其实，吾欲造千乘之驾，万乘之属，充吾号名。"③"秦皇帝"原有出行礼制的大致规模及最高执政者在这一方面的更高欲望，可以由此体现。

五　"善御"技术传统与"马大蕃息"动力条件

《史记》卷五《秦本纪》记载，秦人先祖在"调驯鸟兽"方面表现出显著的专长：

> 秦之先，帝颛顼之苗裔孙曰女修。女修织，玄鸟陨卵，女修吞之，生子大业。大业取少典之子，曰女华。女华生大费，与禹平水土。已成，帝锡玄圭。禹受曰："非予能成，亦大费为辅。"帝舜曰："咨尔费，赞禹功，其赐尔皂游。尔后嗣将大出。"乃妻之姚姓之玉女。大费拜受，佐舜调驯鸟兽，鸟兽多驯服，是为柏翳。舜赐姓

---

① 《史记》，第296页。
② 《史记》，第344页。
③ 《史记》，第271页。

嬴氏。①

"调驯鸟兽，鸟兽多驯服"，是说在畜牧业生产方面的成就。其中应当是包括马匹的蓄养繁育的。

《史记》卷五《秦本纪》又说到秦人先祖曾经多体现出"善御"即善于驾驶车辆的技术传统：

> 费昌当夏桀之时，去夏归商，为汤御，以败桀于鸣条。大廉玄孙曰孟戏、中衍，鸟身人言。帝太戊闻而卜之使御，吉，遂致使御而妻之。②

尤其著名的是"造父"：

> 造父以善御幸于周缪王，得骥、温骊、骅骝、绿耳之驷，西巡狩，乐而忘归。徐偃王作乱，造父为缪王御，长驱归周，一日千里以救乱。③

这些历史文化基因，很可能是秦人有"车马之好"，出行追求"结驷连骑"规模的因素之一。

出行"结驷连骑"，还必须具有基本的物质条件。④ 《史记》卷五《秦本纪》还写道：

> 非子居犬丘，好马及畜，善养息之。犬丘人言之周孝王，孝王召使主马于汧渭之间，马大蕃息。⑤

---

① 《史记》，第 173 页。
② 《史记》，第 174 页。
③ 《史记》，第 175 页。
④ 《史记》卷三〇《平准书》说到这种条件必然影响交通方式："汉兴，接秦之弊，丈夫从军旅，老弱转粮饷，作业剧而财匮，自天子不能具钧驷，而将相或乘牛车，齐民无藏盖。……至今上即位数岁，汉兴七十余年之间，国家无事，非遇水旱之灾，民则人给家足，都鄙廪庾皆满，而府库余货财。京师之钱累巨万，贯朽而不可校。太仓之粟陈陈相因，充溢露积于外，至腐败不可食。众庶街巷有马，阡陌之间成群，而乘字牝者傧而不得聚会。"第 1417、1420 页。
⑤ 《史记》，第 177 页。

"马大蕃息"提供的充备的动力条件，是秦人可以生成并延续出行"结驷连骑"习尚的物质保障。

秦因此形成的交通方面的优势，直接体现为军备之充实，征行之长远，兵争之机动，战攻之迅猛，也是促成秦统一实现的重要条件之一。①

六　汉交通史所见秦风遗存：
霍去病葬礼与呼韩邪迎送

《史记》卷一一一《卫将军骠骑列传》记载："骠骑将军自四年军后三年，元狩六年而卒。天子悼之，发属国玄甲军，陈自长安至茂陵，为冢象祁连山。"

关于"为冢象祁连山"，司马贞《索隐》："崔浩云：'去病破昆邪于此山，故令为冢象之以旌功也。'姚氏案：'冢在茂陵东北，与卫青冢并。西者是青，东者是去病冢。上有竖石，前有石马相对，又有石人也。'"关于所谓"属国玄甲"，张守节《正义》："属国即上分置边五郡者也。玄甲，铁甲也。"② 所谓"发属国玄甲军，陈自长安至茂陵"，很可能调用骑兵，形成庄严的交通仪仗。

汉宣帝甘露元年（前53），呼韩邪单于决意在内乱中"事汉"自保，于是"引众南近塞"。春正月，遣子右贤王铢娄渠堂入侍汉。冬，遣弟左贤王朝汉。甘露二年冬十二月，"呼韩邪单于款五原塞，愿朝三年正月。汉遣车骑都尉韩昌迎，发过所七郡郡二千骑，为陈道上。单于正月朝天子于甘泉宫，汉宠以殊礼，位在诸侯王上"。"使使者道单于先行，宿长平。上自甘泉宿池阳宫。上登长平，诏单于毋谒，其左右当户之群臣皆得列观，及诸蛮夷君长王侯数万，咸迎于渭桥下，夹道陈。上登渭桥，咸称万岁。单于就邸，留月余，遣归国。单于自请愿留居光禄塞下，有急保汉受降城。汉遣长乐卫尉高昌侯董忠、车骑都尉韩昌将骑万六千，又发边郡士马以千数，送单于出朔方鸡鹿塞。"③ 由甘泉宫、池阳宫、长平、渭桥等

---

① 参看王子今《秦国交通的发展与秦的统一》，《史林》1989 年第 4 期；《秦统一原因的技术层面考察》，《社会科学战线》2009 年第 9 期。

② 《史记》，第 2939 页。

③ 《汉书》卷九四下《匈奴传下》，第 3798 页。

经行地点，推知呼韩邪单于应从直道南下。由"光禄塞""鸡鹿塞""受降城"地名，也可以认识其路线。①

关于"发过所七郡郡二千骑，为陈道上"，颜师古注："所过之郡，每为发兵陈列于道，以为宠卫也。"《资治通鉴》卷二七"汉宣帝甘露二年"记述此事，胡三省注："七郡，谓过五原、朔方、西河、上郡、北地、冯翊而后至长安也。"② 林幹据此以为："那七郡就是五原、朔方、西河、上郡、北地、冯翊。而后由冯翊直至国都长安。若以当时各郡治所为准，则所经约今内蒙古的包头市、杭锦旗、东胜县、陕西榆林县、甘肃庆阳县，而至陕西西安市。"③ "明年，呼韩邪单于复入朝，礼赐如初……以有屯兵，故不复发骑为送。"④ 所谓"以当时各郡治所为准"的意见，显然不足取。而许多迹象表明，呼韩邪南下路线，大致沿直道走向。⑤

呼韩邪单于"来朝"，所谓"迎，发过所七郡郡二千骑，为陈道上"，"诸蛮夷君长王侯数万，咸迎于渭桥下，夹道陈"及"将骑万六千，又发边郡士马以千数，送单于出朔方鸡鹿塞"，被理解为"以为宠卫"，"宠以殊礼"，以体现严肃庄重。这种"殊礼"，有可能有迎合匈奴单于心理的考虑。

《史记》卷一一〇《匈奴列传》写道："秋，马肥，大会蹛林，课校人畜计。"裴骃《集解》："《汉书音义》曰：'匈奴秋社八月中皆会祭处。蹛音带。'"司马贞《索隐》："服虔云：'音带。匈奴秋社八月中皆会祭

---

① 据谭其骧主编《中国历史地图集》，光禄城在今内蒙古固阳西南，鸡鹿塞在今内蒙古杭锦后旗西南，受降城在今内蒙古白云鄂博西。中国地图出版社 1982 年 10 月版，第 2 册第 17—18 页。

② （宋）司马光编著，（元）胡三省音注，"标点资治通鉴小组"校点：《资治通鉴》，中华书局 1956 年 6 月版，第 886 页。

③ 林幹等编著：《昭君与昭君墓》，内蒙古人民出版社 1979 年 11 月版，第 4 页；林幹《匈奴历史年表》也持此说，然"杭锦旗"改作"乌拉特前旗"。中华书局 1984 年 9 月版，第 53 页。林幹《试论王昭君艺术形象的塑造》，《内蒙古大学学报》（社会科学版）1986 年第 3 期，又重申了这样的意见。

④ 《汉书》卷九四下《匈奴传卜》，第 3799 页。

⑤ 直道曾经是联系汉与匈奴的重要通路。参看王子今《关于王昭君北行路线的推定》，《西北大学学报》（哲学社会科学版）2014 年第 3 期；《直道与丝绸之路交通》，《历史教学》2016 年第 4 期；《直道与匈奴"祭天金人"》，《社会科学》2017 年第 6 期；《上郡"龟兹"考论——以直道史研究为视角》，《咸阳师范学院学报》2017 年第 3 期。

处。'郑氏云：'地名也。'"又引晋灼云："《李陵与苏武书》云'相竞趋蹛林'。"以为"则服虔说是也"。张守节《正义》："颜师古云：'蹛者，绕林木而祭也。鲜卑之俗，自古相传，秋祭无林木者，尚竖柳枝，众骑驰绕三周乃止，此其遗法也。'"① 可知草原民族传统的严肃隆重的礼俗，以"众骑""大会"或"相竞趋""驰绕"为通常形式。

霍去病葬礼"发属国玄甲军，陈自长安至茂陵"，呼韩邪迎送亦用骑兵"为陈道上"，可能体现了对草原民族风习的直接摹习。相关历史文化迹象，是丝绸之路史研究者应当予以关注的。进而追溯秦人"结驷连骑"风尚，或许也可以沿循对于草原游牧民族习俗"染"其"化"的历史线索进行深层次的思考。

七　"结驷连骑"与秦简《日书·诘咎》"连行"

云梦睡虎地出土秦简《日书》甲种有《诘咎》篇，其中可见对于"害民罔行，为民不羊"的"鬼"如何"毋丽兑央"即"毋罹凶殃"的内容。指出了"鬼之所恶"的行为方式：

> ·诘咎，鬼害民罔行，为民不羊，告如诘之，（二四背壹）
> 道令民毋丽兑央。鬼之所恶，彼窋卧、箕（二五背壹）
> 坐、连行、奇立。（二六背壹）
> 人毋故鬼攻之不已，是是刺鬼。以桃为弓，（二七背壹）
> 牡棘为矢，羽之鸡羽，见而射之，则已矣。（二八背壹）

所谓"鬼之所恶，彼窋卧、箕坐、连行、奇立"，整理小组释文写道："鬼之所恶，彼窋（屈）卧箕坐，连行奇（踦）立。"整理小组注释："彼，是，见《经传释词》。箕坐，又名箕踞，坐时两腿向前张开，形如簸箕，《论衡·率性》：'椎髻箕坐。'""连行，即连步，《礼记·曲礼》注：'连步谓相随不相过也。'踦，《说文》：'一足也。'踦立即以一足站立。"②

---

① 《史记》，第 2892—2893 页。

② 睡虎地秦墓竹简整理小组：《睡虎地秦墓竹简》，文物出版社 1990 年 9 月版，释文注释第 212、216 页。

刘乐贤引郑刚云："奇立读倚立。"[①]

今按：《日书》内容旨在"道（导）令民毋丽兇（凶）央"，即向为鬼所扰害的人指导辟鬼之术，首先强调了"鬼之所恶"即鬼之所厌、鬼之所畏，是"窋卧、箕坐、连行、奇立"。所谓"窋卧"，当即踡屈而卧。《说文·穴部》："窋，物在穴中皃。"[②]"奇立"，也就是踦立，单足而立，即倾重于一足，以一足为主要支撑而侧立。《说文·足部》："踦，一足也。"[③]《礼记·曲礼上》所谓"立毋跛"，应当即指这一姿势。孔颖达疏："跛，偏也。谓挈举一足，一足蹋地。立宜如齐，双足并立，不得偏也。"[④]

"连行"，应当是指鱼贯相随而行。《周礼·考工记·梓人》："却行，仄行，连行，纡行。"郑玄注："连行，鱼属。"贾公彦疏："云连行鱼属者，以其鱼唯行相随，故谓之连行也。"[⑤]

推想秦人"结驷连骑"习惯，与《日书》所见"连行"可以避鬼的理念，或许有一定的关系。

---

① 刘乐贤：《睡虎地秦简日书研究》，文津出版社1994年7月版，第233—234页。

② （汉）许慎撰，（清）段玉裁注：《说文解字注》，上海古籍出版社1981年10月据经韵楼臧版影印版，第346页。

③ （汉）许慎撰，（清）段玉裁注：《说文解字注》，第81页。

④ （清）孙希旦撰，沈啸寰、王星贤点校：《礼记集解》卷二《曲礼上第一之二》，中华书局1989年12月版，第42页。

⑤ （清）阮元校刻：《十三经注疏》，第925页。

《日书》宜忌中的"反枳"之禁

　　睡虎地秦墓竹简出土之后，法律文书首先引起学界的热切关注。记录睡虎地 11 号秦墓墓主喜的身世事迹的《大事记》或称《编年记》，以及行政文书《语书》和《为吏之道》等也较早进入研究者的视野。可是《日书》的历史文化价值起初却并没有受到重视。饶宗颐的睡虎地秦简《日书》研究改变了这一局面，其研究眼光和研究方法均具有先导性和典范性的意义。此后睡虎地秦简《日书》研究的进步，为关心中国历史文化的人们打开了新的视窗。理解和说明秦的社会文化，于是获得了新的条件。睡虎地《日书》反映当时社会交通观念的信息，为全面考察中国古代交通史，也提供了具有特殊价值的宝贵的历史数据。对于其中有关"反枳"的内容进行分析，有助于深入认识和理解当时社会由自复杂心理因素和意识背景的交通"俗禁"。

一　《日书》"反枳（反支）"

　　饶宗颐《睡虎地秦简〈日书〉研究》是最早的《日书》研究专门论著。[1] 其中"反枳（反支）""归行""禹符 禹步《禹须臾》"诸条，均涉及当时人表现为"俗禁"的对于交通的观念。[2]

---

　　① 本篇讨论引录饶宗颐《睡虎地秦简〈日书〉研究》内容，据《饶宗颐二十世纪学术文集》卷三《简帛学》，中国人民大学出版社 2009 年 8 月版，第 259—305 页。
　　② 《礼记·王制》："析言破律，乱名改作，执左道以乱政，杀。"郑玄注："'左道'，若巫蛊及俗禁。"孔颖达疏："'俗禁'者，若前汉张竦行辟反支，《后汉书·郭躬传》有陈伯子者出辟往亡，入辟归忌是也。"（清）阮元校刻：《十三经注疏》，中华书局据原世界书局缩印本 1980年 10 月影印版，第 1344 页。

　　睡虎地《日书》甲种有"反枳"题。题下写道："子、丑朔，六日反枳；寅、卯朔，五日反枳；辰、巳朔，四日反枳；午、未朔，三日反；申、酉朔，二日反（一五三背）枳；戌、亥朔，一日反枳，复卒其日，子有复反枳。一月当有三反枳。……（一五四背）"① 饶宗颐指出："按反枳即反支也。"又引王符之说："王符《潜夫论·爱日》篇，明帝敕公车受章，无避反支。《后汉书·王符传》：'公车以反支日不受章奏。'李贤注云：凡反支日用月朔为正。戌、亥朔一日反支，申、酉朔二日反支，午、未朔三日反支，辰、巳朔四日反支，寅、卯朔五日反支，子、丑朔六日反支。见《阴阳书》也。"饶宗颐说，秦简内容，"与李贤所引《阴阳书》完全符合。反枳之即反支，可以论定"。又据汉简宣帝本始四年历谱与和帝永元六年历谱对照，指出："西汉以来，忌反支日，日历明记明建、除日之名，兼志反支日。今由秦简，知此俗不始于汉，秦已有之，则向来所未知。"这当然是很重要的发现。

　　饶宗颐接着又写道："反支日之说，《汉书·游侠传》颜注引李奇叙张竦会反支日不去，因为贼所杀。《颜氏家训·杂艺》称：'反支不行，竟以遇害。'"② 这是对于"反支"的最早的比较全面的解说。后来整理小组的释文和注释，均采用饶说。③

二　"避反支"交通"禁忌"

　　"反支"禁忌影响交通行为。历史文献中可以看到与"反支"有关的观念影响交通活动的实例。

　　汉代有直接的例证。《后汉书》卷四九《王符传》记载："明帝时，公车以反支日不受章奏，帝闻而怪曰：'民废农桑，远来诣阙，而复拘以

---

　　① 睡虎地秦墓竹简整理小组：《睡虎地秦墓竹简》，文物出版社 1990 年 9 月版，释文注释第 227 页。

　　② 饶宗颐又写道："此事人所习知，不具论。《日书》反枳亦但称曰反，银雀山元光元年历谱干日辰之下间书'反'字，即反枳、反支日也。"《饶宗颐二十世纪学术文集》卷三《简帛学》，第 268 页。

　　③ 整理小组释文："反枳（支）。"整理小组注释："《后汉书·王符传》注：'凡反支日，用月朔为正。戌亥朔，一日反支；申酉朔，二日反支；午未朔，三日反支；辰巳朔，四日反支；寅卯朔，五日反支；子丑朔，六日反支。见阴阳书也。'与简文相合。"《睡虎地秦墓竹简》，释文注释第 227 页。

禁忌，岂为政之意乎！'于是遂蠲其制。"①《潜夫论·爱日》："孝明皇帝尝问：'今旦何得无上书者？'左右对曰：'反支故。'帝曰：'民既废农，远来诣阙，而复使避反支，是则又夺其日而冤之也。'乃敕公车受章，无避反支。"②

民"远来诣阙"，而执政机构"复拘以禁忌"，受到汉明帝"岂为政之意乎"的批评。所谓"复使避反支"，似乎体现维护涉及交通行为的"俗禁"，其实"为政"者有时表现更为积极的情形。

《汉书》卷九二《游侠传·陈遵》："竦为贼兵所杀。"颜师古注引李奇曰："竦知有贼当去，会反支日，不去，因为贼所杀。桓谭以为通人之弊也。"③《颜氏家训·杂艺》："凡阴阳之术，与天地俱生。其吉凶德刑，不可不信。但去圣既远，世传术书，皆出流俗，言辞鄙浅，验少妄多。至如反支不行，竟以遇害；归忌寄宿，不免凶终。拘而多忌，亦无益也。"王利器解释"至如反支不行，竟以遇害"，引李奇"竦知有贼当去，会反支日，不去，因为贼所杀"语，谓"郑珍、李慈铭、龚道耕先生说同"。又写道："《礼记·王制》：'执左道以乱政。'郑玄注：'谓诬蛊俗禁。'《正义》曰：'俗禁者，若张竦反支、陈伯子者往亡归忌是也。'④案：今临沂银雀山出土《汉元光元年历谱》，在日干支下间书'反'字，即所谓反支日也。王符《潜夫论·爱日》篇亦言反支事。"⑤刘乐贤据张竦事迹指出，"可见，反支日又有不可行走的禁忌"。⑥这一意见是正确的。

居延汉简 111.6 及 E. P. T65：425B 均出现"反支"字样，又敦煌汉

① 《后汉书》，中华书局 1965 年 5 月版，第 1640 页。

② （汉）王符著，（清）汪继培笺，彭铎校正：《潜夫论笺校正》，中华书局 1985 年 9 月版，第 221 页。《旧唐书》卷一七四《李德裕传》称"光武至仁，反支不忌"。中华书局 1975 年 5 月版，第 4515 页。将汉明帝事归于汉光武帝。（宋）王应麟《困学纪闻》卷一三《考史》："祖君彦檄光武不隔于反支，乃明帝事。见王符《潜夫论》。"（宋）王应麟著，（清）翁元圻等注，栾保群、田松青、吕宗力校点：《困学纪闻》（全校本），上海古籍出版社 2008 年 12 月版，第 1572 页。

③ 《汉书》，中华书局 1962 年 6 月版，第 3714 页。

④ 今按：《十三经注疏》本作："《礼记·王制》：'析言破律，乱名改作，执左道以乱政，杀。'郑氏注：'左道，若巫蛊及俗禁。'孔颖达疏：'俗禁者，若前汉张竦行辟反支，《后汉书·郭躬传》有陈伯子者出辟往亡，入辟归忌是也。'"第 1344 页。

⑤ 王利器：《颜氏家训集解》，上海古籍出版社 1980 年 7 月版，第 524 页。

⑥ 刘乐贤：《睡虎地秦简日书研究》，文津出版社 1994 年 7 月版，第 307 页。

简 1691 和 1968A 可以看到同样的简文。① 有的同篇内容出现"忌"字。还有只写"反"字者，其实是"反支"的省写。② 看来，汉代社会"避反支"的"俗禁"有相当广泛的影响。

《武经总要》后集卷二〇《占候五》引《黄帝占》曰："反支日不可出军。"③"出军"，当然是特殊的"行走"即交通形式。

这些汉代以及汉代以后的实例，其实是秦时禁忌的历史延续。

三　"反枳"、"反支"与"鬾"

饶宗颐最早提出"反枳即反支"。以为"枳"与"枝"通用，"枝即是支，故反枳即反支"。④ 刘乐贤又据马王堆汉墓出土帛书《五十二病方》"鬾：禹步三，取桃东枳（枝），中别为□□□之倡而笄门户上各一"，"为饶氏的论证提供一个新证据"。⑤

"枳"又可以读为"肢"。《管子·侈靡》："然则贪动枳而得食矣。"张佩纶云："'枳'当作'肢'（肢即肢），《淮南子·修务训》'故自天子以下至于庶人，四肢不动，思虑不用，事治求澹者，未之闻也。'"郭沫若以为张说"释'枳'为'肢'是也"。⑥ 于省吾《双剑誃诸子新证·管子二》："枳应读为肢，与肢同。《说文》：'肢，体四肢也。'……动肢谓劳动其肢体。"⑦"肢，与肢同"例证，又有《荀子·君道》："块然独坐

---

① 简牍整理小组编：《居延汉简》（贰），"中研院"历史语言研究所专刊之一〇九，2015年12月版，第 18 页。张德芳主编，张德芳、韩华著：《居延新简集释》（六），甘肃文化出版社2016 年 6 月版，第 170 页。甘肃省文物考古研究所编：《敦煌汉简》，中华书局 1991 年 6 月版，第 285、296 页。

② 饶宗颐说："《日书》反枳亦但称曰反，银雀山武帝元年历谱于日辰之下间书'反'字，即反枳、反支日也。"《饶宗颐二十世纪学术文集》卷三《简帛学》，第 268 页。

③ （宋）曾公亮等著，陈建中，黄明珍点校：《武经总要》，商务印书馆 2017 年 12 月版，第 674 页。

④ 饶宗颐：《饶宗颐二十世纪学术文集》卷三《简帛学》，第 267—268 页。

⑤ 刘乐贤：《睡虎地秦简日书研究》，第 301 页。

⑥ 郭沫若：《管子集校》（二），《郭沫若全集·历史编》第 6 卷，人民出版社 1984 年 10月版，第 380—381 页。

⑦ 于省吾：《双剑誃诸子新证》，中华书局 2009 年 4 月版，第 109 页。

而天下从之如一体，如四肕之从心。"① 《太平御览》卷三七五引《商子》曰："上世之士，衣不暖肤，食不满腹，苦其心意，劳其四肕。"② 《潜夫论·本训》："畅于四肕，实于血脉。"③ 《说郛》卷五下《孝经援神契》："人头圆像天，足方法地，五藏像五行，四肕法四时，九窍法九分，目法日月，肝仁，肺义，肾智，心礼，胆断，脾信，膀胱决难，发法星辰，节法日岁，肠法钤。"④ 《太平御览》卷三六三引文则作"五脏象五形，四肢法四时"。⑤ 可知"肕"就是"肢"。

传统医学典籍可见妇产科有关"反支"的禁忌。隋巢元方撰《巢氏诸病源候总论》卷四三《妇人将产病诸候》有"产法"条，其中写道："人处三才之间，禀五行之气，阳施阴化，故令有子。然五行虽复相生，而刚柔刑杀互相害克，至于将产，则有日游反支禁忌。若犯触之，或横致诸病。故产时坐卧产处须顺四时五行之气。故谓之产法也。"又"产防晕法"条说："防晕者，诸临产若触犯日游反支诸所禁忌，则令血气不调理而致晕也。其晕之状，心烦闷气欲绝是也，故须预以法术防之。"⑥ 与"产"有关的其他行为也不能"犯触""反支"。唐孙思邈撰《备急千金要方》卷二："妇人产乳忌反支。"⑦ 唐王焘撰《外台秘要方》卷三五关于"藏儿衣"法，也说："若有遇反支者宜以衣内新瓶盛密封塞口，挂于宅外福德之上向阳高燥之处，待过月然后，依法埋藏之大吉。"⑧ 宋陈自明撰《妇人大全良方》卷一六《推妇人行年法》可见所谓"反支月"："反支月，遇此月，即铺灰上用牛皮或马驴皮讫，铺草，勿令恶血污地，吉。"⑨

① （清）王先谦撰，沈啸寰、王星贤点校：《荀子集解》，中华书局 1988 年 9 月版，第 239 页。

② （宋）李昉等撰：《太平御览》，中华书局用上海涵芬楼影印宋本 1960 年 2 月复制重印版，第 1728 页。

③ （汉）王符著，（清）汪继培笺，彭铎校正：《潜夫论笺校正》，第 369 页。

④ （明）陶宗仪等编：《说郛三种》，明刻一百二十卷本，上海古籍出版社 1988 年 10 月版，第 239 页。

⑤ （宋）李昉等撰：《太平御览》，第 1671 页。

⑥ （隋）巢元方撰：《巢氏诸病源候总论》，《景印文渊阁四库全书》，第 734 册第 855 页。

⑦ （唐）孙思邈著：《备急千金要方》卷二《妇人方上》，人民卫生出版社据江户医学影北宋本影印 1955 年 5 月版，第 30 页。

⑧ （唐）王焘撰，高文铸校注：《外台秘要方》，华夏出版社 1993 年 11 月版，第 705 页。

⑨ （宋）陈自明撰，余瀛鳌等点校：《妇人大全良方》，人民卫生出版社 1992 年 6 月版，第 450 页。

则是特殊的"反支""俗禁"。

　　言"产法"之类而多涉及"反支"禁忌，很可能与难产恐惧有关。常见难产情形即如《左传·隐公元年》"庄公寤生，惊姜氏"事。①"寤生"，如黄生《义府》卷上："'寤'当与'牾'通；逆生，则产必难。"②钱锺书说，《困学纪闻》卷六引《风俗通》解"寤生"，全祖望注："寤生，牾生也；与黄暗合。莎士比亚历史剧中写一王子弑篡得登宝位，自言生时两足先出母体……即'牾生'也"。③

　　"反枳"即"反支"一语的原始意义，或许即说肢体"先出母体"的难产现象。难产的反义是顺产。"反支不行""俗禁"影响交通行为，是因为这种"逆""牾""必难"的情形，是和交通生活期望顺畅的追求完全相反的。

　　刘乐贤在讨论《日书》"反支"问题时写道："需要指出的是，汉元光元年历谱九月的'甲子'、'丙子'二日下标有一个'子'字。根据推算，这两天正好是反支日，这两个'子'字的含义很令人费解，它们是否是反支的另一种特殊表示法，现在尚难断定。"④ 作为特殊标记的"子"字，可能确实"是反支的另一种特殊表示法"。如果将这里的"子"字联系"寤生""牾生"等"生子"的情形思考，也许可以不再以为"很令人费解"。刘乐贤又指出，"《日书》'反支篇'中有一句重要的话，我们以前没有重视。反支篇原文讲完以各种地支为朔日的反支日后紧接着有'复卒其日，子有（又）复反枳（支）'一句。这句话是什么意思？""我们认为'复卒其日'，乃是再接着数完十二地支中剩下的那些日子。举例来说，假如朔日的地支是子，第六日巳日是反支日，然后再接着数完十二地支中巳日以后的日子，那样就轮到了下一个子日，所以简文接着说'子有（又）复反枳（支）'。"⑤ 我们注意这种现象，以为更值得深思的是，《日书》有关"反枳（支）"的文字中对于"子"的这种特别的重视。

　　《说文·鬼部》称作"小儿鬼"的"鬾"，也许即以难产多发引起的

　　① 《春秋左传集解》，上海人民出版社1977年8月版，第5页。
　　② （清）黄生撰，（清）黄承吉合按，刘宗汉点校：《字诂义府合按》，中华书局1984年11月版，第120页。
　　③ 钱锺书：《管锥编》，中华书局1979年8月版，第1册第167—168页。
　　④ 刘乐贤：《睡虎地秦简日书研究》，第302页。
　　⑤ 刘乐贤：《睡虎地秦简日书研究》，第303页。

恐惧为心理背景。刘钊讨论"魃"时联系到睡虎地《日书》甲种《诘咎》篇所见"鬼婴儿""哀乳之鬼"等，以及其他典籍记载的"形象为小儿的鬼"①，给我们以有益的启示。《急就篇》卷三："射魃辟邪除群凶。"颜师古注："射魃、辟邪，皆神兽名也。魃，小儿鬼也。射魃，言能射去魃鬼。辟邪，言能辟御妖邪也。谓以宝玉之类刻二兽之状，以佩带之，用除去凶灾而保卫其身也。一曰射魃谓大刚卯也，以金玉及桃木刻而为之，一名毅改。其上有铭而旁穿孔，系以彩丝，用系臂焉，亦所以逐精魃也。"②

　　人的生殖通道和交通道路有某种象征性关联的认识，还可以由西汉晚期的一则例证得到说明。这就是《汉书》卷九九上《王莽传上》记汉平帝元始五年（5）事："其秋，莽以皇后有子孙瑞，通子午道。子午道从杜陵直绝南山，径汉中。"颜师古注引张晏曰："时年十四，始有妇人之道也。子，水；午，火也。水以天一为牡，火以地二为牝，故火为水妃，今通子午以协之。"③

---

　　① 刘钊：《说"魃"》，"简帛·经典·古史"国际论坛论文，香港，2011 年 11 月 30 日至 12 月 2 日。

　　② 管振邦译注，宙浩审校：《颜注急就篇译释》，南京大学出版社 2009 年 8 月版，第 160 页。

　　③ 《汉书》，第 4076 页。《资治通鉴》卷三六"汉平帝元始五年"胡三省注引张晏说之后，又写道："按：男八月生齿，八岁毁齿，二八十六阳道通，八八六十四阳道绝。女七月生齿，七岁毁齿，二七十四阴道通，七七四十九阴道绝。"亦暗示了交通地理与人体生理的对应。第 1155 页。《太平寰宇记》卷二五《关西道一·雍州》"子午谷"条引《风土记》作："王莽以皇后未有子，通子午道，从杜陵直抵终南山。"（宋）乐史撰，王文楚等点校：《太平寰宇记》，中华书局 2007 年 11 月版，第 522 页。（宋）宋敏求《长安志》卷一二《县二·长安》："《括地志》曰：'《汉书》：王莽以皇后有子孙瑞，通子午道。盖以子午为阴阳之王气也。'《风土记》曰：'王莽以皇后有子，通子午道，从杜陵直抵终南。'"辛德勇、郎洁点校：《长安志·长安图》，三秦出版社 2013 年 12 月版，第 383 页。《太平御览》卷三八引《风土记》曰："王莽以皇后有子，通子午道，从杜陵直抵终南。"（宋）李昉等撰：《太平御览》，第 184 页。乾隆《陕西通志》卷一六《关梁一·西安府长安县》引《风土纪》也写作："王莽以皇后有子，通子午道，从杜陵直抵终南。"（清）刘于义等监修，（清）沈青崖等编纂：《陕西通志》，《景印文渊阁四库全书》，第 551 册第 803 页。同出《风土记》，而汉平帝王皇后"未有子"或"有子"，并成两说。子午道的开通或与皇后有妊的事实有关，或与皇后有妊的期望有关，都反映了"母体""产"的通路和交通道路在当时人的意识中的对应的神秘关系。（明）彭大翼《山堂肆考》卷二六《地理·谷》"子午"条引《长安志》："王莽有意篡汉，通子午道。"似是体现了其他的象征性联想。同书卷二二九《补遗·地理》"子午道"条写道："王莽以皇后有子孙瑞，通子午道从杜陵直绝南山，径汉中。注云：女年十四，始有妇人之道。子水午火也，水以天一为牡，火以地二为牝，故火为水妃。今通子午道以协之。又妇女有孕曰瑞。"亦取"有子""有孕"之说。《景印文渊阁四库全书》，第 974 册第 426 页，第 978 册第 525 页。

四　《日书》"□与枳刺艮山"试释读

　　《日书》甲种"艮山"题下也有涉及"枳"的内容："此所胃艮山，禹之离日也。从上左方数朔之初日及枳各一日，数之而复从上数。□与枳刺艮山之胃离日。离日不可以家女、取妇及入人民畜生，唯利以分异。离日不可以行，行不反。"（四七正三至五三正三）其中"枳"，整理小组释文："枳（支）。"① 研究者多认为是指"反支"。值得注意的是，《日书》文字出现了"枳刺"字样。

　　对于"刺"，李学勤说："'离日'怎么推算呢？《艮山图》说：'□与支刺艮山之谓离日。''刺'字不可解，应为'夹'字之误。当时'刺'字左边写成'夹'，如《颜氏家训》说'刺字之旁应作束，今亦作夹。'与'反支'夹艮山的日子便是'离日'。也就是说和'反支'日紧贴在《艮山图》中线两侧的日子是'离日'。"② 关于"离日"，李学勤解释说："《艮山图》是推定一月中'离日'的方法。按照这一数术，遇到'离日'不宜嫁娶，不可入纳奴婢或牲畜，也不宜出行，因为据说这一天曾是夏禹的'离日'。"③

　　我曾经考虑，所谓"离日"，或许可以读作"罹日"。《史记》卷三五《管蔡世家》："无离曹祸。"司马贞《索隐》："'离'即'罹'。"《文选》卷一五张衡《思玄赋》："循法度而离殃。"李善注："'离'，遭也。'殃'，咎也。"④ 现在思索，"离日"之"离"的理解，似乎还可以试作他说。

　　《韩非子·外储说左下》："树枳棘者，成而刺人。"⑤《日书》甲种所谓"枳刺"，或可从这一思路理解。《后汉书》卷六一《黄琼传》："立足

　　① 睡虎地秦墓竹简整理小组：《睡虎地秦墓竹简》，释文注释第 190 页。
　　② 李学勤：《〈日书〉中的〈艮山图〉》，《简帛佚籍与学术史》，时报文化出版企业有限公司 1994 年 12 月版，第 159—160 页。
　　③ 李学勤：《〈日书〉中的〈艮山图〉》，《简帛佚籍与学术史》，第 158 页。
　　④ 参看王子今《睡虎地秦简〈日书〉所见行归宜忌》，《江汉考古》1994 年第 2 期；《睡虎地秦简〈日书〉甲种疏证》，湖北教育出版社 2003 年 2 月版，第 147 页。
　　⑤ （清）王先谦撰，钟哲点校：《韩非子集解》，第 305 页。

枳棘之林。"李贤注:"枳棘喻艰难。"① 《世说新语·假谲》:"魏武乃入,抽刃劫新妇与绍还出,失道,坠枳棘中,绍不能得动……"② 杭世骏撰《三国志补注》卷一《魏书·武帝纪》引录此说。③ "枳棘"阻障道路的情形,又增加了新的证明。《文选》卷二张衡《西京赋》:"揩枳落,突棘藩。"李善注:"杜预《左氏传》注曰:'藩,篱也。落,亦篱也。'"④ 《后汉书》卷二八下《冯衍传下》:"捷六枳而为篱兮,筑蕙若而为室。"李贤注:"捷,立也。枳,芬木也。《晏子》曰:'江南为橘,江北为枳。'枳之为木,芳而多刺,可以为篱。"⑤ 《资治通鉴》卷五九"汉灵帝中平六年":"卓又发何苗棺,出其尸,支解节断,弃于道边;杀苗母舞阳君,弃尸于苑枳落中。"胡三省注:"落,篱落也。枳似棘,多刺。江南为橘,江北为枳。人以栝篱。"⑥

以枳棘为篱的"篱"解释"离日"之"离"的初义,或许也是一个可以试探的思考路径。

五　"艮山,禹之离日"与"禹符" "禹步""《禹须臾》"

同样是涉及"枳"的"俗禁",在所谓《艮山图》下的文字中说道:"此所胃艮山,禹之离日也。"

李学勤在关于"离日"的讨论中说:"在传说里,禹是长期离家在外的典型,他娶涂山氏之女后,第四天便出去治水,居外十三年,过家门不敢入,连儿子都不及抚养。'离日'既象征分离,所以只利于'分异'。

① 《后汉书》,第2037—2038页。

② 余嘉锡撰,周祖谟、余淑宜整理:《世说新语笺疏》,中华书局1983年8月版,第851页。

③ (清)杭世骏:《三国志补注》,徐蜀选编《二十四史订补》,书目文献出版社1996年8月版,第5册第641页。

④ (梁)萧统编,(唐)李善注:《文选》,中华书局据胡克家刻本1977年11月缩小影印版,第46页。

⑤ 《后汉书》,第1000—1001页。

⑥ (宋)司马光编著,(元)胡三省音注,"标点资治通鉴小组"校点:《资治通鉴》,中华书局1956年6月版,第1904—1905页。

秦商鞅之法，'民有二男以上不分异者，倍其赋'，'分异'就是分家。"①
刘乐贤则认为："'离日'是一种根据每月反支日推算出来的日子，似乎
不宜理解为与某英雄人物之某一具体日子有关。至于有人径将'离日'
与《日书》中的'禹以取涂山女之日'视为一事②，则明显不对。我们
认为日者本有一套推算'离日'之法，后来为了使此法更能吸引观众，
就把它与当时最有名的传说人物大禹联系起来，称之为'禹之离日'。这
可以与《日书》'禹须臾'之得名同样看待。"③

饶宗颐最早考论睡虎地秦简《日书》的"禹符""禹步"《禹须
臾》"。他曾经指出："一向以为道教兴起以后才有之"的"禹步"，"今
观《日书》所记，渊源已肇于秦代"。"《法言·重黎》篇：'姒氏治水
土，而巫步多禹。'李轨注：'俗巫多效禹步。'可见巫俗效法禹步，由来
已久，出行到邦门，可施禹步，秦俗已然。"又说："《日书》且言'禹符
左行'，则施用符亦出于秦以前之巫术，不始于道教徒矣。"饶宗颐还写
道："按须臾义如立成。《后汉书·方术传》序：'其流有挺专（即筵
篿）、须臾、孤虚之术。'李贤注：'须臾，阴阳吉凶立成之法也。'《七
志》有《武王须臾》一卷，《隋书·经籍志》收《武王须臾》二卷。此
云《禹须臾》，当如《武王须臾》一类之书。"饶宗颐释"禹之离日也"
作"《禹》之离日也"，以为："《禹》必是禹之书。《汉志·杂家》有
《大爷》三十七篇，注传言禹作。④《日书》之《禹》，疑即出此。"⑤ 这
些意见，都对《日书》交通史料研究有所启示。

以交通为主题的巫术形式和数术论著借用"禹"的名字，应当有取
其宣传效用的动机。而作为"俗禁"内容的部分也以"禹"为标识，其
原因或许与《论衡·四讳》所谓"夫忌讳非一，必托之神怪，若设以死
亡，然后世人信用畏避"类同。"禹"在这里成为被借用的"神怪"，也
与这位传说中的治水英雄非同寻常的交通业绩有关。正如前引李学勤说，
"在传说里，禹是长期离家在外的典型，他娶涂山氏之女后，第四天便出

① 李学勤：《〈日书〉中的〈艮山图〉》，《简帛佚籍与学术史》，第 158 页。
② 王柱钧：《〈日书〉所见早期秦俗发微》，《文博》1988 年第 4 期。
③ 刘乐贤：《睡虎地秦简日书研究》，第 96 页。
④ 《汉书》卷三〇《艺文志》："《大爷》三十七篇。传言禹所作，其文似后世语。"颜师
古注："爷，古禹字。"第 1740 页。
⑤ 《饶宗颐二十世纪学术文集》卷三《简帛学》，第 269—270 页。

去治水，居外十三年，过家门不敢入"。他开发交通的实践，据司马迁的记述，即所谓："劳身焦思，居外十三年，过家门不敢入。""陆行乘车，水行乘船，泥行乘橇，山行乘檋。左准绳，右规矩，载四时，以开九州，通九道，陂九泽，度九山。""命后稷予众庶难得之食。食少，调有余相给，以均诸侯。禹乃行相地宜所有以贡，及山川之便利。"① 禹的辛苦行程，因成功得到敬仰，也因伤残获取同情。仿残疾体态行走即"病足""行跛"的所谓"禹步"，于是成为巫术仪礼内容的一部分。②

六　"禹"的早期交通开发业绩与 "柏翳""赞禹功"

《史记》卷一《五帝本纪》说："禹之功为大"，而其首要之功，就是"披九山"。③《史记》卷二《夏本纪》表彰"禹行"之功④，尤强调他开发山地交通的贡献："禹乃遂与益、后稷奉帝命，命诸侯百姓与人徒以傅土，行山表木，定高山大川。"他领导"治水"的实践，就包括所谓"山行乘檋，行山栞木"，"通九道"，"度九山"。司马迁在《史记》卷二《夏本纪》中还引述了《禹贡》关于禹治水时"道九山"的记载："道九山：汧及岐至于荆山，逾于河；壶口、雷首至于太岳；砥柱、析城至于王屋；太行、常山至于碣石，入于海；西倾、朱圉、鸟鼠至于太华；熊耳、外方、桐柏至于负尾；道嶓冢，至于荆山；内方至于大别；汶山之阳至衡

---

① 《史记》卷二《夏本纪》。其贡献据说亦包括交通工具的发明。关于"泥行乘橇"，裴骃《集解》引徐广曰："他书或作'蕝'。"又引孟康曰："橇形如箕，擿行泥上。"引如淳曰："橇音'茅蕝'之'蕝'。谓以板置泥上以通行路也。"张守节《正义》："按：橇形如船而短小，两头微起，人曲一脚，泥上擿进，用拾泥上之物。今杭州、温州海边有之也。"关于"山行乘檋"，裴骃《集解》引徐广曰："檋，一作'桥'，音丘遥反。"又引如淳曰"檋车，谓以铁如锥头，长半寸，施之履下，以上山不蹉跌也。"张守节《正义》："按：上山，前齿短，后齿长；下山，前齿长，后齿短也。檋音与是同也。"第51—52页。

② 《法言·重黎》："巫步多禹。"李轨解释说："禹治水土，涉山川，病足，故行跛也。""而俗巫多效禹步。"汪荣宝撰，陈仲夫点校：《法言义疏》，中华书局1987年3月版，第317页。所谓"病足，故行跛"，《帝王世纪》又写作"禹病偏枯，足不相过"。徐宗元辑：《帝王世纪辑存》，中华书局1964年6月版，第50页。而后来的巫人却有意模仿这种特殊的步式。

③ 《史记》，第43页。

④ 《北堂书钞》卷一五八引《王子年拾遗记》言禹"昼夜并行"。（唐）虞世南编撰：《北堂书钞》，中国书店据光绪十四年南海孔氏刊本1989年7月影印版，第684页。

山，过九江，至于敷浅原。"① 其行迹已经遍及上古时期所有重要交通线路。《史记》卷二《夏本纪》与《禹贡》个别文字略有不同，而"道九山"三字，是司马迁总结性的手笔。② 其意义于交通事业的开发而言，自然非常重要。

江绍原《中国古代旅行之研究：侧重其法术的和宗教的方面》运用文化人类学思想和方法对于中国古代旅行生活遭遇的精灵鬼魅以及相应的精神生活时代背景进行考察，使交通史的研究别开生面。他在讨论"行途遭逢的神奸（和毒恶生物）"时曾经指出："由种种证据，我们知道古中国人把无论远近的出行认为一桩不寻常的事；换句话说，古人极重视出行。"无论出行何所为，"总是离开自己较熟悉的地方而去之较不熟习或完全陌生的地方之谓。古人，原人，儿童，乃至禽兽，对于过分新奇过分不习见的事物和地方，每生恐惧之心"。在古人的观念中，"言语风尚族类异于我，故对我必怀有异心的人们而外，虫蛇虎豹，草木森林，深山幽谷，大河急流，暴风狂雨，烈日严霜，社坛丘墓，神鬼妖魔，亦莫不欺我远人，在僻静处，在黑暗时，伺隙而动，以捉弄我，恐吓我，伤害我，或致我于死地为莫上之乐"，"熟习的地方，非无危险——来自同人或敌人的，自然的或'超自然'的——然这宗危险，在或种程度内是已知的，可知的，能以应付的。陌生的地方却不同：那里不但是必有危险，这些危险而且是更不知，更不可知，更难预料，更难解除的"。"古代营远行或近行的人在沿路各种地方所遭逢或自以为不免遭逢的危险物中，山林川泽里的毒恶生物以及种种鬼神妖魔"，导致形成严重的心理压力。"这些危险，异于平日家居所也不免的危险；它们并没来寻我，乃是我自己去找他们，去尝试他们的网罗，去给它们一个加害于我的机会。既然如此，谓出行非一大事得乎？可无故而以身去尝试危险乎？苟因为实有重大的理由，迫切的需要，不得不去惊动它们和甘心去和它们一拼矣，周密的戒备，有效的应付，焉可无乎？"③ 面对这样的"危险"，"以身""尝试"和"甘心""一拼"的"重大的理由，迫切的需要"，必须尽力控制和压抑。

---

① 《史记》，第51、67页。

② 参看王子今《"度九山"：夏禹传说的农耕开发史解读》，《河南科技大学学报》（社会科学版）2003年第4期。

③ 江绍原：《中国古代旅行之研究：侧重其法术的和宗教的方面》，商务印书馆1935年9月版，第5—6页。

"周密的戒备",首先表现于最大可能地减少"它们""加害于我的机会"。限制交通行为的"俗禁"于是因此生成并逐渐严整完备。

在原始山林尚未遭遇人类大规模开发的时代,山地交通往往会有更多的艰险。据《抱朴子·登涉》记载,"不知入山法者,多遇祸害。故谚有之曰:'太华之下,白骨狼藉。'"又写道,"行旅不免灾异",除了"令人遭虎狼毒虫犯人",又有"或被疾病及伤刺,及惊怖不安;或见光影,或闻异声;或令大木不风而自摧折,岩石无故而自堕落,打击煞人;或令迷惑狂走,堕落坑谷"等情形。① 在这样的心理背景下,赖取巫术求得庇护和支持,是很自然的事情。应当看到,托名以因"行山""度九山""道九山"的交通实践而成为领袖人物的"禹"的巫术表演,可能正是在这样的文化条件下形成了社会影响。涉及"枳"的"俗禁"中所谓"禹之离日",或许应当在这样的认识基础上予以理解和说明。

秦人先祖有与"禹"关系非常密切者。《史记》卷一三〇《太史公自序》总结《秦本纪》的基本内容,首先说:"维秦之先,伯翳佐禹。"② 《史记》卷五《秦本纪》开篇即写道:"秦之先,帝颛顼之苗裔孙曰女修。女修织,玄鸟陨卵,女修吞之,生子大业。大业取少典之子,曰女华。女华生大费,与禹平水土。已成,帝锡玄圭。禹受曰:'非予能成,亦大费为辅。'帝舜曰:'咨尔费,赞禹功,其赐尔皂游。尔后嗣将大出。'乃妻之姚姓之玉女。大费拜受,佐舜调驯鸟兽,鸟兽多驯服,是为柏翳。舜赐姓嬴氏。"③ 从"伯翳""柏翳"即"伯益""赞禹功"得"舜赐姓嬴氏"的事迹理解秦人对"禹"高度尊崇的因由,或许是合理的思路。

---

① 王明著:《抱朴子内篇校释》(增订本),中华书局1985年3月版,第299页。
② 《史记》,第3302页。
③ 《史记》,第173页。

秦民间意识中的"小儿鬼"

秦汉社会"巫风"和"鬼道"的文化作用显著。① 秦文化多有迹象显现"巫""鬼"的神异影响。认识相关现象，方能够理解和说明秦人的社会意识和社会生活。秦民间意识中有所谓"小儿鬼"。相关礼俗，可以从侧面反映有关"小儿"的特殊的社会观念。有关未成年人在当时社会的特殊地位的认识，也可以因此得以深化。

指谓"儿"者，往往暗含有鄙嫌之意。汉代史例如《史记》卷一〇七《魏其武安侯列传》载灌夫骂临汝侯，言："今日长者为寿，乃效女儿呫嗫耳语。"裴骃《集解》："韦昭曰：'呫嗫，附耳小语声。'"司马贞《索隐》："'女儿'犹云'儿女'也。《汉书》作'女曹'，'儿曹'辈也。犹言儿女辈。"② 又如《说文·门部》："儿，善讼者也。"未成年人往往被称作"竖子"、"竖小"，其名谓也有贬义。③ "小儿鬼"迷信也透露出未成年人地位的低下。④ 又如《说文·虫部》："蜽，蜩蜽，山川之精物也。淮南王说⑤：蜩蜽状如三岁小儿，赤黑色，赤目，长耳，美发。从虫。网声。⑥

---

① 鲁迅《中国小说史略》第五篇写道："中国本信巫，秦汉以来，神仙之说盛行，汉末又大畅巫风，而鬼道愈炽；……"《鲁迅全集》第9卷，人民文学出版社1981年版，第43页。

② 《史记》，中华书局1959年9月版，第2849—2850页。

③ 王子今：《"竖子""竖小"称谓与秦汉未成年人地位》，《孙作云百年诞辰纪念文集》，河南大学出版社2014年6月版，第409—416页。

④ 参看王子今《秦汉民间意识中的"小儿鬼"》，《秦汉研究》第6辑，三秦出版社2012年8月版，第1—10页。

⑤ 段玉裁注："谓刘安。"

⑥ 段玉裁注："按'蜩蜽'，《周礼》作'方良'。《左传》作'罔两'。《孔子世家》作'罔阆'。俗作'魍魉'。"

《国语》曰。木石之怪夔、蝄蛃。"① 这种"状如三岁小儿"的"蝄蛃",也可以看作另外一种"小儿鬼"。

一 "魃,一曰'小儿鬼'"

《说文·鬼部》"鬼"条写道:"鬼,人所归为鬼。从人,象鬼头。鬼,阴气贼害,从厶。凡鬼之属皆从鬼。"② 有人解释说,鬼,"是先民虚幻出来的给生人带来灾难的害物","成为凶恶和灾难的代名词"。③《说文·鬼部》"魃"字条有这样的内容:

> 魃,鬼服也。一曰"小儿鬼"。从鬼,支声。《韩诗传》曰:"郑交甫逢二女魃服。"④

刘钊《说"魃"》作为较早较全面讨论相关问题的论文,涉及多方面的社会历史文化现象。⑤

对于"鬼服"的理解,段玉裁注:"《衣部》曰:'裞,鬼衣也。'《周礼》'大丧廞裘',注曰:'廞,兴也。若诗之兴。谓象似而作之。凡为神之偶衣物,必沽而小耳。'"⑥《周礼·天官冢宰·司裘》:"大丧廞裘饰皮车。"郑玄注即段玉裁注所引"注"文。贾公彦疏也许可以帮助我们更好地理解郑玄的意思:

> 玄谓"廞,兴也,若诗之兴,谓象似而作之"者,象似生时而作,但粗恶而小耳。云"凡为神之偶衣物,必沽而小耳"者,案《礼记·檀弓》孔子云"谓为俑者不仁",郑以'俑'为'偶'也。

---

① (汉)许慎撰,(清)段玉裁:《说文解字注》,上海古籍出版社1981年10月据经韵楼藏版影印版,第672页。

② (汉)许慎撰,(清)段玉裁:《说文解字注》,第434—435页。

③ 陈燕:《〈说文〉·汉民族鬼神文化》,《说文学研究》第1辑,崇文书局2004年1月版,第336—337页。

④ (汉)许慎撰,(清)段玉裁:《说文解字注》,第435—436页。

⑤ 刘钊:《说"魃"》,《书馨集——出土文献与古文字论丛》,上海古籍出版社2013年12月版,第342—346页。

⑥ (汉)许慎撰,(清)段玉裁:《说文解字注》,第435页。

故郑云"神之偶衣"谓作送死之衣，与生时衣服相似，又云物"沽而小"者，"沽"，粗也，谓其物沽略而又小，即"竹不成用，瓦不成味"是也。①

末句取《礼记·檀弓》引孔子说："孔子曰：之死而致死之，不仁而不可为也。之死而致生之，不知而不可为也。是故竹不成用，瓦不成味，木不成斲，琴瑟张而不平，竽笙备而不和，有钟磬而无簨虡。其曰明器，神明之也。"②

所谓"魅""一曰'小儿鬼'"亦与"鬼服"即随葬偶人所服"沽而小"的"偶衣"有关。

关于所谓"《韩诗传》曰：'郑交甫逢二女魅服'"，《太平御览》卷六二引《韩诗》曰："郑交甫过汉皋，二女妖服，佩两珠。交甫与之遇，言曰：'愿请子之佩。'二女解佩与交甫。而怀之去十数步，探之则亡矣。回顾二女，亦即亡矣。"③ 可知"魅服"者，相当于"妖服"。"妖服"语近"鬼服"，或有郑玄所谓"神之偶衣"意义。"妖"除怪异、艳丽诸解外，也有幼小的意思。《庄子·大宗师》："善妖善老，善始善终。"郭象注："此自均于百年之内，不善少而否老，未能体变化，齐死生也。"陆德明《经典释文》："'妖'，本又作夭。"④ 又《史记》卷四《周本纪》："逃于道，而见乡者后宫童妾所弃妖子出于路者，闻其夜啼，哀而收之。"裴骃《集解》引徐广曰："'妖'，一作'夭'。夭，幼少也。"⑤

我们还注意到，《说文·鬼部》"鬼"字条所谓"鬼，阴气贼害，从厶"，徐复、宋文民说："篆文又从厶者，乃后世之增益。"⑥ 董莲池说："许慎以'鬼阴气贼害，从厶'解之，系据讹体附会为说，不可信。"⑦

---

① （清）阮元校刻：《十三经注疏》，中华书局据原世界书局缩印本 1980 年 10 月影印版，第 684 页。

② （清）孙希旦撰，沈啸寰、王星贤点校：《礼记集解》，中华书局 1989 年 2 月版，第 216 页。

③ （宋）李昉等撰：《太平御览》，中华书局用上海涵芬楼影印宋本 1960 年 2 月复制重印版，第 297 页。

④ （清）郭庆藩辑，王孝鱼整理：《庄子集释》，中华书局 1961 年 7 月版，第 244、246 页。

⑤ 《史记》，第 147、148 页。

⑥ 徐复、宋文民：《说文五百四十部首正解》，江苏古籍出版社 2003 年 1 月版，第 283 页。

⑦ 董莲池：《说文部首形义新证》，作家出版社 2007 年 5 月版，第 252 页。

其实，“厶”即“私”，也有“小”的意义。《方言》卷二：“私、策、纤、葆、稚、杪，小也。自关而西，秦晋之郊，梁益之间，凡物小者谓之‘私’。”①

“小儿鬼”以及与“幼小”有关的“鬼服”“妖服”“神之偶衣”，都反映了秦汉时期民间观念中的一种特殊境界。

二 “魃”与“反支”禁忌

“魃”字“从鬼，支声”。“小儿鬼”与“支”的关系，值得我们注意。

秦汉时期，“反支”曾经是严格的禁忌。“避反支”的“俗禁”曾经有相当广泛的影响。② 睡虎地《日书》甲种有“反枳”题。题下写道：“子、丑朔，六日反枳；寅、卯朔，五日反枳；辰、巳朔，四日反枳；午、未朔，三日反；申、酉朔，二日反（一五三背）枳；戌、亥朔，一日反枳，复卒其日，子有复反枳。一月当有三反枳。……（一五四背）”③“反枳”，形成重要的禁忌。饶宗颐指出“反枳即反支”。以为“枳”与

---

① 华学诚汇证，王智群、谢荣娥、王彩琴协编：《扬雄方言校释汇证》，中华书局2006年9月版，第117页。

② 《汉书》卷九二《游侠传·陈遵》：“竦为贼兵所杀。”颜师古注引李奇曰：“竦知有贼当去，会反支日，不去，因为贼所杀。桓谭以为通人之蔽也。”中华书局1962年6月版，第3714页。《颜氏家训·杂艺》：“凡阴阳之术，与天地俱生。其吉凶德刑，不可不信。但去圣既远，世传术书，皆出流俗，言辞鄙浅，验少妄多。至如反支不行，竟以遇害；归忌寄宿，不免凶终。拘而多忌，亦无益也。”王利器解释“至如反支不行，竟以遇害”，引李奇“竦知有贼当去，会反支日，不去，因为贼所杀”语，谓“郑珍、李慈铭、龚道耕先生说同”。又写道：“《礼记·王制》：‘执左道以乱政。’郑玄注：‘谓诬蛊俗禁。’《正义》曰：‘俗禁者，若张竦反支、陈伯子者往亡归忌是也。’案：今临沂银雀山出土《汉元光元年历谱》，在日干支下间书‘反’字，即所谓反支日也。王符《潜夫论·爱日》篇亦言反支事。”《颜氏家训集解》，上海古籍出版社1980年7月版，第524页。今按：《十三经注疏》本作：“《礼记·王制》：‘析言破律，乱名改作，执左道以乱政，杀。’郑氏注：‘左道，若巫蛊及俗禁。’孔颖达疏：‘俗禁者，若前汉张竦行辟反支，《后汉书·郭躬传》有陈伯子者出辟往亡，入辟归忌是也。’”中华书局1980年10月版，第1344页。刘乐贤据张竦事迹说，“可见，反支日又有不可行走的禁忌”。《睡虎地秦简日书研究》，文津出版社1994年7月版，第307页。

③ 睡虎地秦墓竹简整理小组：《睡虎地秦墓竹简》，文物出版社1990年9月版，释文注释第227页。

"枝"通用，"枝即是支，故反枳即反支"。① "枳"又可以读为"胑"。《管子·侈靡》："然则贪动枳而得食矣。"张佩纶云："'枳'当作'胑'（胑即肢），《淮南子·修务训》'故自天子以下至于庶人，四胑不动，思虑不用，事治求澹者，未之闻也。'"郭沫若以为张说"释'枳'为'胑'是也"。② 于省吾《双剑誃诸子新证·管子二》："枳应读为胑，与肢同。《说文》：'胑，体四胑也。'……动胑谓劳动其胑体。"③ 可知"胑"就是"肢"。

　　中国传统医学"妇人""产法"有"反支"禁忌。隋巢元方撰《巢氏诸病源候总论》卷四三《妇人将产病诸候》"产法"条说"反支禁忌"："若犯触之，或横致诸病。故产时坐卧产处须顺四时五行之气。故谓之产法也。"④ 唐孙思邈《备急千金要方》卷三："妇人产乳忌反支。"⑤ 唐王焘《外台秘要方》卷三五关于"藏儿衣"法，也说到"若有遇反支者"的应对方式。⑥ 这些信息告诉我们，言"产法"之类而多涉及"反支"禁忌，很可能与难产恐惧有关。常见难产情形即如《左传·隐公元年》"庄公寤生，惊姜氏"事。⑦ "寤生"，如黄生《义府》卷上："'寤'

　　① 饶宗颐：《饶宗颐二十世纪学术文集》卷三《简帛学》，中国人民大学出版社 2009 年 8 月版，第 267—268 页。

　　② 郭沫若：《管子集校》（二），《郭沫若全集·历史编》第 6 卷，人民出版社 1984 年 10 月版，第 380—381 页。

　　③ 于省吾：《双剑誃诸子新证》，中华书局 2009 年 4 月版，第 109 页。"胑，与肢同"例证，又有《荀子·君道》："块然独坐而天下从之如一体，如四胑之从心。"（清）王先谦撰，沈啸寰、王星贤点校：《荀子集解》，第 239 页。《太平御览》卷三七五引《商子》曰："上世之士，衣不暖肤，食不满腹，苦其心意，劳其四胑。"（宋）李昉等撰：《太平御览》，第 1728 页。《潜夫论·本训》："畅于四胑，实于血脉。"（汉）王符著，（清）汪继培笺，彭铎校正：《潜夫论笺校正》，中华书局 1985 年 9 月版，第 369 页。《说郛》卷五下《孝经援神契》："人头圆像天，足方法地，五藏像五行，四胑法四时，九窍法九分，目法日月，肝仁，肺义，肾智，心礼，胆断，脾信，膀胱决难，发法星辰，节法日岁，肠法铃。"（明）陶宗仪等编：《说郛三种》，明刻一百二十卷本，上海古籍出版社 1988 年 10 月版，第 239 页。《太平御览》卷三六三引文则作"五脏象五形，四肢法四时"。（宋）李昉等撰：《太平御览》，第 1671 页。

　　④ （隋）巢元方撰：《巢氏诸病源候总论》，《景印文渊阁四库全书》，第 734 册第 855 页。

　　⑤ （唐）孙思邈著：《备急千金要方》卷二《妇人方上》，人民卫生出版社据江户医学影北宋本影印 1955 年 5 月版，第 30 页。

　　⑥ （唐）王焘撰，高文铸校注：《外台秘要方》，华夏出版社 1993 年 11 月版，第 705 页。

　　⑦ 《春秋左传集解》，上海人民出版社 1977 年 8 月版，第 5 页。

当与'牾'通；逆生，则产必难。"① 钱锺书指出，《困学纪闻》卷六引《风俗通》解"寤生"，全祖望注："寤生，牾生也；与黄暗合。莎士比亚历史剧中写一王子弑篡得登宝位，自言生时两足先出母体……，即'牾生'也"。② 《正字通·牛部》："牾，与忤、逜通。又与啎同。"③ 《汉书》卷九九上《王莽传上》："财饶势足，亡所牾意。"颜师古注："牾，逆也，无人能逆其意也。"④ "牾"字或作"啎"。《资治通鉴》卷四五"汉明帝永平十四年"："旧制大罪祸及九族，陛下大恩，裁止于身，天下幸甚。及其归舍，口虽不言而仰屋窃叹，莫不知其多冤，无敢啎陛下言者。"胡三省注："啎，五故翻，逆也。"⑤ "逆"因有倒、反，而有不顺从之义。如《释名·释言语》："逆，逜也。逜不从其理则生殿逜，不顺也。"⑥ "忤逆"，后来成为罪名。⑦ 但是汉代已经成为遭受社会谴责的行为，语义有所不同，"忤逆"的对象似乎较亲长更为崇高，如"忤逆天心"⑧，"忤逆阴阳"⑨ 等。

"反枳"即"反支"一语的原始意义，或许即说肢体"先出母体"的难产现象。难产的反义是顺产。"反支不行""俗禁"影响交通行为，或许是因为这种"牾""逆""必难"的情形，和交通生活期望顺畅的追求完全相反。

刘乐贤在讨论《日书》"反支"问题时写道："需要指出的是，汉元光元年历谱九月的'甲子'、'丙子'二日下标有一个'子'字。根据推算，这两天正好是反支日，这两个'子'字的含义很令人费解，它们是

---

① （清）黄生撰，（清）黄承吉合按，刘宗汉点校：《字诂义府合按》，中华书局1984年11月版，第120页。

② 钱锺书：《管锥编》，中华书局1979年8月版，第1册第167—168页。

③ （明）张自烈、（清）廖文英编，董琨整理：《正字通》，中国工人出版社1996年7月版，第652页。

④ 《汉书》，第4054页。

⑤ （宋）司马光编著，（元）胡三省音注，"标点资治通鉴小组"校点：《资治通鉴》，中华书局1956年6月版，第1456页。

⑥ 任继昉纂：《释名汇校》，齐鲁书社2006年11月版，第184页。

⑦ 《大清律例》卷四《名例律上·犯罪存留养亲》："一凡曾经忤逆犯案及素习匪类，为父母所摈逐者，虽遇亲老丁单，概不准留养。"故宫博物院编：《故宫珍本丛刊》，海南出版社2000年6月版，第331册第73页。

⑧ 《后汉书》卷二六《伏隆传》，中华书局1965年5月版，第898页。

⑨ 《后汉书》卷二九《郅寿传》，第1034页。

否是反支的另一种特殊表示法，现在尚难断定。"① 作为特殊标记的"子"字，可能确实"是反支的另一种特殊表示法"。如果将这里的"子"字联系"瘩生""牾生"等"生子"的情形思考，也许可以不再以为"很令人费解"。刘乐贤又指出，"《日书》'反支篇'中有一句重要的话，我们以前没有重视。反支篇原文讲完以各种地支为朔日的反支日后紧接着有'复卒其日，子有（又）复反枳（支）'一句。这句话是什么意思？""我们认为'复卒其日'，乃是再接着数完十二地支中剩下的那些日子。举例来说，假如朔日的地支是子，第六日巳日是反支日，然后再接着数完十二地支中巳日以后的日子，那样就轮到了下一个子日，所以简文接着说'子有（又）复反枳（支）'。"② 我们以为更值得深思的是，《日书》有关"反枳（支）"的文字中对于"子"的这种特别的重视。

《说文·鬼部》称作"小儿鬼"的"魅"，也许即以难产多发引起的恐惧为心理背景。人的生殖通道和交通道路有某种象征性的关联，还可以由西汉晚期的一则例证得到说明，即《汉书》卷九九上《王莽传上》记汉平帝元始五年（5）事："其秋，莽以皇后有子孙瑞，通子午道。子午道从杜陵直绝南山，径汉中。"颜师古注引张晏曰："时年十四，始有妇人之道也。子，水；午，火也。水以天一为牡，火以地二为牝，故火为水妃，今通子午以协之。"③

---

① 刘乐贤：《睡虎地秦简日书研究》，第 302 页。

② 刘乐贤：《睡虎地秦简日书研究》，第 303 页。

③ 《汉书》，第 4076 页。《资治通鉴》卷三六"汉平帝元始五年"胡三省注引张晏说之后，又写道："按：男八月生齿，八岁毁齿，二八十六阳道通，八八六十四阳道绝。女七月生齿，七岁毁齿，二七十四阴道通，七七四十九阴道绝。"亦暗示了交通地理与人体生理的对应。第 1155页。《太平寰宇记》卷二五《关西道一·雍州》"子午谷"条引《风土记》作："王莽以皇后未有子，通子午道，从杜陵直抵终南山。"（宋）乐史撰，王文楚等点校：《太平寰宇记》，中华书局 2007 年 11 月版，第 522 页。（宋）宋敏求《长安志》卷一二《县二·长安》：《括地志》曰：'《汉书》：王莽以皇后有子孙瑞，通子午道。盖以子午为阴阳之王气也。'《风土记》曰：'王莽以皇后有子，通子午道，从杜陵直抵终南。'"辛德勇、郎洁点校：《长安志·长安图》，三秦出版社 2013 年 12 月版，第 383 页。《太平御览》卷三八引《风土记》曰："王莽以皇后有子，通子午道，从杜陵直抵终南。"（宋）李昉等撰：《太平御览》，第 184 页。乾隆《陕西通志》卷一六《关梁一·西安府长安县》引《风土纪》也写作："王莽以皇后有子，通子午道，从杜陵直抵终南。"（清）刘于义等监修，（清）沈青崖等编纂：《陕西通志》，《景印文渊阁四库全书》，第 551 册第 803 页。同出《风土记》，而汉平帝王皇后"未有子"或"有子"，并成两说。子午道的开通或与皇后有妊的事实有关，或与皇后有妊的期望有关，都反映了"母体""产"的（接下页）

前说《说文·鬼部》"鬼"字条"鬼,阴气贼害,从厶","厶"即"私",有"小"的涵义。此外,"私"又有不正当性关系的意义,如《战国策·燕策一》:"臣邻家有远为吏者,其妻私人。其夫且归,其私之者忧之。其妻曰:'公勿忧也,吾已为药酒以待之矣。'"①"私"又有生殖器官的意义。如《说郛》卷一一一上题汉伶玄《赵飞燕外传》:"早有私病,不近妇人。"②所谓"从厶",或许亦暗示"小儿鬼"初生的通道。

三 "天鬼""鬼婴儿""哀乳之鬼"

《说文·鬼部》称作"小儿鬼"的"鬽",也许即以难产多发引起的恐惧为心理背景。刘钊讨论"鬽"时联系到睡虎地《日书》甲种《诘咎》篇所见"鬼婴儿""哀乳之鬼"等,以及其他典籍记载的"形象为小儿的鬼"③,给我们以有益的启示。

睡虎地秦简《日书》甲种《诘咎》题下可以看到这样的内容:

> 人毋故而鬼取为胶,是是哀鬼,毋家。(三四背壹)
> ……以棘椎桃秉以蒽其心,则不来。(三六背壹)

又如:

> 鬼婴儿恒为人号曰:"鼠我食。"是哀乳之鬼。(二九背叁)
> 其骨有在外者,以黄土溃之,则已矣。(三〇背叁)

（接上页）通路和交通道路在当时人的意识中的对应的神秘关系。（明）彭大翼《山堂肆考》卷二六《地理·谷》"子午"条引《长安志》:"王莽有意篡汉,通子午道。"似是体现了其他的象征性联想。同书卷二二九《补遗·地理》"子午道"条写道:"王莽以皇后有子孙瑞,通子午道从杜陵直绝南山,径汉中。注云:女年十四,始有妇人之道。子水午火也,水以天一为牡,火以地二为牝,故火为水妃。今通子午道以协之。又妇女有孕曰瑞。"亦取"有子""有孕"之说。《景印文渊阁四库全书》,第974册第426页,第978册第525页。王子今:《说"反枳":睡虎地秦简〈日书〉交通"俗禁"研究》,《简帛》第7辑,上海古籍出版社2012年10月版,第142页。

① （汉）刘向集录:《战国策》,上海古籍出版社1985年3月版,第1049页。
② （明）陶宗仪等编:《说郛三种》,明刻一百二十卷本,第5120页。
③ 刘钊:《说"鬽"》,《书馨集——出土文献与古文字论丛》,第342—346页。

还有如下简例:

人毋故而鬼有鼠,是夭鬼,以水沃之,则已矣。(三二背叁)①

对于这些"哀鬼""哀乳之鬼""夭鬼""鬼婴儿",研究者已经有所分析,大致均指向"早夭"的婴儿在鬼界中的身份。

"是是哀鬼,毋家。"整理小组释文:"是是哀鬼,毋(无)家。"连邵名说,"哀鬼、鬼婴儿。""哀鬼是早夭之人。《逸周书·谥法》云:'早孤短折曰哀,恭仁短折曰哀。'"又说:"'哀鬼'即殇鬼。"② 今按:《逸周书·谥法》又可见"短折不成曰殇","未家短折曰殇"。③

"鬼婴儿恒为人号曰:'鼠我食。'是哀乳之鬼。"整理小组释文:"鼠我食",为"予我食"。今按:《焦氏易林》卷一《小畜·萃》:"旦生夕死,名曰'婴鬼',不可得祀。"卷三《夬·临》:"旦生夕死,名曰'婴鬼',不可得祀。"④ 《类说》卷四五"鬼车"条写道:"鸺,又名鸧鶊,夜飞昼伏,能食人爪甲,以知吉凶。凶则鸣于其屋上。故人除甲爪,必藏之。又名'夜游女',好与婴鬼为祟。又名'鬼车鸟',能入人屋,收魂气。其首有十。为犬所噬,一首常下血滴人家则凶。故闻其声,则击犬使吠以厌之。"⑤ 其中所说到的"婴鬼",或与我们讨论的睡虎地秦简《日书》甲种中所见"鬼婴儿"有关。

"其骨有在外者,以黄土渍之,则已矣。"吴小强《集释》译文:"把野外裸露出来的小儿骨骸,用黄土洒上,婴儿鬼就会停止哭号了。"⑥ 今按:此处"渍"通"坟",其实未必可以理解为"洒"。《礼记·檀弓上》:"古也墓而不坟。"郑玄注:"土之高者曰'坟'。"⑦《说文·土部》:

① 睡虎地秦墓竹简整理小组:《睡虎地秦墓竹简》,释文注释第212、215页。

② 连劭名:《云梦秦简〈诘〉篇述考》,《考古学报》2002年第1期。

③ 黄怀信、张懋镕、田旭东撰,黄怀信修订,李学勤审定:《逸周书汇校集注》(修订本),上海古籍出版社2007年3月版,第678页。

④ "旦生夕死,名曰'婴鬼',不可得祀"句,又见于《焦氏易林》卷四《震·坤》《涣·大过》《未济·乾》。刘黎明著:《焦氏易林校注》,巴蜀书社2011年8月版,第195、736、859、976、1040页。

⑤ (宋)曾慥编:《类说》,《景印文渊阁四库全书》,第873册第786页。

⑥ 吴小强:《秦简日书集释》,岳麓书社2000年7月版,第143页。

⑦ (清)孙希旦撰,沈啸寰、王星贤点校:《礼记集解》,第168—169页。

"坟，墓也。"段玉裁注："此浑言之也。析言之，则'墓'为平处，'坟'为高处。"① 简文"以黄土渍之"，即以隆起的黄土掩盖。《日书》所谓"其骨有在外者"，体现出儿童墓葬往往草率简陋的情形。秦汉时期儿童葬式瓮棺葬"墓圹一般不规整"，很多"可以看作是当地居民对死亡儿童的一种'弃埋'"。辽阳三道壕遗址发现的瓮棺葬甚至有"在 2 平方米的范围内埋葬 7 座"的情形。② 这样的现象，可以与"鬼婴儿""哀乳之鬼"的相关信息对应起来理解。

"人毋故而鬼有鼠，是夭鬼，以水沃之，则已矣。"整理小组释文："人毋（无）故而鬼有鼠（予），是夭鬼。"今按：《释名·释丧制》："少壮而死曰夭，如取物中夭折也。"③《文选》卷一九束皙《补亡诗》李善注："年未三十而死曰'夭'。"④ 又"夭"或通于"祅""妖"。《释名·释天》："妖，祅也。祅害物也。"⑤《论衡·纪妖》："凡妖之发，或象人为鬼，或为人象鬼而使，其实一也。"关于秦时事，又写道："使者过华阴，人持璧遮道，委璧而去，妖鬼象人之形也。夫沉璧于江，欲求福也。今还璧，示不受物，福不可得也。璧者象前所沉之璧，其实非也。何以明之？以鬼象人而见，非实人也。人见鬼象生存之人，定问生存之人，不与己相见，妖气象类人也。妖气象人之形，则其所赍持之物，非真物矣。"⑥ 后人"妖鬼"连称之例，又有唐人于渍《巫山高》："何山无朝云，彼云亦悠扬。何山无暮雨，彼雨亦苍茫。宋玉恃才者，凭云构高唐。自重文赋名，荒淫归楚襄。峩峩十二峰，永作妖鬼乡。"⑦ 不过，以"少壮而死曰夭"理解"夭鬼"，可能是适宜的。所谓"朝生夕死"或"旦生夕死"，当然是最极端的"夭"。

"哀鬼""哀乳之鬼""夭鬼""鬼婴儿"，又被称作"殇鬼""婴鬼"。汉代江南地方流行产妇离家在庐舍中生产的风习。中原地方也残存

---

① （汉）许慎撰，（清）段玉裁注：《说文解字注》，第 693 页。

② 白云翔：《战国秦汉时期瓮棺葬研究》，《考古学报》2001 年第 3 期。

③ 任继昉纂：《释名汇校》，第 469 页。

④ （梁）萧统编，（唐）李善注：《文选》，中华书局据胡克家刻本 1977 年 11 月缩小影印版，第 273 页。

⑤ 任继昉纂：《释名汇校》，第 39 页。

⑥ 黄晖撰：《论衡校释》（附刘盼遂集解），中华书局 1990 年 2 月版，第 923—924 页。

⑦ （宋）郭茂倩编：《乐府诗集》卷一七，中华书局 1979 年 11 月版，第 242 页。

在"乳舍"及类似居所分娩的礼俗。① 卫生条件的不理想和发生疾病救助力量的不足，都可能导致婴儿夭死。这样的现象，在当时的社会观念中，可能很容易和"鬼"的意识联系起来。

所谓"以棘椎桃秉以蒉其心，则不来"，"以黄土渍之，则已矣"，"以水沃之，则已矣"，都提示了驱鬼、避鬼的方式，反映这些"殇鬼""婴鬼""哀鬼""哀乳之鬼""夭鬼""鬼婴儿"，即或许可以称作"小儿鬼"者对于社会人生的危害，使得人们颇厌弃之。

夭折儿童可能会成为"夭鬼""殇鬼""婴鬼""鬼婴儿"，以致危害其他生存的儿童甚至成人。这样的观念可能使得人们胸存戒心。秦汉时期儿童墓葬"大多无随葬品"，多采用以多件陶质容器作葬具"对合""套接"的封闭较严密的"瓮棺"，也可能与这样的心理有关。瓮棺葬的葬地有的在住居附近，有研究者认为"可以看作是当地居民对死亡儿童的一种'弃埋'"。这可能与对"夭鬼""殇鬼""婴鬼""鬼婴儿"的警惕有关。考古学者还提示我们注意，"宝坻秦城遗址东门外发现的42座汉代瓮棺葬集中分布在宽4—5米、东西长约30米的一条废弃的道路上，排列大致有序，显然是当时的一处瓮棺葬丛葬墓地"。② 葬于道路，有明显的厌胜意义。《汉书》卷六《武帝纪》："（天汉二年）秋，止禁巫祠道中者。"颜师古注："文颖曰：'始汉家于道中祠，排祸咎移之于行人百姓。以其不经，今止之也。'师古曰：'文说非也。秘祝移过，文帝久已除之。今此总禁百姓巫觋于道中祠祭者耳。'"③ 文帝除"秘祝移过"，应不涉及民间。看来文颖说的是有道理的。葬"道中"，很可能也有将"小儿鬼"带来的"祸咎移之于行人百姓"的意图。

四　"射魅"方术

更为积极地戒备和惩治"小儿鬼"的方式，亦见于秦汉历史文化遗存。

---

① 马新：《汉代民间禁忌与择日之术》，《民俗研究》1996年第1期；彭卫、杨振红：《中国风俗通史·秦汉卷》，上海文艺出版社2002年3月版，第352页；秦建明：《汉代的妇产院——乳舍》，《秦建明考古文选》，三秦出版社2008年12月版，第28—29页；宋杰：《汉代后妃"就馆"与"外舍产子"风俗》，《历史研究》2009年第6期；《汉代产育风俗探析》，《史学集刊》2010年第4期。

② 白云翔：《战国秦汉时期瓮棺葬研究》，《考古学报》2001年第3期。

③ 《汉书》，第203页。

刘乐贤注意到马王堆汉墓出土帛书《五十二病方》有关"魅"的内容:"魅:禹步三,取桃东枳(枝),中别为□□□之倡而笄门户上各一。"① 以为可为饶宗颐有关"反枳"即"反支"的论证"提供一个新证据"。② 所引录的内容,应是对付"魅"的一种数术方式。上古流行"鬼畏桃"的意识。③ 以"桃枝""笄门户上"是传统辟鬼方式。《艺文类聚》卷八六引《庄子》曰:"插桃枝于户,连灰其下,童子入而不畏,而鬼畏之。是鬼智不如童子也。"④ "童子"与"鬼"的比较,发人深思。明方以智《物理小识》卷一二《神鬼方术类》引《甄异录》曰:"鬼畏东南桃枝,故人取桃针以填宅。"⑤ 可据以解"取桃东枳(枝)"的涵义。

《汉书》卷三〇《艺文志》:"元帝时黄门令史游作《急就篇》。"⑥《急就篇》卷三:"射魅辟邪除群凶。"颜师古注:"'射魅'、'辟邪',皆神兽名也。'魅',小儿鬼也。'射魅',言能射去魅鬼。'辟邪',言能辟御妖邪也。谓以宝玉之类刻二兽之状,以佩带之用,除去凶灾而保卫其身也。一曰'射魅',谓天刚卯也。以金玉及桃木刻而为之。一名'毅改',其上有铭而旁穿孔,系以彩丝,用系臂焉。亦所以逐精魅也。"⑦ 所谓"射去""辟御""除""逐"这些"小儿鬼",有特殊的方术形式。其说编入汉代"小学"教材《急就篇》中⑧,可知当时是社会生活的基本常识。

---

① 马王堆汉墓帛书整理小组编:《五十二病方》,文物出版社1979年11月版,第126页。

② 刘乐贤:《睡虎地秦简日书研究》,第301页。

③ 《淮南子·诠言》:"羿死于桃棓。"高诱注:"棓,大杖,以桃木为之,以击杀羿。由是以来,鬼畏桃也。"何宁撰:《淮南子集释》,中华书局1998年10月版,第993页。

④ (唐)欧阳询撰,汪绍楹校:《艺文类聚》,上海古籍出版社1965年11月版,第1468页。

⑤ (明)方以智:《物理小识》,《国学基本丛书》,商务印书馆1937年3月版,第283页。

⑥ 《汉书》,第1721页。

⑦ 管振邦译注,宙浩审校:《颜注急就篇译释》,南京大学出版社2009年8月版,第160页。

⑧ 《汉书》卷三〇《艺文志》中,"小学十家,四十五篇",列有:"《急就》一篇。元帝时黄门令史游作。"汉代的初级教育"小学",其实可以和近代教育之"小学"相模拟。王国维说,"刘向父子作《七略》,'六艺'一百三家,于《易》、《书》、《诗》、《礼》、《乐》、《春秋》之后,附以《论语》、《孝经》、'小学'三目,'六艺'与此三者,皆汉时学校诵习之书。以后世之制明之:'小学'诸书者,汉小学之科目;《论语》、《孝经》者,汉中学之科目,而'六艺'则大学之科目也。"《汉魏博士考》,《王国维遗书》,上海古籍书店1983年9月版,第1册,《观堂集林》卷四第7页。

明彭大翼《山堂肆考》卷一五一《鬼怪》"鬼"条写道："《说文》：
天曰神，地曰祇，人曰鬼。鬼之为言归也，慧也。老鬼曰毕方，小鬼曰魅
蜮。"① 所谓"小鬼"和"老鬼"形成对应。另一种对应方式，是"小儿
鬼"与"老父神"。老者为尊的等级秩序，看来在鬼界也是与生界同样
的。《文选》卷三张衡《东京赋》："八灵为之震慑，况魅蜮与毕方。"薛
综注："魅，小儿鬼。毕方，老父神。如鸟两足一翼者，常衔火在人家作
怪灾也。"李善注："《楚辞》曰：'合五岳与八灵。'王逸曰：'八灵，八
方之神也。'《尔雅》曰：'震慑，惧也。'《汉旧仪》曰：'魅，鬼也。'
'魅'与'蜮'古字同。"吕延济注："震，惊也。魅蜮，一小鬼。毕方，
老鬼。言擒杀众鬼于四海之外，八方之神尚犹惊慑，况老小之鬼乎。言怖
惧之甚。"② 所说"卒岁大傩，殿除群厉"的仪式，"擒杀众鬼于四海之
外"，"小鬼"等有"怖惧之甚"的反应。

五　"小儿医"知识中的"小儿鬼"

前说刘乐贤提示"魅"见于《五十二病方》的情形，告知我们这种
"小儿鬼"恐惧，或许也与儿科病症有关。

隋代医家巢元方《巢氏诸病源候总论》卷四七《小儿杂病诸候三》
"被魅候"条有"魅病"的说法："小儿所以有魅病者，妇人怀娠，有恶
神导其腹中胎妒嫉，而制伏他小儿令病也。"又说，"魅之为疾，喜微微
下寒热，有去来，毫毛发挛鬖不悦，是其证也"。③ 又《小儿卫生总微论
方》卷一六"魅病论"条写道："小儿魅病，其论有二。一者圣惠云：小
儿生十余月已后，母又娠，因以乳儿，令儿生病。其候精神不爽，身体痿
瘁，骨立发落，名曰'魅病'，又曰'继病'，又曰'交奶'。二者巢氏
云：小儿在母胎妊之时，其母被恶神导其腹中胎气，至儿生下，往往尪
羸，微微下利，寒热往来，毛发焦竖，多嗔不悦。其候颇似于疳。今叙方
于后。"④ 所列医方为《虎骨丹治魅病》。元危亦林《世医得效方》卷一

---

① （明）彭大翼：《山堂肆考》，《景印文渊阁四库全书》，第 977 册第 96 页。
② （梁）萧统编，（唐）李善、吕延济、刘良、张铣、吕向、李周翰注：《六臣注文选》，
中华书局 1987 年 8 月版，第 77 页。
③ （隋）巢元方撰：《巢氏诸病源候总论》，《景印文渊阁四库全书》，第 734 册第 889 页。
④ 《小儿卫生总微论方》，上海卫生出版社 1958 年 8 月版，第 221 页。

二《小方科》也有"魃病"条："龙胆汤治孕妇被恶祟导其腹中，令儿病也。其证下利，寒热去来，毫毛鬟发不悦泽。及治妇人有儿未能行时复有孕，使儿饮此乳，亦作此病。"① 明朱橚《普济方》卷三五九《婴孩门》又有"魃乳腹急脏冷"之说。②

明王肯堂《证治准绳》卷九九《幼科》称小儿相关病症有"小儿中魃"和"被魃"等说法。③ 李时珍《本草纲目》卷一六《草之五》、卷二八《菜之二》、卷四八《禽之二》、卷五〇下《兽之一》均用"小儿魃病"。④ 大致人们长期把儿科诸疑难病症的病因都简单地归结于"魃"。

《本草纲目》卷四八《禽之二》可见"小儿魃病惊风"。又《普济方》卷三七八《婴孩一切痫门·惊痫》有"治小儿惊痫方"和"治小儿鬼惊痫方"。⑤ 小儿癫痫作为常见病症⑥，病儿发病时的表象使人容易联想到"小儿鬼"的危害。又如同书卷四〇〇《婴儿杂证门·杂病》"疗小儿

---

① （元）危亦林编著：《世医得效方》，上海科学技术出版社 1964 年 9 月版，第 604 页。《普济方》卷三六一《婴孩初生门·胎寒》关于"龙胆汤"有这样的文字："龙胆汤，治小儿初生血脉盛实，寒热温壮，四肢惊掣发热大吐，呃者若能进哺，饮食不消，壮热及变蒸不解，中客人魃气并诸惊痫悉瘵。"所谓"中客人魃气"，当是说受外界感染。《景印文渊阁四库全书》，第 759 册第 127 页。

② （明）朱橚：《普济方》，《景印文渊阁四库全书》，第 759 册第 62 页。

③ （明）王肯堂：《证治准绳》，《景印文渊阁四库全书》，第 770 册第 829 页。

④ 陈贵廷主编：《本草纲目通释》，学苑出版社 1992 年 12 月版，第 913、1404、2066、2122 页。

⑤ （明）朱橚：《普济方》，《景印文渊阁四库全书》，第 759 册第 647 页。

⑥ 有学者指出，"在幼科医学行世期间（大约当宋至清代，或十一至十九世纪之间），依医者之见，曾有数种主要的'疾病'困扰中国的幼龄人口，似乎是不少人的公论，而且众人对这些儿童健康上的'黑名单'——不论是四或六项重症——似乎也有些共同的指认"。研究者认为列为第一的，就是"惊风"。"'惊风'一疾，在整个中国疾病'病谱'及健康文化中，是很重要的一环，至今未衰。"熊秉真：《安恙：近世中国儿童的疾病与健康》，联经出版事业公司 1999 年 4 月版，第 1、7—8 页。古罗马时代的医学知识也告诉我们，"癫痫是一种令人生畏的疾病"。人们习惯以巫术方式医治癫痫。"用金环穿过山羊的脑髓，再进行蒸馏，或者用驴的肝脏加人参——人参能治百病——具有神奇疗效。这两种药物对于治疗癫痫，都能药到病除。"在当时人的生活经验中，"大自然中生长着野芹菜，这种菜能导致儿童的癫痫病；但同时也生长着治疗癫痫病的茴香菜"。普林尼：《自然史》，XXⅧ，258；XX，114，191。转引自［法］让－皮埃尔·内罗杜《古罗马的儿童》，张鸿、向征译，广西师范大学出版社 2005 年 8 月版，第 57—58 页。

鬼舐方"，卷四○六《婴孩诸疮肿毒门·五色丹毒》"治小儿鬼火丹"
等①，也都提供了值得重视的信息。

《证治准绳》卷九九《幼科·肝脏门·寒热往来》引《婴童宝鉴》：
"《小儿鬼持歌》云：'小儿气弱命中衰，魂魄多应被鬼持。其候痿黄多哭
地，不须用药可求师。'《鬼气歌》云：'鬼气皮肤里，相传脏腑间。肿虚
如水病，瘰疬似惊痫。热发浑身涩，心挛痛所攒。小儿还有此，服药急须
看。'"② 所谓"小儿气弱命中衰"，导致"魂魄""被鬼持"，或说"鬼
气""相传"，是古来对许多儿科疾病的传统解释。其早期根由，可以通
过秦汉时期的"小儿鬼"意识得以认识。小儿患病，或主张"服药急须
看"，或主张"不须用药可求师"，后者单纯依赖数术方式以求解救者，
可能使得许多病儿夭亡。考古学者指出，秦汉瓮棺葬"大部分是密集成
群"。如"辽阳三道壕的 348 座瓮棺葬，集中分布"的现象③，或许就可
以看作当时成为"夭鬼""殇鬼""婴鬼""鬼婴儿"者颇为众多的情形
的反映。

说到这里，应当强调秦医学知识中的"小儿医"内容。

《史记》卷一○五《扁鹊仓公列传》记载了东方名医扁鹊曾经适应社
会需要，对"小儿医"的进步有所贡献的事迹：

> 扁鹊名闻天下。过邯郸，闻贵妇人，即为带下医；过雒阳，闻周
> 人爱老人，即为耳目痹医；来入咸阳，闻秦人爱小儿，即为小儿医：
> 随俗为变。④

扁鹊据说"闻秦人爱小儿，即为小儿医"，名医的参与，自然会使医学的
这一门类取得比较大的进步。⑤

---

① （明）朱橚：《普济方》，《景印文渊阁四库全书》，第 760 册第 543、724 页。

② （明）王肯堂：《证治准绳》，《景印文渊阁四库全书》，第 770 册第 838 页。

③ 白云翔：《战国秦汉时期瓮棺葬研究》，《考古学报》2001 年第 3 期。

④ 《史记》，第 2794 页。《太平御览》卷七二一引《史记》："入咸阳，闻秦人爱小儿，即
为小儿医，隋俗改变，无所滞碍。"第 3195 页。（宋）李壁汪《王荆公诗注》卷一七《寄曾子
固》注引《扁鹊传》："入咸阳，秦人爱小儿，即为小儿医，随俗改变，无所滞碍。"（宋）王安
石著，李之亮校点补笺：《王荆公诗注补笺》，巴蜀书社 2000 年 12 月版，第 322 页。

⑤ 王子今：《秦汉"小儿医"略议》，《西北大学学报》（哲学社会科学版）2007 年第 4 期。

秦史记忆中的"盐神"

　　盐，对于社会生活有特别重要的意义。《管子·海王》说："十口之家，十人食盐。百口之家，百人食盐。"① 王莽曾经在颁布经济政策的诏书中也强调："夫盐，食肴之将。"② 或说："夫盐，国之大宝也。"③ 国计民生的需要，促成了盐业生产的发展。秦史文献始见体现盐产争夺与"盐神"崇拜的信息。当时信仰世界中的"盐神"及相关社会意识的反映，可以看作关于盐业史进程的特殊的文化遗存。

　　所谓"盐水""神女"即"盐神"传说发生于"盐阳""盐水""巴氏"所在地方，正与我们有关盐业区域开发史以及盐产运输史的知识大体一致。这里是秦人较早控制的地方。可以说，"盐神"在当时信仰世界中特殊形象的出现，与盐产与盐运的进步相关。"盐神"崇拜后世的发展，呈现纷杂多样的形态。秦史记忆中"盐神"特殊的形象，体现出初始性、朴素性、非经典性的特点，然而成为后世多种形态的"盐神"崇拜的滥觞。从盐业史、神话史、意识史的视角考察，都有积极的学术意义。

---

　　① 黎翔凤撰，梁运华整理：《管子校注》，中华书局 2004 年 6 月版，第 1246 页。又《管子·地数》："十口之家，十人咶盐。百口之家，百人咶盐。"张佩纶云："'咶'，'舐'俗字，当作'䑛'。《说文》'䑛，美也'，《周礼·盐人》'饴盐'，注'饴盐，盐之恬者'，是其证。"黎翔凤撰，梁运华整理：《管子校注》，第 1364—1365 页。《太平御览》卷八六五引《管子》："十口之家十人舐盐，百口之家百人舐盐。"（宋）李昉等撰：《太平御览》，中华书局用上海涵芬楼影印宋本 1960 年 2 月复制重印版，第 3839 页。吴曾《能改斋漫录》卷五《辨误》"以言餂之"条写道："《管子·地数》篇：管子曰：'十口之家，十人咶盐。百口之家，百人咶盐。'此'咶'字与'餂'字虽异，其义则一。何者？均以口舌取物而已。"（宋）吴曾：《能改斋漫录》，上海古籍出版社 1960 年 11 月版，第 99—100 页。

　　② 颜师古注："将，大也，一说为食肴之将帅。"《汉书》卷二四下《食货志下》，中华书局 1962 年 6 月版，第 1183 页。

　　③ 《三国志》卷二一《卫觊传》，中华书局 1959 年 12 月版，第 610 页。

一　西汉水"盐官"与秦人早期活动

在秦文化崛起的最初的根据地，曾经有占据盐业生产优势地位的条件。《水经注》卷二〇《漾水》可见相关记述：

> ……西汉水又西南径始昌峡。《晋书·地道记》曰："天水，始昌县故城西也，亦曰清崖峡。"西汉水又西南径宕备戍南，左则宕备水自东南、西北注之。右则盐官水南入焉。水北有盐官，在嶓冢西五十许里。相承营煮不辍，味与海盐同。故《地理志》云"西县有盐官"① 是也。其水东南径宕备戍西，东南入汉水。②

"西汉水"上游正是秦人早期活动区域。《汉书》卷二八下《地理志下》"陇西郡""有……盐官"的记载③，是较早比较明确的对于这一地方盐产资源的记录。"相承营煮不辍，味与海盐同"，言开发已久，而盐产品质优异。

《水经注》所谓"西汉水……右则盐官水南入焉"以及"水北有盐官"，明说水因"盐官"得名。

"盐官水"以"盐官"命名，不会没有缘由。联想到天水地方早期秦人活动遗迹可见水运开发的明确证据④，可以推知此处盐业开发"相承营煮不辍"的产品，有通过"盐官水""西汉水"向其他地方转输的可能。

"盐官水"又见于后世地理书。《太平寰宇记》卷一五〇《陇右道一·秦州》写道："南砑、北砑二砑万有余家。诸葛亮《表》言：'祁山县去沮五百里，有人万户，瞻其丘墟，信为殷矣。'即谓此。《周地图

---

① 《汉书》卷二八下《地理志下》："陇西郡，秦置。莽曰厌戎。户五万三千九百六十四，口二十三万六千八百二十四。有铁官、盐官。"第1610页。

② （北魏）郦道元著，陈桥驿校证：《水经注校证》，中华书局2007年7月版，第479页。

③ 《汉书》，第1610页。

④ 王子今、李斯：《放马滩秦地图林业交通史料研究》，《中国历史地理论丛》2013年第2期，收入雍际春、字鹏旭编《天水放马滩木板地图研究论集》，中国社会科学出版社2019年1月版，第479—490页。

记》：'其城汉时所筑也。'盐官水在县北一里，自天水县界流来。"①

《元和郡县图志》卷二二《成州·长道县》写道："西汉水东北自秦州上邽县界流入。"随后说到"盐井"：

> 盐井，在县东三十里。水与岸齐，盐极甘美，食之破气。②

所谓"盐极甘美，食之破气"，称美"盐井"出产的品质。"破气"，谓解除瘴疠之气。《太平御览》卷九六六引《岭表录异》曰："山橘子大者，冬熟，如土瓜。次者如弹丸。其实金色而叶绿，皮薄而味酸，偏能破气。客广之人带枝叶藏之。入脍醋，尤加香美。"③ 所谓秦州上邽"盐井"产盐"食之破气"，强调其特殊的养生效能。

清代学者储大文《存研楼文集》卷七《杂著》篇首即"三谷"条，言"秦入蜀汉道，古纪'三谷'"。其中说到"盐官水"川道的交通地位："宋郭思《祁山神庙记》又以县西北四十里屏风峡为正祁山，而宝泉山在北二十里，上有湫池。汉水在县旧长道县南，源亦出嶓冢，与西汉水合，入白水。武侯军垒比比在其间。夫西汉水者，今盐官水也，在县东北九十里。繇秦州天水界流入汉，白水江在北二里。繇西东流经阶州，会嘉陵江。军垒在汉水西汉水白水之间，是趋天水道也。"④ 所谓"夫西汉水者，今盐官水也"的意见值得注意。言"祁山神庙"说到"盐官水"，见解透露了与"盐"有关的信仰史信息。

"盐官水"很可能与盐运通道有关。而所谓"武侯军垒比比在其间"，说明诸葛亮六出祁山，可能有与曹魏军争夺盐产资源与盐运路线的战略意图。其实，早在1000多年之前，后人称作"盐官"和"盐官水"的盐产优势，很可能已经为秦人先祖所关注。他们就近控制了这一具有战略意义的地方，除满足人畜用盐需求外，可以面对周边占据显著的优势地位，得以逐步发展，迅速扩张。

关于秦人在甘肃礼县附近之早期遗存的区域文化意义，西北大学文化

① （宋）乐史撰，王文楚等点校：《太平寰宇记》，中华书局2007年11月版，第2903页。
② （唐）李吉甫撰，贺次君点校：《元和郡县图志》，中华书局1983年6月版，第573页。
③ （宋）李昉等撰：《太平御览》，第4287页。
④ （清）储大文：《存研楼文集》，《景印文渊阁四库全书》，第1327册第98、109页。

遗产学院王建新教授在与笔者的一次交谈中，曾提出秦在这里取得生存和发展的优越条件，当与附近的盐业资源有关的判断。此说信是。后来有学者发表了相关论说。如有的学者在进行秦早期历史的探索时已经注意到"盐业资源"的利用与控制这一重要因素。陶兴华《秦早期文明追迹》中即指出，"甘肃陇南礼县一带地处西汉水流域，这里山间谷地开阔，自然条件优越，并且有较为丰富的盐业资源，非常适宜于进行大规模的马匹养殖"。① 赵琪伟在就"陇上的盐官盐井"的讨论中也写道："广开卤池是秦人在此牧马成名不可或缺的因素，煮水成盐也是秦人在此'安营扎寨'最终东图关中一统六国的重要战略物资。"② 相信今后的考古工作，可以提供能够说明这一情形的可靠证据。对于秦人早期活动与盐产及盐运的关系，通过进一步的考察，或可获得更真切更具体的认识。

考古学者对礼县秦早期遗址的调查收获丰富。其中对盐官镇附近遗址的考古调查值得重视。《西汉水上游考古调查报告》介绍了 98 处遗址，而盐官镇相关遗址有多达 13 处，竟然占总数的 13.27%。报告执笔者写道：

> 据说当地在汉代以前还生产池盐，唐代以后才转为生产井盐，而唐代这里产盐的盛况可见于杜甫的相关诗篇。

在就遗址地理分布与交通形势进行分析时，《西汉水上游考古调查报告》的执笔者还关注了盐运与秦文化发展的关系：

> 沿红河、上寺河溯流而上可至天水，进入渭河河谷；顺流而下可到盐官镇。这是一条历史悠久的古道，秦人迁徙亦有可能循此路径。③

有关"盐官镇""古道""可能"是"秦人迁徙""路径"的判断，是交

---

① 陶兴华：《秦早期文明追迹》，甘肃教育出版社 2016 年 10 月版，第 81 页。

② 赵琪伟：《闻名陇上的盐官盐井》，《甘肃日报》2018 年 11 月 21 日第 12 版。

③ 甘肃省文物考古研究所、中国国家博物馆、北京大学考古文博学院、陕西省考古研究院、西北大学文博学院：《西汉水上游考古调查报告》，文物出版社 2008 年 1 月版，第 32、291 页。

通史研究的新认识，也是盐业史研究的新认识。

关于杜诗反映"唐代这里产盐的盛况"的作品，应即杜甫《盐井》诗："卤中草木白，青者官盐烟。官作既有程，煮盐烟在川。汲井岁榾榾，出车日连连。自公斗三百，转致斛三千。君子慎止足，小人苦喧阗。我何良叹嗟，物理固自然。"①

二 巴郡盐水神女

正史有关"盐神"记录，可见《后汉书》卷八六《南蛮传·巴郡南郡蛮》所记载有关"盐水""神女"的情节生动的神异传说：

> 巴郡南郡蛮，本有五姓：巴氏，樊氏，瞫氏，相氏，郑氏。皆出于武落钟离山。其山有赤黑二穴，巴氏之子生于赤穴，四姓之子皆生黑穴。未有君长，俱事鬼神，乃共掷剑于石穴，约能中者，奉以为君。巴氏子务相乃独中之，众皆叹。又令各乘土船，约能浮者，当以为君。余姓悉沈，唯务相独浮。因共立之，是为廪君。乃乘土船，从夷水至盐阳。盐水有神女，谓廪君曰："此地广大，鱼盐所出，愿留共居。"廪君不许。盐神暮辄来取宿，旦即化为虫，与诸虫群飞，掩蔽日光，天地晦冥。积十余日，廪君伺其便，因射杀之，天乃开明。廪君于是君乎夷城，四姓皆臣之。廪君死，魂魄世为白虎。巴氏以虎饮人血，遂以人祠焉。

所谓"盐水""盐神"故事发生在"盐阳"。李贤注引《荆州图副》、盛弘之《荆州记》、《水经》及《水经注》，对相关背景与情节有所补说：

> 《荆州图副》曰："夷陵县西有温泉。古老相传，此泉元出盐，于今水有盐气。县西一独山有石穴，有二大石并立穴中，相去可一丈，俗名为阴阳石。阴石常湿，阳石常燥。"盛弘之《荆州记》曰："昔廪君浮夷水，射盐神于阳石之上。案今施州清江县水一名盐水，

源出清江县西都亭山。"《水经》云："夷水别出巴郡鱼复县。"注云："水色清,照十丈,分沙石。蜀人见澄清,因名清江也。"①

《后汉书》前称"盐水有神女",后称"盐神"。李贤注引盛弘之《荆州记》则直称"盐神"。《后汉书》"廪君"故事,应是较早的关于"盐神"的文献记录。

所谓"即化为虫,与诸虫群飞,掩蔽日光,天地晦冥",或许是对"盐水""温泉""水有盐气",即导致"阴石常湿"情形的近水雾气的神话描述。当然,进行其他解说的可能性也是存在的。《太平御览》卷九四四引《世本》:"廪君乘土船至盐场。盐水神女子止廪君。廪君不听。盐神为飞虫,诸神从而飞,蔽日为之晦。廪君不知东西,所当七日七夜。使人以青缕遗盐神,曰:缨此,与尔俱生。盐神受缕而缨之。廪君应青缕所射,盐神死,天则大开。"② 其"盐神为飞虫,诸神从而飞,蔽日为之晦"等文字,记录了"诸神"起飞"蔽日"的异常景象。"群神"模糊表现了神异群体的出现。而所谓"至盐场"及"诸神从而飞"等情节,也都是前引《后汉书》所没有的显现的。

三 "巫盐""神女"传说

有学者认为,巫山神女传说,与"巫盐"有关。

任乃强《说盐》写道:"川鄂接界的巫溪河流域,是与湖北神农架极其相似的一个山险水恶,农牧都有困难的贫瘠地区。只缘大宁的宝源山,有两眼盐泉涌出咸水来,经原始社会的猎人发现了。(相传是追神鹿至此。鹿舐土不去,被杀。因而发觉其水能晒盐。)进入煮盐运销之后,这个偏僻荒凉的山区,曾经发展成为长江中上游的文化中心(巴楚文化的核心)。即《山海经》说的'载民之国',又叫'巫载',又叫'巫山'。(今人称巴峡南北岸山为'巫山十二峰',以北岸神女峰为主峰。乃是唐宋人因宋玉《高唐》、《神女》两赋傅会成的。其实宋玉所赋的'神女'是指的巫盐。巫溪沿岸诸山,才是巫山。)《大荒南经》说:'有载民之

---

① 《后汉书》,中华书局1965年5月版,第2840页。
② (宋)李昉等撰:《太平御览》,第4192页。

国，为人黄色。帝舜生无淫，降裁处。是谓巫裁。巫裁民盼姓，食谷。不绩不经，服也。不稼不穑，食也。（郭璞注：'谓自然有布帛、谷物。'）爰有歌舞之鸟。鸾鸟自歌，凤鸟自舞。爰有百兽，相群爰处。百谷所聚。'此书描写极乐世界，都用鸾凤自歌舞来形容，如'丹穴之山'、'轩辕之国'与'嬴民封豕'皆然。此言裁民不耕不织，衣食之资自然丰足，岂非因为他拥有食盐，各地农牧人，都应其所需求，运其土产前来兑盐，遂成'百谷所聚'之富国乎?"①

其实，萧兵在楚辞研究的论著中已经说到"盐水神女"与"巫山神女"的神秘一致性。论者指出，"自荐"体现的"人神婚姻故事里包含着性的献祭和牺牲"，"在最初的传说里，这种神女的栓会原型却是献身的圣处女无疑。""巫山神女的'云雨高唐'实际上以'遗迹'的形态反映了妇女从群婚到对偶婚时代的'赎身'行为（应该注意到，传说反映的史实比传说风行的时代，尤其比传说的记载和描述古老得多）"。萧兵对相类同的传说的评论中说到了"盐水神女"："《九歌·河伯》并非表现河伯娶妇，而是描述河伯跟他的'妻子'洛嫔从'河源'昆仑直奔东海的嬉游。②'子交手兮东行，送美人兮南浦。'这美人就是洛水女神宓妃。她应与巫山神女、涂山氏、盐水女神、湘江女神、汉水女神等等一样以山川之神兼着高禖女神。"③ 我们看到，"盐水女神""愿留共居"，"暮辄来取宿"的表现，确实与"巫山神女""愿荐枕席"，"王因幸之"④，即萧兵所谓"巫山神女的主动献身"⑤，颇为相近。

任乃强在关于"巴盐"的论说中，甚至判定了与"盐"有关的宋玉"《高唐》、《神女》两赋"创作的具体年代。他认为，秦楚战争所激烈争夺的战略目标，包括巴盐产地："秦灭巴蜀时，楚国亦已夺取巴国东部地

① （晋）常璩著，任乃强校注：《华阳国志校补图注》附，上海古籍出版社 1987 年 10 月版，第 53 页。

② 萧兵：《九河之神及其妻洛嫔——〈楚辞·九歌·河伯〉新解》，《郑州大学学报》（社会科学版）1980 年第 2 期。

③ 萧兵：《楚辞的文化破译——一个微宏观互渗的研究》（"中国文化的人类学破译"之一），湖北人民出版社 1991 年 11 月版，第 329—330 页。

④ 《文选》卷一九宋玉《高唐赋》，（梁）萧统编，（唐）李善注《文选》，中华书局据胡克家刻本 1977 年 11 月缩小影印版，第 265 页。

⑤ 萧兵：《楚辞的文化破译——一个微宏观互渗的研究》（"中国文化的人类学破译"之一），第 330 页。原注："参见拙作《夔枭阳·野人·巫山神女——楚辞·九歌·山鬼新解》。"

盘至枳（今涪陵县）。几于完全占领了巴东南骈褶地区的所有盐泉。在秦楚对立之下，楚人扼制向秦地行盐。仅才这样对立了八年（公元前三一六至三〇八，秦国的巴、蜀、汉中三郡人民克服不了缺乏食盐的痛苦，迫使秦不得不大举十万远征军浮船伐楚。直到夺得安宁盐泉与郁山盐泉，建立黔中郡＜《六国表》与《楚世家》有明文＞）后，初步解决了盐荒问题，才得安静二十余年。但在二十余年中，楚国又因大江水运之便从枳夺去了郁山盐泉，使秦人再感盐荒的压力、于是秦国开展了再一次争夺巴东盐泉的大举。从公元前二七九年（秦昭王三十六年，楚顷襄王二十年）[1]，一面命白起绕由东方的韩国地界，突袭楚的国都，拔鄢郢，烧夷陵，截断楚国援救巫黔中的道路。一面助蜀守张若再次大发兵，浮江取楚巫黔中。这次两路大举相配合，克以全部占有巴东盐泉地区（《楚世家》与《六国表》亦有明文）。反使楚国断了食盐来源。于是顷襄王率其众奔陈，去仰给淮海食盐。是故苏代说，'楚得枳而国亡'（在《燕策》），谓枳为巴东盐泉枢纽之地，当秦人所必争，争之不得，则不能不出于灭楚也。"任乃强又写道："秦国这次先灭楚社稷，以其地为南郡。大概因为巫黔中的楚人拚死抵抗，第二年（楚顷襄王二十二年）张若才取得了枳与巫山，再一次复立黔中郡。但是，楚人不能甘心丧失了巫黔盐源，促成了上下一心的新团结，如大盗庄蹻，也率其众拥楚仇秦。只不过一年时间，顷襄王二十三年，因'秦江旁人民反秦'（《六国表》），'乃收东地兵，得十余万，复取秦所拔我江旁十五邑以为郡，距秦。'（楚世家）这说明，顷襄王亡失鄢、郢、巫、黔只一年，又复国于郢，仍自据有巴东盐泉。起码也复占有巫山盐泉，建立巫郡，楚人不再闹盐荒了。宋玉的《高唐》、《神女》两赋，便作于此时。那是歌颂巫盐入楚的诗赋。把食盐比为神女，犹廪君故事（在《后汉书》）说的'盐水女神'是一样，并非真有一个神女来自荐枕席（另有分析文字从略）。大约在考烈王之世，楚仍失去了巫黔中，迫于东徙巨阳（考烈王十二年），秦乃第三次占有巫黔中，仍为黔中郡，并为秦始皇三十六郡之一。"[2] 秦对于"巫盐"生产资源所在的控制，有的学者有这样的表述，"秦灭巴后，与楚人展开了对盐的争夺，并很快

---

① 今按：公元前 279 年为秦昭王二十八年。

② （晋）常璩著，任乃强校注：《华阳国志校补图注》附，第 54 页。

控制了三峡地区的盐，三峡之盐便成为秦统一六国的重要资源"。①

所谓"盐水女神"与"《高唐》、《神女》"一样是"把食盐比为神女"的说法，对于盐史及与盐相关的社会文化的认识，是有积极意义的见解。

四 "巴盐"神话

任乃强曾经在回顾夏商史的时候说到"盐"的作用，特别关注"巴盐"。他说到《山海经》所见盐史信息，又写道："其《大荒西经》还说：成汤伐夏桀，斩其卫士耕。'耕既立，无首。走厥咎，乃降于巫山。'文把他叫作'夏耕之尸'。分析这章神话所表达的史事。应是夏桀这个大奴隶主，纠集为他耕种的奴隶群，抵抗成汤。这批奴隶的首领，被成汤杀了。奴隶们逃到巫山，投效于载国。所以说他无首，而称为'夏耕之尸'。等于说：夏桀的耕种奴隶们早已知道巫载这个地方也产盐，不只解池才有。还可能他们原是耕的三苗地区的土地。每当解盐接济不到，也兑过巫载的盐。所以当夏桀命令他们抵御成汤，兵败国亡之后，他们便直跑来投附巫载了。"任乃强接着写道："同篇还说：'大荒之中，有山名曰丰沮玉门。日月所入。有灵山，巫咸、巫即、巫盼、巫彭、巫姑、巫真、巫礼、巫抵、巫谢、巫罗，十巫从此升降。百药咸在。'丰沮，显然指的盐泉。玉巫两字，篆书常易相混。玉门有可能原是指的巫山河峡。灵山，也可能就是巫山字变。由于盐泉之利，聚人既多，农牧发展不利，猎业大兴，山中百药也被发现了。所以方士（巫）来采药者亦多。巫咸之名，见于《尚书》，为殷商宰相。巫彭即世传为殷太史的彭祖。'咸彭'联称，又屡见于《楚辞》，都可证是实有其人。这可说明：整个殷代，这里仍是一个独立而文化很高的小国。巫盼的盼，郭璞注：'音颁。'颁与巴音近，可能就是巴族的一个祖先。巴族，原是定居于洞庭彭蠡间，巴丘、巴水部位的渔业民，称为'巴诞'（《后汉书》注）。大概是因为有穷后羿所灭。一部分诞民东流，而为今世的蜑族。一部分人西流，依附巫载，为他行盐经商，从而被称为巫诞了。这与巫颁游巫或许有些关系。巴人善于架独木

---

① 白九江：《巴盐与盐巴——三峡古代盐业》，重庆出版社 2007 年 7 月版，第 4 页。

舟①，溯水而上，销盐至溪河上游部分。整个四川盆地，都有他行盐的脚迹。后遂建成了巴国。其盐循江下行，供给荆楚人民，又促进了楚国的文化发展。近世考古学家就地下发掘材料证明，巴楚两国文化有其共同特点。这恰是先有巫载文化，再衍为巴楚文化这一历史发展过程的明证。"

任乃强说："巴东这个地层骈褶带，还有颇多的盐泉涌出。例如奉节南岸的盐碛坝，云阳西北的万军坝，开县东的温汤井，万县东南的长汤井，忠县的汫溪和涂溪二井，彭水的郁山盐泉，与长宁县的安宁盐井。除郁山盐泉与大宁盐泉同样是从山地涌出，能很早就被原始人类发现利用，克以形成一个原始文化区外，其他七处盐泉都是从河水底下涌出的，不易为原始人类发现和利用。唯独习于行水的巴人能首先发现它，并在巫载文化的基础上设法圈隔咸淡水，汲以煮盐，从而扩大了行盐的效果，建成了巴国。并且至于强大到合并巫载，压倒楚、蜀的大国。只因巴族成为富强的大奴隶主后，偷惰腐化，习气衰老，才被新兴的秦楚所分割了。"②

"瞿唐峡直长三十里，在巫载上游。巫峡直长百余里，在巫载下游。两座绝峡封锁着巫载地区。其北是大巴山，其南七岳，帮助了封锁。只缘下水行盐较易，故两湖盆地自夏代的巴族，到周代的荆楚，都只能吃巫盐。行船，非巫载人的长技，故他必须使用善于行水的巴族为之行盐。巴族亦藉行盐行之便，笼络得四川盆地的农牧民族，从而建成巴国。巴国日强，逐步吞并了巫载，专有巴东盐泉之利，在春秋初年楚国也是听命于巴的。但其时沿海盐业渐兴，东楚的人不吃巫盐。所以楚襄王与考烈王在丧失巫黔中后，都向东楚奔迁。但巴、蜀、汉中与南郡的人却不能不食巴盐。所以秦楚都拚命争夺这一产盐地区。这是巴东泉盐的壮盛时代。它与河东解池是一样，从发生到壮盛，大约经过了一万年的时间。由于四周多种新兴产盐区的发展竞争，使盛极一时的解池和巴东盐利，显得日就衰老了。解池受到了海盐，内陆池盐如河套的花马池，宁夏的吉兰泰盐池，西海的茶卡盐池和冀北的多伦等池盐的竞争，丧失了统治地位。巴东泉盐，则大大受到了蜀地井盐的影响，退到从属地位来。但他们还不至于消灭。因为至少还有一部分人需要他。"③

───────────────

① 今按："架"应为"驾"。
② （晋）常璩著，任乃强校注：《华阳国志校补图注》附，第53—54页。
③ （晋）常璩著，任乃强校注：《华阳国志校补图注》附，第55—56页。

虽然有"'巴盐'与'盐巴'"即"古代三峡的经济命脉"的说法，又谓"三峡地区的盐哺育了巴国先民，孕育了巴国文化"，"先秦时期从巴地出产的盐，远销四方，以致当时的人们都知道巴的特产就是盐，且巴地的盐质量上乘，成为市场上的一种品牌"，于是"盐巴"成为"产自巴国的食盐在流通中"的名号。"巴盐""盐巴"成为其经济"地位"的象征①，但是事实上，虽然秦汉时期有些商品的地方品牌已经相当响亮②，据古代文献中提供的信息，当时似乎还并没有出现"巴盐""盐巴"之说。

后世诗文可见"巴盐"名号。如明杨士奇《赠梁本之二首》之二："蜀山消尽雪皑皑，江水初平滟滪堆。问路遥穿三峡过，之官惟带一经来。林间女负巴盐出，烟际人乘艓骑回。莫叹遐方异风俗，此州元有穆清台。"③ 这显然已经是相当晚出的资料了。

五 "盐神"崇拜的早期萌生

"盐神"在中国民间信仰系统中的最初出现，即前说巴地的"盐水神女"或"盐水神女子"。袁珂编著《中国神话传说辞典》有关"盐"的辞条有：

> **盐水** 即"夷水"。《世本·氏姓篇》（清秦嘉谟辑补本）："廪君乃乘土船从夷水至盐阳，盐水有神女谓廪君曰：'此地广大，鱼盐所出，愿留共居。'廪君不许。"《水经注·夷水》云："盐水，即夷水也。"参见"廪君"。
>
> **盐神** 谓盐水神女。见"廪君"。

---

① 白九江：《巴盐与盐巴——三峡古代盐业》，第4、14页。

② 就纺织品的流通来说，地域标识较模糊者有《盐铁论·本议》所谓"齐、陶之缣，蜀、汉之布"，更为响亮的地方名牌有"阿縠""齐纨""鲁缟""蜀锦"种种。河西汉简资料所见"任城国亢父缣""河内廿两帛""广汉八稷布"等，特别值得注意。地湾简"淮布"或许也是类似织品名号。显示地方品牌效应的商品名号，居延汉简又可见"济南剑""河内菁筍"等。王子今：《河西简文所见汉代纺织品的地方品牌》，《简帛》第17辑，上海古籍出版社2018年11月版，第245—256页。

③ （明）杨士奇：《东里诗集》卷二，《景印文渊阁四库全书》，第1238册第337—338页。

　　盐长国　《山海经·海内经》："有盐长之国。有人焉鸟首，名曰鸟氏。"

　　盐宗庙　见"宿沙"。

《中国神话传说辞典》"廪君"条写道：

　　廪君　伏羲裔。《山海经·海内经》："西南有巴国。大皞生咸鸟，咸鸟生乘厘，乘厘生后照，后照是始为巴人。"《世本·氏姓篇》（清秦嘉谟辑补本）："廪君之先，故出巫诞。巴郡南郡蛮，本有五姓：巴氏、樊氏、瞫氏、相氏、郑氏，皆出于武落钟离山。其山有赤黑二穴，巴氏之子生于赤穴，四姓之子皆生黑穴。未有君长，俱事鬼神。廪君名曰务相，姓巴氏，与樊氏、瞫氏、相氏、郑氏凡五姓，俱出皆争神。乃共掷剑于石，约能中者，奉以为君。巴氏子务相，乃独中之，众皆叹。又各令乘土船，雕文画之，而浮水中，约能浮者，当以为君。余姓悉沈，唯务相独浮，因共立之，是为廪君。乃乘土船从夷水至盐阳。盐水有神女谓廪君曰：'此地广大，鱼盐所出，愿留共居。'廪君不许。盐神暮辄来取宿，旦即化为飞虫，与诸虫群飞，掩蔽日光。天地晦冥。积十余日，廪君不知东西所向，七日七夜。使人操青缕以遗盐神，曰：'缨此即相宜，云与女俱生，宜将去。'盐神受而缨之。廪君即立阳石上，应青缕而射之，中盐神。盐神死，天乃大开。"……

袁书又引《晋书》卷一二○《李特载记》："廪君复乘土船，下及夷城"，"阶陛相乘，廪君登之"。休岸上平石其上，"投策计筭，皆著石焉。因立城其旁而居之，其后种类遂繁"。① 然而恰巧并没有引录出现"盐神"字样的段落。《晋书》卷一二○《李特载记》明确说到"盐神"：

　　盐神夜从廪君宿，旦辄去为飞虫，诸神皆从其飞，蔽日昼昏。……如此者十日，廪君乃以青缕遗盐神曰："缨此，即宜之，与汝俱生。

---

　　① 袁珂编著：《中国神话传说辞典》，上海辞书出版社 1985 年 6 月版，第 314、440、360 页。

弗宜，将去汝。"盐神受而婴之。廪君立砀石之上，望膺有青缕者，跪而射之，中盐神。盐神死，群神与俱飞者皆去，天乃开朗。

言其地经济形势，称"土有盐铁丹漆之饶"。① "盐"位列最先，显然有特殊的地位。这段文字"盐神"名号 5 次出现。可以看作正史记录中"盐神"频繁出现的典型文例。

二十四史中，只有《后汉书》和《晋书》出现"盐神"。然而"盐神"崇拜在民间是长期存在的。

袁珂编著《中国神话传说辞典》所收"盐宗庙"条说："见'宿沙'。""宿沙"条又写道：

> **宿沙**　神农臣。宿一作夙。《世本·作篇》（清张澍稡集补注本）："宿沙作煮盐。"《淮南子·道应训》："昔宿沙之民，皆自攻其君而归神农。"《艺文类聚》卷十一引《帝王世纪》云："炎帝神农氏。诸侯夙沙氏叛不用命，箕文谏而杀之，炎帝退而修德，夙沙之民自攻其君归炎帝。"即其事。宋罗泌《路史·后纪四》注云："今安邑东南十里有盐宗庙，吕忱云，宿沙氏煮盐之神，谓之盐宗，尊之也。"明彭大翼《山堂肆考》羽集二卷"煮海"条云："宿沙氏始以海水煮乳煎成盐，其色有青、红、白、黑、紫五样。"亦为异闻。②

"盐宗庙"应是对"宿沙"纪念的遗存。《太平寰宇记》卷四六《河东道七·解州·安邑》："盐宗庙，在县东南十里。按吕忱云'宿沙氏煮海谓之盐'，宗，尊之也，以其滋润生人，可得置祠。"③

《山堂肆考》羽集二卷"煮海"条说宿沙氏"煮海"盐色"五样"，学者以为"异闻"。④ 而山西解州盐池出盐确有赤色者。宋沈括《梦溪笔谈》卷三《辨证一》有关于解州盐池的记述："解州盐泽，方百二十里。久雨，四山之水悉注其中，未尝溢；大旱未尝涸。卤色正赤，在版泉之

---

① 《晋书》，中华书局 1974 年 11 月版，第 3021—3022 页。

② 袁珂编著：《中国神话传说辞典》，第 360 页。

③ （宋）乐史撰，王文楚等点校：《太平寰宇记》，第 966 页。

④ （明）彭大翼撰：《山堂肆考》，《景印文渊阁四库全书》，第 978 册第 32 页。

下，俚俗谓之'蚩尤血'。"①《新唐书》卷三九《地理志三》：解州"有紫泉监"。②《太平寰宇记》卷四六《河东道七·解州·安邑》记述解州盐池，"今池水紫色，湛然不流，造盐贮水深三寸，经三日则结盐"。③ 所谓"赤色""紫色"都产生血色联想。

有学者认为，"黄帝与蚩尤之战"即发生"在河东"，"极可能是为了争夺盐这一特殊稀少的自然资源，有可能是为了得到和控制河东盐池"。④ 所谓"蚩尤血"的传说或许与李时珍"盐之气味咸腥，人之血亦咸腥"的知识有关，而所谓"咸走血，血病无多食咸，多食则脉凝泣而变色，从其类也"⑤，亦与现代医学认识有所符合。据栾保群编著《中国神怪大辞典》"盐池神"条，"明·于慎行《谷山笔麈》卷一七：河东盐池，唐时曾有封号，谓之宝应、灵应二池。明初赐额'灵惠'。◇按：《元史·成宗纪三》：大德三年，加解州盐池神惠康王曰广济。《泰定帝纪一》：泰定元年，敕封解州盐池神曰灵富公。"⑥ 今按：《元史》卷二〇《成宗纪三》："壬申，加解州盐池神惠康王曰广济，资宝王曰永泽。"《元史》卷二九《泰定帝纪一》："敕封解州盐池神曰灵富公。"《元史》卷三〇《泰定帝纪二》："戊戌，遣使祀解州盐池神。""甲寅，改封……盐池神曰灵富公……"⑦ 又《中国神怪大辞典》"盐神"条："清·梁章钜《退庵随笔》卷一〇：古夙沙氏初煮海为盐，遂为盐之神。安邑县（今山西运城东）旧有盐宗庙，即祀此神。夙，又作宿，又作质，神农时诸侯，大庭氏之末世也。见《吕氏春秋》、《淮南子》、《说苑》、《水经注》、《说文》。乃今之业盐者不闻祀盐神，何耶？吾乡（福州）业盐之家必祀天后，而夙沙氏更在其先。◇按：盐神除'盐池神'、'盐井神'外，尚有'盐水神女'者，见'廪君'条。"所谓"盐井神"，见《太平广记》卷三九九"盐井"条、《太平寰宇记》卷八五。⑧

① （宋）沈括撰，刘尚荣校点：《梦溪笔谈》，辽宁教育出版社1997年3月版，第12页。
② 《新唐书》，中华书局1975年2月版，第996页。
③ （宋）乐史撰，王文楚等点校：《太平寰宇记》，第968页。
④ 王仁湘、张征雁：《盐与文明》，辽宁人民出版社2007年10月版，第218页。
⑤ 陈贵廷主编：《本草纲目通释》，学苑出版社1992年12月版，第414页。
⑥ 栾保群编著：《中国神怪大辞典》，人民出版社2009年11月版，第610页。
⑦ 《元史》，中华书局1976年4月版，第426、643、670、686页。
⑧ 栾保群编著：《中国神怪大辞典》，第610页。

据《嘉庆重修一统志》卷四七五《云南府·祠庙》，云南府有"盐泉神祠"，"在安宁州善政坊"。①

而小说家言，如宋何薳《春渚纪闻》卷四《杂记》"盐龙"条："萧注从狄殿前之破蛮洞也，收其宝物珍异，得一龙长尺余，云是盐龙，蛮人所豢也。藉以银盘，中置玉盂，以玉箸撇海盐饮之，每鳞甲中出盐如雪则收取，用酒送一钱匕，专主兴阳，而前此无说者何也。后因蔡元度就其体舐盐而龙死，其家以盐封其遗体三数日，用亦大有力。后闻此龙归蔡元长家云。"② 清袁枚《子不语》卷一"蒲州盐枭"条："岳水轩过山西蒲州盐池，见关神祠内塑张桓侯像，与关面南坐，旁有周将军像，怒目狰狞，手拖铁链，锁朽木一枝，不解何故。土人指而言曰：'此盐枭也。'问其故，曰：'宋元祐间，取盐池之水熬煎，数日而盐不成，商民惶惑，祷于庙，梦关公召众人，谓曰：汝盐池为蚩尤所据，故烧不成盐。我享血食，自宜料理。但蚩尤之魂，吾能制之，其妻名枭者，悍恶尤甚，我不能制。须吾弟张翼德来，始能擒服。吾已遣人自益州召之矣。众人惊寤，且即在庙中添塑桓侯像。其夕风雷大作，朽木一根已在铁索之上。次日取水煮盐，成者十倍。'始寤今所称盐枭，实始于此。"③ 这些传说，也都是值得重视的民间信仰史资料。

其他社会意识史、社会思想史信息所见其他现象，如清许光世《西藏新记》所见"盐水佛"④，佛教语言所谓"盐心"⑤ 等，或许也都体现出对"盐"的神秘主义认识。各地类似的与"盐"有关的"神祠"，与"盐"有关的神话，可能还有很多。例如第七批全国文物保护单位中，有四川内江资中罗泉镇的"盐神庙"。资中"盐神庙"清同治七年（1868）

① 《嘉庆重修一统志》，中华书局1986年5月版，第24345页。

② （宋）何薳撰，张明华点校：《春渚纪闻》，中华书局1983年1月版，第57页。栾保群编著《中国神怪大辞典》据明徐应秋《玉芝堂谈荟》卷三三，第610页。

③ （清）袁枚编撰，申孟、甘林点校：《子不语》，上海古籍出版社1998年11月版，第18—19页。栾保群编著：《中国神怪大辞典》，第610页。

④ （清）许光世《西藏新记》中卷《政治部·宗教》"（四）人民之迷信"："如达赖及尊贵之高僧圆寂，敛尸棺内，塞之以盐。盐水漏于棺底，则以黄土和之，作小佛像。名'盐水佛'，最为贵重，得之甚艰。若得之者，异常宝重，永传于家。"张羽新主编：《中国西藏及甘青川滇藏区方志汇编》，学苑出版社2003年9月版，第三册第296页。

⑤ （唐）善无畏、一行译：《大毗卢遮那成佛神变加持经》卷一《入真言门住心品第一》，《大正新修大藏经》，台北佛陀教育基金会1990年版，第18册第2页下栏。

年由盐商筹资修建，坐东面西，建筑面积 1191 平方米。采用中国古代传统建筑方式布局，被看作盐业繁荣和盐文化进步的见证。而追溯"盐神"信仰史的初源，应当重视"盐水神女"故事的意义。

"马禖祝"及其文化意义

睡虎地秦简《日书》甲种有以"马■"为题的内容。涉及畜牧史，当然也与交通史密切相关。其中祷祝称为"主君"的相关神灵，"毆其央，去其不羊"，即驱其殃，去其不祥，以求马匹健康的文字，也值得关心秦人信仰史的学者重视。

一 "马禖""马禖祝""马禖祝辞"

睡虎地秦简《日书》甲种可见如下简文：

马■

马　禖祝曰："先牧日丙，马禖合神。"·东乡南乡各一马
□□□□□中土，以为马禖，穿壁直中，中三朕，（一五六背）
　■　四厩行："大夫先牧兄席，今日良日，肥豚清酒美白粱，到
主君所。主君笱屏調马，毆其央，去（一五七背）
其不羊，令其□耆□，□耆饮，律律弗御自行，弗毆自出，令其
鼻能糗乡，令耳悤目明，令（一五八背）
头为身衡，勧为身刚，脚为身□，尾善毆□，腹为百草囊，四
足善行。主君勉饮勉食，吾（一五九背）
岁不敢忘。（一六〇背）①

"马■"，应当是这部分内容的标题。

---

① 睡虎地秦墓竹简整理小组：《睡虎地秦墓竹简》，文物出版社1990年9月版，释文注释
第227、228页。

整理小组释文"马禖"另行书写，作标题处理。

整理小组注释："'马禖'系标题。《礼记·月令》：'仲春之月，玄鸟至。至之日，以大牢祠于高禖。'《续汉书·礼仪志》注引蔡邕《月令章句》云：'高，尊也。禖，媒也。吉事先见之象也。盖为人所以祈子孙之祀。玄鸟感阳而至，其来主为字乳蕃滋，故重其至日，因以用事。'据此高禖为祈子孙之祀，则马禖为祈祷马匹繁殖的祭祀。《周礼·校人》：'春祭马祖，执驹。'疏：'春时通淫，求马蕃息，故祭马祖。'马禖或即祭祀马祖。"① 也有学者定名此篇为《马》篇。② 饶宗颐称此篇为"马禖祝辞"。认为"日简所记祝辞为有韵之文，为出土古代祝辞极重要之资料"。然而其释文作："马：禖祝曰：……"，"马"与"禖祝"分断。③ 刘乐贤指出，"本篇的标题其实应当是'马禖祝'"。并有充分的论证。④ 今按：指出这篇文字的内容是"马禖祝辞"或称"马禖祝"，都是正确的。但是我们首先应当注意《日书》书写者的原意。从书写形式看，简一五六背简端为"马"字，简一五七背简端为符号"■"。此篇标题应为"马■"。"■"，可能有某种特殊涵义。睡虎地秦简《日书》两字标题有两种书写形式。一种形式，是两字写于篇首同一支简的简端，如"秦除"（一四正）、"稷辰"（二六正）、"玄戈"（四七正）、"室忌"（一〇二正）、"土忌"（一〇四正）、"作事"（一一〇正）、"毁弃"（一一一正）、"直室"（一一四正）、"归行"（一三一正）、"到室"（一三四正）、"生子"（一四〇正）、"取妻"（一五五正）、"反枳"（一五三背）。⑤ 另一种形式，则是两字分写于前两支简的简端，如"盗者"（六九背、七〇背）、"土忌"（一二九背、一三〇背）。"直室门"（一一四正壹、一一五正壹）

---

① 睡虎地秦墓竹简整理小组：《睡虎地秦墓竹简》，释文注释第 228 页。

② 贺润坤《从云梦秦简〈日书〉看秦国的六畜饲养业》一文中有"《马》篇——中国最早的相马经"一节，《文博》1989 年第 6 期。又刘信芳《云梦秦简〈日书·马〉篇试释》，《文博》1991 年第 4 期。

③ 饶宗颐：《云梦秦简日书研究·马禖祝辞》，饶宗颐、曾宪通《云梦秦简日书研究》，香港中文大学中国文化研究所中国考古艺术中心专刊（三），1982 年，第 42 页。

④ 刘乐贤：《睡虎地秦简日书研究》，文津出版社 1994 年 7 月版，第 312—313 页。

⑤ 甚至也有三字标题写于一支简简端的，如"作女子"（一五六正）。睡虎地秦墓竹简整理小组：《睡虎地秦墓竹简》，释文注释第 182、184、187、196、198、201、202、206、207、227 页。

则第一支简简端写"直室"，第二支简简端写"门"。① "马■"，似应看作第二种形式。同样情形，睡虎地秦简《日书》乙种简四七简端为"■"，简四八简端为"秦"，整理小组确定篇题为"■秦"②，是大体正确的，只是应当写作"■秦"。

二 "敺其夬，去其不羊"

这段文字的释读，整理小组提出了意见。有些判断非常确当，有些可以继续讨论。

先牧。整理小组注释："《周礼·校人》：'夏祭先牧。'注：'先牧，始养马者。'"③ 刘信芳又引录了一条关于"先牧"的资料：《周礼·校人》："瘦人祭马祖，祭闲之先牧。"④ 郑玄注："闲之先牧，先牧制闲者。"刘乐贤也提示这一资料⑤，值得重视。

马禖合神。整理小组注释："合，《周礼·媒氏》注：'得耦为合。'"⑥ 今按：以"得耦"释"合"，似未能说明简文原意。此"合"当通于"洽"。⑦《国语·鲁语下》："天子及诸侯合民事于外朝，合神事于内朝。"⑧ 又《后汉书》卷六《顺帝纪》"稽合神明"语，也可以参考。⑨

东乡南乡。整理小组释文："东乡（向）南乡（向）"。今按："东乡（向）南乡（向）"，显示其神位在西北。这一情形与秦人早期在西北发展畜牧取得成就的史实是一致的。

腏。整理小组注释："腏，即餟，祭饭。玄应《一切经音义》十一引

---

① 睡虎地秦墓竹简整理小组：《睡虎地秦墓竹简》，释文注释第219、225、198页。
② 睡虎地秦墓竹简整理小组：《睡虎地秦墓竹简》，释文注释第233页。
③ 睡虎地秦墓竹简整理小组：《睡虎地秦墓竹简》，释文注释第228页。
④ 刘信芳：《云梦秦简〈日书·马〉篇试释》，《文博》1991年第4期。
⑤ 刘乐贤：《睡虎地秦简日书研究》，第309页。
⑥ 睡虎地秦墓竹简整理小组：《睡虎地秦墓竹简》，释文注释第228页。
⑦ 朱骏声《说文通训定声·临部》："合，段借为洽。"（清）朱骏声：《说文通训定声》，武汉市古籍书店据湖北省图书馆藏临啸阁版1983年6月影印版，第107页。《考工记·弓人》："春液角则合。"郑玄注："合，读为洽。"（清）孙诒让撰，王文锦、陈玉霞点校：《周礼正义》，中华书局1987年12月版，第4288页。
⑧ 徐元诰撰，王树民、沈长云点校：《国语集解》（修订本），中华书局2002年6月版，第193页。
⑨ 《后汉书》，中华书局1965年5月版，第250页。

《字林》云：'餟，以酒沃地祭也。'《说文通训定声》则云：'以酒曰酹，以饭曰餟。'"① 今按：《方言》卷一二："餟，餽也。"郭璞注："餟，祭醊。"② 《说文·食部》："餟，祭酹也。从食，叕声。"③ 是酒、饭并无严格区分。《史记》卷二八《封禅书》作"餟"，《汉书》卷二五上《郊祀志上》则作"醊"。④ "醊"字从肉，是祭食以肉为主，正合于《日书》"肥豚清酒美白粱"的说法。其字"叕声"，《说文·叕部》："叕，缀联也。象形。"⑤ 是其祭祝形式有相连缀的特征。《史记》卷一二《孝武本纪》："其下四方地，为餟食群神从者及北斗云。"司马贞《索隐》："餟……谓联续而祭之。《汉志》作'醊'，古字通。《说文》云：'餟，祭酹。'"张守节《正义》："刘伯庄云：'谓绕坛设诸神祭座相连缀也。'"⑥

厩。整理小组注释："马一百一十六匹称为厩。《周礼·校人》：'三乘为皂，皂一趣马；三皂为系，系一驭夫；六系为厩，厩一仆夫。'注：'自乘至厩，其数二百一十六匹。'"⑦ 今按：简文所说"四厩行"之"厩"，当是用《说文·广部》"厩，马舍也"之义⑧，未必"其数二百一十六匹"。

敀。整理小组注释："敀，疑为'牧'字之误。"⑨ 饶宗颐认为"云'先敀兕席'犹言'先布兕席'"。⑩ 先，刘信芳认为其字同"跣"。"'敀兕席'谓跣足于兕席之上，然后祝辞。《说文》：'跣，足亲地也。'《礼记·少仪》：'凡祭祀于室中，堂上无跣，燕则有之。'郑注：'祭不跣者，

---

① 睡虎地秦墓竹简整理小组：《睡虎地秦墓竹简》，释文注释第 228 页。

② 华学诚汇证，王智群、谢荣娥、王彩琴协编：《扬雄方言校释汇证》，中华书局 2006 年 9 月版，第 835 页。

③ （汉）许慎撰，（清）段玉裁注：《说文解字注》，上海古籍出版社 1981 年 10 月据经韵楼藏版影印版，第 222 页。

④ 《史记》，中华书局 1959 年 9 月版，第 1394 页。《汉书》，中华书局 1962 年 6 月版，第 1230 页。

⑤ （汉）许慎撰，（清）段玉裁注：《说文解字注》，第 738 页。

⑥ 《史记》，第 469、470 页。

⑦ 睡虎地秦墓竹简整理小组：《睡虎地秦墓竹简》，释文注释第 228 页。

⑧ （汉）许慎撰，（清）段玉裁注：《说文解字注》，第 443 页。

⑨ 睡虎地秦墓竹简整理小组：《睡虎地秦墓竹简》，释文注释第 228 页。

⑩ 饶宗颐：《云梦秦简日书研究·马禖祝辞》，饶宗颐、曾宪通《云梦秦简日书研究》，香港中文大学中国文化研究所中国考古艺术中心专刊（三），第 44 页。

主敬也，燕则有跣为欢。'《日书》之马禖为民间之仪，或有'跣足'之举。至今湖北民间端公降神，仍赤脚起舞。"① 刘乐贤认为"以上饶说与刘说皆可通"。②

白粱。整理小组注释："白粱，一种好小米。《尔雅·释草》：'芑，白苗。'注：'今之白粱粟。'"③ 今按：宋人罗愿《尔雅翼》卷一《释草一》："白粱，穗亦大，毛多而长，壳粗扁长，不似粟圆。米亦白而大，其香美为黄粱之亚，古天子之饭所以有白粱、黄粱者，明取黄、白二种耳。"④ 以"古天子之饭"并"肥豚清酒"敬上"主君"，自然是恭敬之至。

敺其央，去其不羊。整理小组释文："敺（驱）其央（殃），去其不羊（祥）。"今按："敺（驱）"与"去"，似乎有所差别。

令其□者□。整理小组释文："耆（嗜）□"。整理小组注释："'嗜'下疑为'蒻'字。"⑤ 刘乐贤按："'嗜'上一字疑为'口'。"⑥ 今按："'嗜'下"、"'嗜'上"，应写作"'耆'下"、"'耆'上"，或"'嗜（耆）'下"、"'嗜（耆）'上"。

律律弗御自行。今按：苏辙《诗集传》卷一一："'南山烈烈，飘风发发，民莫不谷，我独何害。南山律律，飘风弗弗，民莫不谷，我独不卒。'虐政之病人，如大寒之视南山，而闻飘风烈烈律律，其可恶也。"⑦ 是"烈烈""律律"都形容山风。"律律"字义，或通于"飉飉"。梁武帝《孝思赋》："朔风鼓而飉飉。"⑧ 可知"律律"形容马行飞快，一如疾风。

令其鼻能糗乡。整理小组释文："令其鼻能糗（嗅）乡（香）"。今按："令其鼻能糗（嗅）乡（香）"的解释似未能增益马可利用的性能。"乡"或当释读为"向"，"其鼻能糗（嗅）乡（向）"，即依靠嗅觉判断

① 刘信芳：《云梦秦简〈日书·马〉篇试释》，《文博》1991 年第 4 期。

② 刘乐贤：《睡虎地秦简日书研究》，第 310 页。

③ 睡虎地秦墓竹简整理小组：《睡虎地秦墓竹简》，释文注释第 228 页。

④ （宋）罗愿撰，石云孙点校：《尔雅翼》，黄山书社 1991 年版，第 4 页。

⑤ 睡虎地秦墓竹简整理小组：《睡虎地秦墓竹简》，释文注释第 228 页。

⑥ 刘乐贤：《睡虎地秦简日书研究》，第 311 页。

⑦ （宋）苏辙撰：《诗集传》，曾枣庄、舒大刚主编《三苏全书》，语文出版社 2001 年版，第 2 册第 444 页。

⑧ （唐）道宣撰：《广弘明集》卷二九，上海古籍出版社 1991 年 8 月版，第 348 页。

正确的行进方向。《韩非子·说林上》有著名的"老马识途"故事，或许老马的嗅觉，也是齐军以"失道"终于"得道"的因素之一。① 唐栖蟾《游边》诗："边云四顾浓，饥马嗅枯丛。"② 明林弼《题黎省之唐马》："嗅地低回欲滚尘，玄云散彩五花新。"③ 所谓"嗅地""嗅枯丛"，都注意到马的嗅觉。《齐民要术》卷六记载的相马术说，"鼻大则肺大，肺大则能奔。"④ "鼻孔欲得大。""鼻欲得广而方。"体现出古来人们对马鼻的重视。

勮为身刚。整理小组释文："勮（脊）为身刚"。饶宗颐说，"马王堆相马经：'急其维冈'，第一幅作'维刚'，俱借刚为纲"。⑤ 今按：马王堆汉墓帛书《相马经》："马有此节也，刚骨强，是胃（谓）大良。"⑥《齐民要术》卷六记载相马术所谓"脊为将军，欲得强"，"脊欲大而抗"，大意也是相同的。⑦

尾善敺□。整理小组释文："尾善敺（驱）□。"整理小组注释："'驱'下一字不清，似左从食，右下从目，疑是'餔'字，读为虻。"⑧ 今按：《司牧安骥相良马图》马尾题记："尾欲丛细"，"尾如垂扫"。⑨

腹为百草囊。今按：《齐民要术》卷六记载的相马术说到千里马的特征之一，是"平脊大腹"。⑩ 又说"腹胁为城郭，欲得张"，"腹欲充"。⑪ "大腹"以及"腹欲充"等，可以与"腹为百草囊"对照读。

---

① （清）王先谦撰，钟哲点校：《韩非子集解》，中华书局 1998 年 7 月版，第 176 页。

② 《全唐诗》卷八四九，中华书局 1960 年 4 月版，第 9908 页。

③ （明）曹学佺编：《石仓历代诗选》卷三二三《明诗初集》，《景印文渊阁四库全书》，第 1391 册第 496 页。

④ （后魏）贾思勰原著，缪启愉校释，缪桂龙参校：《齐民要术校释》，农业出版社 1982 年 11 月版，第 278 页。

⑤ 饶宗颐：《云梦秦简日书研究·马禖祝辞》，饶宗颐、曾宪通《云梦秦简日书研究》，香港中文大学中国文化研究所中国考古艺术中心专刊（三），第 45 页。

⑥ 马王堆汉墓帛书整理小组：《马王堆汉墓帛书〈相马经〉释文》，《文物》1977 年第 8 期。

⑦ （后魏）贾思勰原著，缪启愉校释，缪桂龙参校：《齐民要术校释》，第 278、279 页。

⑧ 睡虎地秦墓竹简整理小组：《睡虎地秦墓竹简》，释文注释第 228 页。

⑨ （唐）李石等编著，裴耀卿语释：《司牧安骥集语释》，中国农业出版社 2004 年 1 月版，第 4、8 页。

⑩ 参看谢成侠《中国养马史》（修订版），农业出版社 1991 年 5 月版，第 37 页；又《关于长沙马王堆汉墓帛书〈相马经〉的探讨》，《文物》1977 年第 8 期。

⑪ （后魏）贾思勰原著，缪启愉校释，缪桂龙参校：《齐民要术校释》，第 278、280 页。

吾岁不敢忘。整理小组注释："以上祝辞似从'大夫先牧'一句开始，全辞叶古东、阳二部韵。自此以下各简背未见字。"① 饶宗颐也指出，"此文为马祭祝辞，极可玩咏，其中丙、神、屏、衡，与阳部字协韵，可考察秦时用韵情况，尤有价值"。②

三 肩水金关"为马祷无疾"简

《肩水金关汉简》（贰）可见"……乳黍饭清酒至主君所主君……"简文，疑是以祝祀为主题的文书遗存。对照睡虎地秦简《日书》甲种"马祺祝"或"马祺祝辞"的内容亦有"……肥豚清酒美白粱到主君所主君……"语，推想性质类同。

"清酒"作为上古礼制常规祠祀敬献饮品，多见于文献记载。然而简牍资料出现，首见于《肩水金关汉简》（贰）发表的简文：

> 不蚤不莫得主君闻微肥□□□乳黍饭清酒至主君所主君□方
> □□□☑（73EJT11：5）③

《诗·小雅·信南山》："祭以清酒，从以骍牡，享于祖考。"又《大雅·旱麓》："清酒既载，骍牡既备。以享以祀，以介景福。"《大雅·韩奕》："韩侯出祖，出宿于屠。显父饯之，清酒百壶。"④ 朱熹《诗集传》卷一三释《信南山》"清酒"："清酒，清洁之酒，郁鬯之属也。"⑤《周礼·天官冢宰·酒正》："辨三酒之物，一曰事酒，二曰昔酒，三曰清酒。"郑玄注："郑司农云：'清酒，祭祀之酒。'……今中山冬酿，接夏而成。"⑥

---

① 睡虎地秦墓竹简整理小组：《睡虎地秦墓竹简》，释文注释第 228 页。

② 饶宗颐：《云梦秦简日书研究·马祺祝辞》，饶宗颐、曾宪通《云梦秦简日书研究》，香港中文大学中国文化研究所中国考古艺术中心专刊（三），第 45 页。

③ 甘肃省简牍保护研究中心、甘肃省文物考古研究所、甘肃省博物馆、中国文化遗产研究院古文献研究室、中国社会科学院简帛研究中心编：《肩水金关汉简》（贰），中西书局 2012 年 12 月版，中册第 2 页、下册第 1 页。

④ （清）阮元校刻：《十三经注疏》，中华书局据原世界书局缩印本 1980 年 10 月影印版，第 471、516、571 页。

⑤ （宋）朱熹集注：《诗集传》，上海古籍出版社 1980 年 2 月版，第 155 页。

⑥ （清）孙诒让撰，王文锦、陈玉霞点校：《周礼正义》，第 347 页。

《春秋繁露·求雨》则说"求雨"祭祷使用"清酒""玄酒"。①

对照图版，释文"闻微"二字，存在疑问。"肥"后一字，字形明确从"肉"，有可能是"豚"。

肩水金关发现"……乳黍饭清酒至主君所主君……"简文，应亦以祭祀请求"主君"为主题，是珍贵的礼俗史和信仰史资料。不过，简文对于礼祀对象"主君"的身份，并没有明确的表现。

而与"黍饭清酒"并用祭祀"主君"的"乳"或"□乳"的出现，特别值得我们注意。

四　"毋予皮毛疾""毋予胁疾"

肩水金关相关简文的发现，可以帮助我们增益对于汉代民间有关"马"的神秘意识的认识，并理解其思想史的渊源。

有学者注意到汉代画象所见"多数在西王母座前出现"的"马首人身神怪"，以为与"马神崇拜"有关。② 肩水金关简的研究，应当有助于这一学术主题考察的深入。肩水金关简文所见"主君"，不排除与汉代画象资料中看到的所谓"马首人身神怪"存在某种内在联系的可能。

《说文·示部》有"禡"："禡，师行所止，恐有慢其神，下而祀之曰禡。"此后即"禂"字："禂，祷牲马祭也。"段玉裁注："《甸祝》：'禂

---

① 《春秋繁露·求雨》："春旱求雨。令县邑以水日祷社稷山川……于邑东门之外为四通之坛，方八尺，植苍缯八。其神共工，祭之以生鱼八，玄酒，具清酒、膊脯。……""凿社通之于间外之沟，取五虾蟆，错置社之中。池方八尺，深一尺，置水虾蟆焉。具清酒、膊脯。""为四通之坛于邑南门之外，方七尺，植赤缯七。其神蚩尤，祭之以赤雄鸡七，玄酒，具清酒、膊脯。……""季夏祷山陵以助之。……为四通之坛于中央，植黄缯五。其神后稷，祭之以母鯢五，玄酒，具清酒、膊脯。……""秋……为四通之坛于邑西门之外，方九尺，植白缯九，其神少昊，祭之以桐木鱼九，玄酒，具清酒、膊脯。""冬……为四通之坛于邑北门之外，方六尺，植黑缯六，其神玄冥，祭之以黑狗子六、玄酒，具清酒、膊脯。"《艺文类聚》卷一〇〇引董仲舒曰："……进清酒甘羞，再拜请雨。""其神蚩尤，祭之以赤雄鸡七、玄酒、清酒，祝斋三日，服赤衣，跪陈祝如春辞。"《春秋繁露·止雨》又说到"雨太多"时的"止雨"仪式，祝辞说："今淫雨太多，五谷不和，敬进肥牲清酒，以请社灵，幸为止雨，除民所苦。"苏舆撰，钟哲点校：《春秋繁露义证》，中华书局1992年12月版，第426—437、438页。（唐）欧阳询撰，汪绍楹校：《艺文类聚》，上海古籍出版社1965年11月版，第1726、1727页。

② 李姗姗：《论汉画像马首人身神怪的祭祀与升仙意义》，《河南教育学院学报》（哲学社会科学版）2011年第2期。

牲祷马。'杜子春曰：祷，祷也，为马祷无疾，为田祷多获禽牲。《诗》云：'既伯既祷。'《尔雅》曰：'既伯既祷。'伯，马祭也。玉裁按：此许说所本。杜引《诗》者，以'伯'证祷马。毛《传》云：'伯，马祖也。重物慎微，将用马力，必先为之祷其祖。'此《周礼》之'祷马'也。"①

肩水金关与简（1）同出的简例，又有很可能即体现所谓"为马祷无疾"的内容：

　　☐☐肖强毋予皮毛疾以币☐刚毋予胁疾以成☐（73EJT11：23）②

"毋予"，是战国秦汉习惯用语。《史记》卷七六《平原君虞卿列传》："赵王与楼缓计之，曰：'予秦地毋予？孰吉？'"《汉书》卷九五《南粤传》："别异蛮夷，出令曰：'毋予蛮夷外粤金铁田器；马牛羊即予，予牡，毋与牝。'"③ 可知"毋予"又写作"毋与"。

这两枚简很可能属于一件文书。推想所谓"……乳黍饭清酒至主君所主君……"简文所反映的，应是河西边防部队祈祝所畜养和使用的马匹免除病疫的礼祀形式。"毋予""疾"，应是祈求"主君"不要使马染患"皮毛疾""胁疾"等病痛。对照睡虎地《日书》相关文字，推想简文内容或应为"……毋予☐疾，以☐脊强；毋予皮毛疾，以☐身刚；毋予胁疾，以成☐☐；……""脊强"、"身刚"语义相近。刘信芳考论睡虎地《日书》"勶（脊）为身刚"句即指出："《国语·周语》：'旅力方刚'，韦昭注：'刚，强也。'《诗·北山》：'旅力方刚'，《一切经音义》引作'旅力方强'。《初学记》二十九引《相马经》：'脊为将军欲得强'，是'脊为身刚'即'脊为身强'。"④

---

① （汉）许慎撰，（清）段玉裁注：《说文解字注》，第7页。

② 甘肃简牍保护研究中心、甘肃省文物考古研究所、甘肃省博物馆、中国文化遗产研究院古文献研究室、中国社会科学院简帛研究中心编：《肩水金关汉简》（贰），中册第4页、下册第2页。

③ 《史记》，第2373页。《汉书》，第3851页。

④ 刘信芳：《云梦秦简〈日书·马〉篇试释》，《文博》1991年第4期。

说里耶秦简"祠器""髳檽车"

里耶秦简所见有关"祠器"的简文，出现"髳檽车"字样。就此思考秦祠祀制度与交通史的关系，可以获得有意义的启示。秦人较早使用模型车辆服务于祭祀，体现出制车技术的先进，似乎也可以从中体会节约资源的意义。考虑到秦人祭祀用"驹犊羔"的情形，或许可以与微型偶车的使用联系起来思考。里耶秦简"祠器""髳檽车"的尺寸，大致可以增益这种推想的证明。祠祀形式中这种特殊的做法，或许亦可以理解为秦人信仰世界中比较新鲜生动的风格，联系其他文化现象，或许可以察知秦文化内质中表现出的对生力充备的新生命的看重与推崇。有学者以为相关文化迹象体现"戎制"的意见，也值得研究者深思。

一　里耶简文"祠器""髳檽车"

里耶秦简多有涉及秦制度的简文，其中可见涉及"祠器""髳檽车"者，值得研究者重视。第九层简牍中简731：

> 环二尺一环＝去栈高尺以绀缯为盖缦裏☒
> 祠器∟髳檽车以木为栈广四尺①

这则简文，很可能是有关"祠器"形制的规定。

从简文内容看，所谓"髳檽车"者，似乎应是木质髹漆车辆，又以丝织品"绀缯"为车"盖"，而且有"缦裏"之车辆部件。从车具用

---

① 湖南省文物考古研究所：《里耶秦简》（贰），文物出版社2017年12月版，图版第94页、释文第30页。

"纂"及"绀缯"、"缦"看，此"纂繻车"的装饰品位达到了相当高的等级规格。

这是比较宝贵的有关车辆制作与装饰使用材料的文字记录。对于车制史，保留了极有价值的信息。这种价值，不仅仅限于制车技术层面，很可能涉及与车辆使用相关的秦人信仰世界的秩序与神学传统、祭祀规范。

简文所见"纂繻车以木为栈广四尺"，尺寸与一般实用车辆明显有异，推测应是车辆的模型。

二　"环二尺一环"

从里耶秦简 731 的简文内容，可以试推知作为"祠器"的"纂繻车"的大致形制。

"环二尺一环＝去栈高尺"简文中，"环"或可理解为"辕"。《周礼·考工记》"匠人"条："环涂七轨。"郑玄注："故书'环'或作'轘'，杜子春曰：'当为环。环涂，谓环城之道。'"① 可知"环""轘"可以通假。《墨子·明鬼下》："（武王）折纣而系之赤环。"孙诒让写道：

> 毕云："《太平御览》引作'折纣而出'，'环'作'轘'，是。言系之朱轮。"案：此无考。《荀子·解蔽篇》云："纣县于赤旆"，《正论篇》云"县之赤旗"，并与此异，毕说未塙。②

"毕云"《太平御览》引文"'环'作'轘'"，孙诒让作出"是"的判断，他以为"言系之朱轮""此无考"。高亨《古字通假会典》"【轘与环】"条举《周礼·考工记·匠人》文例后即有：

> 《墨子·明鬼下》："折纣而系之赤环。"《太平御览·神鬼部二》引环作轘。③

---

① （清）孙诒让撰，王文锦、陈玉霞点校：《周礼正义》，中华书局 1987 年 12 月版，第 3475 页。

② （清）孙诒让著，孙以楷点校：《墨子间诂》，中华书局 1986 年 2 月版，第 224 页。

③ 高亨纂著，董治安整理：《古字通假会典》，齐鲁书社 1989 年 7 月版，第 169 页。

我们曾经因"环""辕"音近推想"环"可能即"辕"。① 如前所说，"环""轘"通假可以看到证明。而"轘"为车具是明确的。高亨《古字通假会典》还举列【袁与辕】【袁与爰】【辕与爰】通假诸例。② 而王辉《古文字通假字典》指出，"环"可以读为"媛""猿"，例见"睡虎地秦简《日书》甲《盗者》"；而"缓"与"辕"通："上博楚竹书《容成氏》简一古帝王名有'轩缓氏'，即文献习见之'轩辕氏'。"③ 白于蓝编著《战国秦汉简帛古书通假字汇纂》也指出《容成氏》所见"缓与辕"通假的例证。④

简文所谓"环二"，也许可以读作"辕二"。也就是说，此"鬃檽车"应当是双辕车。

回顾秦车制史，可见最早的双辕车的模型出自陕西凤翔高庄战国秦墓。中国早期车辆均为单辕。单辕车须系驾二头或四头牲畜，双辕车则可系驾一头牲畜。陕西凤翔战国初期秦墓 BMl03 出土 2 件牛车模型，牛一牡一牝，两车车辆形制相同，出土时陶车轮置于牛身后两侧，其间有木质车辕及轴、舆等车具朽痕，可以看到车辕为 2 根。⑤ 这是中国发现的最早的双辕车模型，也很可能是世界最早的标志双辕车产生的实物数据。⑥ 双辕车的出现，除改变了原先单辕车系驾牲畜头数的旧制之外，对道路宽度的要求也有所降低，使得一般民户也可以使用，体现了交通工具史上的重大进步。两件牛车模型出土于同一座小型墓葬中，且牛为一牡一牝，还可以说明秦国民间使用这种运输生产数据的普及程度。⑦

"环二"或即"辕二"车型用为"祠器"，可以说明双辕车作为交通运输条件在秦的社会生产与社会生活中已经大致得到比较普遍的应用。

---

① 王子今：《略说里耶秦简"祠器""鬃檽车"》，《简牍学研究》第 9 辑，甘肃人民出版社 2020 年 7 月版，第 9—15 页。

② 高亨纂著，董志安整理：《古字通假会典》，第 167 页。

③ 王辉编著：《古文字通假字典》，中华书局 2008 年 2 月版，第 721、722 页。

④ 白于蓝编著：《战国秦汉简帛古书通假字汇纂》，福建人民出版社 2012 年 5 月版，第 818 页。

⑤ 吴镇烽、尚志儒：《陕西凤翔八旗屯秦国墓葬发掘简报》，《文物资料丛刊》第 3 辑，文物出版社 1980 年 5 月版，第 74—75 页。

⑥ 有友人告知，私人收藏文物有青铜双辕车模型，可能发现于三晋地方。可惜未见原物，且年代及出土地点未能明确。

⑦ 王子今：《秦汉交通史稿》（增订本），中国人民大学出版社 2013 年 1 月版，第 114 页。

三 "环去栈高尺" 与 "栈广四尺"

在里耶秦简 731 简文内容关于可能作为"祠器"的"鬃檽车"之形制的表述中，"环二尺一环＝去栈高尺"与"栈广四尺"简文也值得注意。

秦时 1 尺相当于 23.1 厘米，简文所谓"环二尺一环＝去栈高尺"，如果"环二"即体现双辕车形制的推定合理，则"尺一环"文意，似乎说"环"即"辕"的规格。"尺一"，即 25.41 厘米。这有可能是指双辕之间的距离。

《诗·小雅·何草不黄》："有芃者狐，率彼幽草。有栈之车，行彼周道。"毛亨传："芃，小兽貌。栈车，役车也。"郑玄笺："狐草行草止，故以比栈车辇者。"① 里耶简文"环去栈高尺"，有可能是指"辕"与"栈"的高差为一尺，即大致为 23.1 厘米。

这种小型车辆，应当并非用于交通运输实践。

甘肃礼县圆顶山春秋秦贵族墓曾经出土下附轮轴的铜盒（98LDM1：9），"盒为长方体，盖面由对开的两扇小盖组成，盒上沿部四角为 4 个站立的小鸟，可转动。将 4 鸟面向盖中，盖可锁住；4 鸟面向四周，盖即可打开"。"盒体下附带轴的两对圆轮，并有辖、軎，轮可转动。每轮有 8 根辐条。"② 这件形制特殊的器物，或称为"车型器"。③ 或称为"微型挽车"。④ 有学者认为，这种"车型器"，"是为墓主人特制的冥器"，"可能具有护佑、引导亡灵之意"。⑤

这种被称作"微型挽车""车型器"的器物体现出车辆特征的形制，

---

① （清）阮元校刻：《十三经注疏》，中华书局据原世界书局缩印本 1980 年 10 月影印版，第 501 页。

② 甘肃省文物考古研究所、礼县博物馆：《礼县圆顶山春秋秦墓》，《文物》2002 年第 2 期。

③ 赵化成：《秦人从哪里来：寻觅早期秦文化》，《中国文化遗产》2013 年第 2 期。

④ 刁方伟：《秦西垂陵区圆顶山秦贵族墓地出土文物鉴赏》，《文物鉴定与鉴赏》2016 年第 9 期。山西闻喜上郭村出土的类似器物，有人称之为"六轮挽车"。张崇宁：《"刖人守囿"六轮挽车》，《文物世界》1989 年第 2 期。

⑤ 余永红：《圆顶山秦墓"饰鸟虎熊车型器"含义新探》，《湖北民族学院学报》（哲学社会科学版）2019 年第 1 期。

使我们很自然地联想到秦祭祀体制中实用"木禺车""木寓车"的传统。

四　"木禺车""木寓车"：秦人祠祀用车辆模型

《史记》卷二八《封禅书》说到秦在雍地的祠祀体制，涉及以"禺"为形式的木质祭祀用品：

> 唯雍四時上帝为尊，其光景动人民唯陈宝。故雍四時，春以为岁祷，因泮冻，秋涸冻，冬塞祠，五月尝驹，及四仲之月月祠，若陈宝节来一祠。春夏用骍，秋冬用骝。時驹四匹，木禺龙栾车一驷，木禺车马一驷，各如其帝色。黄犊羔各四，珪币各有数，皆生瘗埋，无俎豆之具。三年一郊。秦以冬十月为岁首，故常以十月上宿郊见，通权火，拜于咸阳之旁，而衣上白，其用如经祠云。西時、畦時，祠如其故，上不亲往。

裴骃《集解》："《汉书音义》曰：'禺，寄也，寄生龙形于木也。'"司马贞《索隐》："禺，一音寓，寄也。寄龙形于木，寓马亦然。一音偶，亦谓偶其形于木也。"①

《汉书》卷二五上《郊祀志上》"木禺龙栾车一驷，木禺车马一驷"作"木寓龙一驷，木寓车马一驷"。"木寓龙一驷"，颜师古注："李奇曰：'寓，寄也，寄生龙形于木也。'师古曰：'一驷亦四龙也。'"② 汉代依然沿袭这一制度。《汉书》卷二五下《郊祀志下》说汉武帝时代事："明年，有司言雍五時无牢孰具，芬芳不备。乃令祠官进時犊牢具，色食所胜，而以木寓马代驹云。及诸名山川用驹者，悉以木寓马代。独行过亲祠，乃用驹，它礼如故。"③

里耶秦简"祠器""纂㯺车"简文，似可说明秦时较低等级的地方祠祀方式及基层祠祀方式，也使用"木禺车马""木寓车马"，也就是木偶车马。

---

① 《史记》，中华书局1959年9月版，第1376—1377页。
② 《汉书》，中华书局1962年6月版，第1209页。
③ 《汉书》，第1246页。

五 关于"秦用驹犊羔"

有学者注意到前引《史记》卷二八《封禅书》言"畤驹四匹","黄犊羔各四"的制度，称为"秦用驹犊羔"。元代学者方回《续古今考》卷三二"秦用驹犊羔数，三年一郊自秦始"条写道："紫阳方氏曰：秦以四时祠上帝，四仲之月，驹四。又有黄犊与羔各四。生瘗埋，无俎豆。秦虽戎制，礼亦必有本。则喻乎此，用牛羊豕犊或不止一。"《续古今考》卷一四"秦四时三年一郊无俎豆考"条也说："以愚考之，四时之帝一岁八祠，而三年一亲郊。一时用四驹、四黄犊、四羔，有珪币，无俎豆，有瘗埋，无燔燎。"① 所谓"有""无"之间，表现出秦与东方礼制有别的文化个性。

"紫阳方氏"说"秦用驹犊羔"，"虽戎制，礼亦必有本"，以为这种祠祀形式体现了秦制与东方传统的不同，或许即"戎制"，亦可能受到"戎"的强烈影响。然而其本身的文化合理性是应当肯定的，即所谓"礼亦必有本"。方回还指出："则喻乎此，用牛羊豕犊或不止一。"推定使用"豕犊"的可能。

尺寸较小的车辆模型在祠祀场合的使用，起初或许亦与"用驹犊羔"的方式有关。所谓"木禺车马""木寓车马一驷"之说及汉武帝"以木寓马代驹"，都说明"驹"是作为牵引车辆的运输动力的。

六 "秦用驹犊羔"与"秦人爱小儿"联想

"秦用驹犊羔""虽戎制，礼亦必有本"，指出这种礼俗自有其文化传统与文化渊源。使用"驹犊羔"，甚至"用牛羊豕犊或不止一"，或许用畜包括"豕"也往往取用未成年个体即"犊"。

《史记》卷一〇五《扁鹊仓公列传》记载了东方名医扁鹊曾经适应社会需要，对"小儿医"的进步有所贡献的事迹："扁鹊名闻天下。过邯郸，闻贵妇人，即为带下医；过雒阳，闻周人爱老人，即为耳目痹医；来

---

① （元）方回：《续古今考》，《景印文渊阁四库全书》，第853册第540—541、313—314页。

入咸阳，闻秦人爱小儿，即为小儿医：随俗为变。"① 我们在讨论秦汉"小儿医"这一医学门类的历史性进步时关注过"秦人爱小儿"这一社会文化现象。②

如果把"秦人爱小儿"作为重要的社会文化现象予以注意，可资比较的记载，有草原民族风俗所谓"贵少"。《三国志》卷三〇《魏书·乌丸传》裴松之注引《魏书》言其"贵少贱老"。③《后汉书》卷九〇《乌桓传》称"贵少而贱老"。④《史记》卷一一〇《匈奴列传》说匈奴"贵壮健，贱老弱"。⑤ 而《汉书》卷五五《卫青传》载汉武帝曰"匈奴逆天理，乱人伦，暴长虐老"，颜师古注："谓其俗贵少壮而贱长老也。"⑥《汉书》卷六三《武五子传·燕刺王刘旦》载燕刺王旦赐策"薰鬻氏虐老兽心"，颜师古注："虐老，谓贵少壮而食甘肥，贱耆老而与粗恶也。"⑦ 也都强调了"少"。"秦人爱小儿"风习，联系"贵少"之说，也可以理解为"戎制"的表现。《史记》卷五《秦本纪》："秦僻在雍州，不与中国诸侯之会盟，夷翟遇之"⑧，《史记》卷一五《六国年表》："秦杂戎翟之俗"，"秦始小国僻远，诸夏宾之，比于戎翟"⑨，《史记》卷四四《魏世家》："秦与戎翟同俗"⑩，《史记》卷六八《商君列传》："秦戎翟之教"⑪，其实都是说其礼俗与"戎制"的接近。

对于"秦用驹犊羔"和"秦人爱小儿"，或许可以尝试以文化人类学

---

① 《史记》，第 2794 页。《太平御览》卷七二一引《史记》："入咸阳，闻秦人爱小儿，即为小儿医，隋俗改变，无所滞碍。"（宋）李壁注《王荆公诗注》卷一七《寄曾子固》注引《扁鹊传》："入咸阳，秦人爱小儿，即为小儿医，随俗改变，无所滞碍。"（宋）王安石著，李之亮校点补笺：《王荆公诗注补笺》，巴蜀书社 2000 年 12 月版，第 322 页。

② 王子今：《秦汉"小儿医"略议》，《西北大学学报》（哲学社会科学版）2007 年第 4 期；收入所著《秦汉儿童的世界》，中华书局 2018 年 5 月版，第 124—134 页。

③ 《三国志》，中华书局 1959 年 12 月版，第 834 页。

④ 《后汉书》，中华书局 1965 年 5 月版，第 2979 页。

⑤ 《史记》，第 2879 页。

⑥ 《汉书》，第 2473 页。

⑦ 《汉书》，第 2750 页。

⑧ 《史记》，第 202 页。

⑨ 《史记》，第 685 页。

⑩ 《史记》，第 1857 页。

⑪ 《史记》，第 2234 页。

思路进行考察。而徐市出海何以有"童男女"同行①，学者曾有多种解说，或许也可以由这一路径探求其原因。可能"小""童"及"驹犊羔"等未成年生命，能够与神异力量实现较亲密的接近。相关联想如果能够对学术真知的追求有点滴增益，我们不能忽略里耶秦简"祠器""緐檽车"简文的有益启示。

---

① 《史记》卷六《秦始皇本纪》："齐人徐市等上书，言海中有三神山，名曰蓬莱、方丈、瀛洲，仙人居之。请得斋戒，与童男女求之。于是遣徐市发童男女数千人，入海求仙人。"第247 页。《史记》卷二八《封禅书》："始皇自以为至海上而恐不及矣，使人乃赍童男女入海求之。"第 1370 页。《史记》卷一一八《淮南衡山列传》："（秦皇帝）遣振男女三千人，资之五谷种种百工而行。"裴骃《集解》："薛综曰：'振子，童男女。'"第 3086 页。

"冀阙"：威权的神秘象征

秦定都咸阳，在商鞅变法推行的系列政策中具有重要地位。秦自雍徙都咸阳，将国家行政中心从关中平原的边缘地方迁移到关中平原的中心地方，落实了农耕跃进的指挥机关所在的合理定位，随后实现了富国强兵，推动经济与军事进步的积极转折，成为秦扩张的历史和秦统一的历史的辉煌亮点。[①] 关于秦都咸阳城市建设，文献相关记载有限，考古工作所获得的发现，因多种条件限定，目前亦尚不足以提供完整充备的信息。在秦都咸阳的规划与经营中，"筑冀阙"，是重要的城市建设主题之一。"冀阙"作为秦人的发明，在古都史中体现出创新价值。其实际作用和象征意义值得深入考察。秦都咸阳"冀阙"对后来都城格局有重要的影响。汉宫的"阙"在长安城格局中的多方面的历史作用，在一定意义上体现出对秦制的继承关系。秦汉都城的"阙"，对于中国古代都城史、中国古代宫廷史、中国古代建筑史、中国古代信息传播史、中国古代市民生活史研究，都是值得关注的学术对象。

一 "作为筑冀阙宫庭于咸阳，秦自雍徙都之"

秦都咸阳的建设，曾经首先注重"阙"的营造。

秦史进入秦孝公时代，开始以急进的节奏为向东方扩张进行政治建设和军事准备。《史记》卷五《秦本纪》记载，秦孝公建设咸阳，经营了新

---

① 王子今：《秦定都咸阳的生态地理学与经济地理学分析》，《人文杂志》2003 年第 5 期，收入雷依群、徐卫民主编《秦都咸阳与秦文化研究》，陕西人民教育出版社 2003 年 11 月版，第51—63 页；《从鸡峰到凤台：周秦时期关中经济重心的移动》，《咸阳师范学院学报》2010 年第3 期。

的国家行政中心：

> （孝公）十二年，作为咸阳，筑冀阙，秦徙都之。

关于"冀阙"，张守节《正义》："刘伯庄云：'冀犹记事，阙即象魏也。'"①《史记》卷六《秦始皇本纪》关于秦孝公事迹，写道：

> 孝公享国二十四年。葬弟圉。生惠文王。其十三年，始都咸阳。

张守节《正义》："《本纪》云'十二年作咸阳，筑冀阙'，是十三年始都之。"②体现出对"筑冀阙"这一城市建设史举措的重视。《史记》卷六八《商君列传》也有关于"筑冀阙"的记载：

> 作为筑冀阙宫庭于咸阳，秦自雍徙都之。

司马贞《索隐》："冀阙，即魏阙也。冀，记也。出列教令，当记于此门阙。"③

　　"作为筑冀阙宫庭于咸阳"，是咸阳规划建设，为迁都提供基本条件的必要施工内容。而"筑冀阙"，可以看作迁都条件准备之最醒目的工程。

　　"筑冀阙"，未见于其他诸国建筑史的记载，可以看作秦人的建筑学发明。秦人都城宫廷营造，重视参考他国建筑学的成就。《史记》卷六《秦始皇本纪》："秦每破诸侯，写放其宫室，作之咸阳北阪上……"裴骃《集解》："徐广曰：'在长安西北，汉武时别名渭城。'"张守节《正义》："今咸阳县北阪上。"④今咸阳渭城区发现六国宫殿遗存。张在明主编《中国文物地图集·陕西分册》著录：

---

① 《史记》，中华书局1959年9月版，第203页。
② 《史记》，第288页。
③ 《史记》，第2232页。
④ 《史记》，第239、241页。

A$_{8-6}$ "六国宫殿"（楚）遗址 〔窑店乡毛王沟村·秦代〕
位于秦咸阳城北部宫城西端。发现有建筑基址，曾出土楚国形制的瓦
当。《史记》载，秦每灭一国，即在咸阳北阪仿建一座该国宫殿，此
地当为"六国宫殿"中的楚国宫殿遗址。

A$_{8-7}$ "六国宫殿"（燕）遗址 〔正阳乡柏家咀村·秦代〕
位于秦咸阳城北部宫城东端。发现有建筑基址，曾出上燕国形制的瓦
当。当为《史记》所载"六国宫殿"中的燕国宫殿遗址。[1]

尽管"秦每破诸侯，写放其宫室，作之咸阳北阪上"，体现出对东方六国
美学理念和建筑技术学习借鉴的态度，但是秦人在宫殿区建设的宏大规
划、象天设计、交通联络等方面，都显示了秦人都市建设方面独特的文化
个性，也明显表现出超越东方六国的优越能力。

"筑冀阙"，也是秦宫廷与都城建设方面超强设计水准和超高施工效
率的重要表现之一。"十二年作咸阳，筑冀阙"，"其十三年，始都咸阳"，
其工期的短暂，体现了行政效能非常之高。

二 "筑冀阙"与"大筑冀阙"

由余故事体现了秦人工程理念追求宏大的传统。《史记》卷五《秦本
纪》记载"由余观秦"，秦穆公以"宫室、积聚"炫耀的情形："戎王使
由余于秦。由余，其先晋人也，亡入戎，能晋言。闻缪公贤，故使由余观
秦。秦缪公示以宫室、积聚。由余曰：'使鬼为之，则劳神矣。使人为
之，亦苦民矣。'"[2]

秦工程史的若干迹象，反映了好大喜功的追求。

《史记》卷六八《商君列传》曾经记载赵良和商鞅有关"治秦"行
政方略的讨论。商鞅自谓其政风可以与"五羖大夫"比类：

商君曰："始秦戎翟之教，父子无别，同室而居。今我更制其

---

① 张在明主编：《中国文物地图集·陕西分册》，西安地图出版社1998年12月版，第195、348页。

② 《史记》，第192页。

教，而为其男女之别，大筑冀阙，营如鲁卫矣。子观我治秦也，孰与五羖大夫贤？"

赵良则不以为然，反而批评商鞅行政"不以百姓为事"，不可以与"五羖大夫"相提并论：

> 赵良曰："夫五羖大夫，荆之鄙人也。闻秦缪公之贤而愿望见，行而无资，自粥于秦客，被褐食牛。期年，缪公知之，举之牛口之下，而加之百姓之上，秦国莫敢望焉。相秦六七年，而东伐郑，三置晋国之君，一救荆国之祸。发教封内，而巴人致贡；施德诸侯，而八戎来服。由余闻之，款关请见。五羖大夫之相秦也，劳不坐乘，暑不张盖，行于国中，不从车乘，不操干戈，功名藏于府库，德行施于后世。五羖大夫死，秦国男女流涕，童子不歌谣，舂者不相杵。此五羖大夫之德也。今君之见秦王也，因嬖人景监以为主，非所以为名也。相秦不以百姓为事，而大筑冀阙，非所以为功也。……"

赵良颂扬五羖大夫的"功名""德行"，以为商鞅相比较，于"非所以为名也"及此"非所以为功也"之外，又说"非所以为教也"，"非所以为寿也"，"非所以得人也"。并且劝其"归十五都，灌园于鄙"，退出政治权力中心，而"商君弗从"。①

我们看到，讨论的双方都重视"大筑冀阙"事。商君炫耀"大筑冀阙"，自诩"观我治秦也，孰与五羖大夫贤"。赵良则说："相秦不以百姓为事，而大筑冀阙，非所以为功也。"

较《史记》卷五《秦本纪》"作为咸阳，筑冀阙"，《史记》卷六八《商君列传》"作为筑冀阙宫庭于咸阳"有所不同，这里商君和赵良都说"大筑冀阙"，突出了一个"大"字。

"大筑冀阙"，应强调了"冀阙"建筑之宏伟与施工之艰巨。秦穆公的"宫室积聚"，郑国渠、都江堰、灵渠等水利工程，治驰道，长城与"直道"，丽山工程与阿房宫工程，都体现了秦"兴功""兴功作"，追求宏大规模的传统。秦始皇以为"先王之宫廷小"，于是"营作朝宫渭南上

---

① 《史记》，第2234—2235页。

林苑中"①，嫌弃旧有"宫廷"其"小"，明确表露对"大"的追求。而新的"营作"自然力求其"大"。

在秦工程史的记忆中②，"冀阙"营造也是在当时城市建设的基点上，在当时国家财力的条件下好"大"建筑理念的体现，因此特别值得关注。"冀阙"的"冀"，可推知与"大"有关。

三 "冀阙"名义与象征

对"冀阙"名义的理解，前引《史记》卷五《秦本纪》张守节《正义》："刘伯庄云：'冀犹记事，阙即象魏也。'"《史记》卷六八《商君列传》司马贞《索隐》："冀阙，即魏阙也。冀，记也。出列教令，当记于此门阙。"

《资治通鉴》卷二"周显王十九年"记载："十九年，秦商鞅筑冀阙宫庭于咸阳，徙都之。"胡三省注引录了司马贞《索隐》的说法，对其他解说也有介绍："《索隐》曰：冀阙，即魏阙也。《尔雅》：观谓之阙。郭璞曰：宫门双阙也。《释名》：阙在门两旁中间，阙然为道也。《三辅黄图》曰：人臣至此，必思其所阙少。《尔雅》宫谓之室。郭璞曰：宫谓围绕之也。《说文》曰：庭，朝中也。《苍颉篇》曰：庭，直也。《风俗通》曰：庭，正也。言县庭、郡庭、朝庭皆取平均正直也。《三辅黄图》曰：山南为阳，水北为阳。山水皆在阳，故曰咸阳。汉高帝更名新城，武帝更名渭城，属右扶风。《括地志》：咸阳故城，在雍州咸阳县东十五里，在长安城北四十五里。宋白曰：咸阳县本周王季所都，秦又都之。《三秦记》：秦都在九嵕山南，渭水北，山水俱阳，故名咸阳。二十九年，秦始封卫鞅于商，号商君。史以后所封书之。"③

在制度史的记述中，"冀阙"建设占据了重要的页面。《通志》卷四《秦纪四》："（孝公）十二年，作为咸阳，筑冀阙，秦徙都之。"《通志》

---

① 《史记》卷六《秦始皇本纪》，第256页。
② 王子今：《〈史记〉书写的秦工程史》，《月读》2020年第8期。
③ （宋）司马光编著，（元）胡三省音注，"标点资治通鉴小组"校点：《资治通鉴》，中华书局1956年6月版，第56页。

卷九三《列传四·商鞅》："作为筑冀阙宫庭于咸阳，秦自雍徙都之。"①
《通志》卷一七〇《循吏二·后魏·张恂》："恂言于道武曰：'金运失
御，刘石纷纭，慕容窃号山东，苻姚盗器秦陇，遂致三灵乏飨，九域旷
居。大王植基朔北，重明积圣，自北而南，化被燕赵。今中土士民望云冀
阙，宜因斯会，以建大业。'"②张恂说"道武"语，似乎可以说明"冀
阙"是正统的象征，是"大业"的纪念。所谓"望云冀阙"，《魏书》卷
八八《良吏传·张恂》作"望云冀润"③，"润"应是正字。但写作"望
云冀阙"，似乎可以体现《通志》执笔者对"冀阙"的理解。

元人王士点撰《禁扁》卷五《阙》说到周秦汉魏的"阙"：

> 阙中空以道曰阙
>
> 周　　象魏
>
> 秦　　冀阙孝公作
>
> 前汉　　苍龙东　玄武北　属车　白虎西，已上四阙在未央　凤凰
> 一名圆阙东高十七丈　别风一名折风阊阖门内　嶕峣圆阙内二百步，
> 已上三阙并在建章
>
> 后汉　　苍龙　白虎　朱雀　玄武南北两宫皆有四阙
>
> 曹魏　　陵霄④

西汉长安"苍龙""玄武""白虎""凤凰""别风"，东汉洛阳"苍龙"
"白虎""朱雀""玄武"，曹魏洛阳"陵霄"，都各自具有特别的象征
意义。

前引张守节《正义》"刘伯庄云：'冀犹记事，阙即象魏也。'""象
魏"，是理解"冀阙"的关键。《周礼·天官冢宰》"大宰"写道："正月

---

① 关于栎阳是否曾为秦都存在争议。参看王子今《秦献公都栎阳说质疑》，《考古与文物》
1982 年第 5 期；《栎阳非秦都辨》，《考古与文物》1990 年第 3 期。古代地理文献也有自栎阳迁都
咸阳的说法，如《舆地广记》卷一三《陕西永丰军路上·京兆府·咸阳县》："秦孝公十二年作
咸阳，筑冀阙，自栎阳徙都之。"（宋）欧阳忞撰，李勇先、王小红校注：《舆地广记》，四川大
学出版社 2003 年 8 月版，第 357 页。

② （宋）郑樵撰：《通志》，中华书局 1987 年 1 月版，第 59、1246、1743 页。

③ 《魏书》，中华书局 1974 年 6 月版，第 1900 页。

④ （元）王士点撰：《禁扁》，清康熙棟亭藏本，《丛书集成续编》，新文丰出版公司 1989
年版，第 240 册第 336—337 页。

之吉，始和布治于邦国都鄙，乃县治象之法于象魏，使万民观治象，挟日而敛之。"孙诒让《周礼正义》："大宰于正月朔日，布王治之事于天下，至正岁，又书而县于象魏，振木铎以徇之，使万民观焉。"① 所谓"象魏"，是便于宣传法律政令，"布王治之事于天下"，"书而县于象魏"，"使万民观治象"的高大门阙。

人们对"阙"之名义，多解释为"宫门"之"观"。对于"冀阙，即魏阙"，并没有具体的说明。

宋程大昌《雍录》卷一《秦》"冀阙"条试图解释"冀阙"之"冀"的意义。程大昌写道："孝公改都咸阳，筑冀阙。其曰阙者，必古象魏矣。而何以标名为冀也？案《史记》：'孝公十一年，卫鞅围安邑，降之。十二年，作冀阙。'冀者，冀州也，安邑即冀州之邑也。冀之为州。尧、舜、禹皆尝都焉、今此孝公已得冀州，而作冀阙，其必放古阙存者而创立此名也。秦之诸君，皆尝非古以自是矣。而始皇之都南跨渭水者，亦慕文、武之丰、镐也。则'冀阙'之名之制，或亦放古为之也。《秦本纪》曰：'秦每破诸侯，写放其宫室，作之咸阳北坂上。'则冀阙也者，亦其写放宫室之一欤？"② 其"冀者，冀州也"之说，似说服力不强。

前引司马贞《索隐》："冀阙，即魏阙也。冀，记也。出列教令，当记于此门阙。"《黄氏日抄》卷五四《读杂史》取用这一解释："冀阙，冀，记也。记教令于此门。索隐云。"③ 《七国考》卷四《秦宫室》"冀阙"条引录此说，但是似乎倾向于采用程大昌《雍录》"冀者，冀州也"的意见："《史记》〔《秦本纪》〕：孝公十二年，作为咸阳，筑冀阙，徙都之。〔《正义》引〕刘伯庄云：'冀，犹记事。阙，即象魏也。'或曰：'人臣至此，必思其所阙。'《三辅黄图》云：'孝公改都咸阳，筑冀阙。'其曰阙，必古象魏矣。而何以标名为'冀'也？按《史记》：'孝公十一年，卫鞅围安邑，降之。十二年，作冀阙。'冀者，冀州也。安邑即冀州之邑也。冀之为州，尧、舜、禹皆尝都焉。今孝公已得冀州，而筑冀阙，其必放古阙存者而创立此名也。"缪文远指出："卫鞅取安邑事，《史记·

① （清）孙诒让撰，王文锦、陈玉霞点校：《周礼正义》，中华书局1987年12月版，第117页。

② （宋）程大昌撰，黄永年点校：《雍录》，中华书局2002年5月版，第16页。

③ （宋）黄震撰：《黄氏日抄》（五），上海师范大学古籍整理研究所编《全宋笔记》第10编，大象出版社2018年4月版，第10册第108页。

秦本纪》及《六国表》俱云的孝公十年，此作十一年，乃董氏误记。"又引陈明达《汉代的石阙》对"阙"的意义的解释："它标志着宫殿、居室、神祠、坟墓的范围。""也就是说至此已进入帝王宫禁之地"，"它成了一种特殊的界碑"。①

明周祈撰《名义考》卷三《地部》有"象魏冀阙两观"条，分别对"象魏""冀阙"有所解说：

> 古者官庭为二台，于门外作楼观于上。上圆下方。两观双植，中不为门，门在两旁。中央阙然为道。以其县法谓之象魏。象，法象也。魏，其状巍然高大也。以其记列教令。谓之冀阙，冀，记也。阙，中央阙然也。以其使民观之，谓之观。雙植，谓之两观。名虽殊，其实一也。犹今午门然。②

其说也涉及"两观"。以为"观"的名义，由自"以其使民观之"。《史记》卷二七《天官书》张守节《正义》："阙丘二星在南河南，天子之双阙，诸侯之两观，亦象魏县书之府。"③ 说到"双阙""两观"性质一致。诸侯"两观"起初是违反礼制的。《汉书》卷二二《礼乐志》："周室大坏，诸侯恣行，设两观，乘大路。"颜师古注引应劭曰："观，阙门边两观也。礼，诸侯一观。大路，天子之车。"④

所谓"魏，其状巍然高大也"，指出"象魏"的"魏"文意即"巍"，言其"巍然高大"。而"犹今午门然"的比喻，是得体的。

对于"冀"的解说，"冀，犹记事"，"冀，记也"，"冀者，冀州也"，诸说都嫌生硬。"冀"有"大"的意思。《淮南子·地形》："正中冀州曰中土。"高诱注："冀，大也。"⑤ 以"冀，大也"释读"冀阙"之"冀"，理解为高大之形容，可能是适宜的。此"冀，大也"，"大"犹言

---

① 陈明达：《汉代的石阙》，《文物》1961 年第 12 期。（明）董说原著，缪文远订补：《七国考订补》，上海古籍出版社 1987 年 4 月版，第 324—325 页。

② （明）周祈撰：《名义考》，《景印文渊阁四库全书》，第 856 册第 323 页。

③ 《史记》，第 1302 页。

④ 《汉书》，中华书局 1962 年 6 月版，第 1042 页。《汉书》卷五六《董仲舒传》："及至周室，设两观，乘大路，朱干玉戚，八佾陈于庭。"颜师古注："两观，谓阙也。"第 2506 页。

⑤ 何宁撰：《淮南子集释》，中华书局 1998 年 10 月版，第 312 页。

"壮"。萧何为刘邦营造长安宫阙,亦追求"壮"。借"萧丞相营作未央宫,立东阙、北阙、前殿、武库、太仓","宫阙壮甚"的"壮",有益于理解"冀阙"名义。萧何对于刘邦质疑的回答,即"非壮丽无以重威"。[①] 这正是秦孝公和商鞅营造"冀阙"的目的。《续汉书·舆服志上》:"《易·震》乘《乾》,谓之《大壮》,言器莫能有上之者也。"[②] 所谓"冀""大""壮"语义,应当是非常接近的。"冀阙"之"冀",因此亦近"象魏"之"魏"。建筑设计追求,即以高大壮丽,达到"莫能有上之者也"的效果。

四　"冀阙"的考古学判定

秦都咸阳宫殿区进行过考古发掘。其中宫殿建筑遗存的发现受到重视。第一号宫殿建筑遗址"是一座战国以来盛行的高台建筑",发掘者判断"可能是咸阳宫主要宫殿之一"。并且指出,"这种将一般宫观的分散布局方式,集中在一个空间范围内,在中国建筑史上是首次见到的"。其"屋宇"群"雄伟壮观",推断"当为宫观一类建筑"。[③] 这里使用了"宫观"这一建筑史概念。有建筑考古学者在进行这一遗址"复原"时,也注意到所发现遗存与"观"乃至"阙"的关系:"推测这组宫殿是以沟为中轴,东西对称布置的。沟两侧的建筑之间,应有飞阁复道联结。这样,这组建筑便是二元构图的两观形式。这大概是春秋战国广泛流行的'观'的进一步发展。"论者又指出,"观是从阙衍生出来的"。[④] 王学理解释商鞅事迹所见"冀阙宫廷",以为"秦咸阳宫第一号宫殿遗址"就是"冀阙宫廷的主体建筑":"庞大巍峨的建筑体量、重叠繁重的高台宫室、凌空干云的飞阁复道,雄踞北陵(咸阳原)之地,又有款可的'御道'由原下拾级而上。那么,对这观居两旁、中央阙然为道的高大建筑,不属'冀阙'岂有他哉?"在他的论著中直接称其为"冀阙遗址"。不过,所附插图文字说明依然写作"咸阳一号宫殿遗址"。[⑤] 高子期专门以"秦汉

①　《史记》卷八《高祖本纪》,第385—386页。
②　《后汉书》,中华书局1965年5月版,第3640页。
③　秦都咸阳考古工作站:《秦都咸阳第一号宫殿建筑遗址简报》,《文物》1976年第11期。
④　陶复:《秦咸阳宫第一号遗址复原问题的初步探讨》,《文物》1976年第11期。
⑤　王学理:《咸阳帝都记》,三秦出版社1999年8月版,第43—44页。

阙"为学术主题的博士学位论文《秦汉阙论》认同这处遗址就是"冀阙"。文中指出："作为秦代阙的少数遗存存在，而作为'秦咸阳第一号宫殿遗址'的冀阙，在秦代历史上有着特殊的地位。"①

然而，建筑考古学者又指出"观"和"阙"的不同。"阙只是一种入口的标志，而观则是在阙上建屋，可以登临，居留凭眺，有一定的使用价值。观有单独建造的，但早期多为两观对峙的形式。在宫廷建筑群的规划中，由于观较阙更为壮观，实际上'宫门双阙'，多是以观代阙，此时登眺功能退居次要地位，主要成为一种礼仪性的设置了。所以《尔雅》等古文献中，常认为观就是阙。其实，无论在功能内容上还是形式上，观和阙都有所不同，从建筑学的意义上讲，两者应予区分。""秦咸阳宫第一号遗址原状是观的另一种发展，它提供了早期具有高台建筑特征的一种宫观例证。"②

确实，也有与"阙"并不构成组合关系的"观"。例如《秦会要》和《七国考》都说到的"祈年观"。③

就现有资料看，以为"秦咸阳宫第一号宫殿遗址"就是"冀阙"的判定，似乎还缺乏确凿论据。观察两侧建筑"中央阙然"的形势即断定发掘简报和发掘报告所谓"牛羊沟"，陶复论文所谓作为"中轴"的"沟"即为"御道"，还是需要进一步的考察和论证的。确定"冀阙"空间方位，也需要以更多获得秦都咸阳总体格局的相关知识为基本条件。

五 "冀阙"的历史标志意义

《北堂书钞》卷一五八引《周易》曰："上古穴居而野处，后世圣人易之以宫室，上栋下宇，以待风雨，盖取诸《大壮》。"又引韩康伯曰："宫室壮大于穴居，故制为宫室，取诸《大壮》。"④ 宋周必大《庐山圆通寺佛殿记》说："宫室取诸《大壮》，贵贱可以通称，特崇卑广狭有别耳。

---

① 高子期：《秦汉阙论》，博士学位论文，西安美术学院，2013 年。

② 陶复：《秦咸阳宫第一号遗址复原问题的初步探讨》，《文物》1976 年第 11 期。

③ 徐复：《秦会要订补》，群联出版社 1955 年 9 月版，第 381、328—329 页。（明）董说原著，缪文远订补：《七国考订补》，第 328—329 页。

④ （唐）虞世南编撰：《北堂书钞》，中国书店据光绪十四年南海孔氏刊本 1989 年 7 月影印版，第 682 页。

秦孝公强盛时，大筑冀阙，由是天子殿中初见，《商子·定分篇》：臣侍殿上，兵陈殿下。后载《史记·荆轲传》，大抵秦制也。至始皇并天下，殿屋相属，又作甘泉前殿，前后殿之名始立。西汉黄霸丞相府计吏上殿，东汉司徒有大会殿盖，车驾或临幸，会议于此，而有殿名。非专指屋之高严也。"① 说到相关"宫廷"制度。而以"大壮""高严"语形容宫阙形势，也给我们有益的启示。

宋胡寅《十先生奥论注》后集卷二《历代论·秦》写道："大筑冀阙，迁都咸阳，使秦人据河山之险，以制诸侯死命，则卫鞅之为也。"② 提示"冀阙"这一秦都咸阳标志性建筑对于秦扩张史和秦统一史的重要意义。晋潘岳《西征赋》写道："窥秦墟于渭城，冀阙缅其堙尽。觅陛殿之余基，裁岅屺以隐嶙。想赵使之抱璧，浏眦槛以抗愤。燕图穷而荆发，纷绝袖而自引。筑声厉而高奋，徂潜铅以脱腙。据天位其若兹，亦狼狈而可愍。简良人以自辅，谓斯忠而鞅贤。寄苛制于捐灰，矫扶苏于朔边。儒林填于坑阱，《诗》《书》炀而为烟。国灭亡以断后，身刑轘以启前。商法焉得以宿，黄犬何可复牵。野蒲变而成脯，苑鹿化以为马。假谗贼以天权，钳众口而寄坐。兵在颈而顾问，何为不早而告我？愿黔黎其谁听，惟请死而获可。逮子婴之果决，敢讨贼以纾祸。势土崩而莫振，作降王于路左。"③ 作者对秦史进行了全面的回顾。"冀阙"作为"渭城""秦墟"的具有标志意义的建筑，似乎西晋时仍然存有遗迹。"商法""苛制"导致的迅速崛起和短促"土崩"的历史，可以在凭临"冀阙"时回忆思考。

南朝梁江淹《王侍中怀德粲仲宣》诗："伊昔值世乱，秣马辞帝京。既伤蔓草别，方知枤杜情。崤函复丘墟，冀阙缅纵横。倚棹泛泾渭，日暮山河清。"④ 诗句中"冀阙"寄托着怀古思绪，是被看作经历盛衰兴亡的极权政治的标志的。

元袁桷《龙门》诗写道："瀚海双龙图铁鳞甲，卷鳌拿云蹲冀阙。千

---

① （宋）周必大：《文忠集》卷八〇《道释》，《景印文渊阁四库全书》，第 1147 册第 828 页。

② （宋）胡寅撰：《十先生奥论注》，《景印文渊阁四库全书》，第 1362 册第 127 页。

③ （梁）萧统编，（唐）李善注：《文选》，中华书局 1977 年 11 月版，第 157—158 页。

④ （明）胡之骥注，李长路、赵威点校：《江文通集汇注》卷四《诗》，中华书局 1984 年 4 月版，第 142 页。

泉百道凑东南，急雨翻空进晴雪。"① 在诗人笔下，"冀阙"与禹平洪水所开"龙门"相比列，从某种角度可以说，是给予了神化的待遇的。又元贡师泰《送王彬叔赴淮西宪史》："黄金筑台高嵯峨，抱犊怜君日日过。丹凤衔书辞冀阙，白鱼供酒过淮河。"② 诗作将"冀阙"与"黄金台"比照，而"丹凤衔书辞冀阙"句，也杂入了秦人传说弄玉随凤凰飞去的神话元素。③

明李时勉《送萧知州还无为》说："报政秋来菊未残，朔风霜冷忽南还。乍辞冀阙天边路，犹望巢湖水上山。郡邑四时无犬吠，桑麻千里有人闲。探来欲识龚黄事，须访循良史传间。"④ 诗人回顾汉代历史人物，而以"乍辞冀阙天边路"句，借取"冀阙"作为朝廷京都的代表性符号。

六　"阙"与"阙"前广场及都城公共空间

阙，是宫殿标志性建筑。西汉宫阙基于"天子以四海为家，非壮丽无以重威"的考虑，又为了容留"上书奏事谒见之徒"，前面应有较宽阔场地，应是汉长安城值得重视的公共空间。正如有的学者所指出的，"人们从外地要进入未央宫，多数还是从宣平门或横门入城，经横门大街南下进未央宫北阙，或者再经安门大街南下进未央宫东阙"。⑤《史记》卷八《高祖本纪》记录"萧丞相营作未央宫，立东阙、北阙、前殿、武库、太仓"，而"高祖还，见宫阙壮甚，怒"，萧何言"天子以四海为家，非壮

---

① （元）袁桷撰，王颋点校：《清容居士集》卷一五《开平第一集甲寅》，浙江古籍出版社2015 年 1 月版，第 419 页。

② （元）贡师泰撰：《玩斋集》卷四《七言律诗》，《景印文渊阁四库全书》，第 1215 册第556 页。

③ 《水经注》卷一八《渭水》："又有凤台、凤女祠。秦穆公时，有箫史者，善吹箫，能致白鹄、孔雀。穆公女弄玉好之，公为作凤台以居之。积数十年，一旦随凤去。云雍宫世有箫管之声焉。今台倾祠毁，不复然矣。"（北魏）郦道元著，陈桥驿校证：《水经注校证》，中华书局2007 年 7 月版，第 441 页。又《艺文类聚》卷七八引《列仙传》曰："萧史，秦缪公时，善吹箫，能致白鹄、孔雀。公女字弄玉，好之，以妻焉。遂教弄玉作凤鸣。居数十年，凤皇来止其屋。为作凤台，夫妇止其上。不下数年，一旦皆随凤皇飞去。故秦氏作凤女祠。雍宫世有箫声。"（唐）欧阳询撰，汪绍楹校：《艺文类聚》，上海古籍出版社 1965 年 11 月版，第 1327 页。

④ （明）曹学佺编：《石仓历代诗选》卷三五一《明诗初集七十一》，《景印文渊阁四库全书》，第 1391 册第 765 页。

⑤ 杨宽：《中国古代都城制度史研究》，上海人民出版社 2003 年 6 月版，第 114 页。

丽无以重威"事，关于未央宫建设工程，首先说到"立东阙、北阙"，甚至置于未央宫"前殿"之前。可知"阙"在宫殿区规划中的重要。张守节《正义》："颜师古云：'未央殿虽南向，而当上书奏事谒见之徒皆诣北阙，公车司马亦在北焉。是则以北阙为正门，而又有东门、东阙，至于西南两面，无门阙矣。萧何初立未央宫，以厌胜之术理宜然乎？'按：北阙为正者，盖象秦作前殿，渡渭水属之咸阳，以象天极阁道绝汉抵营室。"①"阙"前空间为集会所利用，又见于《汉书》卷七二《鲍宣传》所记载汉哀帝时代发生的一次太学生运动。这次集会，是以"守阙上书"的形式进行的。②阙前的场地，可以容纳"诸生会者千余人"。"阙下"集聚人众，西汉史可见多次记录。③

　　《汉书》卷三六《刘向传》："孔子有两观之诛。"颜师古注引应劭曰："少正卯奸人之雄，故孔子摄司寇七日，诛之于两观之下。"④或说"孔子诛少正卯于两观之间。"⑤《名义考》卷六"九庙两观"条写道："《史记》禹致群臣于会稽之山，防风后至，禹杀而戮之，身横九庙。《司马法》：六尺为步，步百为亩。防风亦人耳，何至如是之大戮辱也？九亩，地也。杀而辱之，陈尸于九亩也？犹肆诸市朝之意。《家语》载孔子诛少正卯事。世曰两观之诛。卯行僻而坚，记丑而博，罪非死比也。摄相七日而诛之，毋乃过乎？朱子尝致疑矣。予按两观即阙，以观双植，谓之两观。以记教令，谓之冀阙。古者刑人于市。两观岂市耶？诛，责也。《周礼》宰夫以告而诛之是也。故责人之隐曰'心诛'。宰予不足，责曰：于予与何诛。则正卯两观之诛，或是当时列其罪状于两观，使人无效尤也。"⑥这种对"诛"的特别解说，即"列其罪状"，是否合理，这里不作讨论。周祈以为"两观"如同"九庙"，只是示众的空间的理解，看来是合理的。所谓"以记教令，谓之冀阙"，"冀"是否即"记"，上文有所涉及。而以"阙"作为公布宣示政令的场地，自有扩大宣传的出发点。商鞅徙木立信政治表演，舞台即设计在雍都"市南门"。《史记》卷六八

---

① 《史记》，第385—386页。
② 王子今：《西汉长安的太学生运动》，《唐都学刊》2008年第6期。
③ 王子今：《西汉长安的公共空间》，《中国历史地理论丛》2012年第1期。
④ 《汉书》，第1946页。
⑤ 《汉书》卷七六《王尊传》颜师古注引张晏曰，第3235页。
⑥ （明）周祈撰：《名义考》，《景印文渊阁四库全书》，第856册第359—360页。

《商君列传》:"令既具,未布,恐民之不信,已乃立三丈之木于国都市南门,募民有能徙置北门者予十金。"在显示"以明不欺"之后,"卒下令"。① 这是特别适宜"布""令"的空间。基本条件自然在于有公众聚集。而"市南门"之建筑高度,也是适宜宣布相关指令的。

"作为咸阳,筑冀阙,秦徙都之","作为筑冀阙宫庭于咸阳,秦自雍徙都之",都说"冀阙"建筑对于秦国新都城咸阳的重要意义,这是因为商鞅变法的主持者特别重视"法"的公布与宣传,强调"垂法而治","治法明"②,"法明而民利之也"③,"法令以当时立之者,明旦,欲使天下之吏民皆明知而用之,如一而无私"④。而"冀阙"正是公开"记教令""明""治法"的特殊场地。⑤

---

① 《史记》,第2231页。

② 《商君书·壹言》,高亨注译《商君书注译》,中华书局1974年11月版,第84、81页。

③ 《商君书·错法》,《商君书注译》,第86页。

④ 《商君书·定分》,《商君书注译》,第185页。

⑤ 王子今:《秦都咸阳"冀阙"考》,中国古都学会编《中国古都研究·古都与交通》2020年第2辑,陕西师范大学出版总社2020年12月版,第6—16页。

秦始皇造铸"金人十二"

　　秦始皇二十六年（前221），以武力实现了对天下的兼并，建立了大一统的专制帝国。《史记》卷六《秦始皇本纪》记载："分天下以为三十六郡，郡置守、尉、监。更名民曰'黔首'。大酺。收天下兵，聚之咸阳，销以为锺鐻，金人十二，重各千石，置廷宫中。一法度衡石丈尺。车同轨。书同文字。地东至海暨朝鲜，西至临洮、羌中，南至北向户，北据河为塞，并阴山至辽东。徙天下豪富于咸阳十二万户。"①

　　所谓"销以为锺鐻，金人十二，重各千石，置廷宫中"，清人王念孙《读书杂志·史记第一》指出："案此当作'置宫廷中'。今本'廷'字误在'宫'字之上，则文不成义。《文选·过秦论》注、《太平御览·皇王部》引此并作'置宫廷中'②，《通鉴·秦纪二》同。'庭'、'廷'古字通。"③ 张文虎《校刊史记集解索隐正义札记》卷一也说："凌云一本作'宫廷'。"④

　　秦中央政府"收天下兵，聚之咸阳，销以为锺鐻，金人十二，重各千石"，置于宫廷之中，是与建立天下一统的政体同时施行的举措，当然首先有宣示"壹家天下，兵不复起"（《峄山刻石》）⑤，"永偃戎兵"

---

　　① 《史记》，中华书局1959年9月版，第239页。

　　② 《太平御览》卷八六引《史记》作"置宫庭中"。中华书局用上海涵芬楼影印宋本1960年2月复制重印版，第408页。

　　③ （清）王念孙撰：《读书杂志》，江苏古籍出版社1985年7月版，第76页。

　　④ （清）张文虎撰：《校刊史记集解索隐正义札记》，中华书局2012年3月版，第70页。

　　⑤ 《峄山刻石》写道："追念乱世，分土建邦，以开争理。攻战日作，流血于野，自泰古始。世无万数，陀及五帝，莫能禁止。乃今皇帝，壹家天下，兵不复起。灾害灭除，黔首康定，利泽长久。"参看袁维春《秦汉碑述》，北京工艺美术出版社1990年12月版，第46页。

(《之罘刻石》），"嘉保太平"（《会稽刻石》）的作用①。但是，"重各千石"的"金人十二"的造铸，又有富有神秘主义意味的文化象征意义。

一　"大人见于临洮"

《汉书》卷三六《刘向传》记载，刘向上奏谈"天文"预示"时变"的史例，曾经说到了"长人见临洮"的传说：

> 秦始皇之末至二世时，日月薄食，山陵沦亡，辰星出于四孟，太白经天而行，无云而雷，枉矢夜光，荧惑袭月，蘖火烧宫，野禽戏廷，都门内崩，长人见临洮，石陨于东郡，星孛大角，大角以亡。观孔子之言，考暴秦之异，天命信可畏也。②

"长人见临洮"，被看作警示秦败亡的异象。

《汉书》卷二七下之上《五行志下之上》是这样说到秦始皇"作金人十二"的原因的：

> 史记秦始皇二十六年，有大人长五丈，足履六尺，皆夷狄服，凡十二人，见于临洮。③天戒若曰，勿大为夷狄之行，将受其祸。是岁始皇初并六国，反喜以为瑞，销天下兵器，作金人十二以象之。遂自贤圣，燔《诗》《书》，坑儒士，奢淫暴虐；务欲广地，南戍五岭，北筑长城以备胡越，堑山堙谷，西其临洮，东至辽东，径数千里。故大人见临洮，明祸乱之起。后十四年而秦亡，亡自戍卒陈胜发。④

就《史记》卷六《秦始皇本纪》记载秦始皇造铸"金人十二"事，司马

---

① 《史记》卷六《秦始皇本纪》，第250、262页。

② 《汉书》，中华书局1962年6月版，第1964页。

③ 梁玉绳《史记志疑》卷五："《汉五行志》引《史记》云'有大人长五丈，足履六尺，皆夷狄服，凡十二人，见于临洮'。此《纪》无之。不著临洮大人之事，则莫识铸金人何故。"以为《汉书》卷二七下之上《五行志下之上》关于"临洮大人之事"所谓"史记"出自司马迁《史记》。中华书局1981年4月版，第176页。

④ 《汉书》，第1472页。

贞《索隐》写道：

> 按：二十六年，有长人见于临洮，故销兵器，铸而象之。谢承《后汉书》："铜人，翁仲，翁仲其名也。"《三辅旧事》："铜人十二，各重三十四万斤。汉代在长乐官门前。"董卓坏其十为钱，余二犹在。石季龙徙之邺，苻坚又徙长安而销之也。

张守节《正义》也写道：

> 《汉书·五行志》云："二十六年，有大人长五丈，足履六尺，皆夷狄服，凡十二人，见于临洮，故销兵器，铸而象之。"谢承《后汉书》云："铜人，翁仲其名也。"《三辅旧事》云："聚天下兵器，铸铜人十二，各重二十四万斤。汉世在长乐官门。"《魏志·董卓传》云："椎破铜人十及锺鐻，以铸小钱。"《关中记》云："董卓坏铜人，余二枚，徙清门里。魏明帝欲将诣洛，载到霸城，重不可致。后石季龙徙之邺，苻坚又徙入长安而销之。"《英雄记》云："昔大人见临洮而铜人铸，至董卓而铜人毁也。"①

司马贞《索隐》和张守节《正义》共同引录的谢承《后汉书》和《三辅旧事》，所记一事而文字略异。

"大人"十二见于临洮，班固以为"天戒"，"大人见于临洮，明祸乱之起"。而秦始皇却"反喜以为瑞"，所谓"销天下兵器，作金人十二以象之"，其出发点也在于顺应天意。"大人见于临洮"，出现时，"皆夷狄服"，班固理解为"天戒若曰，勿大为夷狄之行，将受其祸"。这可能与临洮当秦地西边，正当与"夷狄"相交的文化界点有关。② 不过秦始皇反而变本加厉，大行"奢淫暴虐"之政，其中就包括"务欲广地，南戍五岭，北筑长城以备胡越，堑山堙谷，西其临洮，东至辽东，径数千里"。临洮地方，成为长城工程的代表性象征。"大人"之"见"，也被班固解

---

① 《史记》，第 240 页。

② 《史记》卷六《秦始皇本纪》："地东至海暨朝鲜，西至临洮、羌中，南至北向户，北据河为塞，并阴山至辽东。"第 239 页。临洮，实际上是秦帝国疆域西边与北边的共同的极点。

释为"明祸乱之起"的先兆。而果然"后十四年而秦亡，亡自戍卒陈胜发"，灭亡秦王朝的大起义，竟然确实是由前往戍守长城的戍卒陈胜发起。

临洮，在今甘肃岷县，秦汉时属陇西郡。① 当时，是曾经被中原人看作临于"夷狄"的界地的。《汉书》卷九六上《西域传上》："及秦始皇攘却戎狄，筑长城，界中国，然西不过临洮。"②

秦王政八年（前239），出击赵国的秦军曾经在屯留发生兵变，叛乱者受到严厉的惩处，胁从叛军的当地的民众也被强制迁徙到临洮。据《史记》卷六《秦始皇本纪》记载：

> 八年，王弟长安君成蟜将军击赵，反，死屯留，军吏皆斩死，迁其民于临洮。③

对于这段文字，学者有不同的理解，但是所谓"迁其民于临洮"，文意明确，不当有疑议。

二　东方的"大人"

刘向所谓"长人"，和司马迁所谓"大人"，其实是同一涵义。关于所谓"长人"或"大人"的神秘主义意识④，多见于属于东方神话系统的古代传说之中，或许亦体现出中原和西土居民对东方的某种认识。《楚辞·招魂》写道：

> 魂兮归来！东方不可以托些。长人千仞，惟魂是索些。

---

① 《汉书》卷二八下《地理志下》："陇西郡，秦置。""临洮，洮水出西羌中，北至枹罕东入河。《禹贡》西顷山在县西，南部都尉治也。"第1610页。

② 《汉书》，第3872页。

③ 《史记》，第224—225页。

④ 《墨子·大取》说到"长人"、"短人"。（清）孙诒让著，孙以楷点校：《墨子间诂》，中华书局1986年2月版，第412页。《史记》卷四七《孔子世家》也说："孔子长九尺有六寸，人皆谓之'长人'而异之。"第1909页。所谓"长人"，这里只是指身材高大的人，并没有神话意义。

王逸解释说："言东方之俗，其人无义，不可托命而寄身也。""言东方有长人之国，其高千仞，主求人魂而食之也。"洪兴祖补注："《山海经》云：'东海之外，大荒之中，有大人之国。'"①

《山海经》中，有多处说到"大人"，如：

> （嗟丘）在东海，两山夹丘，上有树木。一曰嗟丘，一曰百果所在，在尧葬东。大人国在其北，为人大，坐而削船。② 一曰在嗟丘北。……肝榆之尸在大人北。（《海外东经》）

> 大人之市在海中。（《海内北经》）

> 东海之外，大荒之中……有波谷山者，有大人之国。有大人之市，名大人之堂。有一大人踆其上，张其两耳。③（《大荒东经》）

> 有人名曰"大人"。有大人之国，釐姓，黍食。（《大荒北经》）④

除最后《大荒北经》一例外，"大人"均明确在东方。而《大荒北经》所谓"大人之国，釐姓"，也说明其地望也在东方。

《国语·鲁语下》记载："吴伐越，堕会稽，获骨焉，节专车。吴子使来好聘，且问之仲尼，曰：'无以吾命。'宾发币于大夫，及仲尼，仲尼爵之。既彻俎而宴，客执骨而问曰：'敢问骨何为大？'仲尼曰：'丘闻之：昔禹致群神于会稽之山，防风后至，禹杀而戮之，其骨节专车。此为大矣。'客曰：'敢问谁守为神？'仲尼曰：'山川之灵，足以纪纲天下者，其守为神；社稷之守者，为公侯。皆属于王者。'客曰：'防风何守也？'仲尼曰：'汪芒氏之君也，守封、嵎之山者也，为漆姓。在虞、夏、商为汪芒氏，于周为长狄，今为大人。'客曰：'人长之极几何？'仲尼曰：

---

① （宋）洪兴祖撰，白化文、许德楠、李如鸾、方进点校：《楚辞补注》（重印修订本），中华书局 2002 年 10 月版，第 199 页。

② 郝懿行解释说："'削'当读作若'稍'，削船谓操舟也。"

③ "两耳"，《太平御览》卷三七七及卷三九四均引作"两臂"。袁珂以为"作'两臂'是也"。《山海经校注》，上海古籍出版社 1980 年 1 月版，第 342 页。

④ 袁珂校注：《山海经校注》，第 251—253、325、340—341、422 页。

'僬侥氏长三尺，短之至也。长者不过十之，数之极也。'"所谓"封、嵎之山"，韦昭注："今在吴郡永安县也。"① "长狄"事又见《穀梁传·文公十一年》。② 司马迁在《史记》卷四七《孔子世家》中，"汪芒氏"写作"汪罔氏"，并明确其为"釐姓"："仲尼曰：'汪罔氏之君守封、嵎之山，为釐姓。在虞、夏、商为汪罔，于周为长翟，今谓之大人。'"③

于是，我们知道《山海经·大荒北经》所谓"大人之国，釐姓"，也属于东方"大人"神话系统。有的学者理解"莱、釐古文互用"，"莱夷亦即釐夷，釐姓之夷。大人国釐姓，当亦为此釐姓釐夷中的一支。"其活动地域可能在辽东半岛。④ 其说可以参考。

《淮南子·地形》也说到"大人国"，其方位也在东方：

　　　　自东南方至东北方，有大人国……

高诱注："东南垆土，故人大也。"⑤ 《大戴礼记·易本命》："虚土之人大。"⑥ 与此说相同。许慎《说文》中也有关于"东方""大人"的内容：

　　　　夷，东方之人，从大从弓。(《大部》)

　　　　东夷从大，大人也。(《羊部》)⑦

《列子·汤问》说到"渤海之东"所谓龙伯国"大人"："龙伯之国有大人，举足不盈数步而暨五山之所"，因触怒帝，"侵小龙伯之民使短，至

　　① 徐元诰撰，王树民、沈长云点校：《国语集解》（修订本），中华书局2002年6月版，第202—203页。

　　② （清）阮元校刻：《十三经注疏》，中华书局据原世界书局缩印本1980年10月影印版，第2408页。

　　③ 《史记》，第1913页。

　　④ 喻权中：《中国上古文化的新大陆——〈山海经·海外经〉考》，黑龙江人民出版社1992年版，第438—440页。

　　⑤ 何宁撰：《淮南子集释》，中华书局1998年10月版，第357页。

　　⑥ （清）王聘珍撰，王文锦点校：《大戴礼记解诂》，中华书局1983年3月版，第259页。

　　⑦ （汉）许慎撰，（清）段玉裁注：《说文解字注》，上海古籍出版社据经韵楼藏版1981年10月影印版，第493、147页。

伏羲、神农时，其国人犹数十丈"。①

东方"大人国"的传说流传相当久远。晋人张华在《博物志》卷二《外国》中写道：

> 大人国，其人孕三十六年而生儿，生儿白头，其儿长丈，能乘云而不能走，盖龙类，去会稽四万六千里。②

"大人国"居海上，以及"大人""能乘云"等传说，暗示或许当与海上幻象有某种关系。

三 "大人"与"海市"

对于《山海经·海内北经》所谓"大人之市在海中"，袁珂写道："杨慎、郝懿行等咸释以登州海市蜃楼之幻象，云：'今登州海中州岛上，春夏之交，恒见城郭市廛，人物往来，有飞仙遨游，俄顷变幻，土人谓之海市，疑即此。'云云，非也。"③ 袁珂断然否定杨慎、郝懿行等"以登州海市蜃楼之幻象"解释"大人之市在海中"的观点，然而却并没有提出否定的理由。

其实，可能只有以海市蜃楼现象，才能合理地解释"大人"神话何以多流传在东海地区的原因。

《唐国史补》卷下："海上居人，时见飞楼如缔构之状甚壮丽者。"④《梦溪笔谈》卷二一《异事》也说："登州海中时有云气，如宫室、台观、城堞、人物、车马、冠盖，历历可见。"⑤ 苏轼曾有《登州海市》诗：

> 东方云海空复空，群仙出没空明中。荡摇浮世生万象，岂有贝阙藏珠宫。心知所见皆幻影，敢以耳目烦神工。岁寒水冷天地闭，为我

---

① 杨伯峻撰：《列子集释》，中华书局 1979 年 10 月版，第 151、154—155 页。
② 据范宁《博物志校证》，中华书局 1980 年 1 月版，第 22、28 页。
③ 袁珂校注：《山海经校注》，第 325 页。
④ （唐）李肇等撰：《唐国史补 因话录》，上海古籍出版社 1979 年 1 月版，第 63 页。
⑤ （宋）沈括撰，金良年点校：《梦溪笔谈》，中华书局 2015 年 11 月版，第 208 页。

起蛰鞭鱼龙。重楼翠阜出霜晓，异事惊倒百岁翁。①

南宋林景熙曾著《蜃说》，记述了亲见海市蜃楼变幻的情形，起初见"海中忽涌数山"，后又出现"城廓台榭"，"如众大之区，数十万家，鱼鳞相比"，"又移时，或立如人，或散如兽，或列若旌旗之饰，瓮盎之器，诡异万千"。② 明末方以智转记他人所见"海市"情景，有"忽艨艟数十扬幡来，各立介士，甲光耀目，朱斾蔽天"等文字。③ 清人王士祯《香祖笔记》写道："广州之虎门合兰海，每岁正月初三、四、五日现海市。城阙楼台，车骑人物，倏忽万状。康熙丙辰见戈甲之形，粤有兵变。黄太冲宗羲亦言宁波有海市。该东海、南海皆有，不惟登州，但登见以四、五月，广见以正月初旬三日，是小异耳，鄞之见不言定期。"④

"海市"所见"群仙"、"介士"、"人物"等以及"或立如人"景况，应当就是"大人"传说的由来。

《睽车志》卷四说，宋高宗建炎年间，"泉州有人泛海，值恶风，漂至一岛。其徒数人登岸……俄见长人数十，身皆丈余，耳垂至腹"。⑤ 这里所说的"长人"，有可能就是海上"大人"。

秦人初起于东方，到了秦始皇所处的时代，东海神话世代传习的影响，应当还是隐约存在的。

在秦始皇"初并天下"，实现统一的当年，就出现了"有大人长五丈，足履六尺，皆夷狄服，凡十二人，见于临洮"的异象，于是，"销兵器，铸而象之"。在"是岁始皇初并六国"的时代背景下，从所谓"六合之内，皇帝之土；西涉流沙，南尽北户；东有东海，北过大夏；人迹所

① （清）王文诰辑注，孔凡礼点校：《苏轼诗集》卷二六，中华书局 1982 年 2 月版，第 1388—1389 页。

② （宋）林景熙著，（元）章祖程注，陈增杰补注：《林景熙集补注》卷四《记赋传说》，浙江古籍出版社 2012 年 3 月版，第 397 页。

③ （明）方以智：《物理小识》卷二，《国学基本丛书》，商务印书馆 1937 年 3 月版，第 55 页。

④ （清）王士祯撰，湛之点校：《香祖笔记》卷八，上海古籍出版社 1982 年 12 月版，第 152 页。

⑤ （宋）郭彖撰：《睽车志》卷四，上海师范大学古籍整理研究所编《全宋笔记》第 9 编，大象出版社 2018 年 3 月版，第 2 册第 213 页。

至，无不臣者"① 的心理出发，联想到东方"大人"神话，对于西边的这一神秘现象自然会"喜以为瑞"②，除"销天下兵器，作金人十二以象之"而外，秦始皇次年的陇西之行③，可能也不是偶然的。

四　"广野""云气"与非海滨地方的"大人""巨人"

光线经过不同密度的空气层，发生显著折射或全反射，把远处景物显示在空中或地面而形成的海市蜃楼现象，不仅多见于海上，也多见于沙漠荒原。这一情形在司马迁的时代就已经受到注意。《史记》卷二七《天官书》就写道：

> 海旁蜃气象楼台，广野气成宫阙然。云气各象其山川人民所聚积。④

临洮以远的地区，正是《史记》卷六《秦始皇本纪》所谓"西涉流沙"之地，是沙漠荒原连天的"广野"。

内陆地区发现海市蜃楼的记载，其实不绝于史。例如《晋书》卷一一四《苻坚载记下》："自坚之建元十七年四月，长安有'水影'，远观若水，视地则见人，至是则止。"⑤《隋唐嘉话》卷下也记载："神龙中，洛城东地若'水影'，纤微必照，就视则无所见。"⑥《旧唐书》卷三七《五行志》也记载了这一现象："神龙二年三月，洛阳东七里有'水影'，侧

---

①　《史记》，卷六《秦始皇本纪》，第 245 页。

②　《后汉书》卷七二《董卓传》李贤注引《三辅旧事》曰："秦王立二十六年，初定天下，称皇帝。大人见临洮，身长五丈，迹长六尺，作铜人以厌之，立在阿房殿前。汉徙长乐宫中大夏殿前。"中华书局 1965 年 5 月版，第 2326 页。称"作铜人以厌之"，视"大人"出现于临洮为不利之兆，于是以铜人厌胜，当是后人的理解。

③　《史记》卷六《秦始皇本纪》："二十七年，始皇巡陇西、北地，出鸡头山，过回中。"第 241 页。

④　《史记》，第 1338 页。

⑤　《晋书》，中华书局 1974 年 11 月版，第 2916 页。

⑥　（唐）刘𫗧撰，程毅中点校：《隋唐嘉话》，中华书局 1979 年 10 月版，第 41 页。

近树木车马之影，历历见'水影'中，月余方灭。"① 又如《新唐书》卷三六《五行志三》："神龙二年三月壬子，洛阳城东七里，地色如水，树木车马，历历见影，渐移至都，月余乃灭。长安街中，往往见'水影'。昔苻坚之将死也，长安尝有是。""大历末，深州束鹿县中有'水影'长七八尺，遥望见人马往来，如在水中，及至前，则不见水。"② 这里所谓"见人""见人马往来"，都使人联想到"大人"幻象。

方以智《物理小识》卷二有"海市山市"条，又有"阳炎水影旱浪"条。其中写道："燕、赵、齐、鲁之郊，春夏间，野望旷远处，如江河白水荡漾，近之则复不见，土人称为'阳炎'。"又说到《晋书》卷一一四《苻坚载记下》建元十七年长安有"水影"事，称"亦谓之'地镜'"。又写道："陆友仁曰，宋宝祐六年四月，常州晋陵之黄泥岸亦有此异相，传呼为'旱浪'。"方以智以为这都是大气变化引起的特殊光象。"其气平者为阳炎、旱浪，其气厚者为山市海市矣。"揭暄注《物理小识》指出，海市蜃楼是普遍的现象，"山海都地皆得见之"。③ 他和游艺在《天经或问后集》第四册《山城海市蜃气楼台图》注记中还写道："其盛则明，气微则隐，气移则物形渐改耳。在山为山城，在海为海市。"④

非滨海地区所见可能属于"海市蜃楼"一类的"大人"的情形，其实也并不罕见。例如：《宋书》卷三四《五行志五》："明帝泰豫元年正月，巨人见太子西池水上，迹长三尺余。"⑤ 《陈书》卷二《高祖本纪下》："（永定三年）仙人见于罗浮山寺小石楼，长三丈所，通身洁白，衣服楚丽。"⑥《隋书》卷二《高祖纪下》："（仁寿四年六月）长人见于雁门。"《隋书》卷二三《五行志下》则说："仁寿四年，有人长数丈，见于应门，其迹长四尺五寸。"⑦《新唐书》卷三六《五行志三》："久视二年正月，成州有大人迹见。""（贞元）十年四月，恒州有巨人迹见。"⑧

① 《旧唐书》，中华书局 1975 年 5 月版，第 1373 页。

② 《新唐书》，中华书局 1975 年 2 月版，第 946—947 页。

③ （明）方以智：《物理小识》，第 55、56 页。

④ 参看宋正海等《中国古代海洋学史》，海洋出版社 1986 年版，第 212—213 页。

⑤ 《宋书》，中华书局 1974 年 10 月版，第 1009 页。

⑥ 《陈书》，中华书局 1972 年 3 月版，第 38 页。

⑦ 《隋书》，中华书局 1973 年 8 月版，第 52、662 页。

⑧ 《新唐书》，第 955 页。

《旧唐书》卷三七《五行志》："十年四月，巨人迹见常州。"① 《新五代史》卷六三《前蜀世家》："（王建天复七年）是年正月，巨人见青城山。"② 《金史》卷二三《五行志》中这样的记载更是耐人寻味的："军宁江，驻高阜，撒改仰见太祖体如乔松，所乘马如冈阜之大。"③

此外，《涌幢小品》卷二七也记载了这样一些"巨人"传说：

> （正德十三年）六月四日，陕西会城，初昏时，阴暗忽大明，有巨人长三丈余，见抚台东。足长四尺余，衣袂飘摇，须髯如丛戟。

> （嘉靖三十四年）十二月十二日，咸宁王濯未第时，同二三友人丙夜过秦邸，见一巨人从东蹒跚而来，高三余丈。

> （万历三十五年）一宗室出门，又见一巨人从北著白衣白帻，耳有隧。高二丈余。两目炯炯，火光射地，望南而去。④

《涌幢小品》中的记载有志怪性质，未可确信，但是年代较早的正史《三国志》卷四《魏书·三少帝纪·陈留王奂》中的如下史例，则是我们不能不特别注意的：

> （魏元帝咸熙二年秋八月）是月，襄武县言有大人见，长三丈余，迹长三尺二寸，白发，著黄单衣，黄巾，柱杖，呼民王始语云："今当太平。"⑤

同一事，又见于《晋书》卷三《武帝纪》：

> （咸熙二年）八月辛卯，文帝崩，太子嗣相国、晋王位。下令宽

---

① 《旧唐书》，第 1375 页。

② 《新五代史》，中华书局 1976 年 5 月版，第 787 页。

③ 《金史》，中华书局 1975 年 7 月版，第 534 页。

④ （明）朱国桢撰，王根林点校：《涌幢小品》，上海古籍出版社 2012 年 12 月版，第 547 页。

⑤ 《三国志》，中华书局 1959 年 12 月版，第 153—154 页。

刑宥罪，抚众息役，国内行服三日。是月，长人见于襄武，长三丈，告县人王始曰："今当太平。"①

这一"有大人见"与"今当太平"预言相结合的史例，与秦始皇时代"大人见于临洮""喜以为瑞"类同。"著黄单衣，黄巾"，应当与当时民间信仰有关，也体现对"太平"的企盼。②另外，尤其值得我们特别注意的，是襄武县（今甘肃陇西）和临洮县（今甘肃岷县）相距很近，同属于陇西郡，是地形气象条件相近的地区。两地同样"有大人见"，可以给我们以有益的启示。

五　秦始皇"金人十二"的政治文化象征

秦始皇造铸"金人十二"，据说与"数以六为纪，符、法冠皆六寸，而舆六尺，六尺为步，乘六马"③有关。其实，取"十二"之数，更可能是取义于象征天数。

《左传·哀公七年》："周之王也，制礼，上物不过十二，以为天之大数也。"杜预解释说，"天有十二次，故制礼象之。"④《礼记·郊特牲》规定郊祭仪程，也说："祭之日，王被衮以象天，戴冕璪十有二旒，则天数也。"同样以"十二"为"天数"。郑玄注："天之大数，不过十二。"⑤《汉书》卷二一上《律历志上》也有这样的内容："五星起其初，日月起其中，凡十二次，日至其初为节，至其中斗建下为十二辰。视其建而知其次。故曰：'制礼上物，不过十二，天之大数也。'"⑥

天时也以"十二"为纪。《周礼·春官·冯相氏》："掌十有二岁、十

① 《晋书》，第49—50页。
② 方诗铭考察"黄巾起义的先驱"涉及"道教"的起源，指出"黄神越章"受到普遍崇奉，并"成为'太平道'和'五斗米道'的尊神"的情形。黄巾起义称"黄天当立""黄家当立"也与此有关。方诗铭：《曹操·袁绍·黄巾》，上海社会科学院出版社1995年版，第227—245页。
③ 《史记》卷六《秦始皇本纪》，第237—238页。
④ 《春秋左传集解》，上海人民出版社1977年8月版，第1747、1748页。
⑤ （清）朱彬撰，饶钦农点校：《礼记训纂》，中华书局1996年9月版，第396页。
⑥ 《汉书》，第984页。

有二月、十有二辰。"①

"金人"据说"各重二十四万斤",而与铸"金人十二"同时,秦始皇又"分天下以为三十六郡","徙天下豪富于咸阳十二万户"②,大约也都与取法天数"十二"的意识有关。

与刘向、班固等将临洮"大人"看作"暴秦之异"不同,司马迁没有流露出对秦始皇的鄙视和讥讽,而是以一种历史主义的客观的记述为后人留下了一份少有主观臆断污染的较纯实的文化史素材,以便于科学的分析。

事实上,我们可以看到,司马迁对秦始皇的一些有关政策,大体持理解的态度。这不仅表现出他的历史观的宽容,又说明他的心理倾向,和当时文化一统的新的时代要求,有一种神妙的默契。

《三国志》卷六《魏书·董卓传》:"悉椎破铜人、锺虡,及坏五铢钱。更铸为小钱。"③《太平御览》卷七一二引《三辅故事》:"董卓坏铜人十枚为小钱熨斗。"④ 董卓正是陇西临洮人,《后汉书》卷七二《董卓传》说:"(董卓)又坏五铢钱,更铸小钱,悉取洛阳及长安铜人、锺虡、飞廉、铜马之属,以充铸焉。故货贱物贵,谷石数万。又钱无轮郭文章,不便人用。时人以为秦始皇见长人于临洮,乃铸铜人。卓,临洮人也,而今毁之。虽成毁不同,凶暴相类焉。"⑤ 以秦始皇铸铜人为"凶暴",似乎不无历史偏见之嫌。其实,《三国志》卷六《魏书·刘表传》裴松之注引《英雄记》所谓"昔大人见临洮而铜人铸,临洮生卓而铜人毁"⑥,正意味着"金人十二"曾经被看作政治成功的一种象征,被看作统一事业的一种象征,被看作天下安定的一种象征。由这一角度来读司马迁对于此事客观主义的记述,应当理解当时大一统意识已经成为具有充备社会影响和广泛社会基础的时代精神的主体这一文化史的现实。

《文选》卷一○潘岳《西征赋》:"金狄迁于灞川。"李善注:"潘岳

---

① (清)孙诒让撰,王文锦、陈玉霞点校:《周礼正义》,中华书局 1987 年 12 月版,第 2103 页。

② 《史记》卷六《秦始皇本纪》,第 239 页。

③ 《三国志》,第 177 页。

④ (宋)李昉等撰:《太平御览》,第 3170 页。

⑤ 《后汉书》,第 2325—2326 页。

⑥ 《三国志》,第 216 页。

《关中记》曰：'秦为铜人十二，董卓坏以为钱，余二枚，魏明帝欲徙诣洛，载到霸城，重不可致。今在霸城次道南。'铜人，即金狄也。"① 《水经注》卷一九《渭水》也写道："魏明帝景初元年徙长安，金狄重不可致，因留霸城南，人有见蓟子训与父老共摩铜人曰：'正见铸此时，计尔日已近五百年矣。'"② 蓟子训摩铜人故事，见于《后汉书》卷八二下《方术列传·蓟子训》："后人复于长安东霸城见之，与一老公共摩挲铜人，相谓曰：'适见铸此，已近五百岁矣。'"③ 《史记》卷六《秦始皇本纪》司马贞《索隐》说到秦铸铜人，汉代置长乐宫门前，"石季龙徙之邺，苻坚又徙长安而销之也"。

张守节《正义》也引《关中记》："董卓坏铜人，余二枚，徙清门里。魏明帝欲将诣洛，载到霸城，重不可致。后石季龙徙之邺，苻坚又徙入长安而销之。"④

秦始皇铸"金人"，潘岳《关中记》说："魏明帝欲徙诣洛"，《水经注》卷一九《渭水》则说："魏明帝景初元年徙长安。"⑤ 当以前者为是。《三国志》卷三《魏书·明帝纪》裴松之注引《魏略》："（景初元年）是岁，徙长安诸钟虡、骆驼、铜人、承露盘。盘折，铜人重不可致，留于霸城。大发铜铸作铜人二，号曰'翁仲'，列坐于司马门外。"⑥

秦始皇铸"金人"，起初据说立在阿房宫殿前，汉徙长乐宫大夏殿前，或说未央宫前，后来魏明帝、石季龙、苻坚又屡次往复迁徙，魏明帝迁而不至，甚至又另外自铸铜人二，似乎可以说明秦始皇所铸"金人"有曾经为历代统治者所重视的十分特殊的象征作用。至于魏晋时期，"金人"尽管已经远远不足"十二"之数，然而在当时人的意识中，仍然保留有象征王制皇权的文化意义。

另外还有一个值得重视的现象，就是前述咸熙二年（265）"长人见于襄武"事后不到一年，晋武帝司马炎泰始二年（266），据《晋书》卷

---

① （梁）萧统编，（唐）李善注：《文选》，中华书局据胡克家刻本1977年11月缩小影印版，第155页。

② （北魏）郦道元著，陈桥驿校证：《水经注校证》，中华书局2007年7月版，第458页。

③ 《后汉书》，第2746页。

④ 《史记》，第240页。

⑤ （北魏）郦道元著，陈桥驿校证：《水经注校证》，第458页。

⑥ 《三国志》，第110页。

三《武帝纪》：

> 秋七月辛巳，营太庙，致荆山之木，采华山之石；铸铜柱十二，涂以黄金，镂以百物，缀以明珠。①

"铸铜柱十二"事在 266 年 8 月 22 日，在"长人见于襄武"事（265 年 9 月 6 日）350 天之后，与设坛南郊正式受禅②（266 年 2 月 8 日）③，相隔 195 天。"铸铜柱十二"的形式与秦始皇造铸"金人十二"相仿，是十分明显的。其时间的择定，也有模拟秦始皇在二十六年"初并天下"即造铸"金人十二"的迹象。

六　"金人"与"'锺鐻'"

日本学者原田淑人很早就指出"金人"是锺鐻的附座。④ 藤田丰八则提出"金人"就是锺鐻的见解。⑤ 国内近年又有学者注意到"1978 年湖北随县战国曾侯乙墓出土的编钟，是'由六具锺虎铜人承托'"，又据贾山《至言》："秦皇帝""悬石铸锺鐻"，《史记》卷一一三《平津侯主父列传》："及至秦王，蚕食天下，并吞战国，称号曰'皇帝'，主海内之政，坏诸侯之城，销其兵，铸以为锺虡，示不复用"，及《史记》卷一三〇《太史公自序》："始皇既立，并兼六国，销锋铸鐻，维偃干戈"等，以为《史记》卷六《秦始皇本纪》所谓"收天下兵，聚之咸阳，销以为锺鐻，金人十二，重各千石，置廷宫中"以及同篇引贾谊《过秦论》所谓"收天下之兵，聚之咸阳，销锋铸鐻，以为金人十二，以弱黔首之民"，铸锺鐻金人不当分开理解，断定"销锋改铸为钟虡一物"，"把锺

---

① 《晋书》，第 54 页。

② 《晋书》卷三《武帝纪》，第 50 页。

③ 据方诗铭、方小芬《中国史历日和中西历日对照表》，上海辞书出版社 1987 年版，第 305 页。

④ ［日］原田淑人：《秦の金人の形体就いて》，《市村博士古稀紀念東洋史論叢》（1933 年）。

⑤ ［日］藤田豐八：《鐘鐻金人について》，《狩野教授還暦紀念支那學論叢》（1928 年）。

镳、金人断作两种名物""是值得商榷的"①，或说"锺镳与金人系同一物"，"就是销熔兵器，铸成了十二枚铜质人形的镳"。被看作"确凿的证明"的，是扬雄《甘泉赋》所谓"金人仡仡其承锺虡兮"。论者认为"扬雄所述即秦之锺镳编锺"，而其认识基点在于"秦汉时该编锺放置于甘泉宫"，阿房宫时尚未建成，"况且，项羽'烧秦宫室，火三月不灭'，锺镳金人倘若置阿房宫中，当随之化为灰烬，汉人又怎能将其徙于长乐宫或未央宫呢？甘泉宫离咸阳70多公里，所以幸免于被难"。② 这样的观点得到附和。有的学者还说，"让十二金人充当锺镳具有特殊的意义。因为这些代表符瑞的金人是用兵器铸成的，让它们来承托乐锺无疑是象征着和平与安定，恰好可以向天下人表明秦始皇偃武修文，维护统一的思想，这正是秦始皇铸造十二金人的根源"。③

不过，这样的意见，似乎仍然不能够完全否定秦始皇"既铸锺镳又铸金人"，锺镳即锺镳，金人即金人的理解。

《太平御览》卷八六引《史记》有这样的说法：

> 收天下之兵，聚之咸阳，销锋镝，铸以为金人十二，以弱黔首之民。
>
> 收天下兵，聚之于咸阳，销以为锺镳，铸为金人十二，重各千石，置官庭中。④

前一种记述，只说造铸"金人"。后一种记述，也说明"锺镳"和"金人"不宜混同。

有学者指出，班固《西都赋》说："列锺虡于中庭，立金人于端闱。"⑤ 可见"金人"和"锺虡"两不相干。又《三国志》卷七二《魏书·董卓传》、《后汉书》卷六《董卓传》以及《资治通鉴》卷七三"魏明帝景初元年"都以"锺虡"和"金人"分为二事。而"《甘泉赋》所

---

① 张振新：《曾侯乙墓编钟的梁架结构与钟虡铜人》，《文物》1979 年第 7 期；张振新：《关于钟虡铜人的探讨》，《中国历史博物馆馆刊》第 2 期（1980 年 9 月）。

② 汪受宽：《"锺镳金人十二"为宫悬考》，《文史》第 40 辑，中华书局 1994 年版。

③ 王双怀：《秦始皇铸造"十二金人"的原因》，《秦陵秦俑研究动态》1996 年第 3 期。

④ （宋）李昉等撰：《太平御览》，第 408、411 页。

⑤ （梁）萧统编，（唐）李善注：《文选》，第 25 页。

言金人并非秦始皇所铸的十二金人"。于是坚持了"金人不是锺虡"的判断。①

《史记》卷一五《六国年表》："（秦始皇二十七年）为金人十二。"②《淮南子·氾论》也说："秦之时，高为台榭，大为苑囿，远为驰道，铸金人，发谪戍。"③都只说铸金人而不说铸锺鐻。如果金人只是锺的附属结构，这样以末代本的叙述显然是不合情理的。

又秦时金人置于甘泉宫（今按：秦时称林光宫）的臆测，也是缺乏史实根据的。金人立于咸阳，以形制高大，当置于宫殿区中较开阔的地带，即使项羽一炬，也不至于"化为灰烬"。

此外，按照以为"锺鐻与金人系同一物"者的观点，金人为鐻，下层6枚，高6.93米，第2层亦6枚。以曾侯乙墓出土编钟上下3层，承托钟架的佩剑铜人（包括头顶的榫）最高为0.96米。而钟架通高2.73米的比例计，则高6.93米的金人所承托的钟架高度应当达到19.71米。高度近20米的编钟，规模不仅是空前的，也是绝后的，姑且不论当时的铸造技术可否达到这样的水平，设想即使确实创造出这样的铸焊技术史上的奇迹，然而却并没有在史家笔下留下记录，也是不可思议的。司马迁在《史记》卷六《秦始皇本纪》中极言阿房宫前殿之高大，也只说"下可建五丈旗"，以现今尺度核计，当时的"五丈"，也不过才11.55米。如果宫前列立的金人竟然高于最宏伟的大殿，也是不可理解的。

另外，如果将"金人十二"强解作"承托""编锺"的"锺虡铜人"，即只是编钟的附件，那么后来有关梦"金人"泣，以及销毁"金人"、移动"金人"的记载，也不好理解。

---

① 王裕民：《秦十二金人考》，《秦文化论丛》第4辑，西北大学出版社1996年版，第274—276页。

② 《史记》，第757页。

③ 何宁撰：《淮南子集释》，第942页。《史记》卷六《秦始皇本纪》引贾谊《过秦论》所谓"收天下之兵，聚之咸阳，销锋铸鐻，以为金人十二，以弱黔首之民"，《新书·过秦上》作"销锋镝"，《汉书》卷三一《陈胜项籍传》赞引"昔贾生之《过秦》"、《文选》卷五一贾谊《过秦论》均作"收天下之兵，聚之咸阳，销锋鍉，铸以为金人十二，以弱天下之民"，均不言铸锺鐻。《史记》，第281页；（汉）贾谊撰，阎振益、锺夏校注：《新书校注》，中华书局2000年7月版，第2页；《汉书》，第1823页；（梁）萧统编，（唐）李善注：《文选》，第708—709页。

《文选》卷一班固《西都赋》："列锺虡于中庭，立金人于端闱。"①
即分说"锺虡"与"金人"。至于扬雄《甘泉赋》所谓"金人仡仡其承
锺虡兮"②，则可能是如同曾侯乙墓相类似的"金人"。《汉书》卷二五下
《郊祀志下》记载："（汉宣帝甘露元年）建章、未央、长乐宫锺虡铜人皆
生毛，长一寸所，时以为美祥。"③ 甘泉宫"承锺虡"之"金人"，与所
谓"建章、未央、长乐宫锺虡铜人"当然性质相同，可见秦汉宫廷应用
"锺虡铜人"确实相当普遍，然而却与秦始皇销天下兵器所造铸的"金
人"没有直接的关系。

宫观庙堂前列立"金人"，可能确实是曾经流行一时的建筑风格。
《孔子家语·观周》就写道："孔子观周，遂入太祖后稷之庙，堂右阶之
前，有金人焉。三缄其口而铭其背曰：'古之慎言人也。'"④

七　秦始皇"金人十二"的形制

秦始皇所铸"金人十二"，据司马迁《史记》卷六《秦始皇本纪》
说，"重各千石"。司马贞《索隐》引《三辅旧事》："铜人十二，各重三
十四万斤。"张守节《正义》则引作"铸铜人十二，各重二十四万斤"。⑤
梁玉绳《史记志疑》卷五说："《正义》引《三辅旧事》云铜人'各重二
十四万斤'，《水经注》四同。而此言'千石'。考《黄图》云'锺鐻高
三丈，锺小者皆千石'，则知'千石'者乃锺鐻重数，《史》误并之，而
又失书金人之重耳。"⑥

《西都赋》："列锺虡于中庭，立金人于端闱。"李善注："《史记》
曰：'始皇大收天下兵器，聚之咸阳，销以为锺鐻，铸金人十二，各重千
斤，置宫中。"又《文选》卷二张衡《西京赋》："高门有闶，列坐金
狄"，李善注："《史记》曰：'始皇收天下兵，销以为金人十二，各重千

① （梁）萧统编，（唐）李善注：《文选》，第 25 页。
② （梁）萧统编，（唐）李善注：《文选》，第 113 页。
③ 《汉书》，第 1252 页。
④ （清）陈士珂辑，崔涛点校：《孔子家语疏证》，凤凰出版社 2017 年 10 月版，第 80 页。
⑤ 《史记》，第 240 页。
⑥ （清）梁玉绳撰：《史记志疑》，第 176 页。

斤，致于宫中。"①

这里所谓的"各重千斤"，显然有误。

而如果"各重二十四万斤"的记载属实，则重量相当于60933.6公斤，即超过60吨。②金人十二，则总重量超过731吨。这当然还不是"收天下兵器，聚之咸阳"销毁的总重，因为还有铸作"锺鐻"者，按照《三辅黄图》卷一的说法，其"高三丈，锺小者皆千石也"。此外，民间流散的兵器，还有许多。③

《三辅黄图》卷一关于"金人十二"，还有如下的记述：

> 销锋镝以为金人十二，以弱天下之人，立于宫门。《三辅旧事》云：铸金狄人，立阿房殿前。坐高三丈，铭其后曰："皇帝二十六年，初兼天下，改诸侯为郡县，一法律，同度量。"大人来见临洮，其大五丈，足迹六尺。铭李斯篆，蒙恬书。董卓悉椎破铜人铜台，以为小钱。天下大乱，卓身灭，抑有以也。余二人，魏明帝欲徙诣洛阳清明门里，载至霸城，重不可致，便留之。④

按照秦时通例，所铸铜人应当是有铭文的。据《水经注》卷四《河水》，铭文字句与《三辅黄图》略有不同⑤，又《汉书》卷九九下《王莽传下》记载："（王）莽梦长乐宫铜人五枚起立，莽恶之，念铜人铭有'皇帝初兼天下'之文，即使尚方工镌灭所梦铜人膺文。"⑥《汉书补注》："先谦

---

① （梁）萧统编，（唐）李善注：《文选》，第25、39页。

② 据国家计量总局主编《中国古代度量衡图集》著录的30件传世与出土的秦权，其折合重量最高每斤合273.75克，最低每斤合234.6克，平均为253.89克。国家计量总局主编，邱隆等编：《中国古代度量衡图集》，文物出版社1981年版，第110—135页。

③ 元人陈孚《博浪沙》诗即写道："一击车中胆气豪，祖龙社稷已动摇。如何十二金人外，犹有民间铁未销。"（《元诗选》丙集，《元诗百一钞》卷八）又如清人凌扬藻《博浪椎》诗："奋击袭天副车折，噫嘻尚有人间铁！"（《雅海堂集》卷五）以及罗聘《秦始皇》诗："焚书早种咸阳火，收铁偏遗博浪椎。"参看钱锺书《管锥编》第一册《史记会注考证·秦始皇本纪》"铜铸兵与铁铸兵"条，中华书局1979年版，第255—256页。

④ 何清谷校注：《三辅黄图校注》，三秦出版社2006年1月版，第54—55页。

⑤ （北魏）郦道元著，陈桥驿校证：《水经注校证》，第114页。

⑥ 《汉书》，第4169页。

曰：'十二枚，镌其五。'"①

《汉书》卷九九下《王莽传下》所谓"所梦铜人膺文"，与《长安志》引《关中记》所谓"长乐宫前铜人，其胸前铭，李斯篆，蒙恬书也"相合。《三辅黄图》卷一"铭其后曰"云云，记载与此不同，不过却又与《孔子家语·观周》所谓"太祖后稷之庙"所立"金人""而铭其背"的说法相合。金人铭文究竟在胸前还是背后，现在似乎也难以确知。

"梦长乐宫铜人五枚起立"，似乎铜人原先是坐姿。后来魏明帝欲徙金人至洛阳，重不可致，于是自铸铜人二，也是"列坐于司马门外"。《三辅黄图》卷一说："坐高三丈，铭其后曰：'皇帝二十六年，初兼天下，改诸侯为郡县，一法律，同度量。"《史记》卷四八《陈涉世家》褚先生补述引贾谊《过秦论》：

> （秦始皇）堕名城，杀豪俊，收天下之兵聚之咸阳，销锋镝，铸以为金人十二，以弱天下之民。

司马贞《索隐》："各重千石，坐高二丈，号曰'翁仲'。"② 所谓"坐高三丈"，或者"坐高二丈"，不知是说铜人坐姿，还是指铜人之"座"即董卓所"椎破铜人铜台"之"铜台"。如果取坐姿，则当为踞坐，如出土踞坐秦俑形式，然而与临洮所见"大人""长五丈"之立姿不一致，如此则大约铸作时并非绝对"象之"，或当另有深意。不过，《三辅黄图》卷一说"坐高三丈"，又说"立于宫门"，对于这里所谓"坐"与"立"究竟应当如何理解，我们现在还难以确知。有学者以为，"金人为坐相是毋庸置疑的，也因此王莽才会'梦长乐宫铜人五枚起立'"③，此说还可以讨论。而"列坐于司马门外"之所谓"坐"，或许只是放置的意思。

《水经注》卷四《河水》说秦始皇铸金人十二事始末，也说"坐之宫门之前"：

---

① 王先谦撰：《汉书补注》，中华书局据清光绪二十六年虚受堂刊本 1983 年 9 月影印版，第 1716 页。

② 《史记》，第 1963、1964 页。

③ 王裕民：《秦十二金人考》，《秦文化论丛》第 4 辑，西北大学出版社 1996 年 6 月版，第 277 页。

　　秦始皇二十六年，长狄十二见于临洮，长五丈余，以为善祥，铸
金人十二以象之，各重二十四万斤，坐之宫门之前，谓之"金狄"。
皆铭其胸云：皇帝二十六年，初兼天下，以为郡县，正法律，同度
量，大人来见临洮，身长五丈，足六尺。李斯书也。故卫恒《叙篆》
曰：秦之李斯，好为工篆，诸山碑及铜人铭，皆斯书也。汉自阿房徙
之未央宫前，俗谓之"翁仲"矣。地皇二年，王莽梦铜人泣，恶之，
念铜人铭有皇帝初兼天下文，使尚方工镵灭所梦铜人膺文。后董卓毁
其九为钱。其在者三，魏明帝欲徙之洛阳，重不可胜，至霸水西停
之。《汉晋春秋》曰：或言"金狄"泣，故留之，石虎取置邺宫，符
坚又徙之长安，毁二为钱，其一未至而符坚乱，百姓推置陕北河中，
于是"金狄"灭。①

　　其中说到"地皇二年，王莽梦铜人泣"，由此可以推想《汉书》卷九九下
《王莽传下》"长乐宫铜人五枚起立"，所谓"起立"或当为"泣"之慢
读讹音。如果这一推想能够成立，则"金人"跽坐的可能，大致也可以
排除。

　　《汉书》卷二七下之上《五行志下之上》说秦始皇二十六年临洮所见
"大人""长五丈，足履六尺"。考察秦始皇陵兵马俑1号坑一区（T1K、
T10K、T19K）出土的157件陶俑，足至顶高平均176.79厘米（最大数值
为186厘米，最小数值为168.5厘米），脚长平均27.50厘米（最大数值
31厘米，最小数值22.8厘米）。②按照洛阳金村出土战国铜尺长23.1厘
米的尺度计③，"足履六尺"，相当于138.6厘米。按照秦俑身材比例，则
身高大约合929.59厘米，相当于当时尺度3.86丈。很可能"金人"的铸
作，是以"足履六尺"为准计定的身高。如此则正与其高"三丈"的传
说大体符合。根据这样的分析，似乎也可以否定"金人为坐相"的说法。

　　"董卓悉椎破铜人铜台，以为小钱"事，见于《三国志》卷六《魏
书·董卓传》："悉椎破铜人、钟虡，及坏五铢钱。更铸为小钱。"所谓

　　①　（北魏）郦道元著，陈桥驿校证：《水经注校证》，第114—115页。
　　②　陕西省考古所始皇陵秦俑坑考古发掘队：《秦始皇陵兵马俑一号坑发掘报告（1974—
1984）》，文物出版社1988年版，第349—353页。
　　③　国家计量总局主编，邱隆等编：《中国古代度量衡图集》，第10页。

"椎破"的说法，暗示"铜人铜台"至少有些部分可能是中空的。

八　秦始皇"金人十二"与
"西域佛教圣像"的关系

马非百曾经采录《广弘明集》及《释迦方志》引释道安、朱士行等《经录》中有关"始皇之时，有外国沙门释利房等一十八贤者，赍持佛经来化始皇，始皇弗从，遂囚禁之，夜有金刚丈六人来，破狱出之，始皇惊怖，稽首谢焉"的说法，并且以为"秦始皇时，有外国沙门东来"，《汉书》卷二七下之上《五行志下之上》："史记秦始皇二十六年，有大人长五丈，足履六尺，皆夷狄服，凡十二人，见于临洮。""是岁始皇初并六国，反喜以为瑞，销天下兵器，作金人十二以象之。"就是"同类之记载"。

马非百说："始皇铸金人，乃中国有金属铸象之开端。《孔子家语》载孔丘见金人，三缄其口，乃是魏王肃伪造，不足置信。[①]当时金人被置于宫庭中。""自始皇铸金人以后，秦汉所造宫殿，大都模仿其制，铸为金人以为装饰。""可见始皇铸金人所遗后代影响之巨。然此事实含有极深之宗教意味，而且与西域佛教有密切之关系。考秦时临洮，即现在甘肃之岷县。在当时，与匈奴及氐羌毗邻。汉武帝时，匈奴已有'祭天金人'，可知佛教在匈奴已开始盛行。而始皇时十二大人之发现，正是从毗邻匈奴之临洮传说而来。当时官吏报到朝廷，在中国固有之神秘观念中，以为是国家祥瑞。适值始皇大修宫殿，而宫殿是'仿太紫之圆方'者，于是铸成金人，置于其中，以示宫殿之雄伟。佛教佛陀身长丈六，作紫磨金色，佛教中之护法天师亦多高大而金饰，与始皇所铸之金人'重各千石'者正相符合。且传说中之大人'皆夷狄佛'（今按：'佛'，'服'之

---

① 马非百此说不确。西周时期铸作的铜人，我们可以看到陕西宝鸡茹家庄 1 号墓和 2 号墓出土的实物。此后河南三门峡上村岭虢国墓、湖北随县曾侯乙墓、洛阳金村韩墓、河北易县燕下都、河北平山中山王墓、山西长治分水岭 126 号墓，都有制作精美、形象生动的铜铸人像出土。参看卢连成等《宝鸡强国墓地》，文物出版社 1988 年第 10 版；中国科学院考古研究所《上村岭虢国墓地》，科学出版社 1959 年 10 月版；湖北省博物馆《随县曾侯乙墓》，文物出版社 1980 年 4 月版；[日]梅原末治《洛阳金村古墓聚英》（增订），京都小林出版社 1943 年 11 月版；河北省文化局文物工作组《燕下都遗址发现一件战国时代的铜人像》，《文物》1965 年第 2 期；河北省文物管理处《河北省平山县战国时期中山国墓发掘简报》，《文物》1979 年第 1 期；边城修《山西长治分水岭 126 号墓发掘报告》，《文物》1972 年第 4 期。

误写），故始皇所铸之金人，服饰亦与中国不同。此种采用夷服之作风，在以后各代莫不皆然。""金人所以被称为金狄、长狄者，即在于其身量之高大，金光辉昱，而服装又不同于中国。""此种金人，又显然为一种坐像。凡此，皆足以窥见外来之色彩。"

马非百于是断定："总之，始皇所铸金人，是吸收西域佛教圣像而融化之于中国神教系统之中。可见中印两国文化交流关系，在二千年前即已开始矣。"

其实，"外国沙门释利房等一十八贤者，赍持佛经来化始皇"的说法，是后世不能得到历史确证的佛家宣传。如果"释利房""化始皇"是历史事实，以中国如此丰富之典籍遗存和文物遗存，迄今竟然没有发现点滴依据可以助证此说，似乎是难以理解的。

马非百注意到张衡《西京赋》所谓"高门有闶，列坐金狄"，何晏《景福殿赋》所谓"爰有遝狄，镣质轮菌，坐高门之侧堂，彰圣主之威神"，他写道："盖高门即皋门，是帝宫五门中之外门，亦称为端门。'皋门像征紫宫，有十二之藩臣'。《史记·天官书》以此秦宫中列坐之十二金人，依星位形式，应为东首五尊，西首五尊，中间两尊。虽不完全相合，但已具有后世中国佛寺山门天王殿之格式：即中间向外为弥勒，向内为韦驮，两旁为四大天王。"①

《西京赋》所谓"金狄"，《文选》卷二李善注："金狄，金人也。"②《景福殿赋》所谓"遝狄"，《文选》卷一一李善注："遝狄，即长狄也。""言为金狄坐于高门侧堂之中，以明圣主之有威神。"③ "金狄""遝狄"，确是指秦始皇所铸金人。然而，《史记》卷二七《天官书》中并不见"皋门"之称。所谓"紫宫""十二之藩臣"之说，当是指如下一段文字：

中宫，天极星，其一明者，太一常居也；旁三星三公，或曰子属。后句四星，末大星正妃，余三星后宫之属也。环之匡卫十二星，

---

① 马非百：《秦集史》，中华书局1982年版，上册第361—363页。

② 马非百说："李善引郑玄《礼记·注》曰：'金狄，金人也。'"不确。李善注原文作："善曰：《毛诗》曰：'皋门有伉'，与'闶'同。郑玄《礼记注》曰：'皋之言高也。'金狄，金人也。"所谓"金狄，金人也"，是李善注语，非郑玄注语。（梁）萧统编，（唐）李善注：《文选》，第39页。

③ （梁）萧统编，（唐）李善注：《文选》，第174页。

藩臣。皆曰紫宫。①

"十二星，藩臣"，并不是如马非百所设想的，"应为东首五尊，西首五尊，中间两尊"，"已具有后世中国佛寺山门天王殿之格式：即中间向外为弥勒，向内为韦驮，两旁为四大天王"，而明确是"环之匡卫"。

尽管马非百的推测难免臆度之嫌，但是他所注意到的"金人"只是作为"藩臣"的象征，只是"坐于高门侧堂之中，以明圣主之有威神"的作用，却给我们以重要的启示。也就是说，取象临洮"大人"的十二金人，在秦汉宫廷中，只能"侧"居以陪衬显示"圣主"的"威神"。

真正的唯一的"圣主"，是大一统的帝国的主宰——皇帝本人。

马非百以秦始皇铸"金人"与佛教相联系，注意到秦时临洮与匈奴及氐羌毗邻。又以为"汉武帝时，匈奴已有'祭天金人'，可知佛教在匈奴已开始盛行"。匈奴"祭天金人"事，见于《史记》卷一一〇《匈奴列传》：

> 汉使骠骑将军（霍）去病将万骑出陇西，过焉支山千余里，击匈奴，得胡首虏万八千余级，破得休屠王祭天金人。

裴骃《集解》："《汉书音义》曰：'匈奴祭天处本在云阳甘泉山下，秦夺其地，后徙之休屠王右地，故休屠有祭天金人，象祭天人也。'"司马贞《索隐》："韦昭云：'作金人以为祭天主。'崔浩云：'胡祭以金人为主，今浮图金人是也。'"司马贞对《汉书音义》"匈奴祭天处本在云阳甘泉山下"的说法提出异议，以为："事恐不然。案：得休屠金人，后置之于甘泉也。"张守节《正义》则指出："《括地志》云：'径路神祠在雍州云阳县西北九十里甘泉山下，本匈奴祭天处，秦夺其地，后徙休屠右地。'按：金人即今佛像，是其遗法，立以为祭天主也。"②

我们看到的有关匈奴"祭天金人"的信息，又有《汉书》卷六八《金日磾传》：

---

① 《史记》，第 1289 页。
② 《史记》，第 2908、2909 页。

武帝元狩中，票骑将军霍去病将兵击匈奴右地，多斩首，虏获休屠王祭天金人。

《汉书》卷六八《霍光金日磾传》赞又写道，甚至金日磾得姓，也与这一宗教现象有关：

本以休屠作金人为祭天主，故因赐姓金氏云。①

《汉书》卷五五《霍去病传》："去病侯三岁，元狩二年春为票骑将军，将万骑出陇西，有功。上曰：'票骑将军率戎士……转战六日，过焉支山千有余里，合短兵，鏖皋兰下，杀折兰王，斩卢侯王，锐悍者诛，全甲获丑，执浑邪王子及相国、都尉，捷首虏八千九百六十级，收休屠祭天金人，师率减什七，益封去病二千二百户。'"对于"收休屠祭天金人"，颜师古注："如淳曰：'祭天以金人为主也。'张晏曰：'佛徒祠金人也。'师古曰：'今之佛像是也。'"②

就目前我们掌握的资料看，以"休屠祭天金人"为"佛像"的推测，仍嫌论证不足。

特别是所谓"休屠祭天金人"，"休屠作金人为祭天主"，都指明"金人"并非祭祀对象，而只是在进行祭事时"象祭天人"即象征祭主的替身，严格说来，其实也是一种祭具、祭器。"金人"的作用与佛教中"佛"的地位，其实不能完全等同。休屠王遵行的宗教准则，是"天"的崇拜，而这与佛教基本原则也是不相同的。

马非百以为秦汉宫廷中的"金人""显然为一种坐像"，因而"足以窥见外来之色彩"。然而所举张衡《西京赋》所谓"高门有闶，列坐金狄"，何晏《景福殿赋》所谓"坐高门之侧堂，彰圣主之威神"，《文选》卷一一李善注："坐于高门侧堂之中"③ 等，这里所谓"坐"，其实都可以理解为放置。

《西京杂记》卷三《咸阳宫异物》说到"高祖初入咸阳宫，周行库

---

① 《汉书》，第 2959、2967 页。
② 《汉书》，第 2479、2480 页。
③ （梁）萧统编，（唐）李善注：《文选》，第 174 页。

府，金玉珍宝，不可称言"，而"其尤惊异者"之中，有另外一种秦铸"金人"：

> 铸铜人十二枚，坐皆高三尺，列在一筵上。琴筑笙竽，各有所执，皆缀花彩，俨若生人。筵下有二铜管，上口高数尺，出筵后，其一管空，一管内有绳，大如指，使一人吹空管，一人纽绳，则众乐皆作，与真乐不异焉。①

其制作机巧生动，然而即使记载真实，实际上也只是一种宫廷玩具，与秦始皇销天下兵器所铸"金人十二"是完全不同的。不过，这样的铜人也取"十二枚"之数，似乎也可以理解为秦始皇造铸"金人十二"广泛历史文化影响的一种曲折的反映。②

---

① （汉）刘歆撰，（晋）葛洪辑，向新阳、刘克任校注：《西京杂记校注》，上海古籍出版社1991年5月版，第133页。《酉阳杂俎》前集卷六《乐》作："咸阳宫中铸铜人十二枚，坐皆三五尺，列在一筵上。琴筑笙竽，各有所执，皆组绶花彩，俨若生人。筵下有铜管，吐口高数尺，其一管空，内有绳大如指，使一人吹空管，一人纽绳，则琴瑟竽筑皆作，与真乐不异。"（唐）段成式撰，许逸民校笺：《酉阳杂俎校笺》，中华书局2015年7月版，第550页。

② 王子今：《秦始皇造铸"金人十二"之谜》，《陕西历史博物馆馆刊》第5辑，西北大学出版社1998年6月版，第83—95页。

云阳甘泉山与匈奴"祭天金人"

《史记》有北上远征的汉王朝骑兵军团缴获休屠王"祭天金人"的记载，《史记》注家以为匈奴"祭天"地点曾经在甘泉宫左近，如此则直道线路应与匈奴在一定历史时段的南北交通实践有关。进行相关考察，有助于全面认识直道选线缘由以及其交通作用之沟通与交汇不同民族文化的特殊意义。被看作"匈奴祭天处"的"径路神祠"，所谓"径路"与"直道"的语言对应关系或许也有值得交通史和民族史学者关注的价值。对直道连通区域若干具有神秘主义色彩历史遗存的关注，应当可以深化直道史的研究。"匈奴祭天处"与匈奴"祭天金人"的移动，也可能与直道交通有关。而对于秦汉交通史、区域文化史和民族关系的总体认识，也可以因此获得可以推进的条件。

一 霍去病的战利品：匈奴"祭天金人"

《史记》卷一一一《卫将军骠骑列传》记载霍去病北征大漠的战绩，战利品中包括匈奴礼祀的偶像：

> 冠军侯去病既侯三岁，元狩二年春，以冠军侯去病为骠骑将军，将万骑出陇西，有功。天子曰："骠骑将军率戎士逾乌鹫，讨遨濮，涉狐奴，历五王国，辎重人众慑慑者弗取，冀获单于子。转战六日，过焉支山千有余里，合短兵，杀折兰王，斩卢胡王，诛全甲，执浑邪王子及相国、都尉，首虏八千余级，收休屠祭天金人，益封去病二千户。"

关于"休屠祭天金人"语，出自"天子曰"。可知"收休屠祭天金人"的捷报，得到汉武帝的认可，并以为"益封"之据。所谓"休屠祭天金人"，裴骃《集解》："如淳曰：'祭天为主。'"司马贞《索隐》："案：张婴云：'佛徒祠金人也。'如淳云：'祭天以金人为主也。'屠音储。"①《汉书》卷五五《霍去病传》："去病侯三岁，元狩二年春为票骑将军，将万骑出陇西，有功。上曰：'票骑将军率戎士隃乌鳌，讨遫濮，涉狐奴，历五王国，辎重人众摄聋者弗取，几获单于子。转战六日，过焉支山千有余里，合短兵，鏖皋兰下，杀折兰王，斩卢侯王，锐悍者诛，全甲获丑，执浑邪王子及相国、都尉，捷首虏八千九百六十级，收休屠祭天金人，师率减什七，益封去病二千二百户。'"颜师古注："如淳曰：'祭天以金人为主也。'张晏曰：'佛徒祠金人也。'师古曰：'今之佛像是也。休音许虬反。屠音储。'"②又《汉书》卷五五《金日磾传》："武帝元狩中，票骑将军霍去病将兵击匈奴右地，多斩首，虏获休屠王祭天金人。"③《汉书》卷九四上《匈奴传上》："（元狩二年）春，汉使票骑将军去病将万骑出陇西，过焉耆山千余里，得胡首虏八千余级，得休屠王祭天金人。"④

对于"收休屠祭天金人"，《史记》卷一一○《匈奴列传》写作"破得休屠王祭天金人"：

> 其明年春，汉使骠骑将军去病将万骑出陇西，过焉支山千余里，击匈奴，得胡首虏万八千余级，破得休屠王祭天金人。⑤

匈奴"祭天金人"进入汉文历史典籍，但是对于其名义和性质的理解却有不同。这应当是民族文化存在隔阂而信仰世界有所区别的缘故。

二 "匈奴祭天处本在云阳甘泉山下"

几位权威《史记》注家的解说，均注意到与"祭天金人"相关的匈

---

① 《史记》，中华书局 1959 年 9 月版，第 2929—2930 页。

② 《汉书》，中华书局 1962 年 6 月版，第 2479—2480 页。

③ 《汉书》，第 2959 页。

④ 《汉书》，第 3768 页。

⑤ 《汉书》，第 2908 页。

奴"祭天"地点。裴骃《集解》：

> 《汉书音义》曰："匈奴祭天处本在云阳甘泉山下，秦夺其地，
> 后徙之休屠王右地，故休屠有祭天金人，象祭天人也。"

司马贞《索隐》：

> 韦昭云："作金人以为祭天主。"崔浩云："胡祭以金人为主，今
> 浮图金人是也。"又《汉书音义》称："金人祭天，本在云阳甘泉山
> 下，秦夺其地，徙之于休屠王右地，故休屠有祭天金人，象祭天人
> 也。"事恐不然。案：得休屠金人，后置之于甘泉也。

张守节《正义》：

> 《括地志》云："径路神祠在雍州云阳县西北九十里甘泉山下，
> 本匈奴祭天处，秦夺其地，后徙休屠右地。"按：金人即今佛像，是
> 其遗法，立以为祭天主也。①

所谓"云阳""甘泉山"的指向，使得匈奴游牧人群介入中原农耕文化的
历史动向呈示出一个值得重视的观察点。

《汉书音义》所谓"匈奴祭天处本在云阳甘泉山下，秦夺其地"，"金
人祭天，本在云阳甘泉山下，秦夺其地"，《括地志》所谓"径路神祠在
雍州云阳县西北九十里甘泉山下，本匈奴祭天处，秦夺其地"，都强调
"甘泉山下"。而"甘泉"，据《史记》记述，是秦始皇直道的终点。《史
记》卷一五《六国年表》"（秦始皇）三十五年，为直道，道九原，通甘
泉。"②《史记》卷八八《蒙恬列传》："始皇欲游天下，道九原，直抵甘
泉，乃使蒙恬通道，自九原抵甘泉，堑山堙谷，千八百里。道未就。"③
所谓"甘泉山下，本匈奴祭天处"，暗示秦直道南端"甘泉"的神秘背

---

① 《史记》，第2908—2909页。
② 《史记》，第758页。
③ 《史记》，第2566—2567页。

景。相关历史迹象体现直道线路应与匈奴在一定历史时段的南北交通实践有关。

前引《史记》诸注说，或言"匈奴祭天处本在云阳甘泉山下，秦夺其地，后徙之休屠王右地，故休屠有祭天金人"，或否定此说，言"事恐不然"，以为"得休屠金人，后置之于甘泉也"。无论何种说法更接近历史真实，"匈奴祭天处"与匈奴"祭天金人"的南北移动，都很可能与直道交通条件有关。

《汉书》卷六四下《严安传》载严安以故丞相史上书，说到汉武帝时代的军事扩张，包括对匈奴进取的战争局势："今徇南夷，朝夜郎，降羌僰，略薉州，建城邑，深入匈奴，燔其龙城，议者美之。此人臣之利，非天下之长策也。"关于"龙城"，颜师古注：

> 龙城，匈奴祭天处。①

《汉书》卷六《武帝纪》："（元光六年春）匈奴入上谷，杀略吏民。遣车骑将军卫青出上谷，骑将军公孙敖出代，轻车将军公孙贺出云中，骁骑将军李广出雁门。青至龙城，获首虏七百级。广、敖失师而还。"关于"龙城"，颜师古注：

> 应劭曰："匈奴单于祭天，大会诸国，名其处为龙城。"②

"龙城，匈奴祭天处"与"徙之于休屠王右地"的"金人祭天"地点的关系可以讨论。但"龙城"当在更北的远地，也与秦始皇直道自"甘泉"北上的大方向一致。

三　"甘泉山下"的"径路神祠"

《匈奴列传》张守节《正义》引《括地志》云："径路神祠在雍州云阳县西北九十里甘泉山下，本匈奴祭天处，秦夺其地……"说"匈奴祭

---

① 《汉书》，第2813页。
② 《汉书》，第165页。

天处”即“径路神祠”。

《汉书》卷二五下《郊祀志下》的说法则不同，指出“径路神祠”的祭祀对象是“休屠王”：

京师近县……云阳有径路神祠，祭休屠王也。

颜师古注：“休屠，匈奴王号也。径路神，本匈奴之祠也。”①

值得我们特别注意的，是匈奴的另一神祠的空间位置也在“云阳”这一与关中重心地方咸阳—长安所在存在特殊关系的亦被称作“都”的地点。② 而所谓“径路神祠，祭休屠王也”与前引“秦夺其地，徙之于休屠王右地，故休屠有祭天金人”的说法都指示“休屠王”事，也特别值得重视。

前引张守节《正义》引《括地志》云“径路神祠在雍州云阳县西北九十里甘泉山下，本匈奴祭天处，秦夺其地，后徙休屠右地”说“径路神祠”“本匈奴祭天处”，与“径路神祠，祭休屠王也”之说异。

《汉书》卷二八上《地理志上》“左冯翊”条也说到“云阳”的祀所，可见分说“休屠”“金人”“径路神祠”：

云阳。有休屠、金人及径路神祠三所，越巫䀭䣚祠三所。③

这里明确区分“休屠”“金人”“径路神祠”为“三所”，或可读作“休屠”“金人”“径路”，为“神祠三所”。这样的理解，或可澄清“云阳有径路神祠，祭休屠王也”说法可能产生的误识。

四 “义渠”等“戎翟”的“甘泉”故事

《史记》卷一一〇《匈奴列传》追述匈奴种族和文化渊源，说到春秋时期中国北方诸“戎翟”，涉及活动于“岐、梁山、泾、漆之北”地方的

① 《汉书》，第1250页。

② 王子今：《“云阳都”考论》，《唐都学坛》2015年第5期。

③ 《汉书》，第1545页。

"义渠"：

> 当是之时，秦晋为强国。晋文公攘戎翟，居于河西圁、洛之间，号曰赤翟、白翟。秦穆公得由余，西戎八国服于秦，故自陇以西有绵诸、绲戎、翟、獂之戎，岐、梁山、泾、漆之北有义渠、大荔、乌氏、朐衍之戎。而晋北有林胡、楼烦之戎，燕北有东胡、山戎。各分散居溪谷，自有君长，往往而聚者百有余戎，然莫能相一。

"义渠"活动的地域，可能包括"云阳""甘泉"。司马贞《索隐》："韦昭云：'义渠本西戎国，有王，秦灭之。今在北地郡。'"张守节《正义》："《括地志》云：'宁州、庆州，西戎，即刘拘邑城，时为义渠戎国，秦为北地郡也。'"①

《急就篇》卷二："宪义渠"。颜师古注："宪氏之先，本为周之布宪，司寇之属官也。其后以为姓焉。义渠，国名也。后为县，在北地。以县为名也。"② 可知汉代民间意识，也以为"义渠"在"北地"。

司马迁在《匈奴列传》中对于战国时期"义渠"活动区域的表述，显示民族关系史和战争史的记忆中，"义渠"的势力并不囿于"北地"：

> ……自是之后百有余年，晋悼公使魏绛和戎翟，戎翟朝晋。后百有余年，赵襄子逾句注而破并代以临胡貉。其后既与韩魏共灭智伯，分晋地而有之，则赵有代、句注之北，魏有河西、上郡，以与戎界边。其后义渠之戎筑城郭以自守，而秦稍蚕食，至于惠王，遂拔义渠二十五城。惠王击魏，魏尽入西河及上郡于秦。秦昭王时，义渠戎王与宣太后乱，有二子。宣太后诈而杀义渠戎王于甘泉，遂起兵伐残义渠。于是秦有陇西、北地、上郡，筑长城以拒胡。③

这里说到"上郡"，而"义渠之戎筑城郭以自守"，秦惠文王"拔义渠二十五"等记载，显示"义渠"在这里的行政控制曾经是相对稳定的。

---

① 《史记》，第2883、2884页。
② 管振邦译注，宙浩审校：《颜注急就篇译释》，南京大学出版社2009年8月版，第82页。
③ 《史记》，第2885页。

"秦昭王时，义渠戎王与宣太后乱，有二子。宣太后诈而杀义渠戎王于甘泉，遂起兵伐残义渠。"这一故事除了体现秦宣太后时代行政、情感与民族关系的特殊情形之外①，也提示了有关历史民族地理的一则重要信息，即"义渠之戎"活动的重心地带包括"甘泉"。

《匈奴列传》裴骃《集解》引《汉书音义》曰："匈奴祭天处本在云阳甘泉山下，秦夺其地……"司马贞《索隐》引《汉书音义》称："金人祭天，本在云阳甘泉山下，秦夺其地……"张守节《正义》引《括地志》云："径路神祠在雍州云阳县西北九十里甘泉山下，本匈奴祭天处，秦夺其地……"所谓"云阳甘泉山下"，"云阳县西北九十里甘泉山下"，或许与"义渠戎王"居于"甘泉"的史实有关。《匈奴列传》毕竟是把"义渠"故事置于匈奴史的记述之中的。

司马贞《索隐》发表质疑此说的意见："事恐不然。案：得休屠金人，后置之于甘泉也。"② 看来似未可信从。

五　秦始皇直道上的祀所与神秘主义纪念地点

《汉书》卷二五下《郊祀志下》记述了位于汉王朝中枢地方即所谓"京师近县"的特殊祠祀重心：

> 京师近县鄠，则有劳谷、五床山、日月、五帝、仙人、玉女祠。云阳有径路神祠，祭休屠王也。又立五龙山仙人祠及黄帝、天神、帝原水，凡四祠于肤施。③

位于"云阳"的"径路神祠"与位于"肤施"的"四祠"："五龙山仙人祠及黄帝、天神、帝原水"，应当置于直道交通文化带这一体系中观察和理解。而"云阳有……祠，又立……四祠于肤施"句式，体现"云阳"

---

① 王子今：《秦国上层社会礼俗的性别关系考察——以秦史中两位太后的事迹为例》，《秦陵秦俑研究动态》2002年第4期；《秦国女权的演变》，《光明日报》2002年8月20日；《古史性别关系考察试习——从秦国两位太后说起》，《历史、史学与性别》，江苏人民出版社2002年10月版，第52—55页；《秦史的宣太后时代》，《光明日报》2016年1月20日第14版。

② 《史记》，第2908页。

③ 《汉书》，第1250页。

"径路神祠"与"肤施""黄帝"等"四祠"的内在关系。

据说黄帝葬于桥山，汉武帝曾经在这里祭祀黄帝。或说桥山在秦始皇直道经过的子午山。① 这一信息，也值得研究者注意。

而陕西甘泉方家河直道遗存左近发现的凿刻年代可能属于新石器时代的岩画，与发现于河南新郑，一些学者认为与黄帝传说密切相关的具茨山岩画②形制之相近，也可以帮助我们考察和理解直道沿线的黄帝纪念遗存的历史文化意义。③

直道交通带的扶苏、蒙恬纪念遗存④，以及佛教石窟遗存⑤，也应当以这一理念为基点有所认识和说明。

六　中原与匈奴语言互译方式与
"径路""直道"联想

匈奴是否有文字，汉与匈奴之间怎样借助文字实现文化交往，至今存在历史疑点。例如，著名的"冒顿乃为书遗高后，妄言"，是通过何种文字形式实现的，"单于遗汉书"言"使郎中系零浅奉书请"以及其中说到的"皇帝让书再至，发使以书报"，又"汉遗单于书，牍以尺一寸，辞曰'皇帝敬问匈奴大单于无恙'，所遗物及言语云云。中行说令单于遗汉书以尺二寸牍，及印封皆令广大长，倨傲其辞曰'天地所生日月所置匈奴大单于敬问汉皇帝无恙'，所以遗物言语亦云云"等⑥，其"言语"究竟是怎样的形式，我们并不清楚。而"（中行）说教单于左右疏记，以计课

---

① 《史记》卷一《五帝本纪》："黄帝崩，葬桥山。"裴骃《集解》："《皇览》曰：'黄帝冢在上郡桥山。'"司马贞《索隐》："《地理志》：'桥山在上郡阳周县，山有黄帝冢也。'"张守节《正义》："《括地志》云：'黄帝陵在宁州罗川县东八十里子午山。《地理志》云上郡阳周县桥山南有黄帝冢。'案：阳周，隋改为罗川。《尔雅》云山锐而高曰桥也。"第11页。

② 参看刘五一编著《具茨山岩画》，中州古籍出版社2010年3月版；汤惠生《具茨山岩画具有重要的学术价值》，刘五一编著《中原岩画》，中州古籍出版社2012年3月版，第159页。

③ 王子今：《甘泉方家河岩画与直道黄帝传说——上古信仰史与生态史的考察》，《陕西历史博物馆馆刊》第21辑，三秦出版社2014年12月，第9—15页。

④ 王子今、张在明：《秦始皇直道沿线的扶苏传说》，《民间文学论坛》1992年第2期；王子今：《秦直道与公子扶苏被赐死的背后》，《国家人文地理》2009年第5期。

⑤ 参看王子今《北朝石窟分布的交通地理学考察》，《北朝史研究：中国魏晋南北朝史国际学术研讨会论文集》，商务印书馆2004年7月版，第490—499页。

⑥ 《史记》卷一一〇《匈奴列传》，第2895—2896、2899页。

其人众畜物"①，所谓"疏记"，应当是使用文字的。而口语交流形式，或许如白登之围时"高帝乃使使间厚遗阏氏"②，可能需要通过"译人"。③

关于前引《汉书》卷二五下《郊祀志下》"径路神祠"，颜师古注："休屠，匈奴王号也。径路神，本匈奴之祠也。"猜想所谓"径路"二字，不排除匈奴语音译的可能。然而汉字"径路"，字面意义则使人得出或与交通道路相关的理解，甚至可能联想到与"直道"语义之相近。这使人疑心"径路"或许由匈奴语义译汉语的可能性。

《说文·彳部》中，除对"彳"的解说外，"德"字列为第一，"径"字列为第二："径，步道也。从彳。巠声。"段玉裁注："《周礼》：夫间有遂，遂上有径。郑曰：径容牛马，畛容大车，涂容乘车一轨，道容二轨，路容三轨。此云步道，谓人及牛马可步行而不容车也。居正切。十一部。按《辵部》'道'、《足部》'路'皆厕部末，此厕部首。不同者，错见之意。"④"径""畛""涂""道""路"中，"径"作为"步道"，是等级最低的较简易的交通道路，但同时也可以理解为最捷近的道路，最方便的道路。明代学者曹学佺《周易可说》卷七《艮》解释"艮为山为径路"："径路者，高山之上成蹊，非如平地之大涂也。"⑤清代学者顾祖禹《读史方舆纪要》卷五九《阶州》："若其制两川之命，为入蜀径路者，则曰阴平道。阴平道，入蜀之间道也。"⑥

汉代语言习惯有以"径路"言交通者。见于历史文献者如《后汉书》卷四七《班勇传》载班勇上议："旧敦煌郡有营兵三百人，今宜复之，复置护西域副校尉，居于敦煌，如永元故事。又宜遣西域长史将五百人屯楼兰，西当焉耆、龟兹径路，南强鄯善、于寘心胆，北扞匈奴，东近敦煌。

---

① 《史记》卷一一〇《匈奴列传》，第 2899 页。

② 《史记》卷一一〇《匈奴列传》，第 2894 页。

③ 参看王子今《"重译"：汉代民族史与外交史中的一种文化现象》，《河北学刊》2010 年第 4 期；王子今、乔松林《"译人"与汉代西域民族关系》，《西域研究》2013 年第 1 期。

④ （汉）许慎撰，（清）段玉裁注：《说文解字注》，上海古籍出版社据经韵楼藏版 1981 年10 月影印版，第 76 页。

⑤ （明）曹学佺：《周易可说》，《续修四库全书》，上海古籍出版社 2013 年 5 月版，第 13 册第 269 页。

⑥ （清）顾祖禹撰，贺次君、施和金点校：《读史方舆纪要》，中华书局 2005 年 3 月版，第 2848 页。

如此诚便。"① 其中有"西当焉耆、龟兹径路"语。又《后汉书》卷四八《霍谞传》："光衣冠子孙，径路平易"②，《三国志》卷二一《魏书·阮籍传》裴松之注："时率意独驾，不由径路，车迹所穷，辄恸哭而反。"③《三国志》卷四七《吴书·吴主传》："陆逊别取宜都，获秭归、枝江、夷道，还屯夷陵，守峡口以备蜀。关羽还当阳，西保麦城。权使诱之。羽伪降，立幡旗为象人于城上，因遁走，兵皆解散，尚十余骑。权先使朱然、潘璋断其径路。十二月，璋司马马忠获羽及其子平、都督赵累等于章乡，遂定荆州。"④ 裴松之注引《吴录》："是冬魏文帝至广陵，临江观兵，兵有十余万，旌旗弥数百里，有渡江之志。权严设固守。时大寒冰，舟不得入江。帝见波涛汹涌，叹曰：'嗟乎！固天所以隔南北也！'遂归。孙韶又遣将高寿等率敢死之士五百人于径路夜要之，帝大惊，寿等获副车羽盖以还。"⑤《三国志》卷五四《吴书·鲁肃传》："权使朱然、潘璋断其径路，即父子俱获，荆州遂定。"⑥《三国志》卷六〇《吴书·贺全传》："林历山四面壁立，高数十丈，径路危狭，不容刀楯，贼临高下石，不可得攻。"⑦《说郛》卷五九下孙盛《魏春秋》写道："阮籍常率意独驾，不由径路，车迹所穷，辄恸哭而反。"⑧ 也都说到"径路"与交通行为的关系。

言"断其径路"，"于径路夜要之"者，所谓"径路"明确与交通条件有关。

然而，匈奴又有"径路刀"，名号竟与"径路神""径路神祠"同。《汉书》卷九四下《匈奴传下》记载，汉元帝时，"汉遣车骑都尉韩昌、光禄大夫张猛送呼韩邪单于侍子"，韩昌、张猛与呼韩邪单于盟约：

昌、猛见单于民众益盛，塞下禽兽尽，单于足以自卫，不畏郅

① 《后汉书》，中华书局1965年5月版，第1588页。
② 《后汉书》，第1616页。
③ 《三国志》，中华书局1959年12月版，第605页。
④ 《三国志》，第1121页。
⑤ 《三国志》，第1132页。
⑥ 《三国志》，第1279页。
⑦ 《三国志》，第1378页。
⑧ （明）陶宗仪等编：《说郛三种》，明刻一百二十卷本，上海古籍出版社1988年10月版，第2747页。

支。闻其大臣多劝单于北归者，恐北去后难约束，昌、猛即与为盟约
曰："自今以来，汉与匈奴合为一家，世世毋得相诈相攻。有窃盗
者，相报，行其诛，偿其物；有寇，发兵相助。汉与匈奴敢先背约
者，受天不祥。令其世世子孙尽如盟。"昌、猛与单于及大臣俱登匈
奴诺水东山，刑白马，单于以径路刀金留犁挠酒，以老上单于所破月
氏王头为饮器者共饮血盟。

对于"盟约"外交仪式的重要道具"径路刀金留犁"及其使用，颜师古
注："应劭曰：'径路，匈奴宝刀也。金，契金也。留犁，饭匕也。挠，
和也。契金著酒中，挠搅饮之。'师古曰：'契，刻；挠，搅也，音呼
高反。'"①

应劭的解说"径路，匈奴宝刀也"，并没有提示"径路"一语的由
来。"径路刀"与"径路神祠"之"径路"当有一定关系。② 在具备可以
确切说明这一关系的条件之前，有关"径路"或与"直道"意义相近的
假想，似乎还仅仅是假想。

宋代学者王观国《学林》卷四"饮器"条讨论了韩昌、张猛与呼韩
邪单于盟约仪式上另一重要用器"以老上单于所破月氏王头为饮器者"，
这件"饮器"的制作见《史记》卷一二三《大宛列传》："匈奴破月氏
王，以其头为饮器。"③ "至匈奴老上单于，杀月氏王，以其头为饮器。"④
王观国写道："以此知所谓'饮器'者，饮酒器也。虽为饮酒器，然非宾
主常用饮酒之器，若有盟会之事，则以其器贮血盟之酒，以示盛礼也。"⑤
所谓"径路，匈奴宝刀也"，也应因其贵重神圣"以示盛礼"。也许"径
路刀"与"径路神祠"之"径路"语，只是取其"神"性。而"径路"

---

　　① 《汉书》，第3801页。
　　② 王先谦《汉书补注》写道："休屠王祭天金人、径路刀见《匈奴传》，又《郊祀志》
'云阳有径路神祠，祭休屠王也。'则'径路'是休屠王名，没而为神，故匈奴祠而汉因之，非
祠宝刀也。其神遗有宝刀，因名。"（清）王先谦撰：《汉书补注》，中华书局据清光绪二十六年
虚受堂刊本1983年9月影印版，第668页。
　　③ 《史记》，第3157页。
　　④ 《史记》，第3161页。
　　⑤ （宋）王观国撰，田瑞娟点校：《学林》，中华书局1988年1月版，第125—126页。今
按：对于以头骨为"饮器"的现象，可以进行有特别意义的文化人类学考察。参看王子今《猎
头与头骨作器的远古风习》，《化石》1984年第4期。

之神圣意义自有由来。

"径路刀"与"径路神祠"当来自匈奴语。匈奴语言史料进入汉语文献，多有音译而来者，特别是作为名号使用情形。但是也有据意译者，如"左贤王""右贤王""僮仆都尉"等。① "径路刀"与"径路神祠"如据意译，则"径路"可能与"直道"的联系，仍然有思考和探索的意义。②

① 参看王子今《匈奴"僮仆都尉"考》，《南都学坛》2012年第4期；《论匈奴僮仆都尉"领西域""赋税诸国"》，《石家庄学院学报》2012年第4期。

② 王子今：《直道与匈奴"祭天金人"》，《社会科学》2017年第6期。

"直"与"子午"：
秦始皇直道的设计构思

  《史记》卷六《秦始皇本纪》记载，秦始皇三十二年（前215），"巡北边，从上郡入。燕人卢生使入海还，以鬼神事，因奏录图书，曰'亡秦者胡也'。始皇乃使将军蒙恬发兵三十万人北击胡，略取河南地。"北击匈奴的军事行动的直接动因，竟然是富有神秘主义色彩的一句"亡秦者胡也"的谶言。秦始皇三十三年（前214）又有"西北斥逐匈奴"的大规模的军事行动，并且积极进行了相应的边地建设："自榆中并河以东，属之阴山，以为四十四县，城河上为塞。又使蒙恬渡河取高阙、阳山、北假中，筑亭障以逐戎人。徙谪，实之初县。"三十四年（前213），又组织了大规模"筑长城"的工程。在"三十五年，除道，道九原抵云阳，堑山堙谷，直通之"的记载之后，司马迁接着写道："于是始皇以为咸阳人多，先王之宫廷小，吾闻周文王都丰，武王都镐，丰镐之间，帝王之都也。乃营作朝宫渭南上林苑中。先作前殿阿房，东西五百步，南北五十丈，上可以坐万人，下可以建五丈旗。周驰为阁道，自殿下直抵南山。表南山之颠以为阙。"可见，直道的修筑和咸阳宫殿区的规划建设，也有一定的联系。直通"北边"的直道，很可能又与所谓"表南山之颠以为阙"有着相对应的关系。①

  交通"北边"的道路与交通"南山"的道路的关系，透露出秦王朝交通规划的宏观思考。其设计构想，或许有包含神秘主义元素的方位理念背景。

---

  ① 《史记》，中华书局1959年9月版，第252—256页。

一　直道与子午岭

　　沿秦直道自秦甘泉宫北行，经过马栏河川道，即登上作为陕西、甘肃省界的子午岭，循岭脊北行。

　　陕西考古学者指出："直道遗存自淳化北部的秦林光宫北门始，沿旬邑、黄陵的子午岭向北，经富县、甘泉、志丹、安塞、榆林等地延入内蒙古自治区……"① 正如辛德勇所指出的，在史念海对秦始皇直道率先进行考察之后，还有一些学者进行了实地考察和考古调查等工作，对直道遗迹的有些看法，与史念海的论述有所不同。"史念海便又相继撰写一组文章，与诸家商榷，并进一步阐释了自己的见解。"相关讨论，"对于阐明秦直道的历史状况，起到了重大作用；特别是对直道南北两端地段的研究，已经比较清楚地复原出这条道路的经行地点。但是，就直道的总体状况而言，其基本走势，目前似乎还不足以做出完全肯定的最终结论"。② 不过，对于子午岭路段的直道走向，考古学者和历史地理学者的判断没有太大的分歧。

　　"子午"即"子"与"午"的对应，是确定正北正南的方位基线。"子午"和"直"，后者可以理解为前者的快读合音。而"子午"和"直"的方位定义，既是对甘泉而言的，而且基本上也是对咸阳—长安而言的。

　　《中国文物地图集·陕西分册》对于"秦直道遗址旬邑段"，即主要路段在子午岭上的遗存有如下记述：

　　　　48—A₄₈秦直道遗址旬邑段〔石门、后掌、马栏乡·秦~汉〕南北走向，基本沿山梁分布。南于七里川南岸接淳化县秦直道，向北越七里川，经大草沟、庙沟、石门关、碾子院东、前陡坡，越马栏河谷，经两女寨折向东北，沿子午岭平坦宽阔的山脊，经黑麻湾、破山

---

　　① 张在明主编：《中国文物地图集·陕西分册》，西安地图出版社1998年12月版，上册第116页。

　　② 辛德勇：《秦汉直道研究与直道遗迹的历史价值》，《秦汉政区与边界地理研究》，中华书局2009年9月版，第286页。

子、雕灵关、景家台与黄陵县秦直道相连，境内全长约 80 公里。沿线发现路面和堑山遗迹多处，路面一般宽 10~20 米。直道沿线及其东侧的马栏河川道等地，发现秦汉时期的建筑、关隘、烽燧等遗址及墓群 10 余处。采集有砖、瓦、陶器等残片，并出土铜器、陶器等。[①]

关于黄陵县直道遗存，有如下考察收获：

56—A$_{56}$黄陵县秦直道遗址（秦直道遗址黄陵段）〔双龙乡·秦代·省文物保护单位〕秦直道自旬邑县马栏乡向北延入本县，沿陕甘交界的子午岭山脊延伸，经艾蒿店、五里墩、东吊庄、老芦保、桂花，至咀源关（兴隆关）折向东，沿蚰蜒岭山脊至三面窑一带折向北，入富县境，境内全长约 50 公里。一线发现夯筑或堑山路面、土桥及人口开凿的垭口等遗迹 10 余处，路面一般宽约 15 米。沿线两侧的高地上发现秦汉烽燧遗址 7 座，直道东侧的沮河河谷地带，还发现同期遗址 5 处，出土铜兵器、车马饰、陶器和绳纹瓦等。有学者认为，这些遗址可能是秦直道沿线兵站性质的遗址。[②]

富县秦直道遗迹南段也沿子午岭分布：

87—A$_{87}$秦直道遗址富县段〔直罗镇、张家湾乡·秦代〕秦直道由黄陵县三面窑村向北延入本县直罗镇防火门村，经八面窑、油坊台、梨树庄、椿树庄、张家湾乡的松树庄、大麦秸、桦树梁过葫芦河，再经坡根底、牙路梁、水磨坪、松树崾崄、山西沟、烟囱沟、架子梁等地，在墩梁伸入甘泉县。本县境内基本呈南北走向，全长约 125 公里。一线暴露有夯筑路面及堑山痕迹，路面一般宽 30—40 米，最宽处达 58 米。并发现有秦汉城址及烽燧遗址。采集有绳纹筒瓦、板瓦、瓦当及陶器等。[③]

① 张在明主编：《中国文物地图集·陕西分册》，下册第 414—415 页。
② 张在明主编：《中国文物地图集·陕西分册》，下册第 894 页。
③ 张在明主编：《中国文物地图集·陕西分册》，下册第 906 页。

秦直道现存最典型的路面遗迹，正是在子午岭山脊上。

二 子午道与直河

值得注意的是，秦始皇规划咸阳的建设时，曾经有"周驰为阁道，自（阿房）殿下直抵南山，表南山之颠以为阙"的设想。

"表南山之颠以为阙"这一特别值得重视的构想，说明秦都咸阳有南行的重要通路，也说明当时的建筑蓝图包含有贯通南北，即颜师古"通南北道相当"的意识。《汉书》卷九九上《王莽传上》说到"子午道"，颜师古注："子，北方也；午，南方也。言通南北道相当，故谓之子午耳。"①

"子午道"是自咸阳、长安向南通往汉中巴蜀的道路。

《史记》卷八《高祖本纪》说，汉王之国，"从杜南入蚀中"。裴骃《集解》："李奇曰：'蚀音力，在杜南。'如淳曰：'蚀，入汉中道川谷名。'"司马贞《索隐》："李奇音力，孟康音食。王劭按：《说文》作'鏉'，器名也。地形似器，故名之。音力也。"②《司隶校尉杨君孟文石门颂序》："高祖受命，兴于汉中，道由子午，出散入秦。"③《资治通鉴》卷九"汉高帝元年"："夏，四月，诸侯罢戏下兵，各就国。项王使卒三万人从汉王之国。楚与诸侯之慕从者数万人，从杜南入蚀中。"胡三省注："汉京兆杜县之南也。如淳曰：蚀，入汉中道川谷名。近世有程大昌者著《雍录》曰：以地望求之，关中南面背碍南山，其有微径可达汉中者，唯子午谷在长安正南，其次向西则骆谷。此蚀中，若非骆谷，即是子午谷。李奇：蚀，音力。"④程大昌《雍录》卷五"汉高帝入关"条写道："四月，汉王入蚀中，至南郑。蚀中之名地书皆不载，以地望求之，关中南面皆碍南山，不可直达，其有微径可达汉中者，惟子午关。子午关在长安正南。其次则有骆谷关。关之又西则褒斜也。此之蚀中，若非骆

① 《汉书》，中华书局1962年6月版，第4076页。

② 《史记》，第367页。今按：今本《说文·金部》无"鏉"字。

③ （宋）洪适撰：《隶释》卷四，《隶释 隶续》，中华书局据洪氏晦本斋刻本1985年11月影印版，第49页。

④ （宋）司马光编著，（元）胡三省音注，"标点资治通鉴小组"校点：《资治通鉴》，中华书局1956年6月版，第308页。

谷，即是子午也。若大散关则在汉中西南，不与咸阳对出，非其地矣。"①
《史记会注考证》引胡三省《通鉴》注，又引《通鉴地理今释》云："子
午谷，今陕西西安府长安县。骆谷，今西安府盩厔县。"② 汉末历史记录
表明，子午道曾经是关中通往汉江流域的最便捷通道。《三国志》卷八
《魏书·张鲁传》："韩遂、马超之乱，关西民从子午谷奔之者数万家。"
《三国志》卷四〇《蜀书·魏延传》："延每随亮出，辄欲请兵万人，与亮
异道会于潼关，如韩信故事，亮制而不许。延常谓亮为怯，叹恨己才用之
不尽。"裴松之注引《魏略》："夏侯楙为安西将军，镇长安，亮于南郑与
群下计议，延曰：'闻夏侯楙少，主婿也，怯而无谋。今假延精兵五千，
负粮五千，直从褒中出，循秦岭而东，当子午而北，不过十日可到长安。
楙闻延奄至，必乘船逃走。长安中惟有御史、京兆太守耳，横门邸阁与散
民之谷足周食也。比东方相合聚，尚二十许日，而公从斜谷来，必足以
达。如此，则一举而咸阳以西可定矣。'亮以为此县危，不如安从坦道，
可以平取陇右，十全必克而无虞，故不用延计。"③ 直抵长安。由魏延所
谓"韩信故事"，可知在汉末军事家的意识中，"道由子午，出散入秦"
或许确是刘邦北定三秦的路线。

　　看来，子午道在秦汉之际已经通行大致是没有疑义的。④

　　《汉书》卷九九上《王莽传上》又说到交通史上的一个重要事件，竟

　　① （宋）程大昌撰，黄永年点校：《雍录》，中华书局 2002 年 6 月版，第 92—93 页。
　　② （汉）司马迁撰，［日］泷川资言考证，［日］水泽利忠校补：《史记会注考证附校补》，
上海古籍出版社 1986 年 4 月版，第 241 页。
　　③ 《三国志》，中华书局 1959 年 12 月版，第 264、1003 页。
　　④ "子午道"通行更早的说法，即《史记》卷七〇《张仪列传》："苴蜀相攻击，各来告急
于秦。"张守节《正义》："《华阳国志》云：'昔蜀王封其弟于汉中，号曰苴侯，因命之邑曰葭
萌。苴侯与巴王为好，巴与蜀为雠，故蜀王怒，伐苴。苴奔巴，求救于秦。秦遣张仪从子午道伐
蜀。蜀王自葭萌御之，败绩，走至武阳，为秦军所害。秦遂灭蜀，因取苴与巴焉。'"第 2281—
2282 页。然而所谓"秦遣张仪从子午道伐蜀"，不见于今本《华阳国志》。《华阳国志》卷一
《巴志》记述张仪、司马错兼并巴蜀，未言进军路径："周慎王五年，蜀王伐苴。苴侯奔巴。巴
为求救于秦。秦惠文王遣张仪、司马错救苴、巴。遂伐蜀，灭之。仪贪巴、苴之富，因取巴，执
王以归。置巴、蜀、及汉中郡。分其地为四十一县。"《华阳国志》言及"子午"的，只有卷二
《汉中志》："山水艰阻，有黄金、子午、马騣、建鼓之阻。"又卷七《刘后主志》："（建兴八年）
秋，魏大将军司马宣王由西城，征西车骑将军张郃由子午，大司马曹真由斜谷，三道攻汉中。"
（晋）常璩撰，任乃强校注：《华阳国志校补图注》，上海古籍出版社 1987 年 10 月版，第 11、
89、398 页。

然与一位后宫女子的生理现象有关：

> （元始四年）其秋，（王）莽以皇后有子孙瑞，通子午道。

"子午道从杜陵直绝南山，径汉中。"① 皇后，即汉平帝王皇后。《汉书》卷九七下《外戚传下》："孝平王皇后，安汉公太傅大司马（王）莽女也。平帝即位，年九岁，成帝母太皇太后称制，而莽秉政。莽欲依霍光故事，以女配帝，太后意不欲。莽设变诈，令女必入，因以自重"，"太后不得已而许之"。② 道路的开通和"皇后有子孙瑞"有什么关系呢？颜师古注引张晏的说法："时年十四，始有妇人之道也。子，水；午，火也。水以天一为牡，火以地二为牝，故火为水妃，今通子午以协之。"颜师古写道：

> "子"，北方也。"午"，南方也。言通南北道相当，故谓之"子午"耳。今京城直南山有谷通梁、汉道者，名"子午谷"。又宜州西界，庆州东界，有山名"子午岭"，计南北直相当。此则北山者是"子"，南山者是"午"，共为"子午道"。③

颜师古将子午岭与子午谷联系起来考虑，以为"共为'子午道'"的意见，给我们有益的启示。

"子午岭"或与"子午谷"存在某种神秘的关系。这一认识为后世学者所承袭。如康熙《陕西通志》卷三《山川·庆阳府合水县》"子午山"条：

> 直南直北，随地异名。南有子午峪，北有子午岭。④

将"子午峪"与"子午岭"的南北对应关系，理解为"直南直北"。"子

---

① 《汉书》，第4076页。
② 《汉书》，第4009页。
③ 《汉书》，第4076页。
④ （清）王功成等续纂，（清）韩奕续修：康熙《陕西通志》，清康熙五十年刻本，第865页。

午峪"就是"子午谷"。"子午岭"就是"子午山"。又道光《鄜州志》
卷一《山川》"子午岭"条写道：

> 子午岭。州西二百里，与终南子午谷相对。蜿蜒数百里，跨鄜、
> 庆二境之间。秦直道在此。①

《鄜州志》执笔者谭瑀不仅指出"子午岭""与终南子午谷相对"，特别
强调"秦直道在此"。

黄盛璋考察古代川陕道路时指出："此次开凿或即沿汉高祖由汉中之
旧路，但本意并非为交通之便而开。"②《元和郡县图志》卷一《关内道
一》"长安县"条："子午关，在县南百里。王莽通子午道，因置此关。
魏遣钟会统十万余众，分从斜谷、骆谷、子午谷趋汉中。晋桓温伐秦，命
司马勋出子午道。今洋州东二十里曰龙亭，此入子午谷之路。梁将军王神
念以旧道缘山避水，桥梁多坏，乃别开乾路，更名子午道，即此路是
也。"③ 看来，王莽"通子午道"，当是修整了通行道路，加强了交通管
理。但这一行为成为子午道交通史的重要标志。《长安志》卷一二《县
二·长安》引《括地志》："《汉书》王莽以皇后有子孙瑞，通子午道，
盖以子、午为阴、阳之王气也。《风土记》云：'王莽以皇后有子，通子
午道，从杜陵直抵终南。'"④

"子午道"作为长安通往汉水流域的道路，因这两个区域地位之重

---

① 张北琳总校注，曹子英、李育东校注，郭鹏、张连义、蔡平审校：《鄜州志校注》，三秦
出版社 2009 年 8 月版，第 95 页。

② 黄盛璋：《川陕交通的历史发展》，《历史地理论集》，人民出版社 1982 年 6 月版，第
208 页。

③ （唐）李吉甫撰：《元和郡县图志》，中华书局 1983 年 6 月版，第 6 页。《方舆胜览》卷
六八《洋州》引"（洋）州东二十里曰龙亭，此入子午谷之路"句后，又说："至谷六百六十
里。"又写道："《洋川志》：'杨妃嗜生荔支，诏驿自涪陵由达州取西乡入子午谷，至长安才三
日，香色俱未变。'杜甫诗：'百马死山谷，至今耆旧悲。'"（宋）祝穆撰，祝洙增订，施和金点
校，中华书局 2003 年 6 月版，第 1194—1195 页。

④ （唐）李泰等著，贺次君辑校：《括地志辑校》，中华书局 1980 年 2 月版，第 14 页。辛
德勇、郎洁点校《长安志》卷一二《县二·长安》"子午关"条作："《括地志》曰：'《汉书》
王莽以皇后有子孙瑞，通子午道。盖以子午为阴阳之王气也。'《风土记》曰：'王莽以皇后有
子，通子午道，从杜陵直抵终南。'"辛德勇、郎洁点校：《长安志·长安图》，三秦出版社 2013
年 12 月版，第 383 页。

要，其交通作用十分显著。东汉末年，关中流民多由子午道南下汉中。如
《三国志》卷八《魏书·张鲁传》："韩遂、马超之乱，关西民从子午谷奔
之者数万家。"① 曹魏军也曾经由子午道伐蜀。② 李之勤曾经对子午道的历
史变迁进行过全面深入的考证。③ 我们在对子午道秦岭北段遗迹进行实地
考察时，也发现了相当典型的古栈道的遗存。④

　　颜师古将"子午岭"和"子午道"联系起来理解，这位唐代学者应
当引起我们重视的意见，还有将直道所循子午岭和子午道所循子午谷
"计南北直相当"者联系在一起的说法，即所谓"此则北山者是'子'，
南山者是'午'，共为'子午道'"。

　　确实，如我们在前面所说到的，秦直道循子午岭北行，而"直"正
是"子午"的快读合音，由杜陵南行直通梁、汉的子午道也有类似的情
形。宋敏求《长安志》卷一一《县一·万年》写道："福水即交水也。
《水经注》曰：'上承樊川御宿诸水，出县南山石壁谷⑤，南三十里，与直
谷⑥水合，亦曰子午谷水。'"⑦ 又《长安志》卷一二《县二·长安》："豹
林谷⑧水。出南山，北流三里，有竹谷水自南来会。又北流二里，有子午
谷水自东来会。⑨ 自北以下，亦谓之子午谷水。"⑩ "直谷"应当也是"子

---

　　① 《三国志》，第264页。

　　② 《三国志》卷九《魏书·曹真传》："（曹）真以八月发长安，从子午道南入。"第282
页。《三国志》卷一三《魏书·华歆传》："太和中，遣曹真从子午道伐蜀。"第405页。《三国
志》卷二二《魏书·陈群传》："（曹）真复表从子午道，（陈）群又陈其不便，并言军事用度
之计，诏以群议下真，真据之遂行。"第635页。《三国志》卷九《魏书·夏侯渊传》注引
《魏略》和《三国志》卷二七《魏书·王基传》注引司马彪《战略》都说到"子午之役"。第
272、756页。《三国志》卷三三《蜀书·后主传》：建兴八年（230），"秋，魏使司马懿由西
城，张郃由子午，曹真由斜谷，欲攻汉中。"第896页。《三国志》卷二八《魏书·钟会传》
记载景元四年（263）伐蜀之役，也写道："魏兴太守刘钦趣子午谷，诸军数道平行，至汉
中。"第787页。

　　③ 李之勤：《历史上的子午道》，《西北大学学报》（哲学社会科学版）1981年第2期。

　　④ 王子今、周苏平：《子午道秦岭北段栈道遗迹调查简报》，《文博》1987年第4期。

　　⑤ 今按：亦作石鳖谷，今称石砭峪。

　　⑥ 今按：今子午谷。

　　⑦ 据毕沅案语，今本《水经注》无此文。"《太平寰宇记》文与此同，而不云出《水经
注》。"（宋）宋敏求撰，辛德勇、郎洁点校：《长安志》，第365页。

　　⑧ 今按：今称抱龙峪。

　　⑨ 今按："自东来会"疑当作"自西来会"。

　　⑩ （宋）宋敏求撰，辛德勇、郎洁点校：《长安志》，第388页。

午谷"的快读合音。① 另外，特别值得我们注意的，还有汉魏子午道秦岭南段又曾经沿池河南下汉江川道的情形。② 明嘉靖《陕西通志》卷三《土地三·山川中》"石泉县"条则有作"迟河"。编者写道："迟河在县东五十里，源自长安县腰竹岭来，至莲花石南入汉江。相传此河易涨难退，故名。"③ 然而根据当地方言发音特点，我们有理由推测，"池""迟"，或为"直"之音转。也就是说，很可能子午道循行的河道，也曾经被称作"直河""直水"。严耕望《唐代交通图考》第三卷《秦陵仇池区》图十一《唐代秦岭山脉东段诸谷道图》中，这条北方正对"子午镇""子午谷""子午关"的河流，正是被标注为"直水（迟河）（池河）"的。④

严耕望对"直水"的判断自当有据。我们看到，《水经注》卷二七《沔水上》明确著录"直水"：

> ……汉水又东合直水，水北出子午谷岩岭下，又南枝分，东注旬水。又南径菠阁下，山上有戍，置于崇阜之上，下临深渊，张子房烧绝栈阁，示无还也。又东南历直谷，径直城西，而南流注汉。汉水又东径直城南，又东径千渡而至虾蟆颡。⑤

"直水""北出子午谷岩岭下"，暗示"直"与"子午"的关系。而"南径菠阁下，山上有戍"，以及"下临深渊"之说，体现古子午道循"直水"谷道通行的史实。所谓"张子房烧绝栈阁，示无还也"，更明确指出此即刘邦入汉中道路。"直谷""直城"地名，应当都与"直水"有关，也与"子午谷"有关。

---

① 嘉庆《咸宁县志》卷一《南山诸谷图》中，"石鳖谷"旁侧标注"竹谷"。民国二十五年重印本，第106页。由此可以推想"竹谷"或许也应从音读的线索考虑与"子午谷"的关系。

② "池河"，见《陕西省地图册》，西安地图出版社1988年1月版，第88页。

③ （明）赵廷瑞修，马理、吕柟纂，董健桥总校点：《陕西通志》，三秦出版社2006年6月版，第112页。

④ 严耕望：《唐代交通图考》第三卷《秦岭仇池区》，"中研院"历史语言研究所专刊之八十三，"中研院"历史语言研究所1985年9月版，第811页后附图十一《唐代秦岭山脉东段诸谷道图》。

⑤ （北魏）郦道元著，陈桥驿校证：《水经注校证》，中华书局2007年7月版，第649页。

三　甘泉宫北阙与阿房宫南阙

　　与"表南山之颠以为阙"相对应，秦直道的石门，也可以看作甘泉宫的"北山"之"阙"。《元和郡县图志》卷三《关内道三》"三水县"条说："石门山，在县东五十里。峰岩相对，望之似门。"① 明嘉靖《陕西通志》卷二《土地二·山川上》"淳化县"条写道："石门山在县北六十里，两山壁立如门。"②

　　司马相如《上林赋》："麗石关，历封峦，过鸤鹊，望露寒。"裴骃《集解》："骃案：《汉书音义》曰：皆甘泉宫左右观名也。"③ 《史记》卷一二《孝武本纪》司马贞《索隐》引姚氏案，言扬雄说"甘泉"形势，有"远则石关、封峦"语。④ "石关"又作"石阙"。扬雄《甘泉赋》写道："遒遒离宫般以相爥兮，封峦、石阙施靡乎延属。"⑤ 刘歆《甘泉宫赋》也有"封峦为之东序，缘石阙之天梯"的文句。⑥

　　其实，"石阙"之称，汉代已经使用。都说到甘泉宫的"石阙"。秦直道石门即石阙。扬雄《甘泉赋》对于甘泉宫有"前爆阙而后应门，""阅阆阆其寥廓兮，似紫宫之峥嵘"的描写。⑦ "阅阆阆"，形容门阙高伟。秦直道石门，可以理解为甘泉宫的北阙。⑧

　　《三辅黄图》卷五《观》有"石阙观"与"封峦关"条，以为在云阳宫殿区，与"石门山"有关：

　　　　石阙观，封峦观。《云阳宫记》云："宫东北有石门山，冈峦纠纷，干霄秀出，有石岩容数百人，上起甘泉观。"《甘泉赋》云："封

---

　　① （唐）李吉甫撰：《元和郡县图志》，第62页。

　　② （明）赵廷瑞修，马理、吕柟纂，董健桥总校点：《陕西通志》，第82页。

　　③ 《史记》卷一一七《司马相如列传》，第3037页。

　　④ 《史记》，第479页。

　　⑤ 《汉书》卷八七上《扬雄传上》，第3525页。

　　⑥ 《艺文类聚》卷六二引汉刘歆《甘泉宫赋》，（唐）欧阳询撰，汪绍楹校：《艺文类聚》，上海古籍出版社1965年11月版，第1113页。

　　⑦ 《汉书》卷八七上《扬雄传上》，第3528页。

　　⑧ 王子今、焦南峰：《秦直道石门琐议》，《秦俑秦文化研究——秦俑学第五届学术讨论会论文集》，陕西人民出版社2000年8月版，第507—510页。

　　峦石阙，弭迤乎延属。"

何清谷说："石阙观可能就是今耀县照金乡的石门关，观利用凹形崖口筑成，今在此发现秦汉瓦当。"[①]

　　子午岭—直道，子午道—直河，在咸阳—长安正北正南形成了纵贯千里的轴线。这一现象，应当看作秦汉都城规划的基本构成主题之一。

　　另一组对应关系，表现为直道的起点—石门—甘泉宫北阙与子午道的起点—"南山之颠"—阿房宫南阙。

　　这一认识，也是和秦始皇以甘泉宫、咸阳宫、阿房宫共同作为秦宫主体结构的构想一致的。秦始皇都城建设规划所体现的有关天文地理与人事的关系的观念，也是我们考察和理解秦汉历史文化时，不能不予以充分重视的。

　　神话学者叶舒宪对于"长城、直道、阿房宫"的营造理念的分析，注意到其"观念原因"。他认为，"修筑长城、直道和阿房宫的国家工程，都是秦始皇的伟大创举"，而"这些建筑工程得以上马的观念原因"，在于"当时秦人的天文神话观"。秦始皇"大兴土木"，与"一个神话原型关键词'天极'"有神秘的关系。论者指出，"咸阳被选定为秦国都城，从其命名看，就带有十足的华夏传统风水学的宝地意识：古人以山南为阳，以水北为阳，则咸阳北阪以南、渭河以北的中间地带，就得名'咸阳'，意思为山水形势皆为阳。早在秦王嬴政东进兼并六国的战争年代，其吞并天下的宏图中就已经潜含大宇宙小宇宙对应的神话世界观。秦人把天空世界看成宇宙天地的终极原型，把大地视为天界的下方投影：天界的中央即天极，以北极星为标志和轴心，又别称太一、太乙、太极等，为天上至高神太乙所居。神话观认为这个世界是围绕不动的中央天极而转动的。如《论语》所云，'为政以德，譬如北辰，居其所而众星拱之。'北辰就是北极星，美称则叫帝星。围绕着帝星而四季旋转的北斗七星，则按照神话联想而得名'帝车'"。他认为，"秦汉帝国的最高统治者们，一方面也要按照天界原型，模拟性地营造出'居其所而众星拱之'的中央意象；另一方面也喜好用豪华配置的车马为威严的仪仗符号。一旦将'咸阳'和长安确认为大地中央，就将贯穿这个中心点的南北向纵线和东西

————————
① 何清谷校注：《三辅黄图校注》，三秦出版社1995年10月版，第318页。

向横线视为地上世界的坐标轴线，取法天文神话而称作子午线。今陕西省西安市长安区有子午镇、子午道、子午谷等一批地名，当为先秦以来的神话命名之遗留物。如子午谷，位于长安区南的终南山口位置，是关中通汉中的一条谷道，全长300余公里。《战国策》记述张仪为秦连横说赵王，有'今秦发三将军，一军塞午道'①的话。鲍彪注：'长安有子午谷，北山是子，南山是午，午道秦南道也。'"叶舒宪说："如此看来，子午道也好，直道也好，不能仅从交通史的实际意义上去解释，而需要还原到秦汉特有的风水神话地理观上去做总体观照和细节解读。"对于秦始皇直道"这样宽阔的纵贯国土南北的大道"，应当分析"其堪舆学的意蕴"，以"解释"其历史文化意义。

　　叶舒宪写道："我们从人体小宇宙的太乙穴，回到华夏大地上再看，可以明白秦始皇修筑的长城格局，就相当于一条东西向的人工纬线，它与蔓延千里的秦岭山脉形成大致上平行对应的国土屏障——秦岭是浩瀚雄奇的天然屏障，而长城则是伟大的人工屏障。而秦直道则是南北向的人工经线，其恰好贯通着秦国国土上的两条纬线，即贯通北部的长城与南部秦岭山脉。组合起来看，秦始皇这样的气吞宇宙山河之大手笔，没有天文神话观的知识背景，是难以为凡俗之人知晓的。""秦直道与秦岭山脉——八百里秦川的交午处，恰恰为秦都咸阳的地理位置画出一条中轴线——人工龙脉。它使首都和皇宫（信宫）更加明确地与天庭的轴心位置即天极相对应。第一位自称'始皇帝'的君王，就这样完成了华夏'堪舆'风水学原理一次空前规模的大揭示。斯人已逝，而山河俱在，神话名号依旧。"叶舒宪的论说有可以商榷之处，如秦孝公迁都"咸阳"是否有"潜含大宇宙小宇宙对应的神话世界观"以为意识背景，尚需论证。"东西向横线""取法天文神话而称作子午线"的说法亦不妥。取用《战国策》鲍彪注"午道秦南道也"说，也是错误的。②但是称秦始皇直道建设为"秦

---

① 原注："刘向集录《战国策》，上海古籍出版社1985年版，第651页。"

② 《战国策·赵策二》"张仪为秦连横说赵王"条："今秦发三将军，一军塞午道，告齐使兴师度清河，军于邯郸之东；一军军于成皋，驱韩、魏而军于河外；一军军于渑池。……"注："鲍本补曰：说见前章。"上海古籍出版社1985年3月版，第651页。所谓"说见前章"，即《战国策·赵策二》"苏秦从燕至赵始合从"条："秦攻齐，则楚绝其后，韩守成皋，魏塞午道，赵涉河、漳、博关，燕出锐师以佐之。"注："鲍本《王莽传》注：'今京城直南山有谷，通汉、梁道者，名子午谷。又宜州西、庆州东有山名子午岭，南北直相当。此则北山是子，（接下页）

国神话工程"，并关注这一工程"对后世的巨大启示"①，这样的意见仍有益于历史地理与交通史研究者的学术思路。

四　关于"南北向超长建筑基线"

有学者指出，以西汉长安为中心，存在着一条"南北向超长建筑基线"。

张在明在一次由陕北往西安咸阳机场飞行航程中俯瞰地面，发现了一处规模宏大的圆形地坑。1993 年 11 月，陕西省文物保护中心文物调查研究室调查组经实地考察，发现位于陕西三原嵯峨乡天井岸村的圆坑口径260，深 32，底径 170 米。经勘测和局部钻探，"南侧及西侧发现大量人工堆积土层，期间夹有一些坚硬踏面层，踏面层自人工堆积区通往坑沿，证实此坑确有人工开挖痕迹"。"圆坑最大深度可达 42 米"，据当地村民介绍，"原坑形状很圆，且坑壁下缘存有一周台阶，近几十年遭到破坏，台阶多已不存。经观察，仅坑底西北部尚存一段台阶，宽约 4 米"。坑沿发现的汉代建筑遗存，经与秦建明的合作研究，确认应即《汉书》卷二八上《地理志上》"左冯翊"题下说到的"天齐公"祠所：

（接上页）南山是午，共为子午道。'详此，则午道，秦南道也。塞之使不得通。莽所通者因秦也。正曰：《索隐》云，当在赵东齐西。午道，地名也。郑玄云：'一从一横为道，谓交道也。'按下张仪说赵王章亦有。"第 641—642 页。《史记》卷四〇《楚世家》："朝射东莒，夕发浿丘，夜加即墨，顾据午道。"司马贞《索隐》："顾，反也。午道当在齐西界，一从一横为午道。亦未详其处。"张守节《正义》："刘伯庄云'齐西界'。按：盖在博州之西境也。'"第 1730、1732页。《史记》卷七〇《张仪列传》："今秦发三将军，其一军塞午道，告齐使兴师渡清河，军于邯郸之东；一军军成皋，驱韩、梁军于河外；一军军于渑池。"司马贞《索隐》："此午道当在赵之东，齐之西也。午道，地名也。郑玄云：'一纵一横为午'，谓交道也。"第 2296 页。从《战国策》与《史记》上下文判断，"午道"确实应在"赵之东，齐之西"，而与秦岭子午道无关。《战国策》鲍本注引郑玄说"一从一横为道，谓交道也"，应为"一纵一横为午，谓交道也"。《史记》中华书局 1959 年 9 月标点本作："郑玄云：'一纵一横为午'，谓交道也。"2013 年 9 月点校本二十四史修订本同，第 2776 页。今按，似应作"郑玄云：'一纵一横为午，谓交道也'"比较合理。《资治通鉴》卷三"周赧王四年"同一记载，胡三省注引《索隐》的标点形式是："郑玄云：一纵一横为午，谓交道也。"第 97 页。

①　叶舒宪：《中华文明探源的神话学研究》，社会科学文献出版社 2015 年 7 月版，第 617—619、621—622 页。

谷口，九嵕山在西。有天齐公、五床山、仙人、五帝祠四所。莽
曰谷喙。①

秦建明、张在明等发现，这一遗址位于西汉都城长安南北中轴线北向延伸
段上，向南正对长陵刘邦帝陵与吕雉后陵之间，穿越汉长安城武库位置，
南对子午谷。这条建筑基线"总长度达 74 公里，跨纬度 47′07″"。研究者
指出，"这条基线不仅长度超过一般建筑基线，而且具有极高的直度与精
确的方向性，与真子午线的夹角仅 0.33°"。②

据研究者陈述，这条"南北向超长建筑基线"与我们讨论的子午
岭—子午道、直道—直河轴线似有所不同。不过，左冯翊谷口的位置在今
陕西淳化南，九嵕山在其西侧，位于陕西礼泉与淳化之间，而与三原嵯峨
乡有一定距离。③"谷口"即"莽曰谷喙"者，应在今陕西泾阳的口镇一
带。这里现今依然是淳化联系咸阳、西安的交通要隘。口镇距离三原天井
岸村东西直线距离 16 公里④，由此可以大致了解我们所特别关注的子午
岭—子午道、直道—直河轴线与这条"南北向超长建筑基线"的空间方
位关系。

尽管当时人的地理意识和方位观念中的神秘主义内涵今人尚难以完全
确知，不过，对于秦直道的修筑，可以进行宏观空间视角的考察，有关这
一"南北向超长建筑基线"的发现与研究，给予我们有积极意义的
启示。⑤

五　纵贯南北多个生态区经济区的宏观交通规划

上文说到，秦惠文王与后来的宣太后夫妇二人先兼并巴蜀，后灭义
渠，有上郡之后，秦战略进攻取得关键性的胜利。宣太后时代"秦有陇

---

① 《汉书》，第 1545 页。
② 秦建明、张在明、杨政：《陕西发现以汉长安城为中心的西汉南北向超长建筑基线》，
《文物》1995 年第 3 期。
③ 谭其骧主编：《中国历史地图集》，中国地图出版社 1982 年 10 月版，第 2 册第 15—
16 页。
④ 《陕西省地图集》，西安地图出版社 1988 年 1 月版，第 32 页。
⑤ 王子今：《秦直道的历史文化观照》，《人文杂志》2005 年第 5 期。

西、北地、上郡，筑长城以拒胡"，北方和西北方向的成功扩张，使得秦疆土的南北纵向幅度从北纬39°直到北纬29°。当时东方六国都绝不具有如此的规模。"唯秦雄天下"①，"秦地半天下"② 的局面于是得以形成。

秦执政集团开始初步积累的对于"半天下"的辽阔地域行政管理与经济管理的经验，在包括内蒙古高原草原荒漠畜牧区、黄土高原和渭河谷地粟麦作区、汉江上游和四川盆地稻作区这样的生态形势和经营条件十分复杂的地区得以获得综合总结。

《史记》卷一三〇《太史公自序》所谓"昭襄业帝"③，或许可以理解为秦昭襄王时代为后来统一帝国的全面管理，已经初步进行了早期演练。④

"直道"与"子午道"的设计施工，是在这种特殊政治文化背景下完成的。"直道"与"子午道"的对应关系与合成效应，或许有神秘主义文化的观念背景。秦始皇都市营造所谓"象天极""象天文"的设计理念，或许可以引为参考。《史记》卷六《秦始皇本纪》："焉作信宫渭南，已更命信宫为极庙，象天极。"⑤"为复道，自阿房渡渭，属之咸阳，以象天极阁道绝汉抵营室也。"司马贞《索隐》："谓为复道，渡渭属咸阳，象天文阁道绝汉抵营室也。"⑥

在这一认识基点上理解我们注意的"直道"与"子午道"交通格局之规划与形成的意义，或许可以获得有积极价值的可以在特殊层次对交通史与政治史之关系有所说明的发现。

六　刘歆《甘泉宫赋》"北辰""祝融"说

《艺文类聚》卷六二引汉刘歆《甘泉宫赋》有一段文字，说到前引"封峦""石阙"等甘泉宫诸观：

---

① 《史记》卷八三《鲁仲连邹阳列传》，第2459页。

② 《史记》卷七〇《张仪列传》，第2289页。

③ 《史记》，第3302页。

④ 参看王子今《秦史的宣太后时代》，《光明日报》2016年1月20日第14版。

⑤ 司马贞《索隐》："为宫庙象天极，故曰极庙。"《史记》，第241、242页。

⑥ 《史记》，第256、257页。

　　汉刘歆《甘泉宫赋》曰：轶陵阴之地室，过阳谷之秋城。回天门而凤举，蹑黄帝之明庭。冠高山而为居，乘昆仑而为宫。按轩辕之旧处，居北辰之闳中。背共工之幽都，向炎帝之祝融。封峦为之东序，缘石阙之天梯。桂木杂而成行，芳肸向之依依。翡翠孔雀，飞而翱翔，凤皇止而集栖。甘醴涌于中庭兮，激清流之泝泝。黄龙游而蜿蟺兮，神龟沉于玉泥。离宫特观，楼比相连。云起波骇，星布弥山。高峦峻阻，临眺旷衍。深林蒲苇，涌水清泉。芙蓉菡萏，菱荇蘋繁。豫章杂木，梗松柞棫。女贞乌勃，桃李枣檍。①

木种林色，羽族毛群，山形水泉，楼阙宫观，记述备极华美，有关"蹑黄帝之明庭"，"按轩辕之旧处"等文字，使人联想到《史记》卷二八《封禅书》记载汉武帝"北巡朔方，勒兵十余万，还祭黄帝冢桥山，释兵须如"② 事迹。而黄帝传说与秦始皇直道的关系，也有其他历史迹象有所表现。③

　　刘歆《甘泉宫赋》文字特别值得我们注意的，是所谓"按轩辕之旧处，居北辰之闳中"以及"背共工之幽都，向炎帝之祝融"体现的方位意识。

　　所谓"按轩辕之旧处"如上文所说，可能与"黄帝冢"及相关黄帝传说有关。但是"轩辕"这一文化符号在上古时代社会意识中曾经具有的方位标示意义也是不可以忽视的。

　　《史记》卷二七《天官书》："权，轩辕。轩辕，黄龙体。前大星，女主象；旁小星，御者后宫属。""黄龙体"，裴骃《集解》："孟康曰：'形如腾龙。'"司马贞《索隐》："《援神契》曰：'轩辕十二星，后宫所居。'石氏《星赞》以轩辕龙体，主后妃也。"张守节《正义》："轩辕十七星，在七星北，黄龙之体，主雷雨之神，后宫之象也。阴阳交感，激为雷电，和为雨，怒为风，乱为雾，凝为霜，散为露，聚为云气，立为虹蜺，离为背璚，分为抱珥。二十四变，皆轩辕主之。其大星，女主也；次北一星，

---

　　① （唐）欧阳询撰，汪绍楹校：《艺文类聚》，第1113页。

　　② 《史记》，第1396页。

　　③ 王子今：《甘泉方家河岩画与直道黄帝传说——上古信仰史与生态史的考察》，《陕西历史博物馆馆刊》第21辑，三秦出版社2014年12月版，第9—15页。

夫人也；次北一星，妃也；其次诸星皆次妃之属。女主南一小星，女御也；左一星，少民，后宗也；右一星，大民，太后宗也。占：欲其小黄而明，吉；大明，则为后宫争竞；移徙，则国人流迸；东西角大张而振，后族败；水、火、金守轩辕，女主恶也。"① "天权""后宫"，皆位在紫微垣。环绕北极和比较靠近头顶天空的形象，称"三垣"，分紫微、太微、天市三区。紫微垣是三垣的中垣，居北大中央位置，故称中宫。②

　　"轩辕之山"在《山海经》中列于《北山经》。③ 所谓"轩辕之国"④"轩辕之丘"⑤"轩辕之台"⑥ 均在西北，而更突出的方位指向是"北"。

　　所谓"居北辰之闳中"也强调"居"在北方。而"背共工之幽都，向炎帝之祝融"，则指出由北而南的方向。这正是秦始皇直道的方向。

　　刘歆《甘泉宫赋》所谓"按轩辕之旧处，居北辰之闳中；背共工之幽都，向炎帝之祝融"，宣示"甘泉宫"作为秦始皇直道交通线上最重要坐标的意义。"背共工之幽都，向炎帝之祝融"文句体现的正北直南的方向，特别值得秦始皇直道研究者注意。

　　① 《史记》，第1299、1301页。
　　② 陈遵妫：《中国天文学史》，上海人民出版社2006年7月版，第196—197页。
　　③ 袁珂校注：《山海经校注》，上海古籍出版社1980年7月版，第91页。
　　④ 《山海经·海外西经》："轩辕之国在此穷山之际，其不寿者八百岁。在女子国北。"《山海经·大荒西经》："有轩辕之国。江山之南栖为吉。不寿者乃八百岁。"袁珂校注：《山海经校注》，第221、401页。
　　⑤ 《山海经·海外西经》："穷山在其北，不敢西射，畏轩辕之丘。在轩辕国北。"袁珂校注：《山海经校注》，第222页。
　　⑥ 《山海经·大荒西经》："有轩辕之台，射者不敢西向射，畏轩辕之台。"袁珂校注：《山海经校注》，第399页。

秦始皇"过恒山"及秦时 "北岳"的地理定位

秦始皇东巡海上，曾经经过"恒山"。《史记》卷六《秦始皇本纪》的记述，"恒山"与秦始皇巡行祠祀地点"之罘""琅邪"并列，提示其地位的重要。秦时"北岳恒山"的空间位置与后世不同。作为秦人山岳崇拜的表现之一，"北岳"定位既是地理史的问题，也是信仰史的问题。

一 秦始皇二十九年"至琅邪，过恒山"

《史记》卷六《秦始皇本纪》记载秦始皇二十九年（前218）东巡事："二十九年，始皇东游。至阳武博狼沙中，为盗所惊。求弗得，乃令天下大索十日。登之罘，刻石。"又写道：

> 旋，遂之琅邪，道上党入。①

司马迁在《史记》卷二八《封禅书》中说到秦始皇当年东至海上求三神山，关于他从琅邪归行，又"道上党入"的路线，有更确切的记录：

> 其明年，始皇复游海上，至琅邪，过恒山，从上党归。②

---

① 《史记》，中华书局1959年9月版，第249、250页。
② 《史记》，第1370页。"过恒山"，梁玉绳《史记志疑》卷一六："案：'恒'字宜避。"（清）梁玉绳撰：《史记志疑》，中华书局1981年4月版，第819页。

明确说到"过恒山"。

秦始皇二十九年"过恒山"事,《封禅书》有所记录,而《秦始皇本纪》从略,或许可以推知其意义更突出地体现于祠祀方面。

讨论秦始皇"过恒山"事,不仅有益于深化秦交通史的研究,对于认识当时的"五岳"信仰,理解当时人的山川神崇拜及相关神秘主义意识,也有积极的意义。

二 "恒山":"自殽以东,名山五"之一

《史记》卷二八《封禅书》说天下山川祠祀:"昔三代之居皆在河洛之间,故嵩高为中岳,而四岳各如其方。"及秦并天下,重新规范祠祀制度。其中有关山川神崇拜,司马迁写道:

> 至秦称帝,都咸阳,则五岳、四渎皆并在东方。自五帝以至秦,轶兴轶衰,名山大川或在诸侯,或在天子,其礼损益世殊,不可胜记。及秦并天下,令祠官所常奉天地名山大川鬼神可得而序也。于是自殽以东,名山五,大川祠二。曰太室。太室,嵩高也。恒山,泰山,会稽,湘山。水曰济,曰淮。春以脯酒为岁祠,因泮冻,秋涸冻,冬塞祷祠。其牲用牛犊各一,牢具珪币各异。自华以西,名山七,名川四。曰华山,薄山。薄山者,衰山也。岳山,岐山,吴岳,鸿冢,渎山。渎山,蜀之汶山。水曰河,祠临晋;沔,祠汉中;湫渊,祠朝郡;江水,祠蜀。亦春秋泮涸祷塞,如东方名山川;而牲牛犊牢具珪币各异。而四大冢鸿、岐、吴、岳,皆有尝禾。

秦地又有:"陈宝节来祠。其河加有尝醪。此皆在雍州之域,近天子之都,故加车一乘,骊驹四。霸、产、长水、沣、涝、泾、渭皆非大川,以近咸阳,尽得比山川祠,而无诸加。汧、洛二渊,鸣泽、蒲山、岳崤山之属,为小山川,亦皆岁祷塞泮涸祠,礼不必同。"[1]

这段文字,大略说明了秦王朝的山川神祠祀体制。我们看到,东方的名山祠祀是:"自殽以东,名山五","曰太室,太室,嵩高也;恒山;泰

---

① 《史记》,第1371—1372、1374页。

山；会稽；湘山。""恒山"，被列为"自殽以东，名山五"之一。不过，秦人似乎并没有完全继承"三代"以来的"五岳"信仰系统，不用"五岳"名号。虽然"自华以西"的秦地山川依然受到特殊的重视，但是对所谓"东方名山川"，似乎已经表示了诚挚的尊重。

《史记》卷二《夏本纪》引《禹贡》："常、卫既从，大陆既为。"裴骃《集解》："郑玄曰：'《地理志》恒水出恒山，卫水在灵寿，大陆泽在钜鹿。'"司马贞《索隐》："此文改恒山、恒水皆作'常'，避汉文帝讳故也。常水出常山上曲阳县，东入滱水。卫水出常山灵寿县，东入虖池。郭璞云'大陆，今钜鹿北广河泽是已'。"① 可知"恒山"就是"常山"。② 对于《史记·夏本纪》引《禹贡》"常山"的解释，司马贞《索隐》又写道："常山，恒山是也，在常山郡上曲阳县西北。"③ 张守节《正义》引《括地志》："恒山在定州恒阳县西北百四十里。道书《福地记》云：'恒山高三千三百丈，上方二十里，有太玄之泉，神草十九种，可度俗。'"④ 后来因避汉文帝刘恒讳而改称"常山"的"恒山"，秦汉时期曾经是重要祀所。对于唐代学者有关"恒山"方位的说法，还应当具体分析。

司马迁在《史记》卷二八《封禅书》中说到舜"禋于六宗，望山川，遍群神。辑五瑞，择吉月日，见四岳诸牧，还瑞"的制度："岁二月，东巡狩，至于岱宗。岱宗，泰山也。柴，望秩于山川。遂觐东后。东后者，诸侯也。合时月正日，同律度量衡，修五礼，五玉三帛二生一死贽。五月，巡狩至南岳。南岳，衡山也。八月，巡狩至西岳。西岳，华山也。十一月，巡狩至北岳。北岳，恒山也。皆如岱宗之礼。"据张守节《正义》引《括地志》关于"恒山"所在有这样的说法："恒山在定州恒阳县西北百四十里。《周礼》云并州镇曰恒山。"⑤ 从现有资料看，秦汉时期的

---

① 《史记》，第52、53—54页。

② 《汉书》卷三《高后纪》："不疑为恒山王。"颜师古注："如淳曰：'今常山也，因避文帝讳改曰常。'"中华书局1962年6月版，第96页。

③ 《史记》卷四三《赵世家》"合军曲阳"，裴骃《集解》："徐广曰：'上曲阳在常山，下曲阳在钜鹿。'"张守节《正义》："《括地志》云：'上曲阳故城在定州曲阳县西五里。'"按：合军曲阳，即上曲阳也，以在常山郡也。"第1811、1812页。

④ 《史记》卷二《夏本纪》，第68页。

⑤ 《史记》，第1355—1356页。

"北岳"，很可能是指地处今河北中部的恒山。《史记》卷四三《赵世家》："毋恤曰：'从常山上临代，代可取也。'"张守节《正义》："《地道记》云：'恒山在上曲阳县西北百四十里。北行四百五十里得恒山岌，号飞狐口，北则代郡也。'"① 分析有关文字，如果根据从"飞狐口"向南"四百五十里"的方位判断，"恒山"似不当"在上曲阳县西北百四十里"，而应当在临近今河北石家庄的地区。

中原人山川神崇拜系统中的"北岳"，很可能随着文化圈的向北扩展，于是有由近及远的变化。② 战国晚期至于秦汉时期的"北岳"，应当受到赵人神秘主义信仰体系的影响。

《史记》卷二八《封禅书》记载秦始皇二十九年（前218）"至琅邪，过恒山，从上党归"，《史记》卷六《秦始皇本纪》写道："旋，遂之琅邪，道上党入。"所谓"旋""归"，都是说回返咸阳。琅邪、恒山、上党，都在归途之中。分析秦始皇回归路线，此"恒山"不当远至上曲阳即今河北涞源、阜平之间。否则过于迂远。

《封禅书》记录汉武帝封禅泰山时有关"恒山"的事迹，颇与秦始皇二十九年情形类似，也是回返长安时经过。司马迁写道："（天汉三年）复至泰山修封。还过祭恒山。"③ "还过"二字，指明恒山本在归途之中。

汉武帝所谓"祭恒山"，应是属于"至泰山修封"的系列祭祀活动的重要内容之一。由此亦可推知秦始皇二十九年"过恒山"，应当也是有特殊意义的。

三　秦时"恒山"方位：汉碑的参考意义

考察秦时恒山的方位，可以参考汉《封龙山颂》碑提供的信息。

---

① 《史记》，第1789页。《汉书》卷二八上《地理志上》颜师古注："张晏曰：'恒山在西，避文帝讳，故改曰常山。'"第1576页。

② 清人蒋廷锡《尚书地理今释》"北岳"条写道："《禹贡》作'恒山'。汉避文帝讳改'常山'，在今山西大同府浑源州南二十里，接直隶真定府界。按 恒山 自班固《汉志》载于上曲阳（今真定府曲阳县），郦道元《水经注》以下咸宗之。然今曲阳县治去山趾一百四十里，不若浑源之近。"《景印文渊阁四库全书》，第68册第220页。所谓"今真定府曲阳县"，即今河北曲阳。

③ 《史记》卷二八《封禅书》，第1403页。

　　方传鑫《〈封龙山颂〉简介》写道："《封龙山颂》汉延熹七年（164）十月立，隶书十五行，行二十六字，无撰书者姓名。宋代洪适《隶释》及郑樵《通志略》均有著录，后湮佚。道光二十七年（1847）十一月，元氏知县刘宝楠发现于河北元氏西北四十五里的王村山下，即命工运入城中。"宋代文献有关《封龙山碑》的著录，有《隶释》卷三："右《无极山碑篆额》，在真定。此山与三公山、封龙山、灵山、白石山，皆在元氏。"同书卷二七："汉《封龙山碑》二，在获鹿县南四十五里山上，延熹七年立。"① 又《通志》卷七三："（两汉）《封龙山碑》，镇州。"② 其实，此碑自宋以后至于"刘宝楠发现"，并非绝对的"湮佚"或者所谓"湮没不彰"。③ 元人著《河朔访古记》卷上写道："（元氏县）三十里封龙山下，其庙两两相对，若泰阶六符之状，盖三台近于轩辕故庙于此山。今榜曰：天台三公之庙。庙有《汉封龙山颂碑》一通，《汉三公山碑》一通。县西故城西门外八都神坛，亦有《三公山碑》一通，汉光和四年常山相冯巡所立。坛侧又有《唐三公山碑》一通。八都者，总望八山而祭于此。明帝永平中幸此，诏复租税六年，劳来县吏，下及走卒，皆蒙恩赐。其后章帝北巡，又幸元氏，祀光武于县堂，祀明帝于始生堂，皆奏乐焉。《白石神君碑》《无极山碑》二汉刻，皆在封龙山下。"④ 又如明代学者杨士奇《东里集》续集卷二〇《跋·汉封龙山碑》："右《封龙山碑》，在元氏县。汉延熹七年，至今千二百余年。石刻虽颇剥蚀，而文字尚可寻究。碑首云'封龙山者，北岳之英也'。此本得之刘智安主

---

　　① （宋）洪适撰：《隶释　隶续》，中华书局据洪氏晦木斋刊本 1985 年 11 月影印版，第46、284 页。

　　② （宋）郑樵撰，王树民点校：《通志二十略》，中华书局 1995 年 11 月版，第 1848 页。

　　③ 方传鑫：《〈封龙山颂〉简介》，《封龙山颂》，上海书画出版社 2000 年 12 月版，第 1 页。

　　④ 《四库全书总目提要》："臣等谨案：《河朔访古记》三卷不著撰人名氏，明焦竑《国史经籍志》著录，亦不云谁作。考元刘仁本《羽庭集》，有是书序。曰：今翰林国史院编修官博啰洛氏纳新易之，自其先世徙居鄞，至正五年，挈行李出浙渡淮，溯大河而济，历齐鲁陈蔡晋魏燕赵之墟，吊古山川城郭，邱陵宫室，王霸人物，衣冠文献，陈迹故事，暨近代金宋战争疆场更变者，或得于图经地志，或闻诸故老旧家，风流遗俗，一皆考订。夜还旅邸，笔之于书。又以其感触兴怀，慷慨激烈，成诗歌者，继之总而名曰《河朔访古记》凡一十六卷云云。则此书实为纳新作。焦氏考之未审。序称十六卷，焦氏作十二卷，亦误也。"古来金石著录，多言《封龙山碑》，此云《汉封龙山颂碑》，其"颂"字合于碑文，值得注意。《河朔访古记》卷上，《景印文渊阁四库全书》，第 593 册第 17 页，第 28 页。

事。"① 可知元明两代文献中，依然透露了有关《封龙山碑》的若干信息。

在"刘宝楠发现"之前，学界对《封龙山碑》亦多关注。清顾霭吉《隶辨》卷八："《封龙山碑》，延熹七年。《天下碑录》云：在获鹿县南四十五里山上。"② 又如《御定佩文斋书画谱》卷六一据《汉隶字原》写道："《封龙山碑》。《封龙山碑》二，在获鹿县南四十五里山上。延熹七年立。"③ 清人倪涛《六艺之一录》卷三八也说到有"《封龙山碑》二"。④

《封龙山颂》写道：

> 元氏封龙山之颂
>
> 惟封龙山者，北岳之英援，三条之别神，分体异处，在于邦内。⑤ 礚硌吐名⑥，与天同燿。能烝云兴雨，与三公、灵山协德齐勋。国旧秩而祭之，以为三望。遭亡新之际，去其典祀。延熹七年，岁贞执涂，月纪豕韦，常山相汝南富波蔡□、长史甘陵广川沐乘敬天之休，虔恭明祀，上陈德润加于百姓，宜蒙珪璧七牲法食。
>
> 圣朝克明，靡神不举。戊寅，诏书应时听许，允敕大吏郎巽等与义民修缮故祠，遂采嘉石，造立观阙。黍稷既馨，牺牲博硕，神歆感射，三灵合化，品物流形，农寔嘉谷，粟至三钱，天应玉烛。于是纪功刊勒，以炤令问。其辞曰：
>
> 天作高山，寔惟封龙。平地特起，灵亮上通。嵯峨□峻，高丽无

---

① （明）杨士奇：《东里集》，《景印文渊阁四库全书》，第 1238 册第 635 页。

② （清）顾南原撰集：《隶辨［隶书字典］》，中国书店据康熙五十七年项氏玉渊堂刻版 1982 年 3 月影印版，第 1218 页。《天下碑录》，无名氏撰，《汉隶分韵》已有引录。《四库全书总目提要》："臣等谨案《汉隶分韵》七卷，不著撰人名氏，亦无时代，考其分韵，以一东二冬三江等标目，是元韵，非宋韵矣。"《汉隶分韵》，《景印文渊阁四库全书》，第 228 册第 183 页。

③ （清）孙岳颁等奉敕撰：《御定佩文斋书画谱》，《景印文渊阁四库全书》，第 821 册第 623 页。《汉隶字原》即《汉隶字源》，宋娄机撰。

④ （清）倪涛：《六艺之一录》，《景印文渊阁四库全书》，第 831 册第 67 页。

⑤ 断句从袁维春《秦汉碑述》，北京工艺美术出版社 1990 年 12 月版，第 253 页；高文《汉碑集释》，河南大学出版社 1997 年 11 月版，第 243 页。此句或亦可读作："惟封龙山者，北岳之英，援三条之别神，分体异处，在于邦内。"明人杨士奇《东里集》续集卷二〇《跋·汉封龙山碑》："碑首云'封龙山者，北岳之英也'。"即如此读。

⑥ "礚硌"，大声貌。《文选》卷一八嵇叔夜《琴赋》"礚□礚硌"李周翰注。（梁）萧统编，（唐）李善、吕延济、刘良、张铣、吕向、李周翰注：《六臣注文选》，中华书局 1987 年 8 月版，第 335 页。

双。神爡赫赫，理物含光。赞天休命，德合无疆。惠此邦域，以绥四方。国富年丰，稽民用章。刻石纪铭，令德不忘。……①

其中"北岳之英援"字样，特别值得我们注意。

宋欧阳修《集古录》卷一确曾说到《北岳碑》：

> 《后汉北岳碑》岁月见本文　集本
>
> 右《汉北岳碑》，文字残灭尤甚，莫详其所载何事。第其隐隐可见者，曰光和四年，以此知为汉碑尔。其文断续不可次序，盖多言珪币牲酒黍稷丰穰等事，似是祷赛之文。其后有二人姓名，偶可见云：南阳冠军冯巡字季祖，甘陵夏方字伯阳。其余则莫可考矣。②

宋赵明诚《金石录》卷一七则指此为发现于河北元氏的《汉三公碑》，以为《集古录》误：

> 《汉三公碑》。
>
> 右《汉三公碑》，欧阳公《集古录》有《北岳碑》，云：文字残缺尤甚，其可见者，曰光和四年，以此知为汉碑尔。其文多言珪币牲酒黍稷丰穰等事，其后二人姓名，偶可见云：南阳冠军冯巡字季祖，甘陵夏方字伯阳。余尝托人于北岳访求前代刻石几尽，独无汉碑。今此碑所书事及二人姓名，与《集古》所载皆同。又光和四年立。惟其额题曰"三公之碑"。而《集古》以为《北岳碑》，岂欧阳公未尝见其额乎？"三公"者，山名。其事亦载于《白石神君》与《无极山碑》。三山皆在真定元氏云。③

欧阳修《集古录》误以《三公山碑》为《北岳碑》，固然有诸多祠所

---

① 《封龙山碑》，中国书店2001年1月版，第1—27页。

② 李之亮笺注：《欧阳修集编年》卷一三五《集古录跋尾》，巴蜀书社2007年8月版，第7册第334页。

③ （宋）赵明诚撰，金文明校证：《金石录校证》，中华书局2019年9月版，第329—330页。

"皆在真定元氏",颇易混杂的因素,但是,为什么题为《北岳碑》呢?是看到了如《封龙山颂》"北岳之英援"一类文字,或者得到了其他有关信息吗?

封龙山和秦汉"北岳"之间,是否存在某种关系呢?

同样出于河北元氏的《白石神君碑》写道:"白石神君居九山之数,参三条之壹,兼将军之号,秉斧钺之威,体连封龙,气通北岳,幽赞天地,长育万物。"① 也说到"白石神君""气通北岳",可见"北岳"应当在附近地方。

四 "北岳"祀所的移动

《史记》卷四三《赵世家》:"王军取鄗、石邑、封龙、东垣。"张守节《正义》引《括地志》:"封龙山一名飞龙山,在恒州鹿泉县南四十五里。邑因山为名。"② 明人石珤《登封龙山赋》:

> 石子抱病,登于封龙,览燕赵之墟,望沧溟之浦,慨然太息。顾谓二三子曰:美乎佳哉! 此陶唐氏之故都也。巨岳雄峙,长河骏奔。崇冈复阜,如抱如蹲。万壑潆流,汇为九泽。大行崛立,溢出平原。川横夏后之橇,地藏虞舜之璧。③

所谓"地藏虞舜之璧",是说这里曾经是古来祠祀之所。祠祀之所地藏宝璧的这一说法,是可以得到文献记载的证明的。如《晋书》卷一一〇《慕容儁载记》记载:

> 常山大树自拔,根下得璧七十、珪七十三,光色精奇,有异常玉。(慕容)儁以为岳神之命,遣其尚书郎段勤以太牢祀之。④

---

① (清)王昶辑:《金石萃编》,中国书店 1985 年 3 月据 1921 年扫叶山堂本影印,卷一七第 6 页。

② 《史记》,第 1811、1812 页。

③ 马积高、曹大中主编,常书智副主编:《历代词赋总汇·明代卷》,湖南文艺出版社 2014 年 1 月版,第 6 册第 5421 页。

④ 《晋书》,中华书局 1974 年 11 月版,第 2839 页。

又《十六国春秋》卷二七《前燕录四·慕容儁下》："（光寿二年）三月，（慕容）儁常山寺王母祠前大树自拔，乃于根下得璧七十、珪七十三，光色精奇，有异常玉，儁以为岳神之命，遣尚书郎段勤用太牢祀之。每祀，有一虎往来祠侧，性颇驯狎，而不害于物。"① 又《太平御览》卷三九引崔鸿《前燕录》曰："慕容儁寿光三年常山寺大树根下得璧七十二、圭七十，光色精奇，有异常玉。"② 又《太平御览》卷八〇六引《晋书·载记》曰："燕常山大树自拔，根下得璧七十三。光色精奇，有异常玉。慕容儁以为岳神之命，遣其尚书郎段勤以太牢祀之。"③ 又如《山堂肆考》卷一五七"以太牢祠"条下写道："《前燕录》：慕容儁寿光元年常山得璧七十一，光色甚异。后以为神岳之命，以太牢祠之。"④

虽然对珪璧的数量记载不一，但是从地下得到前代祠祀遗物玉珪和玉璧，可能是确实的。联想到《封龙山颂》中所谓"宜蒙珪璧七牲法食"，可知封龙山附近地方曾经是一处重要的祠祀中心。而有关珪璧出土之解释，所谓"以为岳神之命"，"以为神岳之命"，都暗示这种类似于"地藏虞舜之璧"的行为与"北岳"崇拜的特殊关系。

许多文献资料表明，早期"恒山"位置并非后来"恒山"所在。《史记》卷二《夏本纪》引录《禹贡》："太行、常山至于碣石，入于海。"司马贞《索隐》："常山，恒山是也，在常山郡上曲阳县西北。"张守节《正义》引《括地志》："太行山在怀州河内县北二十五里，有羊肠阪。恒山在定州恒阳县西北百四十里。道书《福地记》云'恒山高三千三百丈，上方二十里，有太玄之泉，神草十九种，可度俗'。"⑤ 《史记》卷四三《赵世家》："攻取丹丘、华阳……"张守节《正义》："《括地志》云：'北岳有五别名，一曰兰台府，二曰列女宫，三曰华阳台，四曰紫台，五

① （北魏）崔鸿撰，（清）汤球补，聂溦萌、罗新、华喆点校：《十六国春秋辑补》，中华书局 2020 年 3 月版，第 335 页。

② （宋）李昉等撰：《太平御览》，中华书局用上海涵芬楼影印宋本 1960 年 2 月复制重印版，第 188 页。

③ （宋）李昉等撰：《太平御览》，第 3582 页。

④ （明）彭大翼：《山堂肆考》，《景印文渊阁四库全书》，第 977 册第 207 页。

⑤ 《史记》，第 67、68 页。

曰太一宫。'按：北岳恒山在定州恒阳县北百四十里。"① 唐代"定州恒阳县"，在今河北曲阳。②

还有一个现象值得注意，这就是山西浑源的"北岳"祠祀遗址存中没有发现汉代的遗存。

宋赵明诚《金石录》卷一七说，"余尝托人于北岳访求前代刻石几尽，独无汉碑"。③ 明倪岳《青谿漫稿》卷一一关于位于山西浑源的"北岳"恒山之祀，也说到"唐宋碑刻，具载其事"，而"汉碑不存，无所于考"。④ 顾炎武《北岳辨》也说："自唐以上，征于史者如彼；自唐以下，得于碑者如此。"⑤ 同样指出了山西浑源"北岳"未能得到碑刻文字证实的情形。

看来，山西浑源的"北岳"祠祀兴起稍晚。此前的"北岳"祠祀，应是发生于另外的地方。⑥《封龙山颂》所谓"分体异处，在于邦内"，或许可以作为"北岳"祠祀变化的一种解释。此所谓"邦"，应即"惠此邦域，以绥四方"的"邦域"。

其实，关于"北岳"所在，古来就有未可确定的说法。清代学者姚鼐《五岳说》写道："或问五岳所居。前儒异说恶所定。诸曰：是不可定也。昔舜摄天子，一岁中周历四方，《书》第言东巡之为岱宗而已，南、西、北曷尝言其岳之为某山哉？"⑦ 阎若璩《北岳中岳论》也说，中岳曾经有嵩高、霍山等不同说法。⑧ 顾炎武《北岳辨》说到"四岳不疑而北岳疑之者"的情形。他还特别指出："古之帝王，望于山川，不登其巅也，望而祭之。故五岳之祠，皆在山下，而肆觐诸侯，考正风俗，是亦必于大

---

① 《史记》，第 1811 页。

② 谭其骧主编：《中国历史地图集》，中国地图出版社 1982 年 10 月版，第 5 册第 48—49 页。

③ （宋）赵明诚撰，金文明校证：《金石录校证》，第 330 页。

④ （明）倪岳：《青谿漫稿》，《景印文渊阁四库全书》，第 1251 册第 116 页。

⑤ （清）顾炎武撰，华忱之点校：《顾亭林诗文集》，中华书局 1959 年 8 月版，第 8 页。

⑥ 阙名《恒山记》说："自汉宣帝神爵元年祀北岳常山于曲阳，唐宋祀典皆在定州。至宋始有恒山没于辽，从曲阳县望祀之说。明人乃定浑源元岳为恒山。"（清）王锡祺辑：《小方壶斋舆地丛钞》，杭州古籍书店据清光绪十七年上海著易堂印本 1985 年 11 月影印版，第四帙第 77 页。

⑦ （清）姚鼐著，刘季高标校：《惜抱轩诗文集》，上海古籍出版社 1992 年 11 月版，第 248 页。

⑧ （清）阎若璩：《北岳中岳论》，（清）王锡祺辑《小方壶斋舆地丛钞》，第四帙第 80 页。

山之阳，平易广衍之地，而不在险远旷绝之区也，明甚。且一岁之中，巡狩四岳，南至湘中，北至代北，其势有所不能。故《尔雅》诸书，并以霍山为南岳，而汉人亦祭于灊。"① 所谓"四岳不疑而北岳疑之者"，体现了"北岳"地理定位因区域文化演变而产生的复杂性。而既然"南岳"曾经有相继南移的情形，则"北岳"曾经北移，自然也是可以理解的了。

　　还应当指出，《封龙山颂》所说"以为三望"，体现出相当崇高的祠祀等级。《春秋·僖公三十一年》："夏四月，四卜郊，不从，乃免牲，犹三望。"杜预注："三望，分野之星、国中山川皆郊祀，望而祭之。"②《公羊传·僖公三十一年》："三望者何？望祭也。然则曷祭？祭大山、河、海，曷为祭大山、河、海？山川有能润于百里者，天子秩而祭之。触石而出，肤寸而合，不崇朝而遍雨乎天下者，唯大山尔。河、海润于千里。"③ 这里"大山"，又写作"泰山"。既然说封龙山"以为三望"，则可知其地位，在汉代神祀系统中，已经大略等同于"大山、河、海"或"泰山、河、海"。由此，理解《封龙山颂》所谓"礛硞吐名，与天同燿"以及"能烝云兴雨，与三公、灵山协德齐勋"等说法，可以有更真切的认识。

　　如果封龙山曾经作为"北岳之英援"，即与"北岳"相当邻近，而后"北岳"又"分体异处"，中心祀所北移至于山西浑源地方的推想能够成立，则可进一步讨论"北岳"祠祀移动的时间。思考这一问题，似乎可以参考《封龙山颂》中的这段文字："遭亡新之际，去其典祀。"④ 就是说，大致在王莽时代，传统"北岳"祠祀内容发生了重要的变化。也就是说，在秦代，其"典祀"很可能是得到确认的。

---

　　① （清）顾炎武撰，华忱之点校：《顾亭林诗文集》，第8页。

　　② 《春秋左传集解》，上海人民出版社1977年8月版，第398、399页。

　　③ （清）阮元校刻：《十三经注疏》，中华书局据原世界书局缩印本1980年10月影印版，第2263页。

　　④ "亡新"，是东汉用以指代新莽王朝的习用语。《隶释》卷五《梁相孔耽神祠碑君》："遭亡新之际……"（宋）洪适撰：《隶释　隶续》，第59页。《后汉书》卷三〇上《苏竟传》："自亡新之末，失行算度，以至于今。"中华书局1965年5月版，第1044页。又卷四九《王符传》："……此则又甚于亡新之时也。"第1649页。

五 秦始皇"过恒山"：神祀表现与文化态度

《史记》卷六《秦始皇本纪》记载二十九年（前218）"始皇东游"事，然而不言"恒山"。《封禅书》说秦始皇"过恒山"，亦与汉武帝天汉三年（前98）"还过祭恒山"表述方式不同。

看来，秦始皇对于"恒山"或许没有正式地礼敬，或许仅仅只是"过"而已。

秦始皇以征服者的身份面对东方，深心满怀文化的自信。其东巡各地刻石，甚至已经敢于在包括"义""理"等各方面指斥六国君王，又有"匡饬异俗"的号令，俨然以先进经济和优秀文化的传布者自居。这种意识，显然来源于统一战争中"譬若施韩卢而搏蹇兔"[①]的军事优势和因关东地区战时"天下之府库不盈，囷仓空虚"[②]的片断历史现象引起的错觉。[③]然而另一方面，他对东方文化其实又表露出既心怀敬畏，又不免疑忌的心情。例如对东海和泰山的礼祀，就体现了这种心态。[④]

"过恒山"事，或许也表现出秦始皇对于东方神秘主义文化体系的复杂心理。人们注意到，在秦始皇"过恒山"的前一年，即二十八年（前219），有隆重礼祀东方山川神的重要经历。《史记》卷六《秦始皇本纪》：

> 二十八年，始皇东行郡县，上邹峄山。立石，与鲁诸儒生议，刻石颂秦德，议封禅望祭山川之事。乃遂上泰山，立石，封，祠祀。下，风雨暴至，休于树下，因封其树为五大夫。禅梁父。刻所立石。
> ……
> 于是乃并勃海以东，过黄、腄，穷成山，登之罘，立石颂秦德焉而去。
> 南登琅邪，大乐之，留三月。乃徙黔首三万户琅邪台下，复十二

---

① 《史记》卷七九《范睢蔡泽列传》，第2408页。

② （汉）刘向集录：《战国策》，上海古籍出版社1985年3月版，第95页。（清）王先谦撰，钟哲点校：《韩非子集解》卷一《初见秦第一》，中华书局1998年7月版，第2页。

③ 参看王子今《秦汉区域文化研究》，四川人民出版社1998年10月版，第352页。

④ 参看王子今《史记的文化发掘——中国早期史学的文化人类学探索》，湖北人民出版社1997年10月版，第201—237、349—378页。

岁。作琅邪台，立石刻，颂秦德，明得意。

……

既已，齐人徐市等上书，言海中有三神山，名曰蓬莱、方丈、瀛洲，仙人居之。请得斋戒，与童男女求之。于是遣徐市发童男女数千人，入海求仙人。

始皇还，过彭城，斋戒祷祠，欲出周鼎泗水。使千人没水求之，弗得。乃西南渡淮水，之衡山、南郡。浮江，至湘山祠。逢大风，几不得渡。上问博士曰："湘君神？"博士对曰："闻之，尧女，舜之妻，而葬此。"于是始皇大怒，使刑徒三千人皆伐湘山树，赭其山。上自南郡由武关归。①

可见这一年是秦始皇祠祀各地名山最集中的一年。这一年，他"上邹峄山"，"上泰山"，"禅梁父"，"穷成山，登之罘"，"南登琅邪"，又听说"海中有三神山"，于是"请得斋戒，与童男女求之"，又"之衡山"②，"至湘山祠"。关于"邹峄山""泰山""梁父"祠祀事，《史记》卷二八《封禅书》又记载：

即帝位三年，东巡郡县，祠驺峄山，颂秦功业。于是征从齐鲁之儒生博士七十人，至乎泰山下。诸儒生或议曰："古者封禅为蒲车，恶伤山之土石草木；埽地而祭，席用葅秸，言其易遵也。"始皇闻此议各乖异，难施用，由此绌儒生。而遂除车道，上自泰山阳至巅，立石颂秦始皇帝德，明其得封也。从阴道下，禅于梁父。其礼颇采太祝之祀雍上帝所用，而封藏皆秘之，世不得而记也。

始皇之上泰山，中阪遇暴风雨，休于大树下。诸儒生既绌，不得与用于封事之礼，闻始皇遇风雨，则讥之。

---

① 《史记》，第242—248页。

② 此所谓"之衡山"，全句为"之衡山、南郡"，似可理解为"之衡山郡"。依此例，则本文讨论主题"过恒山"似乎也应理解为"过恒山郡"。不过，《史记》卷六《秦始皇本纪》"之衡山、南郡"句下，张守节《正义》："《括地志》云：'衡山，一名岣嵝山，在衡州湘潭县西四十一里。'岣音苟。嵝音楼。"是不以"衡山"为郡名。关于"过恒山"之"恒山"不宜理解为郡名，则有下文汉武帝天汉三年"还过祭恒山"事可为参证。

《史记》卷二八《封禅书》又写道："于是始皇遂东游海上，行礼祠名山大川及八神，求仙人羡门之属。"① 有人据此总结秦始皇当年的主要活动，即"行礼祠名山大川"②，是有道理的。其实，所谓"八神"，也多依托于山。③

秦始皇祠祀东方名山，对于原先制度，有的予以"采用"，有的则以为"难施用"。禅梁父时，有"其礼颇采太祝之祀雍上帝所用"情形。于是有"上泰山，中阪遇暴风雨"，诸儒生"讥之"的故事。秦始皇拒绝诸儒生的建议，采取"祀雍上帝所用"之秦礼仪，体现出独断的性格。"伐湘山树，赭其山"事，当然表现更为极端。不过，《史记》卷六《秦始皇本纪》纪此事于二十八年（前219），《史记》卷二八《封禅书》则以为"南至湘山"为秦始皇三十七年（前210）事。④

据《史记》卷八八《蒙恬列传》记载，"始皇三十七年冬，行出游会稽，并海上，北走琅邪。道病，使蒙毅还祷山川，未反"。⑤ 说明秦始皇在如"至湘山祠……大怒，使刑徒三千人皆伐湘山树，赭其山"的另一面，其实对于东方山川神的敬畏，依然深怀于内心。至于秦二世即位后匆忙远行，"东巡碣石，并海南，历泰山，至会稽，皆礼祠之"⑥，尤其体现出对东方山川神的恭敬态度。⑦

至于秦始皇对华山神灵"祖龙死"的预言轻蔑地斥之为"山鬼固不

---

① 《史记》，第1366—1367页。

② 徐复《秦会要订补》卷四："始皇即帝位三年，东游海上，行礼祠名山大川。"群联出版社1955年9月版，第46页。

③ 《史记》卷二八《封禅书》："八神将自古而有之，或曰太公以来作之。齐所以为齐，以天齐也。其祀绝莫知起时。八神：一曰天主，祠天齐。天齐渊水，居临菑南郊山下者。二曰地主，祠泰山梁父。盖天好阴，祠之必于高山之下，小山之上，命曰'畤'；地贵阳，祭之必于泽中圜丘云。三曰兵主，祠蚩尤。蚩尤在东平陆监乡，齐之西境也。四曰阴主，祠三山。五曰阳主，祠之罘。六曰月主，祠之莱山。皆在齐北，并勃海。七曰日主，祠成山。成山斗入海，最居齐东北隅，以迎日出云。八曰四时主，祠琅邪。琅邪在齐东方，盖岁之所始。皆各用一牢具祠，而巫祝所损益，珪币杂异焉。"第1367—1368页。

④ 《史记》卷二八《封禅书》记秦始皇二十八年（前219）事后写道："其明年，始皇复游海上，至琅邪，过恒山，从上党归。后三年，游碣石，考入海方士，从上郡归。后五年，始皇南至湘山，遂登会稽，并海上，冀遇海中三神山之奇药。不得，还至沙丘崩。"第1370页。

⑤ 《史记》，第2567页。

⑥ 《史记》卷二八《封禅书》，第1370页。

⑦ 参看王子今《秦二世元年东巡史事考略》，《秦文化论丛》第3辑，西北大学出版社1994年12月版，第380—388页。

过知一岁事也"①，则说明对于秦地山神，这位性格雄鸷的帝王也可以依个人的情感倾向而偏离秦信仰传统，未必尊崇不疑。②

　　考察秦始皇二十九年（前218）"过恒山"事，对于秦祠祀制度所体现文化态度的认识，是有意义的。③

---

　　① 《史记》卷六《秦始皇本纪》："使者从关东夜过华阴平舒道，有人持璧遮使者曰：'为吾遗滈池君。'因言曰：'今年祖龙死。'使者问其故，因忽不见，置其璧去。使者奉璧具以闻。始皇默然良久，曰：'山鬼固不过知一岁事也。'退言曰：'祖龙者，人之先也。'使御府视璧，乃二十八年行渡江所沈璧也。"第259页。班固在《汉书》卷二七中之上《五行志中之上》中也引述了这一故事，情节则与司马迁所记略有不同，无秦始皇"山鬼"说："史记秦始皇帝三十六年，郑客从关东来，至华阴，望见素车白马从华山上下，知其非人，道住止而待之。遂至，持璧与客曰：'为我遗滈池君。'因言'今年祖龙死'。忽不见。郑客奉璧，即始皇二十八年过江所湛璧也。"第1399—1400页。"今年祖龙死"。梁玉绳《史记志疑》卷五说："'今年'，当依《搜神记》作'明年'为确。各处并误作'今年'。"又引《潜丘札记》论之云："'今'字必'明'字之讹，证有二焉：一果三十七年七月始皇崩，其言验。一始皇曰'山鬼固不过知一岁事'，讥其伎俩仅知今年，若明年之事彼岂能预知乎？幸其言不验。李白《古风》云：'璧遗滈池君，明年祖龙死。秦人相谓曰：吾属可去矣。一往桃花源，千春隔流水。'乃知太白唐时所见《史记》本尚无讹也。"梁玉绳还写道："余又得一证，《文选》潘岳《西征赋》注及《初学记》卷五引《史记》正作'明年'，可补阎氏所未及。"（清）梁玉绳撰：《史记志疑》，第182—183页。钱锺书也指出："刘延世《孙公谈圃》卷中记一蓬头小青衣送王安石以白杨木笏，'荆公恶甚，弃之墙下，曰：明年祖龙死！'可参印。"又说，"事亦见《水经注》卷一九《渭水》及《后汉书·襄楷传》章怀注所引《春秋后传》"，"与《史记》、《搜神记》情节不同，波折似胜也"。钱锺书：《管锥编》，中华书局1979年8月版，第1册第264页。《水经注》卷一九《渭水》谓传语者自称"吾华山君使"，《搜神记》卷四此条题"华山使"，都强调是华山之神预言。（北魏）郦道元著，陈桥驿校证：《水经注校证》，中华书局2007年7月版，第449页。（晋）干宝撰，李剑国辑校：《搜神记辑校》，中华书局2007年3月版，第628页。

　　② 关于秦传统信仰系统中对华山之神的礼敬，可参看李学勤《秦玉牍索隐》，《故宫博物院院刊》2000年第2期。

　　③ 王子今：《关于秦始皇二十九年"过恒山"——兼说秦时"北岳"的地理定位》，《秦文化论丛》第11辑，三秦出版社2004年6月版，第221—236页。

徐市求仙船队的"童男女"

通过秦汉历史文化信息可以看到，传统社会往往赋予未成年"小儿"以某种神秘主义的异能。例如，"高祖过沛诗《三侯之章》，令小儿歌之"①，以及逐疫"侲子"②、求雨"小童"③、"灵星"之"祠"用"童男"舞④等诸多礼俗，以及民间舆论形式中"童谣"受到的特殊的重视⑤，都体现出这种情形。⑥

刘邦"过沛""令小儿歌"，可以看作秦史遗存表现。秦始皇遣"童

---

① 《史记》卷二四《乐书》，中华书局1959年9月版，第1177页。《汉书》卷二二《礼乐志》："初，高祖既定天下，过沛，与故人父老相乐，醉酒欢哀，作'风起'之诗，令沛中僮儿百二十人习而歌之。至孝惠时，以沛宫为原庙，皆令歌儿习吹以相和，常以百二十人为员。"中华书局1962年6月版，第1045页。《太平御览》卷五引《史记·天官书》："汉武帝以正月上辛祠太一甘泉，夜祠到明，忽有流星至于祠坛上，使童男女七十人俱歌。"（宋）李昉等撰：《太平御览》，中华书局用上海涵芬楼影印宋本1960年2月复制重印版，第27页。

② 《续汉书·礼仪志中》，《后汉书》，中华书局1965年5月版，第3127—3128页。《东京赋》"侲子万童"，薛综注："侲子，童男童女也。"（梁）萧统编，（唐）李善、吕延济、刘良、张铣、吕向、李周翰注：《六臣注文选》，中华书局1987年8月版，第77页。

③ 《春秋繁露·求雨》中说到当时"春旱求雨"的仪式规程："小童八人，皆斋三日，服青衣而舞之。"苏舆撰，钟哲点校：《春秋繁露义证》，中华书局1992年12月版，第429页。《太平御览》卷五二六引《汉旧仪》："五仪元年，儒术奏施行董仲舒请雨事，始令丞相以下求雨雪，曝城南舞童女祷天神。"（宋）李昉等撰：《太平御览》，第2388页。

④ 《续汉书·祭祀志下》："舞者用童男十六人。"《后汉书》，第3204页。

⑤ 参看王子今《秦汉民间谣谚略说》，《人文杂志》1987年第4期；《略论两汉童谣》，《重庆师范大学学报》（哲学社会科学版）2007年第3期。

⑥ 参看王子今《秦汉神秘主义信仰体系中的"童男女"》，《周秦汉唐文化研究》第5辑，三秦出版社2007年6月版，第105—119页。有学者注意到，古罗马的儿童也有其"神圣性"受到关注，或者被称作"被神圣化"的情形。甚至有这样的现象："对儿童的尊重提到了更高的地位，一直上升到宗教的水平。"［法］让－皮埃尔·内罗杜：《古罗马的儿童》，张鸿、向征译，广西师范大学出版社2005年8月版，第100、94页。

男女"随徐市出海寻找仙山和不死药，尤其典型。

一 "入海求仙人"的"童男女""振男女"

《史记》卷六《秦始皇本纪》记载秦始皇指派方士徐市入海求神仙，有调集"童男女"随行的情形：

> 齐人徐市等上书，言海中有三神山，名曰"蓬莱"、"方丈"、"瀛洲"，仙人居之。请得斋戒，与童男女求之。于是遣徐市发童男女数千人，入海求仙人。

张守节《正义》引《括地志》云："亶洲在东海中，秦始皇使徐福将童男女入海求仙人，止在此洲，共数万家，至今洲上人有至会稽市易者。吴人《外国图》云亶洲去琅邪万里。"① 东海中传说"秦始皇使徐福将童男女入海求仙人"所至亶洲，则有可能是日本群岛、琉球群岛、台湾岛或者澎湖列岛。或以为徐市一去而不复返，历史事实却并非如此。《秦始皇本纪》中，此后就另有两次说到徐市：

> （秦始皇三十五年）徐市等费以巨万计，终不得药。

> （秦始皇三十七年）方士徐市等入海求神药，数岁不得，费多，恐谴，乃诈曰："蓬莱药可得，然常为大鲛鱼所苦，故不得至，愿请善射与俱，见则以连弩射之。"②

《史记》卷一一八《淮南衡山列传》又有这样的记载：

> 又使徐福入海求神异物，还为伪辞曰："臣见海中大神，言曰：'汝西皇之使邪？'臣答曰：'然。''汝何求？'曰：'愿请延年益寿药。'神曰：'汝秦王之礼薄，得观而不得取。'即从臣东南至蓬莱山，见芝成宫阙，有使者铜色而龙形，光上照天。于是臣再拜问曰：'宜何资以献？'海神曰：'以令名男子若振女与百工之事，即得之矣。'"秦皇帝大说，遣振男女三千人，资之五谷种种百工而行。徐

---

① 《史记》，第247、248页。
② 《史记》，第258、263页。

福得平原广泽，止王不来。①

可见，徐市入海，确实有往有还，是在数次往复之后，终于远行不归的。《史记》卷二八《封禅书》又写道：

> 自威、宣、燕昭使人入海求蓬莱、方丈、瀛洲。此三神山者，其傅在勃海中，去人不远；患且至，则船风引而去。盖尝有至者，诸仙人及不死之药皆在焉。其物禽兽尽白，而黄金银为宫阙。未至，望之如云；及到，三神山反居水下。临之，风辄引去，终莫能至云。世主莫不甘心焉。及至秦始皇并天下，至海上，则方士言之不可胜数。始皇自以为至海上而恐不及矣，使人乃赍童男女入海求之。船交海中，皆以风为解，曰未能至，望见之焉。②

其中"使人乃赍童男女入海求之"，并没有指明所"使人"是徐市，也许方士们多采取"赍童男女"的形式。《汉书》卷二五下《郊祀志下》记载谷永谏汉成帝语："秦始皇初并天下，甘心于神仙之道，遣徐福、韩终之属多赍童男童女入海求神采药，因逃不还，天下怨恨。"③ 说的就是"徐福、韩终之属"。关于这段史事，《三国志》卷四七《吴书·吴主权传》也有一段文字："遣将军卫温、诸葛直将甲士万人浮海求夷洲及亶洲。亶洲在海中，长老传言秦始皇帝遣方士徐福将童男童女数千人入海，求蓬莱神山及仙药，止此洲不还。世相承有数万家，其上人民，时有至会稽货布，会稽东县人海行，亦有遭风流移至亶洲者。所在绝远，卒不可得至，但得夷洲数千人还。"④

---

① 张守节《正义》："《括地志》云：'亶州在东海中，秦始皇遣徐福将童男女，遂止此州。其后复有数洲万家，其上人有至会稽市易者。'阙文。"《史记》，第3086、3087页。
② 《史记》，第1369—1370页。
③ 《汉书》，第1260页。
④ 《三国志》，中华书局1959年12月版，第1136页。《太平御览》卷六九引《吴志》曰："孙权遣卫温、诸葛直将甲士万人浮海求夷洲及亶洲在海中。长老传言秦始皇帝遣方士徐福将童男女数千人入海求蓬莱神仙及仙药，止此不返，世世相承，有万家。其上人民时有至会稽货市。"（宋）李昉等撰：《太平御览》，第327页。

二　"与童男女求之"的意义

对于海中神山仙人，入海方士为什么"请得斋戒，与童男女求之"呢？

按照《淮南衡山列传》中记录的徐市的"伪辞"，是"海神"提出了要求："以令名男子若振女与百工之事"。对于这句话的理解，裴骃《集解》引徐广曰："《西京赋》曰：'振子万童。'"裴骃又引录了薛综的解释："振子，童男女。"① 泷川资言《史记会注考证》引冈白驹曰："'令名男子'，良家男子也。'若'，及也。'振'当作'侲'，或古相通。"②

顾颉刚在总结秦汉"方士"的文化表现时写道："鼓吹神仙说的叫做方士，想是因为他们懂得神奇的方术，或者收藏着许多药方，所以有了这个称号。《封禅书》说'燕、齐海上之方士'，可知这班人大都出在这两国。当秦始皇巡狩到海上时，怂恿他求仙的方士便不计其数。他也很相信，即派韩终等去求不死之药，但去了没有下文。又派徐市（即徐福）造了大船，带了五百童男女去，花费了好几万斤黄金，但是还没有得到什么。反而同行嫉妒，互相拆破了所说的谎话。"③《史记》卷六《秦始皇本纪》说"发童男女数千人"④，《汉书》卷四五《伍被传》则说赍"童男女三千人"："使徐福入海求仙药，多赍珍宝、童男女三千人、五种百工而行。徐福得平原大泽，止王不来。"⑤ 又有说"童男童女各三千人"的。⑥ 而顾颉刚所谓"带了五百童男女去"，与《史记》《汉书》中的记

① 《史记》，第 3087 页。

② （汉）司马迁撰，［日］泷川资言考证，［日］水泽利忠校补：《史记会注考证附校补》，上海古籍出版社 1986 年 4 月版，第 1926 页。

③ 顾颉刚：《秦汉的方士与儒生》，上海古籍出版社 1978 年 2 月版，第 11 页。

④ 《后汉书》卷八五《东夷列传》："又有夷洲及澶洲，传言秦始皇遣方士徐福将童男女数千人入海求蓬莱神仙，不得，徐福畏诛，不敢还，遂止此洲。世世相承，有数万家。人民时至会稽市。会稽东冶县人有入海行遭风流移至澶洲者，所在绝远，不可往来。"第 2822 页。也说"童男女数千人"。

⑤ 《汉书》，第 2171 页。《前汉纪》卷一二也说"童男女三千余人"。（东汉）荀悦撰，张烈点校：《汉纪》，中华书局 2002 年 6 月版，第 206 页。

⑥ 如《太平广记》卷四"徐福"条录《仙传拾遗》及《广异记》。（宋）李昉等编：《太平广记》，中华书局 1961 年 9 月版，第 26—27 页。

载不相合。① 《说郛》卷六六下题东方朔《海内十洲记》也说徐福带走的
是"童男童女五百人"。② 虽然正史的记录都是"数千人""三千人",但
是"五百人"的数字其实可能更为接近历史真实。《剑桥中国秦汉史》取
用了"数百名"的说法,采取了如下表述方式:"公元前219年当秦始皇
首幸山东海滨并在琅邪立碑时,他第一次遇到术士。其中的徐市请求准许
他去海上探险,寻求他说是神仙居住的琼岛。秦始皇因此而耗费巨资,派
他带'数百名'童男童女进行一次海上探险,但徐一去不复返,传说他
们在日本定居了下来。"③

随着徐市船队的帆影在水光雾色中消失,这些"童男女"们从此即
渺无踪迹。古人诗句"徐福载秦女,楼船几时回?"④ "闲忆童男女,悠悠
去几年"⑤,"悲夫童男女,去作鱼鳖民"⑥,都在追忆的同时,抒发着感叹。

三　非徐市"殖民""立国"说

徐市究竟为什么要带领"童男女"出海远航呢?

---

① 元人于钦《齐乘》卷一又有"童男女二千人"的说法。(元)于钦撰,刘敦愿、宋百
川、刘伯勤校释:《齐乘校释》,中华书局2012年4月版,第46页。

② 《说郛》卷六六下题东方朔《海内十洲记》:"祖洲近在东海之中,地方五百里,去西岸
七万里。上有不死之草,草形如菰苗,长三四尺,人已死三日者,以草覆之,皆当时活也。服之
令人长生。昔秦始皇大苑中多枉死者横道,有鸟如乌状,衔此草覆死人面,当时起坐而自活也。
有司闻奏,始皇遣使者赍草以问北郭鬼谷先生。鬼谷先生云:'此草是东海祖洲上有不死之草,
生琼田中,或名为养神芝。其叶似菰苗,丛生,一株可活一人。'始皇于是慨然言曰:'可采得
否?'乃使使者徐福发童男童女五百人,率摄楼船等,入海寻祖州,遂不返。福,道士也,字君
房,后亦得道也。"(明)陶宗仪等编:《说郛三种》,明刻一百二十卷本,上海古籍出版社1988
年10月版,第3074页。

③ [美]卜德:《秦国和秦帝国》,杨品泉译,《剑桥中国秦汉史》,中国社会科学出版社
1992年2月版,第95页。台湾的译本大体与此一致:"在西元前219年,秦始皇首度巡视了山东
沿海并立了琅邪刻石,此时是他第一次遇到方士。其中一人,徐市,请求至海外寻访三个神仙之
岛;据说那儿有神仙长住。秦始皇因此耗费巨资,派他带着数百童男童女至海外寻访仙岛;但徐
市却没有返回,据说他们后来在日本定居。"方俐懿、许信昌译,《剑桥中国史》第1册《秦汉
编》,南天书局有限公司1996年1月版,第94页。

④ (清)王琦注:《李太白全集》,中华书局1977年9月版,第92页。

⑤ (明)朱存理纂辑,王允亮点校:《珊瑚木难》卷五,浙江人民美术出版社2019年12月
版,第412页。

⑥ (元)吴莱:《夕泛海东寻梅岑山观音大士洞遂登盘陀石望日出处及东霍山回过翁浦问
徐偃王旧城》,杨镰主编《全元诗》,中华书局2013年6月版,第40册第64页。

有人理解，徐市"发童男女"的真实目的，在于增殖人口。"他所要的数千童男女（年轻男女），是一支繁衍人口的后备大军。"① 似乎徐市出海，最初就有在海外自立为王的计划。"徐福出海前就有雄心壮志，假寻药之名，行立国之实。"② 而千百"童男女"就是第一代民众，于是"世相承"，"世世相承"。元代诗人吴莱"就中满载童男女，南面称王自民伍"的诗句③，或许就暗含这样的意思。有的学者明确写道："抑徐福之入海，其意初不在求仙，而实欲利用始皇求仙之私心，而藉其力，以自殖民于海外。观其首则请振男女三千人及五谷种种百工以行，次则请善射者携连弩与俱。人口、粮食、武器及一切生产之所资，无不备具。其'得平原广泽而止王不来'，岂非预定之计划耶？可不谓之豪杰哉！"④ 这里发表的"豪杰"评价，正与唐人"六国英雄漫多事，到头徐福是男儿"⑤诗意相合。所谓"振男女三千人"的请求，被解释为出自"殖民"目的的策略，其直接作用，和"人口"的追求有关。

然而，这种以为徐市在海外立国是蓄谋已久的阴谋的说法，其实是并不符合历史逻辑的。因为许多迹象表明，徐市出海的最初目的并非要在海外定居，"止王不来"。正如有的学者所指出的，据《史记》卷六《秦始皇本纪》的记载，徐市两次出海，"第一次是始皇二十八年，一开始就率领童男女和百工同往的；第二次是始皇三十七年，徐福提出请善射与俱后的事"。"据三十七年记载，则徐福不但还回来，而且还见了秦始皇，提出了新要求，仍然得到了始皇的支持。"只是在这段文字中，"没有说清楚徐福过去率领泛海的童男女和百工的下文"。⑥ 白居易诗《海漫漫》："蓬莱今古但闻名，烟水茫茫无觅处。海漫漫，风浩浩，眼穿不见蓬莱

①　文贝武、黄慧显：《论徐福东渡日本的必然性》，《青岛海洋大学学报》（社会科学版）1994 年第 1、2 期。

②　参看崔坤斗、逄芳《关于徐福东渡的几个问题》，《青岛海洋大学学报》（社会科学版）1994 年第 4 期。

③　（元）吴莱：《听客话熊野山徐市庙》，杨镰主编《全元诗》，第 40 册第 91 页。

④　马非百：《秦集史》，中华书局 1982 年 8 月版，上册第 253 页。

⑤　（唐）罗隐：《始皇陵》，《全唐诗》卷六五五《罗隐一》，中华书局 1960 年 4 月版，第 19 册第 7535 页。

⑥　汪向荣：《徐福、日本的中国移民》，《日本的中国移民》（《中日关系史论文集》第 2 辑），生活·读书·新知三联书店 1987 年 3 月版，第 32—34 页。

岛。不见蓬莱不敢归，童男丱女舟中老。"① 所谓"舟中老"者，甚至不言登岛定居事。

徐市出海之所以"请得斋戒，与童男女求之"，看来应当在更深层次探求其文化原因。而特别值得注意的"请得斋戒"一语，暗示这一行为很可能与神仙信仰有某种关系。

四　"童男女"的神异能力

对于徐市出海带领"童男女"的举动，有学者曾经分析"要求有男小子和小姑娘"的目的，写道："这种要求，同后来道家的采女有无联系，暂时存疑不论。"② 这里提出了一种推测，然而并没有论证。现在看来，徐市以"童男女"编入船队，似与"后来道家的采女"并无联系。其动机，很可能与先秦秦汉社会意识中以为"童男女"具有某种神性，有时可以宣示天意的观念有关。

《左传·昭公三十一年》："十二月辛亥朔，日有食之。是夜也，赵简子梦童子赢而转以歌，旦以占诸史墨，曰：'吾梦如是，今而日食，何也？'对曰：'六年及此月也，吴其入郢乎？终亦弗克，入郢必以庚辰，日月在辰尾，庚午之日，日始有谪，火胜金，故弗克。'"西晋人杜预解释说，"简子梦适与日食会，谓咎在己，故问之。""史墨知梦非日食之应，故释日食之咎，而不释其梦。"③ 所谓"童子赢而转以歌"，"转"被解释为"婉转"。据《左传·定公四年》，正是在鲁定公四年（前506）十一月的庚辰日，吴军攻入楚国的郢都。童子裸体，体现出更原初的形态。"梦童子赢而转以歌"，成为一种预言发布形式。

《风俗通义·怪神》说到这样一个故事，司徒长史桥玄五月末夜卧，见白光照壁，呼问左右，左右都没有看见。有人为他解释说，这一"变怪"并不造成伤害，又预言六月上旬某日南家将有丧事，秋季将升迁北方郡级行政长官，其地"以金为名"，未来将官至将军、三公。桥玄并不相信。然而六月九日拂晓，太尉杨秉去世。七月二日，拜钜鹿太守，

① 顾学颉校点：《白居易集》卷三《讽谕三》，中华书局1979年10月版，第57页。
② 张文立：《秦始皇帝评传》，陕西人民教育出版社1996年3月版，第421页。
③ 《春秋左传集解》，上海人民出版社1977年8月版，第1589、1594页。

"钜"字从金。后来又任度辽将军，"历登三事"，先后任司空、司徒、太尉。应劭感叹道："今妖见此，而应在彼，犹赵鞅梦童子裸歌而吴入郢也。"① 说怪神表现在此，而实应发生于彼，就好比《左传》"赵鞅梦童子裸歌而吴入郢"的故事一样啊。所谓"童子裸歌"，被看作神奇的先兆。

五 "陈宝""童子"神话

《史记》卷五《秦本纪》记载"陈宝"神话："（秦文公）十九年，得陈宝。"张守节《正义》的解释涉及"童子"神话："《括地志》云：'宝鸡祠在岐州陈仓县东二十里故陈仓城中。'"又引《晋太康地志》："秦文公时，陈仓人猎得兽，若彘，不知名，牵以献之。逢二童子，童子曰：'此名为媦，常在地中，食死人脑。'即欲杀之，拍捶其首。媦亦语曰：'二童子名陈宝，得雄者王，得雌者霸。'陈仓人乃逐二童子，化为雉，雌上陈仓北阪，为石，秦祠之。""《搜神记》云其雄者飞至南阳，其后光武起于南阳，皆如其言也。"②

《封氏闻见记》卷六"羊虎"条引《风俗通》："或说秦穆公时，陈仓人掘地得物若羊，将献之。道逢二童子，谓曰：'此名为蝹，常在地中食死人脑，若杀之，以柏东南枝捶其首。'由是墓侧皆树柏此上。"③ 也是这一"童子"故事的又一翻版。《搜神记》卷八、《续博物志》卷六、《艺文类聚》卷九〇引《列异传》也都说是秦穆公时事。④

"童子"的神异品格，看来在秦人的意识中有相当鲜明的印迹。

唐玄宗曾经引曹丕"仙童""羽翼"诗句申说兄弟情谊。⑤ 《艺文类

① （汉）应劭撰，王利器校注：《风俗通义校注》，中华书局2010年5月版，第441—442页。
② 《史记》，第179、180页。
③ （唐）封演撰，赵贞信校注：《封氏闻见记校注》，中华书局2005年11月，第59页。
④ （晋）干宝撰，贾二强校点：《搜神记》，辽宁教育出版社1997年3月版，第64页。（宋）李石撰，（清）陈逢衡疏证，唐子恒点校：《续博物志疏证》，凤凰出版社2017年10月版，第145页。（唐）欧阳询撰，汪绍楹校：《艺文类聚》，上海古籍出版社1965年11月版，第1580页。
⑤ 《旧唐书》卷九五《睿宗诸子列传·让皇帝宪》："玄宗既笃于昆季，虽有谗言交构其间，而友爱如初。宪尤恭谨畏慎，未曾干议时政及与人交结，玄宗尤加信重之。尝与宪及岐王范等书曰：'昔魏文帝诗云："西山一何高，高处殊无极。上有两仙童，不饮亦不食。赐我一丸药，光耀有五色。服药四五日，身轻生羽翼。"朕每思服药而求羽翼，何如骨肉兄弟天生之羽翼乎！'"中华书局1975年5月版，第3011页。

聚》卷七八引《魏文帝游仙诗》曰："西山一何高，高高殊无极。上有两仙童，不饮亦不食。与我一丸药，光曜有五色。服药四五日，胸臆生羽翼。轻举生风云，倏忽行万亿。浏览观四海，茫茫非所识。"① 汉魏之际诗文遗存中所见"仙童"形象的出现，虽然可以看作新的文化信息，实际上却又是具有神性的"童男女"身份的一种衍变。②

晋人傅玄的乐府诗《云中白子高行》中写述了关于天宫之行的浪漫想象，其中可以看到："超登元气攀日月，遂造天门将上谒。阊阖辟，见紫微绛阙，紫宫崔嵬，高殿嵯峨，双阙万丈玉树罗。童女掣电策，童男挽雷车。云汉随天流，浩浩如江河。因王长公谒上皇，钧天乐作不可详。龙仙神仙，教我灵秘，八风子仪，与游我祥。"③ 其中"童女掣电策，童男挽雷车"诗句，明言"童男""童女"是神界中重要角色。

魏晋以来神仙思想中有关"童男""童女"的内容，其实与秦汉时期的思想礼俗有着紧密的文化联系。有些现象，可以在秦史记录中体会其早期形态。稍晚的例证，又有《说郛》卷六十二下范致明《岳阳风土记》引庾穆之《湘州记》中的故事："君山上有美酒数斗，得饮之即不死为神仙。汉武帝闻之，斋居七日，遣栾巴将童男女数十人来求之。果得酒，进御未饮。东方朔在旁，窃饮之。帝大怒，将杀之。朔曰：'使酒有验，杀臣亦不死。无验，安用酒为？'帝笑而释之。"④ 故事主角汉武帝、东方朔均西汉人，而栾巴则东汉人。《后汉书》卷五七《栾巴传》："栾巴，字叔元，魏郡内黄人也。"李贤注："《神仙传》云：巴蜀郡人也，少而学道，不修俗事。"⑤ 在道教崇拜体系中，栾巴颇有地位。⑥ 清人何焯以为"汉世异术之士"，而"上书极谏。理陈、窦之冤"后自杀，"以此不入方技"。⑦

---

① （唐）欧阳询撰，汪绍楹校：《艺文类聚》，第1332页。

② 顺便可以指出，"两仙童"和"二童子"的对应关系，也是值得注意的。

③ （宋）郭茂倩编：《乐府诗集》卷六三《杂曲歌辞三》，中华书局1979年11月版，第921页。

④ （明）陶宗仪等编：《说郛三种》，明刻一百二十卷本，第2881页。

⑤ 《后汉书》，第1841页。

⑥ 据《说郛》卷五八下葛洪《神仙传》，栾巴名列汉淮南王刘安及李少君之前。可知《湘州记》中的时代错乱是有来由的。《说郛》卷五七上陶弘景《真灵位业图》中，栾巴与葛洪并列。（明）陶宗仪等编：《说郛三种》，明刻一百二十卷本，第2649、2711页。

⑦ （清）何焯著，崔高维点校：《义门读书记》卷二四，卷二三，中华书局1987年6月版，第407、386页。

君山神酒故事，汉武帝求之，有"斋居七日"的情节，又"遣栾巴将童男女数十人"前往，正与徐市"请得斋戒，与童男女求之"的情形相同。

《论衡·订鬼》说："世谓童子为阳，故妖言出于小童。童、巫含阳，故大雩之祭，舞童暴巫。"①"童、巫"竟然并称，可知其作用有某种共同之处。而童谣历来被看作历史预言，也与这一文化现象有关。关于童谣的文化性质，可以另外讨论。

六　以"童男女"作为牺牲献祭神灵

"童男女"具有可以与神界沟通的特殊能力，也许体现了具有原始思维特征的文化现象。

一些人类学资料告诉我们，许多民族都有以"童男女"作为牺牲献祭神灵的风习。"在弗吉尼亚，印第安人奉献儿童作为牺牲。""腓尼基人为了使神发慈悲之心而将……自己心爱的孩子奉献作祭品。他们从贵族家庭中挑选牺牲以增大牺牲的价值。"②"在旁遮普的康格拉山区，每年都要用一个童女向一株老雪松献祭，村里人家年年挨户轮流奉献。""巴干达人每逢远航总要祈求维多利亚·尼昂萨湖神莫卡萨，献出两位少女做他妻子。"③ 中国的河伯娶妇的故事，也体现了相同的文化涵义。

为什么要以"童男女"作为牺牲呢？

一方面，可能是由于"童男女"在原始人群中，具有特殊的身份，他们"还不是社会集体的'完全的'成员"，"儿童在他的身体成长发育的时期，他也不是完全的'生'。他的人身还不是完全的"。"行割礼前的男孩不被认为是拥有脱离父亲的人身。""在塞威吉岛，'没有行过玛塔普列加（mata pulega）仪式（类似割礼的仪式）的孩子永远不被认为是部族的正式成员'。""事实上就等于没有他这个人。""如同死人一样，没有达到青春期的孩子只可比做还没播下的种子。未及成年的孩子所处的状态

---

① 黄晖撰：《论衡校释》（附刘盼遂集解），中华书局1990年2月版，第3册第944页。

② ［英］爱德华·泰勒：《原始文化》，连树声译，上海文艺出版社1992年8月版，第812、826页。

③ ［英］詹·乔·弗雷泽：《金枝：巫术与宗教之研究》，徐育新等译，中国民间文艺出版社1987年6月版，第172、222页。

就与这粒种子所处的状态一样，这是一种无活动的、死的状态，但这是包含着潜在之生的死。"他们是"还没有与社会集体的神秘本质互渗的男人"。只有经过成年礼仪式之后，他们才能成为"部族的'完全的'成员"，成为"完全的男人"。①

另一方面，也可能是因为"童男女"具有非常的生命力，体现着"潜在之生"。弗雷泽对克里特神话进行分析时写道，"我们可以毫不鲁莽地推测，雅典人之所以必须每八年给弥诺斯送一次七个童男童女，是与另一八年周期中更新国王精力有一定联系的。关于这些童男童女到达克里特后的命运，一些传统说法各不相同，但通常的说法似乎是认为他们被关在迷宫里，在那里让人身牛头的怪物弥诺陶洛斯吃掉，或至少是终身囚禁。他们也许是在青铜制的牛像中或牛头人的铜像中被活活烤死献祭，以便更新国王和太阳的精力，国王就是太阳的化身"。②

此外，在有的情况下，被献祭的牺牲往往应当具有某种"神性"。国王献祭的牺牲应当"也具有国王的神性"，应当"代表他的神性"。③

在有的情况下，对"童男女"的身份要求可能确实与他们性经历的空白有关。例如，在有的民族中，点燃净火的人必须"贞洁"。"在塞尔维亚人中，有时由年纪在十一至十四岁之间男女两个孩子点燃净火。他们光着身子在一间黑房里点火"，在保加利亚，"点燃净火的人必须脱光衣服"。④"阿尔衮琴印第安人和休伦人每年三月中旬开始用拖网捕鱼的季节总要让他们的鱼网同两个年纪只有六七岁的小女孩结婚。""为什么挑选这么小的姑娘来做新娘呢？理由是确保新娘都是处女。"⑤

"童男女"之所以在秦汉时期神秘主义信仰体系中占有地位，很可能是由于多种因素构成了十分复杂的文化背景。

尽管许多民族都有以"童女"嫁给水中神灵的神话传说，徐市携"童男女"出海以其兼有"童男"和总计人数之多，似未可以出嫁作简单

---

① ［法］列维－布留尔：《原始思维》，丁由译，商务印书馆1987年1月版，第339—342、349页。

② ［英］詹·乔·弗雷泽：《金枝：巫术与宗教之研究》，第413页。

③ ［英］詹·乔·弗雷泽：《金枝：巫术与宗教之研究》，第425页。

④ ［英］詹·乔·弗雷泽：《金枝：巫术与宗教之研究》，第897页。

⑤ ［英］詹·乔·弗雷泽：《金枝：巫术与宗教之研究》，第221页。

化的解说，很可能应当与汉代神祠制度中出现的"童男女"联系起来分析，其人数多至千百，可以理解为与神仙见面时隆重的仪仗。"大傩"仪式中的"侲子"最充分地体现出"童男女"的神性。"求雨"仪式中的"小童"，从某一视角观察，则隐约显露出牺牲的影像。

秦代"世间童谣"

有学者说："童谣保存了语言本身固有的纯真、自然和神秘的因素，蕴含着天上人间、世代更替和生命轮回的哲学意蕴，因而具有强大的生命力……"① 童谣所表现的"神秘的因素"，可能正与其本质的"自然"有关。《魏书》卷三五《崔浩传》记载："……荧惑果出于东井，留守盘游，秦中大旱赤地，昆明池水竭，童谣讹言，国内喧扰。"② 可知"秦中""童谣"影响社会舆论，或许有悠久的传统。

一 《论衡》说"始皇死而地分"， "今年祖龙死"

《论衡·纪妖》写道："秦始皇帝三十六年，荧惑守心，有星坠下，至地为石。〔民或〕刻其石，曰：'始皇死而地分。'""使者从关东夜过华阴平野，或有人持璧遮使者曰：'为我遗镐池君。'因言'今年祖龙死。'"王充说："皆始皇且死之妖也。"

王充又写道："始皇梦与海神战，恚怒入海，候神射大鱼，自琅邪至劳、成山不见。至之罘山，还见巨鱼，射杀一鱼，遂旁海西至平原津而病，到沙丘而崩。当星坠之时，荧惑为妖，故石旁人刻书其石，若或为之，文曰'始皇死'，或教之也。犹世间童谣，非童所为，气导之也。"③

---

① 郁宁远主编：《中国童谣》，中国妇女出版社1996年8月版，第8页。
② 《魏书》，中华书局1974年6月版，第809页。又见《北史》卷二一《崔浩传》，中华书局1974年10月版，第773页。
③ 黄晖撰：《论衡校释》（附刘盼遂集解），中华书局1990年2月版，第3册第921—923页。

二 "亡秦者胡也"

《论衡·纪妖》说到的两例"始皇且死之妖",都是政治预言,以为"犹世间童谣"。但是《史记》卷六《秦始皇本纪》的记载,并没有涉及"童谣"的文字。司马迁写道:"三十六年,荧惑守心。有坠星下东郡,至地为石,黔首或刻其石曰'始皇帝死而地分'。始皇闻之,遣御史逐问,莫服,尽取石旁居人诛之,因燔销其石。始皇不乐,使博士为仙真人诗,及行所游天下,传令乐人謌弦之。秋,使者从关东夜过华阴平舒道,有人持璧遮使者曰:'为吾遗滈池君。'因言曰:'今年祖龙死。'使者问其故,因忽不见,置其璧去。使者奉璧具以闻。始皇默然良久,曰:'山鬼固不过知一岁事也。'退言曰:'祖龙者,人之先也。'使御府视璧,乃二十八年行渡江所沈璧也。于是始皇卜之,卦得游徙吉。迁北河榆中三万家。拜爵一级。"①

而《史记》"荧惑守心"字样,似乎暗示其预言"犹世间童谣"的意义。如王充所谓"当星坠之时,荧惑为妖"。刘盼遂注《论衡·订鬼》时说:"古传荧惑星化为小儿,下教群儿谣谚。"②《晋书》卷一二《天文志中》:"荧惑降为童儿,歌谣嬉戏。""吉凶之应,随其象告。"③《史记》卷二七《天官书》张守节《正义》引《天官占》也说:"荧惑为执法之星,其行无常","其精为风伯,惑童儿歌谣嬉戏也"。④

《三国志》卷四八《吴书·三嗣主传》裴松之注引《搜神记》又有"荧惑"化身小儿参与"群儿戏",并发表政治预言的故事:

> 吴以草创之国,信不坚固,边屯守将,皆质其妻子,名曰"保质"。童子少年,以类相与嬉游者,日有十数。永安二年三月,有一异儿,长四尺余,年可六七岁,衣青衣,来从群儿戏,诸儿莫之识也,皆问曰:"尔谁家小儿,今日忽来?"答曰:"见尔群戏乐,故来

① 《史记》,中华书局1959年9月版,第259页。
② 黄晖撰:《论衡校释》(附刘盼遂集解),第3册第942页。
③ 《晋书》,中华书局1974年11月版,第320页。
④ 《史记》,第1318页。

尔。”详而视之，眼有光芒，爚爚外射。诸儿畏之，重问其故。儿乃答曰：“尔恶我乎？我非人也，乃荧惑星也。将有以告尔：三公鉏，司马如。”诸儿大惊，或走告大人，大人驰往观之。儿曰：“舍尔去乎！”竦身而跃，即以化矣。仰面视之，若引一匹练以登天。大人来者，犹及见焉，飘飘渐高，有顷而没。时吴政峻急，莫敢宣也。后五年而蜀亡，六年而晋兴，至是而吴灭，司马如矣。①

这一情节完整的故事，也是民间“荧惑”迷信的反映。而“小儿”们以“童谣”形式发出的声音，在复杂的文化背景下具有了神秘的舆论力量。

秦始皇时代另一政治预言，即“亡秦者胡也”：“始皇巡北边，从上郡入。燕人卢生使入海还，以鬼神事，因奏录图书，曰‘亡秦者胡也’。始皇乃使将军蒙恬发兵三十万人北击胡，略取河南地。”裴骃《集解》：“郑玄曰：‘胡，胡亥，秦二世名也。秦见图书，不知此为人名，反备北胡。’”② 所谓“亡秦者胡”，或称其为“谣言”。明代史论家说：“秦始皇因谣言‘亡秦者胡’，故筑长城以备之。”③

三 王充的“童谣”发生学：“世间童谣，非童所为”

王充《论衡·纪妖》所见对于童谣发生形式的分析，是引人注目的。他特别提示了“童谣”其实“非童所为”的认识：

世间童谣，非童所为，气导之也。④

有学者说，“谓童谣为气导童子使言”。⑤ 也有人解释说：“气，指阳气。

① 《三国志》，中华书局 1959 年 12 月版，第 1177—1178 页。

② 《史记》，第 253 页。

③ （明）张凤翼撰：《处实堂集》卷八《谈辂》，《续修四库全书》，上海古籍出版社 2013 年 5 月版，第 1353 册 370 页。称此为“谣言”者，又见（明）袁于令著，刘文忠校：《隋史遗文》第二回《隋主信谗废太子，张衡造谶危李渊》，人民文学出版社 1989 年 9 月版，第 17 页。

④ 黄晖撰：《论衡校释》（附刘盼遂集解），第 3 册第 923 页。

⑤ 黄晖撰：《论衡校释》（附刘盼遂集解），第 3 册第 942 页。

王充认为，童谣是'阳气'诱导儿童唱出来的。"① 童谣"非童所为"的说法，准确指出了多数童谣生成的情形，似乎许多童谣的出现和传播，有成人参与的痕迹。而"气导之也"的说法，体现出汉代思想者的一种语言习惯。"气"是什么？如果理解为对社会意识、社会文化总体背景条件的概括，也许是合理的。

《论衡·订鬼》说到"妖祥"预示"吉凶"的情形，即所谓"人且吉凶，妖祥先见"。王充写道："一曰：人且吉凶，妖祥先见。人之且死，见百怪，鬼在百怪之中。故妖怪之动，象人之形，或象人之声为应，故其妖动不离人形。天地之间，妖怪非一，言有妖，声有妖，文有妖。或妖气象人之形，或人含气为妖。象人之形，诸所见鬼是也；人含气为妖，巫之类是也。是以实巫之辞，无所因据，其吉凶自从口出，若童之谣矣。童谣口自言，巫辞意自出。口自言，意自出，则其为人，与声气自立，音声自发，同一实也。世称纣之时，夜郊鬼哭，及仓颉作书，鬼夜哭。气能象人声而哭，则亦能象人形而见，则人以为鬼矣。"② 所谓"童谣口自言"，有人解释说，"童谣是通过儿童的口自动吐出来的"。③

王充又有意从深层文化的角度说明童谣的神秘象征意义：

> 天地之气为妖者，太阳之气也。妖与毒同，气中伤人者谓之毒，气变化者谓之妖。世谓童谣，荧惑使之，彼言有所见也。④

> 言出文成，故世有文书之怪。世谓童子为阳，故妖言出于小童。童、巫含阳，故大雩之祭，舞童暴巫。⑤

---

① 论者以为"这是一种唯心主义观点"。北京大学历史系《论衡》注释小组：《论衡注释》，中华书局 1979 年 10 月版，第 3 册第 1263 页。

② 黄晖撰：《论衡校释》（附刘盼遂集解），第 3 册第 940—941 页。

③ 北京大学历史系《论衡》注释小组：《论衡注释》，第 3 册第 1286 页。

④ 黄晖撰：《论衡校释》（附刘盼遂集解），第 941 页。或说"此文义不可通，疑当作'世谓童谣妖言，使人有所见也'"。黄晖《论衡校释》引孙诒让《札迻》，见《论衡校释》（附刘盼遂《集解》），第 3 册第 941 页。北京大学历史系《论衡》注释小组的解释是："世上的人说，童谣是荧惑星的精气诱导儿童唱的。""这话是有一定见解的。"北京大学历史系《论衡》注释小组：《论衡注释》，第 3 册第 1289 页。

⑤ 黄晖撰：《论衡校释》（附刘盼遂集解），第 944 页。

看来，童谣之所以具有浓重的神秘主义色彩，与汉代社会复杂的信仰体系有多方面的关系。其中所谓"世谓童谣，荧惑使之"的见解特别值得我们注意。

四　太公制作的"小儿"言

《论衡·语增》中又说到早于秦，然而发生于后来秦地的一则"童谣"故事。王充写道：

> 案周取殷之时，太公《阴谋》之书，食小儿丹，教云"殷亡"。①

《论衡·恢国》的说法更为具体：

> 传书或称武王伐纣，太公《阴谋》，食小儿以丹，令身纯赤，长大，教言"殷亡"。殷民见儿身赤，以为天神；及言"殷亡"，皆谓商灭。②

"小儿"以"天神"的身份，传布了"殷亡"的预言，成为"武王伐纣"的舆论准备。

"太公""食小儿以丹，令身纯赤，长大，教言'殷亡'"，即"阴谋"制作"童谣"的故事，发生在周人的根据地，亦为秦人后来东进基地的关中地方，可以为我们研究秦世"童谣"提供参考。

《史记》卷三二《齐太公世家》说："太公望吕尚者，东海上人。"后来与周文王相遇，实现了很好的合作。"吕尚盖尝穷困，年老矣，以渔钓奸周西伯。西伯将出猎，卜之，曰'所获非龙非彲，非虎非罴；所获霸王之辅'。于是周西伯猎，果遇太公于渭之阳，与语大说。"西伯说："自吾先君太公曰'当有圣人适周，周以兴'。子真是邪？吾太公望子久矣。"于是，"号之曰'太公望'，载与俱归，立为师。""周西伯猎""遇太公于渭之阳"。张守节《正义》引《括地志》："兹泉水源出岐州岐山

---

① 黄晖撰：《论衡校释》（附刘盼遂集解），第343页。
② 黄晖撰：《论衡校释》（附刘盼遂集解），第826—827页。

县西南凡谷。《吕氏春秋》云'太公钓于兹泉，遇文王'。郦元云'磻磎中有泉，谓之兹泉。泉水潭积，自成渊渚，即太公钓处，今人谓之凡谷。石壁深高，幽篁邃密，林泽秀阻，人迹罕及。东南隅有石室，盖太公所居也。水次有磻石可钓处，即太公垂钓之所。其投竿跪饵，两膝遗迹犹存，是有磻磎之称也。其水清泠神异，北流十二里注于渭'。《说苑》云'吕望年七十钓于渭渚……'"① 吕尚钓于"渭之阳""渭渚"的传说，提示了一种文化定位。而"食小儿以丹，令身纯赤，长大，教言'殷亡'"故事的发生地点，也可以确知在渭河流域。

① 《史记》，第 1477、1478 页。

秦始皇陵"水银为海"与
秦人海洋神秘理念

秦始皇统一之后五次出巡，其中四次行至出巡海滨。秦始皇三十七年（前210）最后一次出巡，有"梦与海神战"以及以连弩射杀巨鱼的经历。正是在这一行为之后，即走向人生的终点。而秦始皇还葬丽山途中，又有车载"鲍鱼"故事。秦始皇对海洋的特殊关注，起初称"东抚东土，以省卒士；其事大毕，乃临于海"，但随后则受到燕齐海上方士神仙学说的强烈影响。秦始皇陵地宫以"水银"为"大海"的设计，体现了这位帝王对海洋世界的向往，透露出他探索海上未知世界欲望的强烈。地宫中的"海"，亦可能体现仙人长生追求的象征。联系秦宫苑"海池"的存在，考察秦始皇陵地宫的海洋文化元素，可以全面了解秦人信仰世界在上层社会的表现，也应当有助于深化对中国海洋学史的认识。

一 "始皇梦与海神战"

最早记载徐市事迹的是《史记》卷六《秦始皇本纪》。秦始皇二十八年（前219），东巡，得齐人徐市介绍"海中有三神山"，"仙人居之"之说，于是派遣徐市"入海求仙人"：

> 齐人徐市等上书，言海中有三神山，名曰蓬莱、方丈、瀛洲，仙人居之。请得斋戒，与童男女求之。于是遣徐市发童男女数千人，入海求仙人。

关于"三神山"，张守节《正义》："《汉书·郊祀志》云：'此三神山者，其传在渤海中，去人不远，盖曾有至者，诸仙人及不死之药皆在焉。其物禽兽尽白，而黄金白银为宫阙。未至，望之如云；及至，三神山乃居水下；临之，患且至，风辄引船而去，终莫能至云。世主莫不甘心焉。'"关于"发童男女数千人，入海求仙人"，张守节《正义》："《括地志》云：'亶洲在东海中，秦始皇使徐福将童男女入海求仙人，止在此州，共数万家。至今洲上人有至会稽市易者。吴人《外国图》云亶洲去琅邪万里。'"①

关于"遣徐市发童男女数千人，入海求仙人"事，《史记》卷六《秦始皇本纪》又记载：

> 还过吴，从江乘渡。并海上，北至琅邪。方士徐市等入海求神药，数岁不得，费多，恐谴，乃诈曰："蓬莱药可得，然常为大鲛鱼所苦，故不得至，愿请善射与俱，见则以连弩射之。"始皇梦与海神战，如人状。问占梦，博士曰："水神不可见，以大鱼蛟龙为候。今上祷祠备谨，而有此恶神，当除去，而善神可致。"乃令入海者赍捕巨鱼具，而自以连弩候大鱼出射之。自琅邪北至荣成山，弗见。至之罘，见巨鱼，射杀一鱼。遂并海西。②

"徐市等入海求神药，数岁不得，费多，恐谴"情节，值得注意。而"始皇梦与海神战"，"问占梦"，"博士"答复所谓"水神不可见，以大鱼蛟龙为候。今上祷祠备谨，而有此恶神，当除去，而善神可致"，其中涉及"海神""水神""恶神""善神"，其说或与"方士徐市等"的宣传有一致性。

《论衡·纪妖》将"梦与海神战"事解释为秦始皇即将走到人生终点的凶兆："始皇且死之妖也。"王充注意到秦始皇不久即病逝的事实：

> 始皇梦与海神战，恚怒入海，候神射大鱼。自琅邪至劳成山不见，至之罘山还见巨鱼，射杀一鱼。遂旁海西至平原津而病，到沙丘而崩。③

---

① 《史记》，中华书局1959年9月版，第247—248页。
② 《史记》，第263页。
③ 黄晖撰：《论衡校释》（附刘盼遂集解），中华书局1990年2月版，第922—923页。

王充的分析，或可以"天性刚戾自用""意得欲从"在晚年益得骄横偏执的病态心理作为说明。通过王充不能得到证实的"且死之妖"的解说，也可以看出秦始皇"梦与海神战"确实表现了常人所难以理解的特殊的性格和异常的心态。又有以"海神"为政治文化象征的解说：

> 秦始皇尝梦与海神战，不胜。岂真海神哉？海，阴也，人民之象也。不胜者，败也。不能自勉，很戾治兵，求报其神，所以丧天下而无念之也，可不惧哉！[1]

借"梦与海神战"故事对秦始皇施行政治批判。这或许可以看作对"海神"意象的扩展性理解。

通过司马迁笔下的这一记载，我们看到秦始皇以生动的个人表演，体现了探索海洋的热忱和挑战海洋的意志。[2]

二　秦"晦池""每池"封泥

《史记》卷六《秦始皇本纪》记载："三十一年十二月……始皇为微行咸阳，与武士四人俱，夜出逢盗兰池，见窘，武士击杀盗，关中大索二十日。"这是秦史中所记录的唯一一次发生在关中秦国故地的威胁秦帝国最高执政者安全的事件。秦始皇仅带四名随从，以平民身份"夜出""微行"，在咸阳宫殿区内竟然遭遇严重破坏都市治安的"盗"。《北堂书钞》卷二〇引《史记》写作"兰池见窘"。[3]《初学记》卷九则作"见窘兰池"。[4]

---

[1]　（南唐）徐锴撰：《说文解字系传》卷一四，中华书局1987年10月版，第162页。

[2]　汉武帝元封五年（前106）出巡海上，"遂北至琅邪，并海，所过礼祠其名山大川"。途中有浮行江中亲自挽弓射蛟事，可以看作秦始皇之罘射巨鱼的翻版。《汉书》卷六《武帝纪》："自寻阳浮江，亲射蛟江中，获之。"颜师古注："许慎云：'蛟，龙属也。'郭璞说其状云似蛇而四脚，细颈，颈有白婴，大者数围，卵生，子如一二斛瓮，能吞人也。"第196页。后世有诗句秦皇汉武并说，如"张文潜诗云：'龙惊汉武英雄射，山笑秦皇烂漫游'"。（宋）苏辙：《栾城遗言》，杨观、陈默、刘芳池编《苏辙资料汇编》，中华书局2018年11月版，第67页。

[3]　（唐）虞世南编撰：《北堂书钞》，中国书店据光绪十四年南海孔氏刊本1989年7月影印版，第47页。

[4]　（唐）徐坚等著：《初学记》，中华书局1962年1月版，第209页。

事件发生的地点"兰池",就是位于秦咸阳宫东面的"兰池宫"。《史记》的相关记述,注家有所解说。南朝宋学者裴骃在《史记集解》中写道:"《地理志》:渭城县有兰池宫。"① 他引录的是《汉书》卷二八上《地理志上》。我们今天看到的《汉书》的文字,在"右扶风""渭城"县条下是这样书写的:"渭城,故咸阳,高帝元年更名新城,七年罢,属长安。武帝元鼎三年更名渭城。有兰池宫。"② 唐代学者张守节《史记正义》引录了唐代地理学名著《括地志》:"兰池陂即古之兰池,在咸阳县界。"③ 秦汉时期的"兰池",唐代称作"兰池陂",可知这一湖泊,隋唐时代依然存在。

张守节又写道:"《秦记》云:'始皇都长安,引渭水为池,筑为蓬、瀛,刻石为鲸,长二百丈。'逢盗之处也。"④ 他认为秦始皇"微行""夜出逢盗"的地点,是在被称作"兰池"的湖泊附近。所谓《秦记》的记载,说秦始皇在都城附近引渭河水注为池,在水中营造蓬莱、瀛洲海中仙山模型,又"刻石为鲸",以表现这一人工水面其实是海洋的象征。如果张守节《史记正义》引录的"始皇都长安,引渭水为池,筑为蓬、瀛,刻石为鲸,长二百丈"这段文字确实出自《秦记》,其可靠性是值得特别重视的。⑤ 不过,我们又发现了疑点。《续汉书·郡国志一》"京兆尹长安"条写道:"有兰池。"刘昭注补:"《史记》曰:'秦始皇微行夜出,逢盗兰池。'《三秦记》曰:'始皇引渭水为长池,东西二百里,南北三十里,刻石为鲸鱼二百丈。'"⑥ 唐代学者张守节以为《秦记》的记载,南朝梁学者刘昭却早已明确指出由自《三秦记》。我们又看到《说郛》卷六一上《辛氏三秦记》"兰池"条确实有这样的内容:"秦始皇作兰池,

---

① 《史记》,第 251 页。

② 《汉书》,中华书局 1959 年 9 月版,第 1546 页。

③ 《史记》,第 251 页。

④ 《史记》,第 251 页。

⑤ 张守节"《秦记》"说,明严衍《资治通鉴补》卷一九一《唐纪七》(上海古籍出版社 2007 年 5 月版,第 5 册第 71 页。《秦记》作《秦纪》)、清顾炎武《历代宅京记》卷三《关中一·周秦汉》(中华书局 1984 年 2 月版,第 43 页)、清许鸣盘《方舆考证》卷三四(清济宁潘氏华鉴阁本,第 11 页。作《秦记》,应是《秦记》之误)予以取信。清王昶《金石萃编》卷四《秦·瓦当文字》"兰池宫当"条则以为《三秦记》。中国书店 1985 年 3 月据 1921 年扫叶山堂本影印,卷四第 5 页。

⑥ 《后汉书》,中华书局 1965 年 5 月版,第 3403 页。

引渭水，东西二百里，南北二十里，筑土为蓬莱山。刻石为鲸鱼，长二百丈。"① 清代学者张照已经判断，张守节所谓《秦记》其实就是《三秦记》，只是脱写了一个"三"字。② 《三秦记》或《辛氏三秦记》的成书年代要晚的多。这样说来，秦宫营造海洋及海中神山模型的记载，可信度不免要打折扣了。

不过，秦咸阳宫存在仿象海洋的人工湖泊的可能性还是存在的。我们从有关秦始皇陵"以水银为百川江河大海，机相灌输"的记载，可以知道海洋在秦帝国缔造者心中的地位。

秦始皇在统一战争中每征服一个国家，都要把该国宫殿的建筑图样采集回来，在咸阳以北的塬上予以复制。这就是《史记》卷六《秦始皇本纪》记载的"秦每破诸侯，写放其宫室，作之咸阳北阪上"。③ 而翻版燕国宫殿的位置，正在咸阳宫的东北方向，与燕国和秦国的方位关系是一致的。兰池宫曾经出土"兰池宫当"文字瓦当，其位置大体明确。秦的兰池宫也在咸阳宫的东北方向，正在"出土燕国形制瓦当"的秦人复制燕国宫殿建筑以南。④ 如果说这一湖泊象征渤海水面，从地理位置上考虑，也是妥当的。

渤海当时称"勃海"，又称"勃澥"。这是秦始皇相当熟悉的海域。他的东巡，曾经沿渤海西岸和南岸行进，又曾经在海上浮行，甚至有使用连弩亲自"射杀"海上"巨鱼"的行为。燕、齐海上方士们关于海上神山的宣传，其最初的底本很可能是对于渤海海面海市蜃楼的认识。在渤海湾西岸发掘的秦汉建筑遗存，许多学者认为与秦始皇巡行至于碣石的行迹有关，被称作"秦行宫遗址"。⑤ 所出土大型夔纹建筑材料，仅在秦始皇陵园有同类发现。秦始皇巡行渤海的感觉，很可能会对秦都咸阳宫殿区建设规划的构想产生一定的影响。从姜女石石碑地秦宫遗址的位置看，这里

①　（明）陶宗仪等编：《说郛三种》，明刻一百二十卷本，上海古籍出版社 1988 年 10 月版，第 2808 页。

②　（清）张照：《史记考证》，文渊阁《四库全书》本《史记》卷六《秦始皇本纪》附。《景印文渊阁四库全书》，第 243 册第 182 页。

③　《史记》，第 239 页。

④　张在明主编：《中国文物地图集·陕西分册》，西安地图出版社 1998 年 12 月版，第 195、348 页。

⑤　刘庆柱、白云翔主编，中国社会科学院考古研究所编著：《中国考古学·秦汉卷》，中国社会科学出版社 2010 年 7 月版，第 55—70 页。

完全被蓝色的水世界紧密拥抱。这位帝王应当也希望居住在咸阳的宫室的时候，同样开窗就能够看到海景。

　　秦封泥有"晦池之印"。① "晦"可以读作"海"。《释名·释水》："海，晦也。"② 清华大学藏战国简《赤鹄之集汤之屋》"四海"写作"四晦"。③《易·明夷·上六》："不明晦，初登于天，后入于地。"汉帛书本"晦"作"海"。《吕氏春秋·求人》："北至人正之国，夏海之穷。"《淮南子·时则》"海"作"晦"。④ 秦封泥"东晦□马"⑤"东晦都水"⑥，"东晦"都是"东海"的异写形式。这样说来，秦有管理"晦池"即"海池"的官职。而"海池"见于汉代宫苑史料，指仿照海洋营造的湖沼。另外，秦封泥又有"每池"⑦，应当也是"海池"。

三　丽山葬制：以"水银"为"大海"

　　秦王政即位之后，就开始经营陵墓建设。《史记》卷六《秦始皇本纪》："始皇初即位，穿治郦山，及并天下，天下徒送诣七十余万人……"⑧ 统一实现之后，工程的营造等级又有明显提升。秦始皇陵工程，是有明确记录的用工量最大的工程。⑨ 虽然"始皇恶言死，群臣莫敢言死事"⑩，但是工程的进行却是郑重的，庄严的。秦始皇陵作为国家最高等级的营造项目，体现了秦王朝的政府机能、统治资质、执政效率和管理水准。秦始皇陵作为体量最为宏大、形制最为完整、文化内涵最为丰富的帝王陵墓，可以看作秦政的标志性纪念。秦始皇陵也是集中体现一种文化风格、一种民

---

　　① 路东之编著：《问陶之旅：古陶文明博物馆藏品掇英》，紫禁城出版社 2008 年 3 月版，第 171 页。

　　② 任继昉纂：《释名汇校》，齐鲁书社 2006 年 11 月版，第 62 页。

　　③ 李学勤编：《清华大学藏战国竹简》（叁），中西书局 2012 年 12 月版，第 167 页。

　　④ 高亨纂著，董治安整理：《古字通假会典》，齐鲁书社 1989 年 7 月版，第 443 页。

　　⑤ 傅嘉仪：《秦封泥汇考》，上海书店出版社 2007 年 8 月版，第 179 页。

　　⑥ 周晓陆、陈晓捷、李凯：《于京新见秦封泥中的地理内容》，《西北大学学报》2005 年第 4 期。

　　⑦ 陈晓捷、周晓陆：《新见秦封泥五十例考略》，《碑林集刊》2005 年第 11 辑。

　　⑧ 《史记》卷六《秦始皇本纪》，第 265 页。

　　⑨ 王子今：《秦始皇陵复土工程用工人数论证》，《文博》1987 年第 1 期。

　　⑩ 《史记》卷六《秦始皇本纪》，第 264 页。

族精神、一个时代的节奏特征的物质文化遗存。

我们今天获得的有关秦始皇陵的知识，从文献渠道来说，主要来自司马迁在《史记》卷六《秦始皇本纪》中的记载。关于秦始皇陵营造规模及地宫的结构，司马迁写道："始皇初即位，穿治郦山，及并天下，天下徒送诣七十余万人，穿三泉①，下铜②而致椁，宫观百官奇器珍怪徙臧满之。③令匠作机弩矢，有所穿近者辄射之。以水银为百川江河大海，机相灌输，上具天文，下具地理。以人鱼膏为烛，度不灭者久之。"④《北堂书钞》卷九四《礼仪部·冢墓》有"水银为海"条。⑤清人邵泰衢《史记疑问》卷上质疑"车载一石鲍鱼"故事："秦始虽崩，棺宁不慎？即曰仓卒，必不疏虞，况欲远达咸阳者哉？今也始抵九原，鲍鱼乱臭，事若齐桓，乌足深信！且穿及三泉，水银为海，而肯草草一棺乎？"⑥袁枚《秦始皇陵》诗也写道："美人如花埋白日，黄泉再起阿房宫。水银为海卷身泻，依然鲍鱼之臭吹腥风。"⑦所谓"水银为海"，被看作秦始皇帝陵形制的标志性特征。在使用"人鱼膏"之外⑧，"水银为海"更能体现秦陵设计者重视海洋的文化意识。

秦宫苑中"海"的模型的存在⑨，可以与秦始皇陵中"水银为海"设计联系起来理解。

按照有关秦始皇陵地宫设计和制作"大海"模型的这一说法，似乎陵墓主人对"海"的向往，至死仍不销减。⑩所谓"机相灌输"，《资治通鉴》卷七"秦始皇三十七年"："太子胡亥袭位。九月，葬始皇于骊山。下锢三泉，奇器珍怪，徙藏满之。令匠作机弩，有穿近者辄射之。以水银

---

① 张守节《正义》："颜师古云：'三重之泉，言至水也。'"

② 裴骃《集解》引徐广："一作'锢'。锢，铸塞。"

③ 张守节《正义》："言冢内作宫观及百官位次，奇器珍怪徙满冢中。"

④ 《史记》，第265页。

⑤ （唐）虞世南编撰：《北堂书钞》，第360页。

⑥ （清）邵泰衢：《史记疑问》，《景印文渊阁四库全书》，第248册第687页。

⑦ 陕西省地方志办公室编纂：《历代咏陕诗词曲集成》，三秦出版社2007年12月版，第677页。

⑧ 王子今：《秦始皇陵"人鱼膏"之谜》，《秦始皇帝陵博物院2014年》，陕西人民出版社2014年9月版，第143—153页。

⑨ 王子今：《秦汉宫苑的"海池"》，《大众考古》2014年第2期。

⑩ 参看王子今《略论秦始皇的海洋意识》，《光明日报》2012年12月13日第11版。

为百川、江河、大海，机相灌输。上具天文，下具地理。"胡三省注：
"康注引刘伯庄云：机相灌输，以防穿近者。余按文势，自机弩至辄射
之，文意已足；机相灌输，是承水银为百川、江河、大海之意，作如是
观，文意甚顺。"① 胡注的解说是正确的。"机相灌输"之永动机的妄想
自然不可能实现，但是其设计初衷，是要营造一个波涛动荡的充满生机
的"海"。

秦始皇陵地宫设计构想的海洋文化因子，是我们考察秦汉时期海洋探
索与海洋开发及早期海洋学应当关注的。也是秦汉陵墓史研究不宜忽视的
学术主题。

四　秦始皇帝陵汞埋藏异常的发现

秦始皇陵"以水银为百川江河大海，机相灌输"的记载，1981 年已
经考古学者和地质学者用新的地球化学探矿方法——汞量测量技术测定地
下汞含量的结论所证实。常勇、李同《秦始皇陵中埋藏汞的初步研究》
一文指出："由于汞及其化合物的高度挥发性，所以它们的扩散、迁移能
力极强，它们可以从深部的矿床及邻近围岩中主要以气体状态向地表迁
移，并以气体状态保留在土壤间隙中，或者被固着在土壤颗粒上，这样就
在深部埋藏矿床的上方地表形成汞的异常。"另外汞在土壤中的迁移有
"各向异性"的特点，"即在垂直方向上扩散较大而侧向扩散较小"。"使
用勘察地球化学中的汞量测量方法在秦始皇陵墓封土表层中发现了很强的
汞异常，面积达 12000m²，据考古钻探的资料，该异常位于秦始皇陵的内
城中央，这证明了《史记》中关于始皇陵中有大量埋藏汞的记载是可靠
的。"研究者还报告了涉及其他元素的测定工作收获，"对封土中砷、碲、
铋等在自然界矿化过程中经常与汞伴生的元素进行了分析，从结果来看，
这些元素均无像汞那样有异常含量，其含量变化与汞没有相关关系。对秦
始皇陵取土的可能地点——鱼池水库的土壤进行的分析发现汞含量很低，
这些都表明始皇陵封土中的汞异常含量不是封土固有的，而是封土堆积

---

① （宋）司马光编著，（元）胡三省音注，"标点资治通鉴小组"校点：《资治通鉴》，中
华书局 1956 年 6 月版，第 250—251 页。

后，由陵墓中人工埋藏汞挥发而叠加于其中的。"①

2003 年秦始皇陵地宫地球物理探测成果，"再次验证了地宫中存放着大量水银"，"再次验证了历史文献上关于地宫存在高汞的记载"。2002 年 11 月至 2003 年 11 月由中国地质调查局和陕西省考古研究院合作完成的秦始皇陵地宫地球物理探测取得了新的收获。② 此次物探成果包括"再次验证了地宫中存放着大量水银"，"再次验证了历史文献上关于地宫中存在高汞的记载"。从事探测的地质学家对"地宫的探测"有所说明："本次复核了土壤汞测量结果，并进行了壤中气汞量测量，还测试了土壤汞的热释谱。""两次土壤汞测量结果基本一致"，"汞异常的范围基本上围限在上述重力异常推断的地宫开挖范围之内，即只在地宫的范围内观测到明显的汞异常，这对推断汞异常来自地宫增添了依据"。"本次测量同样是封土堆中心的东部和南部异常强，北西侧最弱。"报告者说："1981 年在封土堆发现汞异常后，考古专家已经注意到汞异常有一定形状。若再注意一下汞异常的强弱变化——北西侧基本无异常显示，北东侧最强，南侧次强，与我国水系分布的多寡有对应关系，联想到秦始皇到过渤海，史书说秦始皇陵地宫中'以水银为百川江河大海'应是可靠的。"在对于"验证结果"的介绍中写道："2003 年和 1981 年两次测量的一致，地宫开挖范围内存在大面积、强度大的汞异常"，与《史记》中"以水银为百川江河大海，机相灌输""记载一致"。③《秦始皇帝陵园考古报告 2001～2003》称"地宫中存在高汞"，并进行了这样的说明："2003 年与 1981 年测量的成果一致，封土堆中部发现了明显的高汞异常现象，这与《史记》中'以水银为百川、江河、大海，机相灌输'的记载一致，表明地宫内存在大量的水银。"考古报告注意到，"此次勘测封土堆东南部汞异常强，北西侧异常弱。并进行了壤中气汞测量，还测试了土壤汞的热释谱。土壤汞

---

① 常勇、李同：《秦始皇陵中埋藏汞的初步研究》，《考古》1983 年第 7 期。

② 此次探测的具体实施单位为：中国地质调查局发展研究中心、中国地质科学院物探化探所和秦始皇陵考古队。对于 20 世纪 80 年代进行的地球物理探测，《秦始皇陵地宫地球物理探测成果与技术》一书《前言》以为："受资金和当时方法技术水平的限制，没有取得令人满意的成果。"刘士毅主编，吕国印、段清波、袁炳强副主编：《秦始皇陵地宫地球物理探测成果与技术》，地质出版社 2005 年 4 月版，第 1 页。

③ 刘士毅主编，吕国印、段清波、袁炳强副主编：《秦始皇陵地宫地球物理探测成果与技术》，第 26—29、58 页。

量测量反映的是自建陵至今土壤累积吸附的结果,气汞测量反映的是当前土壤中气体的含汞量。壤中气汞测量和封土堆土壤中的汞热释谱表明,汞主要是吸附态低温汞——即来自地宫深部的外来汞,而非封土中本身的汞,有可能地宫中以汞造就的'江河、大海'还没有干涸"。① 从地宫汞异常的分布方位看,"东部和南部异常强"的情形,正与中国海洋的空间方位大致对应。当然,如果注意汞可能用以防盗的因素,还应当考虑另一种可能,即秦始皇陵东向,面对的很可能盗扰秦始皇陵的主要敌对力量也正应当来自东方,而所谓"楚虽三户,亡秦必楚"② 预言的楚人的反抗,应当在东南方向发起。这样说来,地宫"水银"异常分布的不同,也可以从防盗动机方面理解。当然,"以水银为百川江河大海,机相灌输"是地宫设计更大的可能作为一种政治文化象征,也特别体现了秦始皇对于海洋的关注。而防止盗掘的考虑,可能只是次生的,产生间接作用的副元素。③

所谓"高汞异常现象","东南部汞异常强,北西侧异常弱"的情形,是非常重要的发现。

五 古墓"水银池"例证

有学者在考察战国至两汉陵墓的防盗措施时,指出"以汞灌墓"的方式,以为"此法仅见于秦始皇陵"。④ 考古发掘工作所获得的相关信息是有限的。但是我们看到历史文献中有墓中集中放置"汞"的记载。

陵墓地宫设计使用水银的方式,较早见于沿海国家齐国和吴国的丧葬史料。《韩非子·内储说上七术》写道:"齐国好厚葬,布帛尽于衣衾,材木尽于棺椁。桓公患之,以告管仲曰:'布帛尽则无以为蔽,材木尽则无以为守备,而人厚葬之不休,禁之奈何?'管仲对曰:'凡人之有为也,非名之则利之也。'于是乃下令曰:'棺椁过度者戮其尸,罪夫当丧者。'

① 陕西省考古研究所、秦始皇兵马俑博物馆编著:《秦始皇帝陵园考古报告 2001~2003》,文物出版社 2007 年 6 月版,第 103 页。
② 《史记》卷七《项羽本纪》,第 300 页。
③ 刘士毅主编,吕国印、段清波、袁炳强副主编:《秦始皇陵地宫地球物理探测成果与技术》,第 26、58 页。
④ 杨爱国:《先秦两汉时期陵墓防盗设施略论》,《考古》1995 年第 5 期。

夫戮死无名；罪当丧者无利：人何故为之也？"① 这段文字有关齐桓公和管仲对话的内容，当然未必真正属实，但是仍然可以作为"齐国好厚葬"，"人厚葬之不休"的社会风习的一种反映。齐桓公虽然有反对厚葬、禁止厚葬的言论，但是有关齐桓公墓的历史遗存，却证明他本人的丧事办理实际上也可以称得上厚葬的典型。

齐桓公墓在西晋永嘉末年被盗掘，据《史记》卷三二《齐太公世家》张守节《正义》引《括地志》的记载："齐桓公墓在临菑县南二十一里牛山上，亦名鼎足山，一名牛首堈，一所二坟。晋永嘉末，人发之，初得版，次得水银池，有气不得入，经数日，乃牵犬入中，得金蚕数十薄，珠襦、玉匣、缯彩、军器不可胜数。又以人殉葬，骸骨狼藉也。"② 其中有涉及"水银池"的记载。所谓"有气不得入"，值得注意。水银有防盗功能，如前引《史记》卷三二《齐太公世家》张守节《正义》引《括地志》言"齐桓公墓"有"水银池"，于是"晋永嘉末，人发之"，"有气不得入，经数日，乃牵犬入中"。墓中置"水银池"，用水银挥发的气体毒杀盗墓者，是一种充分利用各种手段反盗墓的典型史例。而盗墓者"经数日"以散发毒气，又"牵犬入中"，发明以狗带路的方式，作为这种防盗方式的对策。秦始皇陵地宫中储注水银以为河海，或许也有以剧毒汞蒸气杀死盗掘者的动机。当时在汞矿开采已经形成产业规模的情形下③，人们对于水银化学特性应当已有比较成熟的认识，估计不会没有注意到汞中毒的现象，而利用水银的这一特性进行防盗设计，是很自然的。

后世陵墓使用水银的情形见诸史籍。"水银为池"故事又见于《南史》卷四三《齐高帝诸子列传下·始兴简王鉴》的记载。萧鉴在益州时，"于州园地得古冢，无复棺，但有石椁。铜器十余种，并古形，玉璧三

---

① 陈奇猷校注：《韩非子集释》，上海人民出版社 1974 年 7 月版，第 548 页。

② 《史记》，第 1495 页。又《后汉书》卷六五《张奂传》李贤注引陆翙《邺中记》曰："永嘉末，发齐桓公墓，得水银池金蚕数十箔，珠襦、玉匣、缯彩不可胜数。"第 2144 页。杨奂《山陵杂记》："齐桓公墓在临淄县南二十一里牛山上，亦名鼎足山，一名牛首堈，一所三坟。晋永嘉末，人发之。初得版，次得水银池，有气不得入，经数日，乃牵犬入。中金蚕数十簿，珠襦、玉匣、缯彩军器不可胜数。又以人殉葬，肾内狼籍。"李修生主编：《全元文》卷七，凤凰出版社 1998 年 9 月版，第 147 页。

③ 《史记》卷一二九《货殖列传》："巴寡妇清，其先得丹穴，而擅其利数世，家亦不訾。清，寡妇也，能守其业，用财自卫，不见侵犯。秦皇帝以为贞妇而客之，为筑女怀清台。""清穷乡寡妇，礼抗万乘，名显天下，岂非以富邪？"第 3260 页。

枚，珍宝甚多，不可皆识，金银为蚕、蛇形者数斗。又以朱沙为阜，水银为池。左右咸劝取之。（萧）鉴曰：'皇太子昔在雍，有发古冢者，得玉镜、玉屏风、玉匣之属，皆将还都，吾意常不同。'乃遣功曹何仁为之起坟，诸宝物一不得犯。"① 《太平御览》卷九一八引《葛洪方》："深井深冢，多有毒气，不可入也。"② 隋代医家巢元方撰《诸病源候总论》卷三六《诸毒病诸候》有"入井冢墓毒气候"条，其中也写道："凡古井冢及深坑阱中，多有毒气，不可辄入。"③ 所谓"水银为池"，或许也是"深冢""毒气"、"冢墓毒气"生成的因素之一。

《史记》卷二一《吴太伯世家》："吴王病伤而死。"裴骃《集解》引《越绝书》言"阖庐冢"形制，有"澒池六尺"："阖庐冢在吴县昌门外，名曰虎丘。下池广六十步，水深一丈五尺，桐棺三重，澒池六尺，玉凫之流扁诸之剑三千，方员之口三千，槃郢、鱼肠之剑在焉。卒十余万人治之，取土临湖。葬之三日，白虎居其上，故号曰虎丘。"司马贞《索隐》解释"澒池"："以水银为之。"④ 《太平御览》卷八一二引《吴越春秋》："阖闾葬，墓中澒池广六丈。"同卷又引《广雅》："水银谓之澒。"⑤

清人吴雯《此身柬韩元少先生》诗："总使千秋尚余虑，金蚕玉碗埋丘垄。水银池沼杂凫雁，可怜长夜鱼灯红。"⑥ 将齐桓公墓"金蚕""水银池"与秦始皇陵"长夜鱼灯"相联系。明高启《阖闾墓》诗："水银为海接黄泉，一穴曾劳万卒穿。谩说深机防盗贼，难令朽骨化神仙。"⑦ 也说"阖闾墓"与秦始皇陵同样使用"水银"。我们现在还不清楚齐桓公墓和吴王阖闾墓"水银池"与秦始皇陵"以水银为百川江河大海"是否存在某种形制设计的继承关系。但不能忽视齐桓公接受管仲"海王之国"

---

① 《南史》，中华书局 1975 年 6 月版，第 1087 页。

② （宋）李昉等撰：《太平御览》，中华书局用上海涵芬楼影印宋本 1960 年 2 月复制重印版，第 4073 页。

③ （隋）巢元方撰：《诸病源候总论》，《景印文渊阁四库全书》，第 734 册第 808 页。

④ 《史记》，第 1468 页。

⑤ （宋）李昉等撰：《太平御览》，第 3609 页。

⑥ （清）张应昌编：《清诗铎》卷二一，中华书局 1960 年 1 月版，第 752 页。

⑦ （清）钱谦益撰集，许逸民、林淑敏点校：《列朝诗集》甲集第五之下，中华书局 2007 年 9 月版，第 1136 页。

规划①，更早对海洋予以特殊关注的情形。而吴王"阖闾"作为临海大国强势君主的地位也值得注意。

六 关于"棺中水银"

《太平御览》卷八一二引《皇览》写道："关东贼发始皇墓，中有水银。"② 似乎秦始皇陵"中有水银"的信息除《史记》的记录之外，还曾经有实际发现。白居易《草茫茫 惩厚葬也》诗讽刺秦始皇厚葬亦言及"水银"："草茫茫，土苍苍。苍苍茫茫在何处？骊山脚下秦皇墓。墓中下涧二重泉，当时自以为深固。下流水银象江海，上缀珠光作乌兔。别为天地于其间，拟将富贵随身去。一朝盗掘坟陵破，龙椁神堂三月火。可怜宝玉归人间，暂借泉中买身祸。"③ 看来，秦始皇陵使用水银的记载后人多予采信。

丧葬使用水银，据说有利于尸身防腐的作用。清人褚人获《坚瓠集》续集卷二有"漳河曹操墓"条，其中写道："国朝鼎革时，漳河水涸，有捕鱼者，见河中有大石板，傍有一隙，窥之黔然。疑其中多鱼聚，乃由隙入，数十步得一石门，心怪之，出招诸捕鱼者入。初启门，见其中尽美女，或坐或卧或倚，分列两行。有顷，俱化为灰，委地上。有石床，床上卧一人，冠服俨如王者。中立一碑。渔人中有识字者，就之，则曹操也。众人因跪而斩之，磔裂其尸。诸美人盖生而殉葬者。地气凝结，故如生人。既而门启，泄漏其气，故俱成灰。独（曹）操以水银敛，其肌肤尚不朽腐。"④ 言及"以水银敛"即入殓使用"水银"可以使得"肌肤""不朽腐"。又如《大金国志》卷三一《齐国刘豫录》："西京兵士卖玉注椀与三路都统，（刘）豫疑非民间物，勘鞫之，知得于山陵中，遂以刘从

---

① 《史记》卷三二《齐太公世家》记述，齐桓公时代齐国的崛起，与海洋资源的开发有关："桓公既得管仲，与鲍叔、隰朋、高傒修齐国政，连五家之兵，设轻重鱼盐之利，以赡贫穷，禄贤能，齐人皆说。"第1487页。

② （宋）李昉等撰：《太平御览》，第3609页。

③ （唐）白居易撰，喻岳衡点校：《白居易集》卷四，岳麓书社1992年7月版，第62—63页。

④ （清）褚人获：《坚瓠集》，《笔记小说大观》，江苏广陵古籍刻印社1995年5月版，第7册第766页。

善为河南淘沙官，发山陵及金人发不尽棺中水银等物。"① 宋元间人周密
《癸辛杂识》续集卷上"杨髡发陵"条引录杨琏真加"其徒互告状"，
有关于盗发南宋帝陵的较具体的资料，言"断理宗头，沥取水银、含
珠"。②

　　水银殓葬确有技术层次的效用。然而我们讨论秦始皇陵地宫设计时更
为关注的，不是水银的防腐和防盗功能，而是"以水银为百川江河大海，
机相灌输"的构想所反映的海洋意识。

七　"海"与"仙人""长生"追求及
　　冥世"东海"意识

　　在秦汉社会的信仰世界中，神仙和"海"有密切的关系。

　　燕齐海上方士较早借助海洋的神秘性，宣传自己的学说。而发生于环
渤海区域的"仙人""长生"理念的精神征服力，也因海洋扩展其影响。
"入海求仙人"，"求仙药"，"求仙人不死之药"，"求芝奇药仙者"③，成
为帝国政治中枢下达的重要行政任务。以"求仙人""求仙药"为目的的
"入海"成为投入成本相当高的行政行为。

　　最高权力者迷信海上方士的宣传，甚至亲身往"海上""求仙人"。
《史记》卷二八《封禅书》记载："……于是始皇遂东游海上，行礼祠名
山大川及八神，求仙人羡门之属。"④

　　《史记》卷六《秦始皇本纪》记载："齐人徐市等上书，言海中有三
神山，名曰蓬莱、方丈、瀛洲，仙人居之。请得斋戒，与童男女求之。于
是遣徐市发童男女数千人，入海求仙人。"⑤ 时在秦始皇二十八年（前
219）。此后又有"三十二年，始皇之碣石，使燕人卢生求羡门、高誓"，
又"因使韩终、侯公、石生求仙人不死之药"⑥。看来，秦始皇曾经派遣
多个方士团队，连续"入海"求仙。

---

① （宋）宇文懋昭撰，崔文印校证：《大金国志校证》，中华书局1986年7月版，第436页。
② （宋）周密撰，吴企明点校：《癸辛杂识》，中华书局1988年1月版，第152页。
③ 《史记》卷六《秦始皇本纪》，第247、258、252、257页。
④ 《史记》，第1367页。
⑤ 《史记》，第247页。
⑥ 《史记》，第251、252页。

关于秦始皇三十七年（前210）的"入海"记述，又可见因徐市言行影响而发生的特殊表现："方士徐市等入海求神药，数岁不得，费多，恐谴，乃诈曰：'蓬莱药可得，然常为大鲛鱼所苦，故不得至，愿请善射与俱，见则以连弩射之。'"而后"始皇梦与海神战"，"乃令入海者赍捕巨鱼具，而自以连弩候大鱼出射之。自琅邪北至荣成山，弗见。至之罘，见巨鱼，射杀一鱼。"于是"遂并海西。至平原津而病"。"七月丙寅，始皇崩于沙丘平台。"① 从徐市事迹及"数岁不得，费多，恐谴"等迹象看，他率领的"入海者"曾经反复出航。

据《史记》卷二八《封禅书》记述，"海上""神山""仙人""奇药"形成的特殊的神奇的关系，致使秦始皇反复追寻，至死不懈："威、宣、燕昭使人入海求蓬莱、方丈、瀛洲。此三神山者，其傅在勃海中，去人不远；患且至，则船风引而去。盖尝有至者，诸仙人及不死之药皆在焉。其物禽兽尽白，而黄金银为宫阙。未至，望之如云；及到，三神山反居水下。临之，风辄引去，终莫能至云。世主莫不甘心焉。② 及至秦始皇并天下，至海上，则方士言之不可胜数。始皇自以为至海上而恐不及矣，使人乃赍童男女入海求之。船交海中，皆以风为解，曰未能至，望见之焉。其明年，始皇复游海上，至琅邪，过恒山，从上党归。后三年，游碣石，考入海方士，从上郡归。后五年，始皇南至湘山，遂登会稽，并海上，冀遇海中三神山之奇药。不得，还至沙丘崩。"③ "勃海中""诸仙人及不死之药"，使得这位帝王持续"甘心"，累年"冀遇"，而最后走到人生终点依然"不得"。如同宫苑中设置"海池"一样，陵墓地宫中"水银为海"的设计，或许也寄托了这种希冀与追求的永久性的延续。

"大海"与"仙人""长生"有神秘关系的理念后来得到继承。汉代帝王似乎有食用海产品蛤蜊以接近神仙的意识。④ 而以"东海"为死后归宿的意识，也得以流行。吐鲁番地区出土从前秦至唐初的随葬衣物疏中，可见"'海'或'东海'之类具有特殊含义的用语"。如"若欲求海东头，若欲觅海东辟"，"若欲求海东豆（头），若欲觅海东壁"，"谁欲推

---

① 《史记》，第263页。

② 司马贞《索隐》："谓心甘羡也。"

③ 《史记》，第1369—1370页。

④ 王子今：《汉景帝阳陵外藏坑出土海产品遗存的意义》，《汉阳陵与汉文化研究》第3辑，陕西科学技术出版社2016年12月版，第179—188页。

觅者，东海畔上柱（住）"等。刘安世分析，"'海'确指东海无疑"，"东海"具有"特别的含义"。"人死归于东海，住于东海之观念，无疑是那一时期当地民众盛行的一种冥世观念或信仰。"论者还指出，"值得注意的是，吐鲁番'移文'中有关'东海'的记载，又见于湖北、江西等地出土宋元买地券中"。如"若要相寻讨，来东海东岸"，"若要相寻，但来东海"，"有人来相□，□来东海边"，"若要来相情（请），但来东海边"，"若要相寻觅，但来东海边"等。① 这是"海"具有另外一个层次的神秘意义的反映。

八　"海"与"天下"："逮于海隅"　"制御海内"的政治成功

在秦汉人的意识中，"海"不仅是"仙人"所居，"奇药"所在，其神秘境界也被理解为体现政治气运的符命祥瑞。

《史记》卷一《五帝本纪》说，黄帝被尊为"天子"，"东至于海，登丸山，及岱宗。西至于空桐，登鸡头。南至于江，登熊、湘。北逐荤粥，合符釜山，而邑于涿鹿之阿"。关于"丸山"，裴骃《集解》："《地理志》曰丸山在郎邪朱虚县。"张守节《正义》："《括地志》云：'丸山即丹山，在青州临朐县界朱虚故县西北二十里，丹水出焉。'"② 黄帝"东至于海，登丸山"，以对"海"的亲近宣示政治权力。所谓"合符釜山"，有解释说亦与"东海"有关，并且有"瑞云""符命"传说。司马贞《索隐》："案：郭子横《洞冥记》称东方朔云'东海大明之墟有釜山，山出瑞云，应王者之符命'，如尧时有赤云之祥之类。盖黄帝黄云之瑞，故曰'合符应于釜山'也。"③

"帝颛顼高阳"的政治威权，实现了"四远皆平而来服属"④："北至于幽陵，南至于交阯，西至于流沙，东至于蟠木。动静之物，大小之神，日月所照，莫不砥属。""交阯"临南海。所谓"东至于蟠木"，裴骃

---

① 刘安世：《从泰山到东海——中国中古时期民众冥世观念转变的一个侧面》，《新资料与中古文史论稿》，上海古籍出版社 2014 年 7 月版，第 90、95—102 页。

② 《史记》，第 3、6 页。

③ 《史记》，第 7 页。

④ 《史记》卷一《五帝本纪》裴骃《集解》引王肃曰，第 12 页。

《集解》引《海外经》言在"东海"："东海中有山焉，名曰度索。上有大桃树，屈蟠三千里。东北有门，名曰鬼门，万鬼所聚也。天帝使神人守之，一名神荼，一名郁垒，主阅领万鬼。若害人之鬼，以苇索缚之，射以桃弧，投虎食也。"① 帝尧的行政控制，四至甚为辽远。东方和南方，都到达海滨。"分命羲仲，居郁夷，曰旸谷。敬道日出，便程东作。""申命羲叔，居南交。便程南为，敬致。"所谓"郁夷"，裴骃《集解》："《尚书》作'嵎夷'。孔安国曰：'东表之地称嵎夷。日出于旸谷。羲仲，治东方之官。'"司马贞《索隐》："案：《淮南子》曰'日出汤谷，浴于咸池'，则汤谷亦有他证明矣。"张守节《正义》："《禹贡》青州云：'嵎夷既略。'案：嵎夷，青州也。尧命羲仲理东方青州嵎夷之地，日所出处，名曰阳明之谷。"关于"南交"，即临南海的"交阯"。司马贞《索隐》："南方地有名交阯者，或古文略举一字名地，南交则是交阯不疑也。"②

帝舜曾有"巡狩"行为。他的生命竟然结束于"巡狩"途中。③ 其行政实效，即"四海之内，咸戴帝舜之功"。张守节《正义》："《尔雅》云：'九夷八狄七戎六蛮谓之四海。'"④ "四海"成为形容权力控制空间的最高等级的语汇。司马迁实地考察"五帝"的历史，有远程旅行的经历。据他明确的自述，曾经"东渐于海"。⑤

帝舜是在"巡狩"实践中"行视""治水"情景时发现了帝禹的。作为帝舜的继承者，帝禹行历九州，也在"巡狩"的行程中结束了他的人生。《史记》卷二《夏本纪》记载了他政治生涯亦可谓交通生涯的结束："帝禹东巡狩，至于会稽而崩。"⑥ 秦始皇实现统一，继秦王政时代的三次出巡之后，曾有五次出巡。不过，《史记》有关秦史的记录中称"巡"，称"行"，称"游"，不称"巡狩"。这应当是依据《秦记》的

---

① 《史记》，第 11、12 页。

② 《史记》，第 16—18 页。

③ 王子今：《论帝舜"巡狩"》，《陕西历史博物馆论丛》第 25 辑，三秦出版社 2018 年 12 月版，第 1—11 页。

④ 《史记》卷一《五帝本纪》，第 43—44 页。

⑤ 《史记》卷一《五帝本纪》，第 46 页。

⑥ 《史记》，第 83 页。

文字。① 如《史记》卷六《秦始皇本纪》记载:"二十七年,始皇巡陇西、北地。""二十八年,始皇东行郡县。"② "二十九年,始皇东游。"③ "三十七年十月癸丑,始皇出游。"④ 多用"巡""行""游"等字而不称"巡狩",或许体现了秦文化与东方六国文化的距离。不过,仍然有学者将这种交通行为与传说中先古圣王的"巡狩"联系起来。《史记》卷六《秦始皇本纪》记载"二十九年,始皇东游","登之罘,刻石",其文字开篇就写道:"维二十九年,时在中春,阳和方起。皇帝东游,巡登之罘,临照于海。"⑤ 秦始皇三十七年(前210)最后一次东巡,就有对追随帝禹行迹,纪念帝禹成功的意义:"上会稽,祭大禹,望于南海,而立石刻颂秦德。"⑥

秦始皇统一实现之后的五次出巡,四次行至海滨。刻石文字除前引"临照于海"外,还有之罘刻石:"逮于海隅,遂登之罘,昭临朝阳。"⑦ 又琅邪刻石:"东抚东土,以省卒士。事已大毕,乃临于海。""皇帝之土。西涉流沙,南尽北户。东有东海,北过大夏。人迹所至,无不臣者。""维秦王兼有天下,立名为皇帝,乃抚东土,至于琅邪。"又说同从臣"与议于海上",所谓"今皇帝并一海内,以为郡县,天下和平"的宣言⑧,与"秦初并天下"时李斯等"议帝号"所言"今陛下兴义兵,诛残贼,平定天下,海内为郡县",驳"请立诸子"时所言"今海内赖陛下神灵一统,皆为郡县",周青臣进颂所言"赖陛下神灵明圣,平定海内,放逐蛮夷,日月所照,莫不宾服",以及博士齐人淳于越所言"今陛下有

---

① 王子今:《〈秦记〉考识》,《史学史研究》1997年第1期;《〈秦记〉及其历史文化价值》,《秦文化论丛》第5辑,西北大学出版社1997年6月版,第42—53页;又收入《秦文化论丛选辑》,三秦出版社2004年6月版。

② 《史记》,第241—243页。秦始皇泰山刻石称"亲巡远方黎民","周览东极";琅邪刻石称"东抚东土","乃抚东土"。《史记》,第243、245—246页。

③ 秦始皇之罘刻石称"皇帝东游,巡登之罘,临照于海","维二十九年,皇帝春游,览省远方"。《史记》,第249—250页。

④ 《史记》,第260页。秦始皇会稽刻石称"三十有七年,亲巡天下,周览远方"。《史记》,第261页。

⑤ 《史记》,第249—250页。

⑥ 《史记》,第260页。

⑦ 《史记》,第249—250页。

⑧ 《史记》,第245—247页。

海内，而子弟为匹夫……"① 可以联系起来理解。虽然政治意见并不相同，但是都强调秦统一"有海内""平定海内""并一海内""海内""一统""海内为郡县"，即以"海"为政治空间界定的意义，值得我们重视。

秦二世欲仿效秦始皇出行所谓"先帝巡行郡县，以示强，威服海内"，与赵高讨论朝政所谓"制御海内"，都可以看作秦始皇时代之后这种政治理念的延续。贾谊《过秦论》所谓"不患不得意于海内"，以及总结秦亡教训时"海内之患""海内畔"诸语②，则表露出对秦王朝政风的理解。

关注典型反映秦政治意识的"海内"观，结合当时社会意识中"天下"与"四海""天下"与"海内"的关系③，在这一认识的基点上思考秦始皇陵"水银为海"的文化意义，可以推知这一设计或许有以"海"的模型作为"天下"象征的出发点。前引地球物理探测成果可知秦始皇陵地宫汞异常"北东侧最强，南侧次强"符合海洋地理实际的情形，也与这种推想相合。

可见"海"与"天下"理念背景下继承先古圣王，超越先古圣王之"逮于海隅""制御海内"政治成功的表现，也是秦始皇陵规划的动机之一。

---

① 《史记》，第236、239、254页。
② 《史记》卷六《秦始皇本纪》，第267、271、277、284、278页。
③ 王子今：《上古地理意识中的"中原"与"四海"》，《中原文化研究》2014年第1期；《〈史记〉论"天下一统""海内一统"》，《月读》2020年第7期。

蒙恬悲剧与秦人"地脉"意识

胡亥明确取得地位继承权后，蒙恬被迫吞药自杀，临终有关于主持修筑长城与直道"绝地脉"，可能"罪于天"的感叹。《史记》卷八八《蒙恬列传》有所记述，司马迁又就此发表了体现出历史真知的评论。相关文化信息值得历史学者重视。直道"绝地脉"说透露出秦始皇时代与政治地理、交通地理、自然地理有关的意识。对于其中的神秘主义内涵有必要进行学术考察。

一 蒙恬"吞药自杀"与"绝地脉"感叹

中国古代王朝中数见最高执政者第一代与第二代权力交接时发生变乱，甚至导致亲族中血光灾祸的情形。秦作为第一个高度集权的大一统帝国，应是首例。

据《史记》卷六《秦始皇本纪》记载，秦始皇东巡途中去世，发生胡亥以非法手段取得继承权的政变。起初是赵高与胡亥的合谋。① 位在权

① 《史记》卷六《秦始皇本纪》："（秦始皇三十七年）七月丙寅，始皇崩于沙丘平台。丞相斯为上崩在外，恐诸公子及天下有变，乃秘之，不发丧。棺载辒凉车中，故幸宦者参乘，所至上食。百官奏事如故，宦者辄从辒凉车中可其奏事。独子胡亥、赵高及所幸宦者五六人知上死。赵高故尝教胡亥书及狱律令法事，胡亥私幸之。高乃与公子胡亥、丞相斯阴谋破去始皇所封书赐公子扶苏者，而更诈为丞相斯受始皇遗诏沙丘，立子胡亥为太子。更为书赐公子扶苏、蒙恬，数以罪，赐死。语具在《李斯传》中。行，遂从井陉抵九原。会暑，上辒车臭，乃诏从官令车载一石鲍鱼，以乱其臭。"中华书局1959年9月版，第264页。《史记》卷八七《李斯列传》记载："其年七月，始皇帝至沙丘，病甚，令赵高为书赐公子扶苏曰：'以兵属蒙恬，与丧会咸阳而葬。'书已封，未授使者，始皇崩。书及玺皆在赵高所，独子胡亥、丞相李斯、赵高及幸宦者五六人知始皇崩，余群臣皆莫知也。李斯以为上在外崩，无真太子，故秘之。置始皇居（接下页）

力结构顶端的李斯，随即成为赵高与胡亥政治结盟的对象。①赵高说服李斯，涉及对蒙恬功业、地位及其政治影响力的估量。《史记》卷八七《李斯列传》记载，赵高对李斯说："上崩，赐长子书，与丧会咸阳而立为嗣。书未行，今上崩，未有知者也。所赐长子书及符玺皆在胡亥所，定太子在君侯与高之口耳。事将何如？"李斯说："安得亡国之言！此非人臣所当议也！"赵高则提出蒙恬的"功"、"谋"，以及"无怨于天下"和"长子旧而信之"等超越李斯之处："君侯自料能孰与蒙恬？功高孰与蒙恬？谋远不失孰与蒙恬？无怨于天下孰与蒙恬？长子旧而信之孰与蒙恬？"李斯说："此五者皆不及蒙恬，而君责之何深也？"赵高预言扶苏登基将任用蒙恬为丞相，则李斯的地位将受到威胁："高固内官之厮役也，幸得以刀笔之文进入秦宫，管事二十余年，未尝见秦免罢丞相功臣有封及二世者也，卒皆以诛亡。皇帝二十余子，皆君之所知。长子刚毅而武勇，信人而奋士，即位必用蒙恬为丞相，君侯终不怀通侯之印归于乡里，明矣。"赵高又诱使李斯支持胡亥即位："高受诏教习胡亥，使学以法事数年矣，未尝见过失。慈仁笃厚，轻财重士，辩于心而讷于口，尽礼敬士，秦之诸子未有及此者，可以为嗣。君计而定之。"李斯先曾犹疑，但终于顺从赵高。②

（接上页）辒辌车中，百官奏事上食如故，宦者辄从辒辌车中可诸奏事。赵高因留所赐扶苏玺书，而谓公子胡亥曰：'上崩，无诏封王诸子而独赐长子书。长子至，即立为皇帝，而子无尺寸之地，为之奈何？'胡亥曰：'固也。吾闻之，明君知臣，明父知子。父捐命，不封诸子，何可言者！'赵高曰：'不然。方今天下之权，存亡在子与高及丞相耳，愿子图之。且夫臣人与见臣于人，制人与见制于人，岂可同日道哉！'胡亥曰：'废兄而立弟，是不义也；不奉父诏而畏死，是不孝也；能薄而材谫，强因人之功，是不能也：三者逆德，天下不服，身殆倾危，社稷不血食。'高曰：'臣闻汤、武杀其主，天下称义焉，不为不忠。卫君杀其父，而卫国载其德，孔子著之，不为不孝。夫大行不小谨，盛德不辞让，乡曲各有宜而百官不同功。故顾小而忘大，后必有害；狐疑犹豫，后必有悔。断而敢行，鬼神避之，后有成功。愿子遂之！'胡亥喟然叹曰：'今大行未发，丧礼未终，岂宜以此事干丞相哉！'赵高曰：'时乎时乎，间不及谋！赢粮跃马，唯恐后时！'"第2548—2549页。

① 《史记》卷八七《李斯列传》："胡亥既然高之言，高曰：'不与丞相谋，恐事不能成，臣请为子与丞相谋之。'"第2549页。

② 《史记》卷八七《李斯列传》："斯曰：'君其反位！斯奉主之诏，听天之命，何虑之可定也。'高曰：'安可危也，危可安。安危不定，何以贵圣？'斯曰：'斯，上蔡间巷布衣也，上幸擢为丞相，封为通侯，子孙皆至尊位重禄者，故将以存亡安危属臣也。岂可负哉！夫忠臣不避死而庶几，孝子不勤劳而见危，人臣各守其职而已矣。君其勿复言，将令斯得罪。'（接下页）

　　胡亥与李斯、赵高这一新的执政集团中枢决策组合为处理北边扶苏、蒙恬军事集团的可能威胁，进行了缜密的策划，施展了极其狠毒的手段。"于是乃相与谋，诈为受始皇诏丞相，立子胡亥为太子。更为书赐长子扶苏曰：'朕巡天下，祷祠名山诸神以延寿命。今扶苏与将军蒙恬将师数十万以屯边，十有余年矣，不能进而前，士卒多耗，无尺寸之功，乃反数上书直言诽谤我所为，以不得罢归为太子，日夜怨望。扶苏为人子不孝，其赐剑以自裁！将军恬与扶苏居外，不匡正，宜知其谋。为人臣不忠，其赐死，以兵属裨将王离。'封其书以皇帝玺，遣胡亥客奉书赐扶苏于上郡。"

　　扶苏与蒙恬的应对方式有所不同。"使者至，发书，扶苏泣，入内舍，欲自杀。蒙恬止扶苏曰：'陛下居外，未立太子，使臣将三十万众守边，公子为监，此天下重任也。今一使者来，即自杀，安知其非诈？请复请，复请而后死，未暮也。'使者数趣之。扶苏为人仁，谓蒙恬曰：'父而赐子死，尚安复请！'即自杀。蒙恬不肯死，使者即以属吏，系于阳周。"[1]可以看到，蒙恬较扶苏有更稳健的政治态度和更明智的政治判断。"上郡"与"阳周"的空间位置，也值得秦北边军事防卫史，以及长城史、直道史研究者关注。

　　《史记》卷八八《蒙恬列传》记载，杀害蒙毅之后，"二世又遣使者之阳周，令蒙恬曰：'君之过多矣，而卿弟毅有大罪，法及内史。'"蒙恬自辩无效，"使者曰：'臣受诏行法于将军，不敢以将军言闻于上也。'"蒙恬的英雄生涯走向了悲剧性的终结：

　　　　蒙恬喟然太息曰："我何罪于天，无过而死乎？"良久，徐曰："恬罪固当死矣。起临洮属之辽东，城堑万余里，此其中不能无绝地

（接上页）高曰：'盖闻圣人迁徙无常，就变而从时，见末而知本，观指而睹归。物固有之，安得常法哉！方今天下之权命悬于胡亥，高能得志焉。且夫从外制中谓之惑，从下制上谓之贼。故秋霜降者草花落，水摇动者万物作，此必然之效也。君何见之晚？'斯曰：'吾闻晋易太子，三世不安；齐桓兄弟争位，身死为戮；纣杀亲戚，不听谏者，国为丘墟，遂危社稷：三者逆天，宗庙不血食。斯其犹人哉，安足为谋！'高曰：'上下合同，可以长久；中外若一，事无表里。君听臣之计，即长有封侯，世世称孤，必有乔松之寿，孔、墨之智。今释此而不从，祸及子孙，足以为寒心。善者因祸为福，君何处焉？'斯乃仰天而叹，垂泪太息曰：'嗟乎！独遭乱世，既以不能死，安托命哉！'于是斯乃听高。高乃报胡亥曰：'臣请奉太子之明命以报丞相，丞相斯敢不奉令！'"第2549—2550页。

　　① 《史记》，第2550—2551页。

脉哉？此乃恬之罪也。" 乃吞药自杀。①

蒙恬感叹他主持的国防建设工程"此其中不能无绝地脉哉"，认定"此乃恬之罪也"。而"罪固当死矣"。"绝地脉"，被看作非常严重的罪过。

二 太史公的"罪地脉"批评

蒙恬感叹主持长城工程"起临洮属之辽东，城堑万余里，此其中不能无绝地脉哉"，司马迁就此发表的评论则将长城工程与直道工程并说：

> 太史公曰：吾适北边，自直道归，行观蒙恬所为秦筑长城亭障，堑山堙谷，通直道，固轻百姓力矣。夫秦之初灭诸侯，天下之心未定，痍伤者未瘳，而恬为名将，不以此时强谏，振百姓之急，养老存孤，务修众庶之和，而阿意兴功，此其兄弟遇诛，不亦宜乎！何乃罪地脉哉？②

"太史公"的历史评议否定"罪地脉"的态度，视界确实高远。他站在"百姓""众庶"的立场上，指责蒙恬经营长城、直道工程轻民力"阿意兴功"，甚至以为"此其兄弟遇诛，不亦宜乎"。

司马迁鲜明地表达了自己的政治态度。他主张"秦之初灭诸侯"即"大一统"政体经历战争苦难之初建阶段，"天下之心未定，痍伤者未瘳"，执政者应当"振百姓之急，养老存孤，务修众庶之和"。

尽管司马迁基于对民众的同情批评秦"兴功"违背"天下之心"，危害"众庶之和"，甚至以为工程主持者罪可至死，然而有关直道，他笔下"吾适北边，自直道归，行观蒙恬所为秦筑长城亭障，堑山堙谷，通直道，固轻百姓力矣"的记录异常宝贵。司马迁以三十三字的记述，保留了一位历史学家亲自行历直道的感受。蒙恬主持修建的长城工程和直道工程因此得以留下深刻的历史印迹。

---

① 《史记》，第2569—2570页。

② 《史记》，第2570页。

三　《论衡·祸虚》"蒙恬绝脉"说

《论衡·祸虚》论"世谓受福佑者，既以为行善所致；又谓被祸害者，为恶所得"，分析通常理解，"以为有沉恶伏过，天地罚之，鬼神报之。天地所罚，小大犹发；鬼神所报，远近犹至"，说到秦名将白起之死："秦襄王赐白起剑，白起伏剑将自刭，曰：'我有何罪于天乎？'良久，曰：'我固当死。长平之战，赵卒降者数十万，我诈而尽坑之，是足以死。'遂自杀。"于白起自杀之例后，又说蒙恬故事：

> 秦二世使使者诏杀蒙恬。蒙恬喟然叹曰："我何过于天？无罪而死！"良久，徐曰："恬罪故当死矣！夫起临洮属之辽东，城径万里，此其中不能毋绝地脉。此乃恬之罪也！"即吞药自杀。太史公非之曰："夫秦初灭诸侯，天下心未定，夷伤未瘳，而恬为名将，不以此时强谏，救百姓之急，养老矜孤，修众庶之和，阿意兴功，此其兄弟遇诛，不亦宜乎？何与乃罪地脉也？"

王充不赞同司马迁的评论。他就此进行论议时，亦发表了对司马迁的批评：

> 夫蒙恬之言既非，而太史公非之亦未是。何则？蒙恬绝脉，罪至当死，地养万物，何过于人，而蒙恬绝其脉？知己有绝地脉之罪，不知地脉所以绝之过，自非如此，与不自非何以异？
> 太史公为非恬之为名将，不能以强谏，故致此祸。夫当谏不谏，故致受死亡之戮。身任李陵，坐下蚕室，如太史公之言，所任非其人，故残身之戮，天命而至也。非蒙恬以不强谏，故致此祸，则己下蚕室，有非者矣。己无非，则其非蒙恬，非也。①

王充批评蒙恬的同时，也批评了司马迁，但是对于蒙恬"自非"以及司马迁"非恬"所言"绝脉""绝地脉"体现的意识，似乎是予以认同的。

---

① 黄晖撰：《论衡校释》（附刘盼遂集解），中华书局 1990 年 2 月版，第 272、274—276 页。

所谓"知己有绝地脉之罪，不知地脉所以绝之过"，可以理解为对于"绝地脉"的说法又有进一步的申发。

对于司马迁评蒙恬"绝地脉"说的表态，"秦之初灭诸侯，天下之心未定，痍伤者未瘳"，王充写作"秦初灭诸侯，天下心未定，夷伤未瘳"，省略了助词"之""者"，而"蒙恬绝其脉"语，司马迁记述"起临洮属之辽东，城堑万余里，此其中不能无绝地脉哉"，王充笔下作"夫起临洮属之辽东，城径万里，此其中不能毋绝地脉"，言"城径万里"，省去"堑"字。据长城学者总结，秦始皇长城，"一般修建在山梁岭脊之上或大河深谷之侧，以便'因地形，用制险塞'；只有草原、荒漠、川旷无险之处，才平地起城，筑城的基本方法是夯筑或者用石块垒砌"。"秦长城的筑城方法采用在平地者由墙外取土，自然形成沟壑，相对增加了墙体的高度。在河沟者，利用河谷陡立的崖壁，削壁而成，也就是'堑'。"① 然而，直道工程最典型的施工方式是"堑山堙谷"。《史记》卷六《秦始皇本纪》："三十五年，除道，道九原抵云阳，堑山堙谷，直通之。"② 《史记》卷八八《蒙恬列传》："始皇欲游天下，道九原，直抵甘泉，乃使蒙恬通道，自九原抵甘泉，堑山堙谷，千八百里。道未就。""太史公曰：吾适北边，自直道归，行观蒙恬所为秦筑长城亭障，堑山堙谷，通直道，固轻百姓力矣。"③ 王充言蒙恬主持的国防工程"城径万里"，也没有直接说到直道工程。

陈直曾经就《论衡》相关内容指出，"此王充评论太史公《蒙恬传》赞语，已启后代《东莱博议》、《读通鉴论》论史方式"。④ 王充批评司马迁的论说方式有合理的地方，也有无理的地方。我们以为在这里更值得注意的，是在王充的时代，天命、地脉与人功之间，仍然有如此强劲的文化规范在影响着人们意识。

――――――――――――――

① 段清波、徐卫民编著：《中国历代长城发现与研究》，科学出版社 2014 年 8 月版，第183—184 页。

② 《史记》，第 256 页。

③ 《史记》，第 2566—2567、2570 页。有关秦人开通的另一条道路的记述，也出现"堑山堙谷"字样。《史记》卷五五《留侯世家》："汉王之国，良送至褒中。"张守节《正义》："《括地志》云：'褒谷在梁州褒城县北五十里南中山。昔秦欲伐蜀，路无由入，乃刻石为牛五头，置金于后，伪言此牛能屎金，以遗蜀。蜀侯贪，信之，乃令五丁共引牛，堑山堙谷，致之成都。秦遂寻道伐之，因号曰石牛道。'"第 2039 页。

④ 陈直：《史记新证》，天津人民出版社 1979 年 4 月版，第 148 页。

四 《晋书·载记序》说秦"绝地脉"

《晋书》卷一〇一《载记序》回顾中原民族与北方草原游牧民族的历史冲突，这样写道："古者帝王乃生奇类，淳维、伯禹之苗裔，岂异类哉？反首衣皮，餐膻饮湩，而震惊中域，其来自远。天未悔祸，种落弥繁。其风俗险诐，性灵驰突，前史载之，亦以详备。轩帝患其干纪，所以徂征；武王窜以荒服，同乎禽兽。而于露寒之野，候月觇风，睹隙扬埃，乘间骋暴，边城不得缓带，百姓靡有室家。孔子曰：'微管仲，吾其被发左衽矣。'此言能教训卒伍，整齐车甲，边场既伏，境内以安。然则燕筑造阳之郊，秦堑临洮之险，登天山，绝地脉，苞玄菟，款黄河，所以防夷狄之乱中华，其备豫如此。汉宣帝初纳呼韩，居之亭鄣，委以候望，始宽戎狄。光武亦以南庭数万徙入西河，后亦转至五原，连延七郡。董卓之乱，则汾晋之郊萧然矣。……"① 所谓"绝地脉"，或作"纪地脉"。② 又有"地纪"之说③，意义或可理解为与"地脉"有略同之处。④

《晋书》作者房玄龄等是在边疆史和民族史的记述中说到"地脉"的，以为长城工程是为了卫护中原农耕社会的安定，"燕筑造阳之郊，秦堑临洮之险"，是有历史正当性的，"登天山，绝地脉，苞玄菟，款黄河，所以防夷狄之乱中华，其备豫如此"。这里没有说到直道。而直道在战略设计上可以归于长城总体规划之中，是可以理解的。长城必然有交通设施作为防务条件之一，是没有疑义的。在长城防务体系中，交通道路对于北边军事局势具有决定性的意义。战国秦、赵、燕乃至秦汉帝国致力于却敌开边的决策者对此无不予以特别的重视。出于战争的需要，北边交通系统

---

① 《晋书》，中华书局 1974 年 11 月版，第 2643 页。

② 《晋书》，《景印文渊阁四库全书》，第 256 册第 652 页。

③ 《庄子·说剑》："此剑直之无前，举之无上，案之无下，运之无旁。上绝浮云，下绝地纪。"刘文典：《庄子补正》，云南人民出版社 1980 年 12 月版，第 929 页。

④ 《艺文类聚》卷一九引《蜀志》诸葛亮《梁父吟》曰："步出齐城门，遥望荡阴里。里中有三坟，累累正相似。问是谁家冢，田强古冶子。力能排南山，文能绝地理。一朝被谗言，二桃杀三士。谁能为此谋，国相齐晏子。"（唐）欧阳询撰，汪绍楹校：《艺文类聚》，上海古籍出版社 1965 年 11 月版，第 352 页。文渊阁《四库全书》本《艺文类聚》卷一九及《汉魏六朝百三家集》卷二二均作"又能绝地纪"，是。"排南山"与"绝地纪"并说，使人联想到蒙恬"堑山堙谷"与"地脉"的关系。《景印文渊阁四库全书》，第 887 册第 465 页，第 1412 册第 540 页。

具有较内地道路更完备的结构，不仅有与长城并行横亘万里的主要干线，也包括出塞道路和与内地联系的许多条大道，以及保证北边新经济区正常生产与流通的疏密相间的道路网。①

"登天山，绝地脉"文句形成工整对仗。实际上，"燕筑造阳之郊，秦堑临洮之险"，乃至汉代的长城工程未曾"登天山"，而"绝地脉"，蒙恬说："起临洮属之辽东，城堑万余里，此其中不能无绝地脉哉？"以疑问句提出了不确定的认识。但是后世的理解，则大体是确定的。

五　后世对蒙恬"绝地脉"说的理解

后世史述与政论多有在总结和批评秦政时言及"绝地脉"说的实例。如《隋书》卷二四《食货志》："秦氏起自西戎，力正天下，驱之以刑罚，弃之以仁恩，以太半之收，长城绝于地脉，以头会之敛，屯戍穷于岭外。"②

对于"地脉"的认识，却似乎多有不同。

《旧唐书》卷九七《张说传》记载，"则天幸三阳宫，自复涉秋，不时还都"，张说谏止，其中说到宫室营造工程："池亭奇巧，诱掖上心，削峦起观，竭流涨海，俯贯地脉，仰出云路，易山川之气，夺农桑之土，延木石，运斧斤，山谷连声，春夏不辍。"③这里所谓"俯贯地脉"，指出对"地脉"的破坏，可以与蒙恬事迹联系起来理解。

"地脉"又有指地下水脉的涵义。《宋史》卷二六四《宋琪传》："上幸景龙门外，观水硙。因谓侍臣曰：'此水出于山源，清泠甘美，凡近河水味皆甘，岂非余润之所及乎？'琪等对曰：'实由地脉潜通而然，亦犹人之善恶以染习而成也。'"④"地脉"，似说地下水脉。此外，《宋史》卷二八九《高继宣传》："筑宁远砦，相视地脉，凿石出泉。"⑤又《宋史》卷九四《河渠志四》："元丰五年，诏开在京城濠，阔五十步，深一丈五

---

① 王子今：《秦汉长城与北边交通》，《历史研究》1988 年第 6 期，《交通史视角的秦汉长城考察》，《石家庄学院学报》2013 年第 2 期。

② 《隋书》，中华书局 1973 年 8 月版，第 671—672 页。

③ 《旧唐书》，中华书局 1975 年 5 月版，第 3050 页。

④ 《宋史》，中华书局 1985 年 6 月版，第 9122 页。

⑤ 《宋史》，第 9697 页。

尺，地脉不及者，至泉止。"① 这里所说的"地脉"，似涉及地层结构与地下水资源储藏相关的知识。

《金史》卷四六《食货志一》："凡产铜地脉，遣吏境内访察无遗，且及外界，而民用铜器不可阙者，皆造于官而鬻之。"② 所谓"产铜地脉"，则指地下矿藏构成。地质学名词称"矿脉"者，指后成的矿物填积于岩石大裂缝中形成的板状结构。"矿脉"之说，或与史籍所谓"产铜地脉"有某种关联。

《隋书》卷五七《薛道衡传》记载，薛道衡上《高祖文皇帝颂》，其中写道："天街之表，地脉之外，獫狁孔炽，其来自久。横行十万，樊哙于是失辞；提步五千，李陵所以陷没。"③ 似理解长城走向与"地脉"平行。如此，则长城工程不当"绝地脉"，而南北"直通之"的直道，则难免"绝地脉"。

六 "气"与"地脉"的政治文化涵义

《旧唐书》卷四七《经籍志下》可见载录"《葬书地脉经》一卷"，归于"五行"一类。④《新唐书》卷五九《艺文志三》"五行"类亦载录这部著作："《葬书地脉经》一卷。"⑤ 这是中国传统风水学说的"地脉"。墓葬选址，十分重视"地脉"的观察判断。

贡禹曾经批评"今汉家铸钱，及诸铁官皆置吏卒徒，攻山取铜铁"，导致"凿地数百丈，销阴气之精，地藏空虚，不能含气出云"。⑥ 对于"销阴气之精"的指责，强调了地"气"的意义。可见当时"攻山"工程有损害地气的顾虑。《后汉书》卷六《顺帝纪》记载，汉顺帝永建四年（129）"二月戊戌，诏以民入山凿石，发泄藏气，敕有司检察所当禁绝，如建武、永平故事"。⑦ 说明汉光武帝和汉明帝时代，都曾因"发泄藏

---

① 《宋史》，第 2344 页。
② 《金史》，中华书局 1975 年 7 月版，第 1029 页。
③ 《隋书》，第 1410 页。
④ 《旧唐书》，第 2044 页。
⑤ 《新唐书》，中华书局 1975 年 2 月版，第 1557 页。
⑥ 《汉书》卷七二《贡禹传》，中华书局 1962 年 6 月版，第 3075 页。
⑦ 《后汉书》，中华书局 1965 年 5 月版，第 256 页。

气"，严厉"禁绝""民入山凿石"的工程。所谓"发泄藏气"，可以与贡禹所言"地藏空虚，不能含气出云"联系起来理解。汉安帝延光年间，杨震上书也曾经对所谓"今盛夏土王，而攻山采石"事提出指责。[①] 结合湖北云梦睡虎地秦简《日书》中"土忌"颇为繁密，"土攻"、"土事"受到严重限制的事实[②]，也可以有助于我们理解蒙恬"绝地脉""罪固当死"之喟叹的心理背景。

《新唐书》卷二〇四《方技传·杜生》说"浮屠泓"故事，也涉及风水理念："尝为燕国公张说市宅，戒曰：'无穿东北，王隅也。'它日见说曰：'宅气索然，云何？'与说共视，隅有三坎丈余，泓惊曰：'公富贵一世而已，诸子将不终。'说惧，将平之，泓曰：'客土无气，与地脉不连，譬身疮痏补它肉，无益也。'说子皆污贼死斥云。"[③]

浮屠泓所谓"宅气索然"、"客土无气"的"气"，是古典风水意识的重要主题。《史记》卷八《高祖本纪》记载："秦始皇帝常曰'东南有天子气'，于是因东游以厌之。高祖即自疑，亡匿，隐于芒、砀山泽岩石之间。吕后与人俱求，常得之。高祖怪问之。吕后曰：'季所居上常有云气，故从往常得季。'高祖心喜。沛中子弟或闻之，多欲附者矣。"对于吕后为刘邦进行的舆论宣传"季所居上常有云气"，张守节《正义》："京

---

① 《后汉书》卷五四《杨震传》，第1764页。

② 睡虎地秦简《日书》甲种有明确的"土忌"日，规定"不可为土攻"，"不可兴土攻"，"不可起土攻"。例如，在"土忌"题下有这样的内容："土徹正月壬，二月癸，三月甲，四月乙，五月戊，六月己，七月丙，八月丁，九月戊，十月庚，十一月辛，十二月乙，不可为土攻。"（一〇四正壹）"春三月寅，夏巳，秋三月申，冬三月亥，不可兴土攻，必死。●五月、六月不可兴土攻，十一月、十二月不可兴土攻，必或死。申不可兴土攻。"（一〇六正）在"作事"题下又有这样的内容："二月利兴土西方，八月东方，三月南方，九月北方。"（一一〇正壹）在另一处"土忌"题下，又有："土良日，癸巳、乙巳、甲戌，凡有土事必果。"（一二九背）"土忌日，戊、己及癸酉、癸未、庚申、丁未，凡有土事弗果居。"（一三〇背）"正月寅、二月巳、三月未、四月亥、五月卯、六月午、七月酉、八月子、九月辰、十月未、十一月戌、十二月丑，当其地不可起土攻。"（一三一背）"正月亥、二月酉、三月未、四月寅、五月子、六月戌、七月巳、八月卯、九月丑、十月申、十一月午、十二月辰，是胃（谓）土神，毋起土攻，凶。"（一三二背～一三三背）"春三月戊辰、己巳，夏三月戊申、己未，秋三月戊戌、己亥，冬三月戊寅、己丑，是胃（谓）地冲，不可为土攻。"（一三四背～一三五背）"春之乙亥，秋之辛亥，冬之癸亥，是胃（谓）牝日，百事不吉。以起土攻，有女丧。"（一三六背）"正月申，四月寅，六月巳，十月亥，是胃（谓）地构，神以毁宫，毋起土攻，凶。"（一三八背）睡虎地秦墓竹简整理小组：《睡虎地秦墓竹简》，文物出版社1990年9月版，释文注释第196、225页。

③ 《新唐书》，第5806—5809页。

房《易飞候》云：'何以知贤人隐？师曰：四方常有大云，五色具而不雨，其下有贤人隐矣。'故吕后望云气而得之。"① 所谓刘邦"所居上常有云气"，是"贤人"之"气"。亦有刘邦"其气"为"天子气"之说②，但亦生自个人。而"秦始皇帝常曰'东南有天子气'"的"气"，则类同"宅气索然""客土无气"的"气"，具有神秘主义观念背景下的地理元素。类似情形还有《后汉书》卷一二《王昌传》："王昌一名郎，赵国邯郸人也。素为卜相工，明星历，常以为河北有天子气。"③《后汉书》卷八二下《方术传下·董扶》："扶私谓太常刘焉曰：'京师将乱，益州分野有天子气。'"④《三国志》卷二《魏书·文帝纪》裴松之注引《献帝传》也说到"新天子气见东南"⑤，又《三国志》卷六三《吴书·吴范传》："初，权为将军时，范尝言江南有王气……"⑥《三国志》卷六三《吴书·赵达传》裴松之注引孙盛曰："《吴史》书达知东南当有王气，故轻举济江。"⑦ 情形亦类同，都体现了以"气"的迷信为表征的政治地理观。

强势政治人物秦始皇曾经努力破坏可能于自己不利的具有神秘优势的地貌形势。《史记》卷六《秦始皇本纪》记述秦始皇二十八年（前219）东巡回程事："浮江，至湘山祠。逢大风，几不得渡。上问博士曰：'湘君何神？'博士对曰：'闻之，尧女，舜之妻，而葬此。'于是始皇大怒，使刑徒三千人皆伐湘山树，赭其山。"⑧ 又《续汉书·郡国志四》吴郡"由拳"条刘昭注补引干宝《搜神记》曰："秦始皇东巡，望气者云：'五百年后，江东有天子气。'始皇至，令囚徒十万人掘污其地，表以恶名，故改之曰由拳县。"⑨ 所谓"掘污其地"的工程形式，可以在讨论

---

① 《史记》，第348—349页。

② 《史记》卷七《项羽本纪》："范增说项羽曰：'沛公居山东时，贪于财货，好美姬。今入关，财物无所取，妇女无所幸，此其志不在小。吾令人望其气，皆为龙虎，成五采，此天子气也。急击勿失。'"第311页。

③ 《后汉书》，第491页。

④ 《后汉书》，第2734页。

⑤ 《三国志》，中华书局1959年12月版，第62页。

⑥ 《三国志》，第1422页。

⑦ 《三国志》，第1426页。

⑧ 《史记》，第248页。

⑨ 《后汉书》，第3490页。

"绝地脉"问题时参考。①

<h1 style="text-align:center">七　地脉·地络·地理</h1>

或以为汉代与"地脉"接近的概念还有"地络"。

张衡《西京赋》："尔乃振天维，衍地络。……"此"地络"与"天维"对应。薛综注："维，纲也。络，网也。"②《后汉书》卷一三《隗嚣传》："立庙邑东，祀高祖、太宗、世宗。嚣等皆称臣执事，史奉璧而告。"随即"移檄告郡国"，对王莽有"慢侮天地，悖道逆理"的指责。其中写道："盖天为父，地为母③，祸福之应，各以事降。莽明知之。而冥昧触冒，不顾大忌……"有"逆天之大罪"。此外，又有"逆地之大罪"：

> 分裂郡国，断截地络。田为王田，卖买不得。规锢山泽，夺民本业。造起九庙，穷极土作。发冢河东，攻劫丘垄。此其逆地之大罪也。④

关于"断截地络"，李贤注："络犹经络也。谓莽分坼郡县，断割疆界也。"⑤ 一说"经络"，一说"疆界"，并不能完全协调。有的辞书遂两义并说。如《汉语大词典》"地络"条："【地络】犹地脉。土地的脉络。亦之疆界。《后汉书·隗嚣传》：'分裂郡国，断绝地络。'李贤注：'络犹

---

① 类似事件，稍晚又有《三国志》卷四八《吴书·三嗣主传·孙皓》裴松之注引《汉晋春秋》："初望气者云荆州有王气破扬州而建业宫不利，故（孙）皓徙武昌，遣使者发民掘荆州界大臣名冢冢与山冈连者以厌之。既闻（施）但反，自以为徙土得计也。使数百人鼓噪入建业，杀但妻子，云天子使荆州兵来破扬州贼，以厌前气。"这也是以"掘"的方式"徙土""以厌""王气"的故事。第1166页。

② （梁）萧统编，（唐）李善、吕延济、刘良、张铣、吕向、李周翰注：《六臣注文选》卷二，中华书局1987年8月版，第54页。

③ 李贤注："《尚书》曰：'惟天地，万物父母。'"

④ 《后汉书》，第514—516页。

⑤ 《后汉书》，第516页。

经络也。谓莽分坼郡县，断割疆界也。'……"① 又如三民书局《大辞典》这样解释"地络"："①地脉，土地的脉络。参见地脉条①。《文选·张衡·西京赋》'尔乃振天维，衍地络。'②土地的疆界。《后汉书·隗嚣传》'分裂郡国，断截地络。'注：'络，犹经络也，谓"莽"分坼郡县，断割疆界也。'……"② 其实，李贤注"络犹经络也"已经明确解释了"地络"的意义。"谓莽分坼郡县，断割疆界也"者，言王莽行政地理变革举措破坏了"地络"，似未可以"疆界"直接解说"地络"。

王莽当政后有意祭礼改革，言："祀天则天文从。祭墜则墜理从。三光，天文也。山川，地理也。"又奏言："天文日月星辰，所昭仰也；地理山川海泽，所生殖也。易有八卦，乾坤六子，水火不相逮，雷风不相悖，山泽通气，然后能变化，既成万物也。"③ 所谓"山川地理""地理山川"值得注意，而"山泽通气"又说到了"气"。理解蒙恬"堑山堙谷"导致"绝地脉"，应当注意"山川""山泽"与所谓"地理"的关系。上文说到诸葛亮《梁父吟》"绝地纪"或写作"绝地理"，此"地理"有风水学说涵义。宋明以来称"地理学""地理家""地理师""地理先生"之所谓"地理"，均有与风水环境学相关的内容。

八　山川"地脉"与人体"血脉"

秦汉时期医学重视切脉、诊脉之法，即所谓"诊切其脉"，《史记》卷一〇五《扁鹊仓公列传》说到当时通行的"传黄帝、扁鹊之脉书"，"古圣人为之脉法"以及所谓"诊脉法"。④ 李学勤指出，湖南长沙马王堆汉墓出土帛书医学经典《五十二病方》卷前佚篇，马王堆汉墓帛书整理小组曾经试划为四篇，分题为《足臂十一经脉灸经》《阴阳十一脉灸经甲本》《脉法》《阴阳脉死候》等，后来湖北江陵张家山汉简出土，可知

---

① 汉语大词典编辑委员会、汉语大词典编纂处：《汉语大词典》第2卷，汉语大词典出版社1988年3月版，第1031页。

② 三民书局大辞典编纂委员会：《大辞典》，三民书局股份有限公司2000年6月版，第867页。

③ 颜师古注："墜，古地字也。"《汉书》卷二五下《郊祀志下》，第1266、1268页。

④ 《史记》，第2798、2794、2796、2813、2810页。

四篇中的后三篇即简中的《脉书》。《脉书》各部分和《内经·灵枢》的
《经脉》篇有密切的关系，是《经脉》篇的一种祖本，而帛书被题为《足
臂十一经脉灸经》的一篇又是另一种祖本。① 看来，有关"地脉"和
"绝地脉"的观念，很可能也是以对于人体的知识说明地理地质的一例。

前引《论衡·祸虚》言"蒙恬绝脉，罪至当死，地养万物，何过于
人，而蒙恬绝其脉"。关于所谓"绝脉"，黄晖说："'绝脉'当作'绝地
脉'，上下文并作'地脉'可证。'绝脉'非其义。"② 或许这样的意见还
可以讨论。今按：《论衡》"上下文"其实还说到"绝脉"，不过说的是
人体的"脉"。《论衡·书虚》："秦武王与孟说举鼎不任，绝脉而死。举
鼎用力，力由筋脉，筋脉不堪，绝伤而死，道理宜也。"③《论衡·效力》：
"秦武王与孟说举鼎不任，绝脉而死。少文之人，与董仲舒等涌胸中之
思，必将不任，有绝脉之变。王莽之时，省五经章句，皆为二十万，博士
弟子郭路夜定旧说，死于烛下，精思不任，绝脉气灭也。"④ 王充言"秦
武王"故事，说"脉"与"力"、"气"乃至生命密切关联。⑤ 这是中国
传统医学长期遵循的理念。

《论衡·书虚》写道："夫地之有百川也，犹人之有血脉也。血脉流
行，泛扬动静，自有节度。百川亦然，其朝夕往来，犹人之呼吸，气出入
也，天地之性，自古有之。"⑥《论衡·感虚》又说："夫山崩壅河，犹人
之有痈肿，血脉不通也。"⑦ 又如《论衡·道虚》："夫血脉之藏于身也，
犹江河之流地。江河之流，浊而不清；血脉之动，亦扰不安。不安，则犹
人勤苦无聊也，安能得久生乎？"⑧ 又《论衡·祀义》："山，犹人之有骨

① 李学勤：《〈二十世纪出土中国古医书集成〉导言》，魏启鹏、胡翔骅《马王堆汉墓医书
校释》（壹），成都出版社1992年6月版；高大伦：《张家山汉简〈脉书〉校释》，成都出版社
1995年5月版。

② 黄晖撰：《论衡校释》（附刘盼遂集解），第276页。

③ 黄晖撰：《论衡校释》（附刘盼遂集解），第172页。

④ 黄晖撰：《论衡校释》（附刘盼遂集解），第583页。

⑤ "秦武王"故事的特殊性，还体现了秦文化传统对于"力"的看重。参看王子今《略说
秦"力士"——兼及秦文化的"尚力"风格》，《秦汉研究》第7辑，陕西人民出版社2013年10
月版，第1—15页。

⑥ 黄晖撰：《论衡校释》（附刘盼遂集解），第184页。

⑦ 黄晖撰：《论衡校释》（附刘盼遂集解），第255页。

⑧ 黄晖撰：《论衡校释》（附刘盼遂集解），第337页。

节也；水，犹人之有血脉也。"① 山川，被理解为与人体"血脉"有对应关系。

"地之有百川也"，一如"人之有血脉"。"江河之流地"，一如"血脉之藏于身也"。"山，犹人之有骨节也；水，犹人之有血脉也。"这种意识，或许是接近蒙恬以"绝地脉"自责时的想法的。而直道施工"堑山堙谷"确实破坏了原始地貌，"山""水"形势应当都有所变化。

九　生态环境史视角的"绝地脉"说解读

蒙恬"绝地脉"说，如果从生态环境史视角进行思考，也许可以有新的理解。

长城工程的兴建，施工队伍以及随后戍防军人和屯垦民户的进入，往往致使当地生产形态的变化，原有生态环境的破坏难以避免。这种破坏有时导致无以挽回的灾难。② 至于长城营造本身对生态环境的影响，可以参考有的学者对河西汉塞相关现象的分析。研究者写道："古代弱水沿岸有良好的森林植被，胡杨（又作梧桐）和红柳组成为森林的主体，它们都是极耐干旱的植物。汉时，在弱水两岸修筑了一系列的烽燧，在烽燧之外又修筑了塞墙，所谓居延塞是指这种军防体系而言。在这种军事工程的修

---

① 黄晖撰：《论衡校释》（附刘盼遂集解），第1048页。

② 参看侯仁之、俞伟超、李宝田《乌兰布和沙漠北部的汉代垦区》，《治沙研究》第7号，科学出版社1965年11月版，第15—35页；侯仁之《我国西北风沙区的历史地理管窥》，《中国历史地理论丛》第1辑，陕西人民出版社1981年7月版，第110—121页。史念海曾经指出，西汉一代在鄂尔多斯高原所设的县多达二十多个，这个数字尚不包括一些未知确地的县。当时的县址，有一处今天已经在沙漠之中，有七处已经接近沙漠。"应当有理由说，在西汉初在这里设县时，还没有库布齐沙漠。至于毛乌素沙漠，暂置其南部不论，其北部若乌审旗和伊金霍旗在当时也应该是没有沙漠的。"土壤大面积沙化的情形各有其具体的原因，但是至少农林牧分布地区的演变也是一个促进的因素。除了可以防风防沙的森林被破坏，沙漠于是可以因风扩展而外，草原也有减低风蚀的作用，"可是草原的载畜量过高，也会促使草原的破坏。草原破坏，必然助长风蚀的力量，促成当地的沙化"。史念海：《两千三百年来鄂尔多斯高原和河套平原农林牧地区的分布及其变迁》，《河山集》三集，人民出版社1988年1月版，第99—103页。有的学者认为，过度的开垦，甚至也可以导致自然灾害的逐渐增加。"秦汉时期，由于大批的士兵、农民移入鄂尔多斯地区进行开垦，在一定范围内破坏了原始植被自然灾害增加，这个时期全内蒙古旱灾增加到27次，其中鄂尔多斯地区就有5次。"王尚义：《历史时期鄂尔多斯高原农牧业的交替及其对自然环境的影响》，《历史地理》第5辑，上海人民出版社1987年版，第24页。

建中，都要大量地使用木材。在城障中（如破城子）和烽燧中，至今仍可以发现木材的残存。因此，居延塞的修建，砍伐了大量的森林。""额济纳河沿岸现在是戈壁沙漠景观。然而在薄薄的沙砾下面却是黄土层。在黄土层之下则是深厚的沙砾层。当地的主风向是西北风，全年平均风速为4.2 米/秒，春季平均风速为4.8 米/秒，年平均八级以上大风 37 次，持续 52 天，年平均沙暴日数 21 天。而年平均降水量只有 41.3 毫米。年平均蒸发量 3706 毫米，蒸发量为降水量的 90 倍。在此情况下，黄土层一旦遭到破坏，地下的沙砾便在烈风的作用下飞扬移动。掘土方堆烽燧、建塞墙挖沟壕以及修筑城障等项活动，都要破坏黄土层，导致地下沙砾出露，被暴露出来的沙砾，顺西北风向东南移动，恰与额济纳河道呈垂直相交的状态。由于河东岸处于迎风坡，便具有沙障的作用，风沙在此产生涡流现象，纷纷下落堆积形成沙丘。日久天长，流沙的堆积越来越多，最后便在河的东岸形成了连绵不断的沙丘。"论者还指出，"额济纳河东岸沙丘的堆积有一个不断发展的过程。这个过程从汉代即已开始，随着人类活动的不断加剧而增强"。① 蒙恬主持的长城工程尚未伸展到河西地方，北河地理形势自有不同。但施工会破坏原有生态环境是必然的。②

　　除了施工现场山林植被的摧毁性破坏以外，直道工程"堑山堙谷"，地貌的变化可能是蒙恬所谓"绝地脉"的直接表现。我们确实看到如陕西省考古研究院张在明研究员主持的直道考古发掘和考古调查所发现南桂花路段"堑山堙谷"完全改变了原来沟谷形势的情形。③ 前引《论衡》言"夫地之有百川也，犹人之有血脉也"，"水，犹人之有血脉也"，"夫血脉之藏于身也，犹江河之流地"，"夫山崩壅河，犹人之有痈肿，血脉不通也"，南桂花的情形，可以说类同于"山崩壅河"，"血脉不通"。

　　这样的情形，在"堑山堙谷"的直道工程史上，应当是很普遍的。

　　秦始皇"二十有六年，初并天下"，实现统一之后，如琅邪刻石所言，"皇帝之明，临察四方"，"皇帝之德，存定四极"，"六合之内，皇帝之土。西涉流沙，南尽北户。东有东海，北过大夏。人迹所至，无不臣

---

① 景爱：《额济纳河下游环境变迁的考察》，《中国历史地理论丛》1994 年第 1 期。

② 王子今：《秦汉长城的生态史考察》，《中国（香港）长城历史文化研讨会论文集》，长城（香港）文化出版公司 2002 年 10 月版。

③ 据 2013 年 8 月陕西师范大学出版社侯海英组织的直道考察收获。

者"。之罘刻石又有"周定四极","经纬天下","宇县之中,承顺圣意"语。① 所谓"四极""六合"等,已经成为体现帝国辽阔空间控制能力的政治地理符号。在大一统政体建设初期,作为秦帝国执政集团重要人物的蒙恬对于宏观区域的"地脉"损害心怀警觉,是很自然的。而这种"地脉"破坏涉及规模至于"万余里"的北边防线,并非局部的个别的地理变化。长城工程和直道工程"绝地脉"可能造成的危害的严重性,或许会形成蒙恬的心理压力。

还有一种现象值得我们注意。长城和直道工程都致力于线型人为建筑形式的营造,蒙恬说:"起临洮属之辽东,城堑万余里,此其中不能无绝地脉哉? 此乃恬之罪也。"② 长城防卫体系"城堑万余里"。直道亦纵贯南北,"自九原抵甘泉,堑山堙谷,千八百里"③,"道九原抵云阳,堑山堙谷,直通之"④,这种承载较频繁人类活动的带状人文景观的出现,将阻断某些野生动物季节性迁徙以及其他活动的原有自然路线,有可能导致其生存危机。这也会造成长城工程和直道工程对沿线生态环境形势的影响。虽然这种情形也许并不在蒙恬"绝地脉"原本所言内容之内,却也是生态史学者应当予以充分关注的。

十 "地脉"与"人文"

对于蒙恬"绝地脉"事,后人有诗作从另外的角度评判:"长城三十万人夫,版筑罢劳骨已枯。万里尝忧绝地脉,丁夫命绝亦知无?"⑤ 说蒙恬本人和感叹蒙恬英雄悲剧的人们多谈论"地脉"之"绝",却往往忽略了"丁夫命绝"的惨痛的历史事实。

在传说中,蒙恬又是笔的发明家。其实,笔的使用,早在蒙恬之前。很可能这位北边名将的名字和笔联系在一起,与狼毫笔的开始通行有关。元人陆文圭在诗作中又把笔的发明和"地脉"的绝断联系在了一起:"我

---

① 《史记》卷六《秦始皇本纪》,第 243、245、249 页。
② 《史记》卷八八《蒙恬列传》,第 2570 页。
③ 《史记》卷八八《蒙恬列传》,第 2566—2567 页。
④ 《史记》卷六《秦始皇本纪》,第 256 页。
⑤ (元) 叶朱:《古筑城曲二解》,(明) 程敏政辑撰,何庆善、于石点校《新安文献志》卷五〇,黄山书社 2004 年 12 月版,第 1079 页。

爱古人巧，创物撝前闻。邈哉仓颉氏，赖此蒙将军。将军绝地脉，乃解开人文。"① "蒙将军"虽然有"绝地脉"的行为，但是又知道"开人文"即创造人文成就的意义，因而值得赞颂。其实，仅就秦直道工程而言，所谓"绝地脉"如果真的破坏了"地"的自然秩序，但是却以交通基本建设的成功，便利了文化的联系，推动了文明的进步，实际上又开通了人文社会的"脉"。②

---

① （元）陆文圭：《赠笔生林君实》，《墙东类稿》卷一五，《景印文渊阁四库全书》，第1194 册第 733—734 页。

② 王子今：《蒙恬悲剧与大一统初期的"地脉"意识》，《首都师范大学学报》（社会科学版）2016 年第 4 期。

秦二世的噩梦与望夷宫"祠泾"故事

秦始皇出巡途中去世，车队在"秘之，不发丧"的情况下继续行进。秦二世胡亥与载运秦始皇尸身的辒凉车经行直道回到咸阳。秦二世胡亥即位之后，曾效法"先帝巡行郡县，以示强，威服海内"，以扩张行政权势为目的东巡，至辽东，还至咸阳，很可能再次经历直道。导致望夷宫之变发生的"二世梦白虎啮其左骖马，杀之，心不乐"，占梦卜曰"泾水为祟"，于是"乃斋于望夷宫，欲祠泾，沈四白马"事，可能也与直道交通有某种关系。秦二世直道行迹对于秦帝国行政史以及秦帝国交通史研究，都是有值得关注的意义的。

一 沙丘阴谋与秦二世即位

按照司马迁的记述，秦始皇最后一次出巡，途中病重去世。赵高与胡亥、李斯密谋策动沙丘政变，安排胡亥即位。《史记》卷六《秦始皇本纪》：

> 至平原津而病。始皇恶言死，群臣莫敢言死事。上病益甚，乃为玺书赐公子扶苏曰："与丧会咸阳而葬。"书已封，在中车府令赵高行符玺事所，未授使者。七月丙寅，始皇崩于沙丘平台。丞相斯为上崩在外，恐诸公子及天下有变，乃秘之，不发丧。棺载辒凉车中，故幸宦者参乘，所至上食。百官奏事如故，宦者辄从辒凉车中可其奏事。独子胡亥、赵高及所幸宦者五六人知上死。赵高故尝教胡亥书及狱律令法事，胡亥私幸之。高乃与公子胡亥、丞相斯阴谋破去始皇所封书赐公子扶苏者，而更诈为丞相斯受始皇遗诏沙丘，立子胡亥为太

子。更为书赐公子扶苏、蒙恬，数以罪，赐死。语具在《李斯传》中。行，遂从井陉抵九原。会暑，上辒车臭，乃诏从官令车载一石鲍鱼，以乱其臭。①

随后就有直道之行。随后又有秦二世即位，秦始皇入葬事：

> 行从直道至咸阳，发丧。太子胡亥袭位，为二世皇帝。九月，葬始皇郦山。②

司马迁的记叙非常简略，然而却描述了一个时代的庄严落幕，一个新的历史转变的冷酷的开启。

自秦王朝开始，许多代王朝都在第一代执政者与第二代执政者权力交递时发生政治危机。秦代如此，西汉王朝刘邦拟废太子刘盈立赵王刘如意引起上层朝臣恐慌也是如此，此后隋代、唐代都复演了同样的节目。明清史也可以看到重复的情节。这种历史活剧的第一幕的演出，秦直道作为重要的布景，是值得我们注意的。

秦始皇设计规划，并指派"名为忠信"③，最为信任亲近的名将蒙恬主持修筑了这条直道。这一交通史的杰作，却没有能够迎来秦始皇本人的踏行。他只是在已"崩"之后，以"会暑，上辒车臭"，"车载一石鲍鱼，以乱其臭"的特殊的尴尬方式经行了这条道路。秦二世胡亥可以说是第一位行经这一世界交通史上规模最宏伟的道路的权位最高的执政者。

二　秦二世元年东巡

据司马迁在《史记》卷六《秦始皇本纪》中的记载，秦二世元年

---

① 《史记》，中华书局 1959 年 9 月版，第 264 页。

② 《史记》，第 265 页。

③ 《史记》卷八八《蒙恬列传》："始皇二十六年，蒙恬因家世得为秦将，攻齐，大破之，拜为内史。秦已并天下，乃使蒙恬将三十万众北逐戎狄，收河南。筑长城，因地形，用制险塞，起临洮，至辽东，延袤万余里。于是渡河，据阳山，逶蛇而北。暴师于外十余年，居上郡。是时蒙恬威振匈奴。始皇甚尊宠蒙氏，信任贤之。而亲近蒙毅，位至上卿，出则参乘，入则御前。恬任外事而毅常为内谋，名为忠信，故虽诸将相莫敢与之争焉。"《史记》，第 2565—2566 页。

（前 209），李斯、冯去疾等随从新主往东方巡行。这次出行，时间虽然颇为短暂，行程却甚为辽远。《史记》卷一五《六国年表》止于秦二世三年（前 207），然而不记此事。由于秦二世是所谓"以六合为家，崤函为宫，一夫作难而七庙隳，身死人手，为天下笑"[①] 的亡国之君，后世史家对秦二世东巡也很少予以注意。可是从交通史研究的角度考察，其实是应当肯定这一以强化政治统治为目的的行旅过程的历史意义的。从文化史研究的角度分析，也可以由此深化对秦文化某些重要特质的认识。

《史记》卷六《秦始皇本纪》记载，"二世皇帝元年，年二十一"。即位初，就刻意维护专制的基础，炫耀皇权的尊贵，于是有巡行东方郡县之议：

> 二世与赵高谋曰："朕年少，初即位，黔首未集附。先帝巡行郡县，以示强，威服海内。今晏然不巡行，即见弱，毋以臣畜天下。"春，二世东行郡县，李斯从。到碣石，并海，南至会稽，而尽刻始皇所立刻石，石旁著大臣从者名，以章先帝成功盛德焉：皇帝曰："金石刻尽始皇帝所为也。今袭号而金石刻辞不称始皇帝，其于久远也如后嗣为之者，不称成功盛德。"丞相臣斯、臣去疾、御史大夫臣德昧死言："臣请具刻诏书刻石，因明白矣。臣昧死请。"制曰："可。"
> 遂至辽东而还。……
> 四月，二世还至咸阳。[②]

根据这一记述，秦二世及其随从由咸阳东北行，"到碣石，并海，南至会稽"，又再次北上至辽东，然后回归咸阳。

所谓"东行郡县"，"到碣石，并海，南至会稽，而尽刻始皇所立刻石"，《史记》卷二八《封禅书》则记述说："二世元年，东巡碣石，并海南，历泰山，至会稽，皆礼祠之，而刻勒始皇所立石书旁，以章始皇之功德。"[③] 可见，秦二世此次出巡，大致曾行经碣石（秦始皇三十二年东行刻石）、邹峄山（秦始皇二十八年东行刻石）、泰山（秦始皇二十八年

---

① 贾谊：《过秦论》，《史记》卷六《秦始皇本纪》，第 282 页。

② 《史记》，第 267—268 页。

③ 《史记》，第 1370 页。

东行刻石）、梁父山（秦始皇二十八年东行刻石）、之罘（秦始皇二十八年东行立石，二十九年东行刻石）、琅邪（秦始皇二十八年东行刻石）、朐（秦始皇三十五年立石）、会稽（秦始皇三十七年东行刻石）等地。可以看到，秦二世此行所至，似乎在重复秦始皇十年内四次重大出巡活动的轨迹。

通过与《史记》卷六《秦始皇本纪》记载秦始皇三十七年（前210）出巡情形的比较，也可以认识秦二世东巡的行进速度：

> 三十七年十月癸丑，始皇出游。……十一月，行至云梦，望祀虞舜于九疑山。浮江下，观籍柯，渡海渚。过丹阳，至钱唐。临浙江，水波恶，乃西百二十里从狭中渡。上会稽，祭大禹，望于南海，而立石刻颂秦德。……还过吴，从江乘渡。并海上，北至琅邪。……自琅邪北至荣成山。……至之罘。……遂并海西。至平原津而病。……七月丙寅，始皇崩于沙丘平台。……棺载辒凉车中……行，遂从井陉抵九原。……行从直道至咸阳，发丧。
>
> ……九月，葬始皇郦山。[①]

秦始皇此次出行，总行程很可能不及秦二世元年东巡行程遥远，然而包括"棺载辒辌车中"自沙丘平台回归咸阳（由于李斯等"为上崩在外，恐诸公子及天下有变，乃秘之，不发丧"，甚至"百官奏事如故，宦者辄从辒凉车中可其奏事"，行经这段路途的情形当一如秦始皇生前），历时竟然将近一年。从咸阳启程行至云梦以及从沙丘平台返回咸阳，有较为具体的时间记录。秦始皇仅行历这两段路程使用的时间，已经与秦二世元年东巡历时大致相当。

秦二世四月回到咸阳，七月就爆发了陈胜起义。不久，秦王朝的统治就迅速归于崩溃。可以说，秦二世"巡行郡县，以示强，威服海内"的政治目的并没有实现，沿途山海之神"皆礼祠之"的虔敬也没有得到预想的回报。从政治史的视角考察，秦二世东巡不过是一次徒劳无功的迂拙表演。然而从交通史的视角看，却应当充分肯定这一行旅过程虽然作为帝王出巡必然侍从浩荡仪礼繁缛，却仍然表现出较高效率的重要意义。

---

① 《史记》，第260—265页。

秦二世元年东巡有各地刻石遗存，可知历史记载基本可信。《史记会注考证》于《史记》卷六《秦始皇本纪》有关秦二世刻石的记载之后引卢文弨曰："今石刻犹有可见者，信与此合。前后皆称'二世'，此称'皇帝'，其非别发端可见。"陈直指出：

> 秦权后段，有补刻秦二世元年诏书者，文云："元年制诏丞相斯、去疾，法度量，尽秦始皇为之，皆有刻辞焉。今袭号而刻辞不称始皇帝，其于久远也，如后嗣为之者，不称成功盛德，刻此诏，故刻左，使毋疑。"与本文前段相同，而峄山、琅邪两石刻，后段与本文完全相同（之罘刻石今所摹存者为二世补刻之诏书，泰山刻石，今所摹存者，亦有二世补刻之诏书）。知太史公所记，本于秦纪，完全正确。①

马非百也曾经指出：

> 至二世时，始皇原刻石后面皆加刻有二世诏书及大臣从者名。今传峄山、泰山、琅邪台、之罘、碣石刻石拓本皆有"皇帝曰"与大臣从者名，即其明证。②

以文物遗存证史籍记录，可以得到真确无疑的历史认识。

《史记》卷六《秦始皇本纪》："三十七年十月癸丑，始皇出游。左丞相斯从，右丞相去疾守。少子胡亥爱慕请从，上许之。"于是才有"（赵）高乃与公子胡亥、丞相（李）斯阴谋破去始皇所封书赐公子扶苏者，而更诈为丞相斯受始皇遗诏沙丘，立子胡亥为太子，更为书赐公子扶苏、蒙恬，数以罪，赐死"的政变。③可以说，秦二世的地位是随从秦始皇出巡方得以确立的。而秦二世即位之后，东巡也成为他最重要的政治活动之一。由于有随从秦始皇出巡的经历，秦二世元年东巡于是有轻车熟路的便利。而李斯曾经多次随秦始皇出巡，当然也可以使秦二世东巡路线的选择

---

① 陈直：《史记新证》，天津人民出版社1979年4月版，第26页。

② 马非百：《秦集史》，中华书局1982年8月版，下册第768页。

③ 《史记》，第260、264页。

更为合理，日程安排和行旅组织也表现出更高的效率。①

　　对秦二世出巡历史真实性的怀疑，在于对秦汉交通事业的发达程度缺乏了解。宋人孔平仲曾批评汉武帝巡行的交通效率："《郊祀志》：汉武三月出，行封禅礼，并海上，北至碣石，巡自辽西，历北边至九原。五月复归于甘泉。百日之间周万八千里，呜呼！其荒唐甚矣。"② 这当然也透露出宋代文士与秦汉时人交通理念存在明显的差异。

三　秦二世"遵述旧绩"的理解

　　史念海很早以前论述秦汉交通路线时就曾经指出："东北诸郡濒海之处，地势平衍，修筑道路易于施工，故东出之途此为最便。始皇、二世以及武帝皆尝游于碣石，碣石临大海，为东北诸郡之门户，且有驰道可达，自碣石循海东行，以至辽西辽东二郡。"③ 秦二世元年东巡，往复两次循行并海道路④，三次抵临碣石。辽宁绥中发现分布较为密集的秦汉建筑遗址，其中占地达 15 万平方公里的石碑地遗址，有人认为"很可能就是秦始皇当年东巡时的行宫"，即所谓"碣石宫"。⑤ 对于这样的认识虽然有不同的意见⑥，但是与陕西临潼秦始皇陵园出土物相类似的所谓"高浮雕夔纹巨型瓦当"的发现，说明这处建筑遗址的性质很可能确实与作为天下之尊，"意得欲从，以为自古莫及己"⑦ 的秦皇帝的活动有关。

　　秦二世的辽东之行，是其东巡何以行程如此遥远的关键。史念海曾经说："始皇崩后，二世继立，亦尝遵述旧绩，东行郡县，上会稽，游辽

　　① 参看王子今《秦二世元年东巡史事考略》，《秦文化论丛》第 3 辑，西北大学出版社 1994 年 12 月版，第 380—388 页。

　　② （宋）孔平仲：《珩璜新论》，《景印文渊阁四库全书》，第 863 册第 103 页。

　　③ 史念海：《秦汉时期国内之交通路线》，《文史杂志》第 3 卷第 1、2 期，收入《河山集》四集，陕西师范大学出版社 1991 年 12 月版，第 573 页。

　　④ 王子今．《秦汉时代的并海道》，《中国历史地理论丛》1988 年第 2 期。

　　⑤ 辽宁省文物考古研究所：《辽宁绥中县"姜女坟"秦汉建筑遗址发掘简报》，《文物》1986 年第 8 期。

　　⑥ 参看董宝瑞《"碣石宫"质疑》，《河北大学学报》1987 年第 4 期；《"碣石宫"质疑：兼与苏秉琦先生商榷》，《河北学刊》1987 年第 6 期。

　　⑦ 《史记》卷六《秦始皇本纪》，第 258 页。

东。然其所行,率为故道,无足称者。"① 其实,秦二世"游辽东",并不曾循行始皇"故道"。然而秦始皇三十七年(前 210)出巡,"至平原津而病",后来在沙丘平台逝世,乘舆车队驶向往咸阳的归途。可是这位志于"览省远方","观望广丽"② 的帝王,在"至平原津"之前,是不是已经有巡察辽东的计划呢?此后帝车"遂从井陉抵九原","行从直道至咸阳",只不过行历了北疆长城防线即所谓"北边"的西段,要知道如果巡视整个"北边",显然应当从其东端辽东启始。或许在秦始皇最后一次出巡时曾追随左右的秦二世胡亥对"先帝"的这一计划有所了解,于是有自会稽北折,辗转至于辽东的行旅实践。倘若如此,秦二世"游辽东"的行程,自然有"遵述旧绩"的意义。

如果我们从秦始皇政治文化既定模式之全面继承的角度来理解秦二世"遵述旧绩"。可能也是合理的。

这种"遵述旧绩",当然包括信仰理念、祠祀行为及所谓山海之神"皆礼祠之"的恭敬态度。

四 秦二世"至辽东而还"
"还至咸阳"的路径

秦二世东巡,"到碣石,并海,南至会稽","遂至辽东而还","四月,还至咸阳"。这一路线"至辽东而还","还至咸阳",不能排除经行直道的可能性。

《史记》卷六《秦始皇本纪》:"始皇巡北边,从上郡入。"③ 秦史涉及"北边"的记录,又有《汉书》卷二七下之上《五行志下之上》:"秦大用民力转输,起负海至北边。"④ 秦二世欲效法"先帝巡行郡县,以示强,威服海内",表示:"今晏然不巡行,即见弱,毋以臣畜天下。"要"示强"而不"见弱",方可以"威服海内","臣畜天下"。从这一理念出发,最重要的巡行方向,应当是传播"亡秦者胡也"谶语所暗示的

---

① 史念海:《秦汉时期国内之交通路线》,《文史杂志》第 3 卷第 1—2 期,收入《河山集》四集,第 546 页。

② 《史记》卷六《秦始皇本纪》,第 250 页。

③ 《史记》,第 252 页。

④ 《汉书》,第 1447 页。

北边。

理解秦二世"至辽东而还","还至咸阳",很可能经行直道,首先要注意的,是秦帝国对"胡"形成严重威胁的方向即北边的特别关注。这是秦帝国实现统一之后集结重兵的地方,也是秦始皇委派最信任的名将蒙恬主持军事事务的地方。

其次,应当注意秦始皇三十二年(前215)"巡北边"事:"三十二年,始皇之碣石,使燕人卢生求羡门、高誓。刻碣石门。坏城郭,决通堤防。""因使韩终、侯公、石生求仙人不死之药。始皇巡北边,从上郡入。燕人卢生使入海还,以鬼神事,因奏录图书,曰'亡秦者胡也'。始皇乃使将军蒙恬发兵三十万人北击胡,略取河南地。"① 此次"巡北边",自"碣石"至"上郡","碣石"东至"辽东"方面未曾巡行。

再次,应当注意秦始皇最后一次东巡回程,"棺载辒凉车中……行,遂从井陉抵九原。……行从直道至咸阳",以一种象征方式实现了对北边局部重要区段的视察。秦始皇车队"从井陉抵九原",可能性较大的经行路线,是太原郡—雁门郡—云中郡—九原郡。秦二世"至辽东而还","还至咸阳",有必要巡视自辽东至九原这一秦始皇三十七年(前210)可能虽列入巡行计划之中却未能实际完成的北边区段。

最后,秦二世"至辽东而还","还至咸阳",最便捷的路线是沿北边道西行然后沿直道南下。②

无论从抗击匈奴之战略形势的需要出发,还是从继承"先帝"事业的志向出发,或是遵行最方便捷近通行条件较好的道路选择出发,秦二世巡行北边之后经直道南下"还至咸阳",都是合理的路线择定。

这一路径的择定,也许也与在特殊政治文化背景下"直道"与"子午"的对应和关联有某种关系。正如我们上文讨论所涉及的,"直道"与"子午道"的对应关系与合成效应,或许有神秘主义文化的观念背景。其规划的基点,或许与秦始皇都市营造所谓"象天极""象天文"的设计理念有关。

---

① 《史记》卷六《秦始皇本纪》,第251—252页。

② 参看王子今《秦汉长城与北边交通》,《历史研究》1988年6期。

五 "梦白虎啮其左骖马"的数术文化解读

战国秦汉时期,秦人对于出行,怀有浓重的神秘主义意识。前引《秦始皇本纪》"三十七年十月癸丑,始皇出游",是秦始皇诸多出行实践记录中有关启程时间的唯一信息。《史记》保留这一日期或有深意。这是秦始皇最后一次出巡。十月癸丑,睡虎地秦简《日书》中属于秦人建除系统的"秦除"和"稷辰"中皆未见与"行"有关的文字,而在可能属于楚人建除系统的"除"中则正当"交日"。而"交日,利以实事。凿井,吉。以祭门行、行水,吉"(甲种四正贰)。① "祭门行"仪式的意义,或即"告将行也"②,"行水"则是水路交通形式。秦始皇此次出行先抵江汉地区,"十一月,行至云梦",很可能因此而据楚数术书择日。另一方面,"秦除""稷辰"虽未言"行吉",但"十月癸丑"亦不值行忌日。可见,事实确如李学勤所说,"楚、秦的建除虽有差别",但"又有一定的渊源关系"。③ 现在分析,属于秦人建除系统的"秦除"和"稷辰"中,均未见"行吉"日。据此或许可以推想,秦人有可能是将"不可行"日之外的其他的日子都作为"利以行"、"行有得"或"行吉"之日看待的。④

秦二世言行也体现出对于出行的重视。《史记》卷六《秦始皇本纪》记载:"诸侯咸率其众西乡。沛公将数万人已屠武关,使人私于高,高恐二世怒,诛及其身,乃谢病不朝见。"于是发生了导致其人生悲剧结局的值得注意的情节:

> 二世梦白虎啮其左骖马,杀之,心不乐,怪问占梦。卜曰:"泾水为祟。"二世乃斋于望夷宫,欲祠泾,沈四白马。

正是在望夷宫,秦二世与赵高矛盾的激化,致使赵高令阎乐率吏卒入宫,

---

① 睡虎地秦墓竹简整理小组:《睡虎地秦墓竹简》,文物出版社1990年9月版,释文注释第181页。

② 《仪礼·聘礼》郑玄注,(清)阮元校刻:《十三经注疏》,中华书局1980年10月版,第1047页。

③ 李学勤:《睡虎地秦简〈日书〉与楚、秦社会》,《江汉考古》1985年第4期。

④ 这样说来,秦人建除中虽不著明"行吉"之日,而事实上的"行吉"日则远较楚人建除为多。

逼迫胡亥自杀。①

　　望夷宫之变，标志秦帝国政治生命的完结。《史记》卷六《秦始皇本纪》记载："阎乐归报赵高，赵高乃悉召诸大臣公子，告以诛二世之状。曰：'秦故王国，始皇君天下，故称帝。今六国复自立，秦地益小，乃以空名为帝，不可。宜为王如故，便。'立二世之兄子公子婴为秦王。以黔首葬二世杜南宜春苑中。令子婴斋，当庙见，受王玺。"② 望夷宫之变后，秦放弃帝号，回复"王国"名义。望夷宫，作为空间坐标，同时也是时间坐标，可以看作秦帝国史的终止符。

六　望夷宫的特殊地位

　　"梦白虎啮其左骖马，杀之"，是体现为交通危难的凶兆。于是秦二世"心不乐，怪"，是自然的。所谓"二世乃斋于望夷宫，欲祠泾，沈四白马"，似具有某种特别的涵义。裴骃《集解》："张晏曰：'望夷宫在长陵西北长平观道东故亭处是也。临泾水作之，以望北夷。'"张守节《正义》："《括地志》云：'秦望夷宫在雍州咸阳县东南八里。张晏云临泾水作之，望北夷。'"③ "望夷宫"名义，即"望北夷"，具有联系北边，面向边疆"夷"族的空间形势。这自然会使人联想到直道的方向。"望夷宫在长陵西北长平观道东故亭处是也"，可知正当直道起点云阳甘泉通往咸阳的交通要道上。

　　"白虎"在方位象征秩序中通常对应西方，然而如果在从自直道南行

---

　　① 《史记》卷六《秦始皇本纪》："（二世）使使责让高以盗贼事。高惧，乃阴与其婿咸阳令阎乐、其弟赵成谋曰：'上不听谏，今事急，欲归祸于吾宗。吾欲易置上，更立公子婴。子婴仁俭，百姓皆载其言。'使郎中令为内应，诈为有大贼，令乐召吏发卒，追劫乐母置高舍。遣乐将吏卒千余人至望夷宫殿门，缚卫令仆射，曰：'贼入此，何不止？'令曰：'周庐设卒甚谨，安得贼敢入宫？'乐遂斩卫令，直将吏入，行射，郎宦者大惊，或走或格，格者辄死，死者数十人。郎中令与乐俱入，射上幄坐帏。二世怒，召左右，左右皆惶扰不斗。旁有宦者一人，侍不敢去。二世入内，谓曰：'公何不蚤告我？乃至于此！'宦者曰：'臣不敢言，故得全。使臣蚤言，皆已诛，安得至今？'阎乐前即二世数曰：'足下骄恣，诛杀无道，天下共畔足下，足下其自为计。'二世曰：'丞相可得见否？'乐曰：'不可。'二世曰：'吾愿得一郡为王。'弗许。又曰：'愿为万户侯。'弗许。曰：'愿与妻子为黔首，比诸公子。'阎乐曰：'臣受命于丞相，为天下诛足下，足下虽多言，臣不敢报。'麾其兵进。二世自杀。"第273—274页。

　　② 《史记》，第275页。

　　③ 《史记》，第274页。

往咸阳的路线上，"左骖"对应的正是东方。在这一方向，显现所谓"关东群盗并起"的政治危局。①

《太平御览》卷六九七引《拾遗录》曰："秦王子婴寝于望夷宫，夜梦有人长文须，鬓绝青，纳王舄而乘丹车。告云：天下当乱，王乃杀赵高。所梦则始皇之灵，所著舄则安期所遗者。"② 这是另一则关于"望夷宫"的故事。秦王子婴梦中的"始皇之灵"，其交通能力借助"纳王舄而乘丹车"得以表现。"望夷宫"在秦代交通系统中的地位亦得昭显。明代诗人王圻《望夷宫》诗："泾原筑望夷，欲觇边尘起。讵知亡国胡，生长祈年里。"③可知通常人们的理解，"望夷"可以观察"边尘""胡""夷"动向。清人杨鸾《长城》诗："嗟乎亡秦者胡，北胡何能啮骖者？虎崇乃非径，望夷宫中忽有兵。"④ 也强调"望夷宫"面对"北胡"即"望北夷"的作用。

裴骃《集解》引张晏曰："望夷宫在长陵西北长平观道东故亭处是也。临泾水作之，以望北夷。"⑤ 所言临近"长平观道"，参考有关呼韩邪单于入关中路线，《汉书》卷九四下《匈奴传下》："呼韩邪单于款五原塞，愿朝三年正月。汉遣车骑都尉韩昌迎，发过所七郡郡二千骑，为陈道上。单于正月朝天子于甘泉宫，汉宠以殊礼，位在诸侯王上。""使使者道单于先行，宿长平。上自甘泉宿池阳宫。上登长平，诏单于毋谒，其左右当户之群臣皆得列观，及诸蛮夷君长王侯数万，咸迎于渭桥下，夹道陈。上登渭桥，咸称万岁。"⑥《汉书》卷八《宣帝纪》："使有司道单于

---

① 将军冯劫等谏言。《史记》卷六《秦始皇本纪》，第 271 页。赵高称关东暴动民众为"关东盗"，又言"关东群盗多"。《史记》卷六《秦始皇本纪》，第 273 页；《史记》卷八七《李斯列传》，第 2558 页。参看王子今《秦王朝关东政策的失败与秦的覆亡》，《史林》1986 年第 2 期。

② （宋）李昉等撰：《太平御览》，中华书局用上海涵芬楼影印宋本 1960 年 2 月复制重印版，第 3112 页。《太平广记》卷七一《道术一·赵高》："秦王子婴常寝于望夷宫。夜梦有人身长十丈。鬓发绝伟。纳王舄而乘丹车。驾朱马。至宫门、云欲见秦王婴、阍者许进焉、子婴乃与之言：谓婴曰：予是天使也，从沙丘来。天下将乱，当有欲诛暴者。翌日乃起，子婴既疑赵高，因囚高于咸阳。"（宋）李昉等编：《太平广记》，中华书局 1961 年 9 月版，第 440 页。

③ （明）王圻：《王侍御类稿》卷一四，《四库全书存目丛书》，齐鲁书社 1997 年 7 月版，集部第 140 册第 440 页。

④ （清）杨鸾：《邈云楼集六种·邈云三编》，《四库未收书辑刊》第 10 辑，北京出版社 2000 年版，第 13 册第 515 页。

⑤ 《史记》，第 274 页。

⑥ 《汉书》，中华书局 1962 年 6 月版，第 3798 页。

先行就邸长安，宿长平。上自甘泉宿池阳宫。上登长平阪，诏单于毋谒。
其左右当户之群皆列观，蛮夷君长王侯迎者数万人，夹道陈。上登渭桥，
咸称万岁。单于就邸。置酒建章宫，飨赐单于，观以珍宝。"呼韩邪单于
经直道至甘泉宫，又南下往长安，途中"宿长平"。可知所谓"长平观"
正当"甘泉宫"往咸阳—长安地方的重要通道。关于"长平阪"，颜师古
注："如淳曰：'阪名也，在池阳南。上原之阪有长平观，去长安五十
里。'师古曰：'泾水之南原，即今所谓眭城阪也。'"①

　　张荫麟《中国史纲》记述"为谋北边的一劳永逸，始皇于三十三四
年间"经营的"宏大的工程"，即"从河套外的九原郡治，筑了一条'直
道'达到关内的云阳（今陕西淳化县西北。从此至咸阳，有泾渭可通），
长一千八百里"。② 从云阳"至咸阳，有泾渭可通"的说法值得我们注意。
韩复智等编著《秦汉史》也写道："修筑直道：从九原郡（内蒙古包头市
西）直道咸阳西北百余里的云阳，长一千八百里，从云阳到咸阳有泾水
可通。"③ 也强调了"泾水"在直道延长线云阳至咸阳段的意义。所谓
"有泾渭可通"以及"有泾水可通"，似考虑到水运因素。④ 通过自甘泉
宫南下的呼韩邪单于在"渭桥"受到欢迎，"咸迎于渭桥下，夹道陈。上
登渭桥，咸称万岁"可知，就秦汉时期更为方便的交通方式陆路而言，
"泾渭"是需要克服的交通险阻。当然，自云阳甘泉南下咸阳，不必渡
渭，只需要经过泾河。由此或有助于理解秦二世"斋于望夷宫，欲祠泾"
与自云阳起始的秦直道交通的神秘关系。关于横跨泾水的泾桥⑤，秦官印

---

①　《汉书》，第271页。

②　张荫麟撰：《中国史纲》，上海古籍出版社1999年12月版，第149—150页。

③　韩复智、叶达雄、邵台新、陈文豪编著：《秦汉史》（增订本），里仁书局2007年1月
版，第49页。

④　杜笃《论都赋》中，说到"造舟于渭，北舫泾流"，似说明泾河某些区段当时也可以通
航。黄盛璋在《历史上的渭河水运》一文中指出，"关中河流能用于水运的只有渭河"，"此外泾
河、洛河虽也是关中大河之一，但古今都无舟楫之利"。《历史地理论集》，人民出版社1982年6
月版，第148页。"古今"概言，不免绝对。但是秦时泾水通航记录，确实未见于史籍。

⑤　杜笃《论都赋》有"桥泾、渭"语，见《后汉书》卷八〇上《文苑列传上·杜笃》，
中华书局1965年5月版，第2597页。又《后汉书》卷三《章帝纪》："又幸长平，御池阳宫，
东至高陵，造舟于泾而还。"第144页。《初学记》卷六引薛莹《后汉书》作"造舟至于泾而
还"。也言及"长平"。"泾水"条下"事对"部分，"造舟"与"沉马"为对，"望夷宫"与
"长平观"为对，也值得注意。（唐）徐坚等著：《初学记》，中华书局1962年1月版，第138页。

有文曰"长夷泾桥"者①，可作为实物证明。

秦二世"欲祠泾，沈四白马"的做法很可能与交通有关。这一推想也许可以通过秦始皇相关事迹得到旁证。《史记》卷六《秦始皇本纪》记载："（三十六年）秋，使者从关东夜过华阴平舒道，有人持璧遮使者曰：'为吾遗滈池君。'因言曰：'今年祖龙死。'使者问其故，因忽不见，置其璧去。使者奉璧具以闻。始皇默然良久，曰：'山鬼固不过知一岁事也。'退言曰：'祖龙者，人之先也。'使御府视璧，乃二十八年行渡江所沈璧也。"② 史籍可见秦人有以"璧"为献品"祈""河"的传统。如《左传·文公十二年》记载，秦晋作战，"秦伯以璧祈战于河"。③ 这种"以璧祈战于河"的方式，应当也与渡河的军事交通行为有关。秦始皇"渡江""沈璧"应用以祈祝平安顺利，或与"祠泾，沈四白马"意义接近。而出行途中渡江河遇到艰难险阻的著名史例，有秦始皇三十七年（前210）出巡，"临浙江，水波恶，乃西百二十里从狭中渡"。而此行"少子胡亥爱慕请从，上许之"④，也就是说，秦二世当时与秦始皇同行，曾经亲历"临浙江，水波恶"的情形。

还有一则历史记载值得注意，《穆天子传》卷一记述周穆王与河宗柏夭相会的情形，曾经举行祭祀活动，其中有"沈马"的情节："天子授河宗璧。河宗柏夭受璧，西向沈璧于河，再拜稽首。祝沈马牛豕羊。"⑤ 周穆王在河宗柏夭配合下"沈璧于河"又"沈马牛豕羊"的地点，在今内蒙古包头地方，即秦始皇直道的起点。而秦二世"欲祠泾，沈四白马"之所在，在直道终点与咸阳的交通道路上。一北一南两相比照，也是耐人寻味的。

---

① 罗福颐主编，故宫研究室玺印组编：《秦汉南北朝官印征存》，文物出版社 1987 年 10 月版，第 6 页。

② 《秦始皇本纪》接着记述了又一例神秘主义意识导致的交通行为："于是始皇卜之，卦得游徙吉。迁北河榆中三万家。拜爵一级。"张守节《正义》："谓北河胜州也。榆中即今胜州榆林县也。言徙三万家以应卜卦游徙吉也。"《史记》，第 259—260 页。

③ 《春秋左传集解》，上海人民出版社 1977 年 8 月版，第 483 页。

④ 《史记》，第 260 页。

⑤ 顾实：《穆天子传西征讲疏》，中国书店 1990 年 8 月版，第 31 页。

神秘的时间符号：
秦史的四个"四十六日"

历史记述应当以时间坐标和空间坐标确定其真确性。而其中时间坐标的意义似乎更为重要。《史记》是公认的史学经典，其中的时间叙述为我们提供了自传说时代至汉武帝时代的历史演进的基本线索。《史记》中多数记录信实可据。然而也颇有疑点存在。例如有关秦史的三个重要事件的历史记录中都出现了"四十六日"的时间过程。这种巧合不能不使人心存疑惑。对于相关现象的理解并说明，也许可以通过文化学视角的考察求得线索。

联系以秦地为背景的传说中也有"四十六日"情节，可以推知《史记》"四十六日"的记载应有某种文化象征意义。在当时人的意识中，"四十六日"是显示"天道"确定的规律性季候转换的时段，是盛衰转换的过程，也是生死转换的过程。司马迁"四十六日"的记述，似暗示"究天人之际"的史学追求作为潜意识的某种影响。

一 秦史的第一个"四十六日"：白起胜绩

《史记》中出现三处其过程为"四十六日"的历史记载。这三则记载竟然都与秦史有关。

长平之战，是发生于战国晚期秦国与赵国之间的规模空前的决战。秦军于长平（今山西高平西北）歼灭赵军主力，确定了在兼并战争中的胜局。秦军制胜的关键，是完成了对赵军的包围，并切断了赵军的粮路。秦昭襄王四十七年，也就是赵孝成王六年（前260）九月，在长平山地，秦军与赵军的决战趋向白热化。经过反复激战，上将军白起指挥的秦军完成了对赵括属下四十余万赵军的分割包围。被围困的长平赵军，军粮补给已经完全断绝。出于对长平之战特殊的战略意义的重视，秦昭襄王风尘仆仆，亲自前往河内（今河南焦作、鹤壁地方）。这是秦国国君巡幸秦国的国土，所至于最东端的空前的历史纪录。秦昭襄王在河内下令百姓的爵级都提升一等，年龄在十五岁以上的男子都前往长平集结，又部署军队堵截对于长平赵军兵员和军粮的远方来援。长平被秦军牢牢围定的赵军士卒，绝粮长达四十六天。数十万人经历了空前严峻的生存能力的考验，出现了"内阴相杀食"的惨烈境况。在已经找寻不到出路的情况下，心傲志高的赵括指挥部属拼死出击，被秦军射杀。长平赵军于是向秦军投降。《史记》卷七三《白起王翦列传》记述长平之战的过程，其中写道：

> 至九月，赵卒不得食四十六日，皆内阴相杀食。来攻秦垒，欲出。为四队，四五复之，不能出。其将军赵括出锐卒自搏战，秦军射杀赵括。括军败，卒四十万人降武安君。①

长平被秦军牢牢围定的赵军士卒，绝粮长达"四十六日"。这"四十六日"的悲剧，决定了赵国的军事强势终于落幕，也决定了秦实现统一的大趋势已经没有力量可以改变。

二 秦史的第二个"四十六日"：钜鹿机会

《史记》卷七《项羽本纪》记载了秦末战争中章邯率秦军主力在定陶之战击杀项梁后击赵，楚军长驱相救的史事：

> 王召宋义与计事而大说之，因置以为上将军，项羽为鲁公，为次将，范增为末将，救赵。诸别将皆属宋义，号为卿子冠军。行至安阳，留四十六日不进。项羽曰："吾闻秦军围赵王钜鹿，疾引兵渡河，楚击其外，赵应其内，破秦军必矣。"宋义曰："不然。夫搏牛之虻不可以破虮虱。今秦攻赵，战胜则兵罢，我承其敝；不胜，则我引兵鼓行而西，必举秦矣。故不如先斗秦赵。夫被坚执锐，义不如

---

① 《史记》，中华书局 1959 年 9 月版，第 2335 页。

公；坐而运策，公不如义。"因下令军中曰："猛如虎，很如羊，贪如狼，强不可使者，皆斩之。"乃遣其子宋襄相齐，身送之至无盐，饮酒高会。天寒大雨，士卒冻饥。项羽曰："将戮力而攻秦，久留不行。今岁饥民贫，士卒食芋菽，军无见粮，乃饮酒高会，不引兵渡河因赵食，与赵并力攻秦，乃曰'承其敝'。夫以秦之强，攻新造之赵，其势必举赵。赵举而秦强，何敝之承！且国兵新破，王坐不安席，埽境内而专属于将军，国家安危，在此一举。今不恤士卒而徇其私，非社稷之臣。"项羽晨朝上将军宋义，即其帐中斩宋义头，出令军中曰："宋义与齐谋反楚，楚王阴令羽诛之。"当是时，诸将皆慑服，莫敢枝梧。皆曰："首立楚者，将军家也。今将军诛乱。"乃相与共立羽为假上将军。使人追宋义子，及之齐，杀之。使桓楚报命于怀王。怀王因使项羽为上将军，当阳君、蒲将军皆属项羽。①

斩宋义而急行救赵，是后来破釜沉舟、一以当十，钜鹿一战击灭秦军主力的序幕。也是项羽成就英雄大业的最初的突出表现。而就秦史而言，可以看作又一重大转折的历史标志。宋义指挥的楚军"留四十六日不进"，本来是章邯的机会。也是值得重视的历史事实。

三　秦史的第三个"四十六日"：子婴为秦王

《史记》卷六《秦始皇本纪》记载秦二世统治时期诸多社会矛盾日益激烈，赵高杀秦二世立子婴，随即秦迅速覆亡的过程：

阎乐归报赵高，赵高乃悉召诸大臣公子，告以诛二世之状。曰："秦故王国，始皇君天下，故称帝。今六国复自立，秦地益小，乃以空名为帝，不可。宜为王如故，便。"立二世之兄子公子婴为秦王。以黔首葬二世杜南宜春苑中。令子婴斋，当庙见，受王玺。斋五日，子婴与其子二人谋曰："丞相高杀二世望夷宫，恐群臣诛之，乃详以义立我。我闻赵高乃与楚约，灭秦宗室而王关中。今使我斋见庙，此欲因庙中杀我。我称病不行，丞相必自来，来则杀之。"高使人请子

_____

① 《史记》，第304—305页。

婴数辈,子婴不行,高果自往,曰:"宗庙重事,王奈何不行?"子
婴遂刺杀高于斋宫,三族高家以徇咸阳。子婴为秦王四十六日,楚将
沛公破秦军入武关,遂至霸上,使人约降子婴。子婴即系颈以组,白
马素车,奉天子玺符,降轵道旁。沛公遂入咸阳,封宫室府库,还军
霸上。居月余,诸侯兵至,项籍为从长,杀子婴及秦诸公子宗族。遂
屠咸阳,烧其宫室,虏其子女,收其珍宝货财,诸侯共分之。①

子婴有清醒的政治意识,也有果断的政治举措,然而时势已经不能给他从
容整理秦政的机会,"子婴为秦王四十六日",刘邦即入关。

四　信与疑

我们已经看到,秦史中的这三则仅见于司马迁《史记》记载的故事,
都有"四十六日"的重要情节。这正与《史记》卷二七《天官书》中总
结秦史说到的几个关键性历史事实"秦并吞三晋","项羽救钜鹿","诛
屠咸阳"②大致对应。

班固《汉书》的相关记述,不取司马迁"四十六日"之说。如卷一
上《高帝纪上》、卷三一《项籍传》、卷三四《黥布传》说项羽杀宋义
事,《高帝纪上》、卷二六《天文志》、卷四〇《张良传》、卷九八《元后
传》说子婴降轵道旁事,都不言"四十六日"。这是不是体现了王若虚
《滹南遗老集》卷一五《史记辨惑》所谓"迁记事疏略而剩语甚多,固记
事详备而删削精当"③呢?班固的"删削",似表现出对司马迁"四十六
日"记述不予取信的态度。

对于《史记》记录的秦史中的这三个"四十六日",后来的多数学者
却都信而不疑。甚至曾经遭受"疑所不当疑"④批评的梁玉绳《史记志
疑》一书也没有提出疑问。有就此发表史论者。如杨慎《丹铅余录》卷

---

① 《史记》,第 275 页。

② 《史记》,第 1347、1348 页。

③ (金)王若虚著,胡传志、李定乾校注:《滹南遗老集校注》,辽海出版社 2005 年 11 月
版,第 180 页。

④ 转见贺次君《〈史记志疑〉点校说明》,(清)梁玉绳《史记志疑》,中华书局 1981 年 4
月版,第 2 页。

——写道："计始皇之余分闰位仅十二年，胡亥仅二年，子婴仅四十六日。不啻石火之一敲，电光之一瞥，吹剑之一吷，左蜗之一战，南槐之一梦也。须臾之在亿千，稊米之于大块，实似之，是虽得犹不得也。孔子曰：'虽得之，必失之。'秦之谓矣。"①

一些较著名的史学论著多采用司马迁的记载。杨宽《战国史》关于长平之战取《史记》卷七三《白起王翦列传》"赵卒不得食四十六日"之说，有"赵军被困了四十六天，饥饿乏食……"语。② 林剑鸣《秦史稿》也写道："赵军四十六日无粮，因饥饿以至人相食。"关于宋义安阳停军，也沿用《史记》卷七《项羽本纪》"行至安阳，留四十六日不进"的说法："一直拖延四十六日还不前进。"子婴当政时间，也取《史记》卷六《秦始皇本纪》"子婴为秦王四十六日"之说，写道："刚刚当了四十六日秦王的子婴……"③ 全面采纳《史记》三种"四十六日"记录的研究论著还有田昌五、安作璋主编《秦汉史》④，白寿彝总主编《中国通史》中的先秦秦汉部分⑤等。

《剑桥中国秦汉史》对于子婴降刘邦，采用了"子婴即位后 46 天"的说法。然而对于长平之战，不取"四十六日"之说，而且对于赵军被歼人数的记录表示怀疑，以为"数字不合理"。⑥ 王云度、张文立主编《秦帝国史》叙述长平之战时，亦不言"赵卒不得食四十六日"事，对于宋义、子婴故事，则采用了"四十六日"的说法。⑦ 李开元《复活的历史——秦帝国的崩溃》总结子婴的执政生涯："末代秦王嬴婴，总共在位

---

① （明）杨慎撰，曹家骐校证：《丹铅总录校证》，中华书局 2019 年 8 月版，第 476 页。

② 杨宽：《战国史》（增订本），上海人民出版社 1998 年 3 月版，第 413 页。

③ 林剑鸣：《秦史稿》，上海人民出版社 1981 年 2 月版，第 265、433、436 页。林剑鸣著《秦史》亦信从宋义"行至安阳，留四十六日不进"及"子婴为秦王四十六日"之说。上海人民出版社 1989 年 10 月版，上册第 215、218 页。《新编秦汉史》同。五南图书出版有限公司 1992 年 11 月版，上册第 287、291 页。

④ 田昌五、安作璋主编：《秦汉史》，人民出版社 1993 年 8 月版，第 31、82、85 页。

⑤ 徐喜辰、斯维至、杨钊主编：《中国通史》第 3 卷，上海人民出版社 1994 年 6 月版，上册第 525 页；白寿彝、高敏、安作璋主编：《中国通史》第 4 卷，上海人民出版社 1995 年 11 月版，上册第 268—274 页。

⑥ 卜德：《秦国和秦帝国》，崔瑞德、鲁惟一主编《剑桥中国秦汉史》，杨品泉等译，中国社会科学出版社 1992 年 2 月版，第 101—118 页。

⑦ 王云度、张文立主编：《秦帝国史》，陕西人民教育出版社 1997 年 12 月版，第 257—259 页。

四十六天。"然而就宋义安阳"留四十六日不进"事,却并不简单信从司马迁关于"四十六日"的具体记录,只是写道:"宋义领军停留于安阳期间,是在二世三年十月到十一月之间。隆冬季节,安阳一带大雨连绵,气候寒冷,道路泥泞,楚军的后勤转运受到影响,防雨防寒的服装、粮食、燃料都出现了供应不足。"① 对于其具体的写叙方式似乎还可以讨论,但是不盲目沿用"留四十六日不进"的成说,我们认为是一种清醒的处理方式。钱穆《秦汉史》对于三种"四十六日"之说全然不予取纳②,当然也可能是因为论述不至于具体事件的缘故。

秦始皇焚书,"史官非《秦记》皆烧之"。③ 正如司马迁《史记》卷一五《六国年表》中所说:

> 秦既得意,烧天下《诗》《书》,诸侯史记尤甚,为其有所刺讥也。《诗》《书》所以复见者,多藏人家,而史记独藏周室,以故灭。惜哉!惜哉!独有《秦记》,又不载日月,其文略不具。然战国之权变亦有可颇采者,何必上古。秦取天下多暴,然世异变,成功大。传曰"法后王",何也?以其近己而俗变相类,议卑而易行也。学者牵于所闻,见秦在帝位日浅,不察其终始,因举而笑之,不敢道,此与以耳食无异。悲夫!④

孙德谦《太史公书义法·详近》说:"《秦记》一书,子长必亲睹之,故所作列传,不详于他国,而独详于秦。今观商君鞅后,若张仪、樗里子、甘茂、甘罗、穰侯、白起、范雎、蔡泽、吕不韦、李斯、蒙恬诸人,惟秦为多。迁岂有私于秦哉!据《秦记》为本,此所以传秦人特详乎!"《太史公书义法·综观》还辑录了《史记》卷一五《六国年表》中"有本纪、世家不载,而于《年表》见之者"前后四十四年中凡五十三件史事,以为"此皆秦事之只录于《年表》者"。⑤ 金德建据此推定:"《史记》的

---

① 李开元:《复活的历史——秦王朝的崩溃》,中华书局2007年4月版,第215、160页。
② 钱穆:《秦汉史》,生活·读书·新知三联书店2004年4月版。
③ 《史记》卷六《秦始皇本纪》,第255页。
④ 《史记》,第686页。
⑤ 孙德谦著,吴天宇点校:《太史公书义法》,中国社会科学出版社2020年9月版,第26、70—71页。

《六国年表》纯然是以《秦记》的史料做骨干写成的。秦国的事迹，只见纪于《六国年表》里而不见于别篇，也正可以说明司马迁照录了《秦记》中原有的文字。"① 司马迁痛惜诸侯史记之不存，"独有《秦记》，又不载日月，其文略不具"。② 《秦记》可能除了时间记录不很详尽以及文字"略不具"而外，又存在记录"奇怪"和叙事"不经"的特点。

《太平御览》卷六八〇引挚虞《决疑录要》注说到《秦记》："世祖武皇帝因会问侍臣曰：'旄头之义何谓耶？'侍中彭权对曰：'《秦记》云：国有奇怪，触山截水，无不崩溃，唯畏旄头。故使虎士服之，卫至尊也。'中书令张华言：'有是言而事不经。臣以为壮士之怒，发踊冲冠，义取于此也。'"③ 我们今天已经无法看到《秦记》的原貌，从挚虞《决疑录要》注的这段内容可以推知，这部秦人撰著的史书中，可能确实多有言"奇怪"而语颇"不经"的记载。

《秦记》不免"奇怪""不经"的撰述风格，也可能在一定程度上影响司马迁对于秦史的记录。秦史记录中"四十六日"的重复出现，给人以神秘印象，是否也是这种影响的表现呢？关于长平之战的记录当据《秦记》。宋义事及子婴事很可能是司马迁根据其他资料亲自写述。秦史中的这三次重大事件，竟然都明确以"四十六日"的时间标号相重复，如果说完全是巧合，恐怕难以令人信服。这种叙事特点，或许存在某种较深层的文化背景。

五　宋义"四十六日"及
子婴"四十六日"辨析

司马迁很可能非据《秦记》，亲自记述的两例"四十六日"，还可以讨论其真实性。

宋义率楚军救赵，即将进行与章邯军的决战，然而"行至安阳，留四十六日不进"。后来"乃遣其子宋襄相齐，身送之至无盐"情节，所用

① 金德建：《〈秦记〉考征》，《司马迁所见书考》，上海人民出版社 1963 年 2 月版，第415—423 页。

② 《史记》卷一五《六国年表》，第 686 页。

③ （宋）李昉等撰：《太平御览》，中华书局用上海涵芬楼影印宋本 1960 年 2 月复制重印版，第 3034 页。

时日应当也在这"四十六日"中。对于"安阳"所在,研究者有不同意见。颜师古以为唐相州安阳①,司马贞《索隐》以为唐宋州楚丘西北四十里安阳故城,张守节《正义》写道:"《括地志》云:'安阳县,相州所理县。七国时魏宁新中邑,秦昭王拔魏宁新中,更名安阳。'《张耳传》云章邯军钜鹿南,筑甬道属河,饷王离。项羽数绝邯甬道,王离军乏食。项羽悉引兵渡河,遂破章邯,围钜鹿下。又云渡河湛船,持三日粮。按:从滑州白马津赍三日粮不至邢州,明此渡河,相州漳河也。宋义遣其子襄相齐,送之至无盐,即今郓州之东宿城是也。若依颜监说,在相州安阳,宋义送子不可弃军渡河,南向齐,西南入鲁界,饮酒高会,非入齐之路。义虽知送子曲,由宋州安阳理顺,然向钜鹿甚远,不能数绝章邯甬道及持三日粮至也。均之二理,安阳送子至无盐为长。济河绝甬道,持三日粮,宁有迟留?史家多不委曲说之也。'"②"宁有迟留"的意见值得注意。

按《史记》卷一六《秦楚之际月表》记载,秦二世二年(前208)九月,"章邯破杀项梁于定陶,项羽恐,还军彭城"。后九月,"(楚)拜宋义为上将军"。"怀王封项羽于鲁,为次将,属宋义,北救赵。"关于赵国的记录,则有:"秦军围(赵)歇钜鹿,陈余出收兵。"③ 秦军的动向,即《史记》卷七《项羽本纪》:"章邯已破项梁军,则以为楚地兵不足忧,乃渡河击赵,大破之。当此时,赵歇为王,陈余为将,张耳为相,皆走入钜鹿城。章邯令王离、涉间围钜鹿,章邯军其南,筑甬道而输之粟。陈余为将,将卒数万人而军钜鹿之北,此所谓河北之军也。"随后楚军进行军事部署的调整,有集结彭城的动作:"楚兵已破于定陶,怀王恐,从盱台之彭城,并项羽、吕臣军自将之。以吕臣为司徒,以其父吕青为令尹。以沛公为砀郡长,封为武安侯,将砀郡兵。"④ 而秦军围钜鹿的情报传递到彭城需要时间,如此,则"拜宋义为上将军",率军"救赵",当在后九月稍晚的时候。《史记》卷一六《秦楚之际月表》记载,秦二世三年(前207)十月,"章邯破邯郸,徙其民于河内"。十一月,"(楚)拜(项)籍上将军"。"(项)羽矫杀宋义,将其兵渡河救钜鹿。"⑤ 要知道,项羽

---

① 《汉书》卷三一《项籍传》,中华书局1962年6月版,第1803页。

② 《史记》卷七《项羽本纪》,第306页。

③ 《史记》,第768、769页。

④ 《史记》,第304页。

⑤ 《史记》,第769、770页。

杀宋义的消息上报到彭城，以及楚怀王的命令颁布到军前，即《项羽本纪》所谓"使桓楚报命于怀王，怀王因使项羽为上将军，当阳君、蒲将军皆属项羽"①，也需要时间。

如此，从《秦楚之际月表》看，九月，"章邯破杀项梁于定陶"，十月"章邯破邯郸"，中间有后九月，则章邯的定陶与邯郸的两次行动在前后三个月间。而后九月楚军"北救赵"，十一月"渡河救钜鹿"，其事也在前后三个月间。两军行军方向一致，行程亦大体相近，似乎没有理由说楚军"迟留"。而"留四十六日不进"的说法更为可疑。即使将"后九月，秦军围（赵）歇钜鹿"理解为章邯军已至赵地（据《项羽本纪》，这是王离、涉间的行动②），时间则相差一个月，考虑到楚军出动应在后九月稍晚的日子，以及宋义死事上报和楚怀王"使项羽为上将军"命令的通信往返，楚军在"上将军"宋义指挥下的"迟留"，似乎也不存在长达"四十六日"的可能性。

《史记》卷六《秦始皇本纪》所谓"子婴为秦王四十六日"，泷川资言《史记会注考证》："《李斯传》：'子婴立三月。'"③《秦始皇本纪》："子婴为秦王四十六日，楚将沛公破秦军入武关，遂至霸上，使人约降子婴。子婴即系颈以组，白马素车，奉天子玺符，降轵道旁。"④《史记》卷八七《李斯列传》："子婴立三月，沛公兵从武关入，至咸阳。群臣百官皆畔不适。子婴与妻子自系其颈以组，降轵道旁。"⑤ 同样的历史过程，一说"四十六日"，一说"三月"，司马迁自己记述的矛盾，似乎也动摇

---

① 《史记》卷七《项羽本纪》，第 305 页。

② 邹贤俊的有关论述是明确的。他在白寿彝总主编《中国通史》中"巨鹿之战"一节写道："当时，首先率军进攻赵王歇的，是秦将王离。"他率领的部队，"原是秦始皇时戍守北边长城一线的主力军，是当时最精锐的秦兵劲旅。秦末农民战争爆发后，二世为了镇压农民起义和反秦斗争，命令这支部队急速东渡，经太原（今山西太原西南）、井陉（今河北井陉西北）南下，至信都，大败赵歇，迫使赵歇、张耳等仓皇退至巨鹿（今河北平乡西南）。王离随即团团围住了这座城邑"。"就在王离围巨鹿后不久，即秦二世三年十月，章邯也率二十余万之众北抵赵地。"白寿彝、高敏、安作璋主编：《中国通史》第 4 卷《中古时代·秦汉时期》，上册第 266—267 页。

③ （汉）司马迁撰，[日]泷川资言考证，[日]水泽利忠校补：《史记会注考证附校补》，上海古籍出版社 1986 年 4 月版，第 176 页。

④ 《史记》，第 275 页。

⑤ 《史记》，第 2563 页。

了"四十六日"说的可信度。①

对于秦汉之际与宋义和子婴事迹密切相关的两个"四十六日"，史家在自己的论著中亦各有取舍。兹试举数例（√表示采用此说）：

秦汉史论著	（宋义）行至安阳，留四十六日不进	子婴为秦王四十六日
吕思勉《秦汉史》	√②	
翦伯赞《秦汉史》	√③	
李开元《复活的历史》		√④

也许这种取舍有偶然性或者另外的原因，不足以增益对于本文讨论主题的认识。姑且记录于此，以供有兴趣的研究者参考。

六　秦人传说中的又一例"四十六日"：《东方朔内传》故事

有趣的是，我们还看到另一例"四十六日"的故事。《太平广记》卷五九"梁玉清"条记录了这样的传说：

---

①　据《史记》卷一六《秦楚之际月表》："八月，赵高杀二世。""九月，子婴为王。""十一月，沛公出令三章，秦民大悦。"第773、774页。《史记》卷八《高祖本纪》记载："汉元年十月，沛公兵遂先诸侯至霸上。秦王子婴素车白马，系颈以组，封皇帝玺符节，降轵道旁。诸将或言诛秦王。沛公曰：'始怀王遣我，固以能宽容；且人已服降，又杀之，不祥。'乃以秦王属吏，遂西入咸阳。欲止宫休舍，樊哙、张良谏，乃封秦重宝财物府库，还军霸上。召诸县父老豪桀曰：'父老苦秦苛法久矣，诽谤者族，偶语者弃市。吾与诸侯约，先入关者王之，吾当王关中。与父老约，法三章耳：杀人者死，伤人及盗抵罪。余悉除去秦法。诸吏人皆案堵如故。凡吾所以来，为父老除害，非有所侵暴，无恐！且吾所以还军霸上，待诸侯至而定约束耳。'乃使人与秦吏行县乡邑，告谕之。秦人大喜，争持牛羊酒食献飨军士。"第362页。其事又在"十月"，与《秦楚之际月表》不同。现在看来，"子婴为秦王四十六日"的可能性是存在的。只是司马迁记载的纷乱，使我们无法得到确证。"子婴立三月"之说，有可能是"九月"至"十一月"的概说，也有可能是将《秦楚之际月表》"十二月，（项羽）诛秦王子婴"事以为其"为王"生涯的终结。
②　吕思勉：《秦汉史》，上海古籍出版社1983年2月版，上册第33页。
③　翦伯赞：《秦汉史》，北京大学出版社1983年5月版，第105页。
④　李开元：《复活的历史——秦王朝的崩溃》，第215页。

　　《东方朔内传》云：秦并六国，太白星窃织女侍儿梁玉清、卫承庄逃入卫城少仙洞，四十六日不出。天帝怒，命五岳搜捕焉。太白归位，卫承庄逃焉。梁玉清有子名休。玉清谪于北斗下常春。其子乃配于河伯，骖乘行雨。子休每至少仙洞，耻其母淫奔之所，辄回驭。故此地常少雨焉。出《独异志》①

　　这一故事以"秦并六国"为发生背景，似乎暗示"四十六日不出"的情节与秦史也存在某种联系。《太平广记》称"出《独异志》"。然而我们看到的《独异志》卷上有"东方朔出生""岁星东方朔""东方朔多知""东方朔自责"条，"梁玉清"条则见于卷下《补佚》："《东方朔内传》云：秦并六国，太白星窃织女侍儿梁玉清、卫承庄，逃入卫城少仙洞，四十六日不出。天帝怒，命五岳搜捕焉。太白归位，卫承庄逃焉。梁玉清有子名休，玉清谪于北斗下，常春；其子乃配于河伯，骖乘行雨。子休每至少仙洞，耻其母淫奔之所，辄回驭。故此地常少雨焉。《广记》卷五九《梁玉清》"②

　　所谓"卫城少仙洞"，《天中记》卷二"太白窃织女侍儿"条引《东方朔内传》、《独异志》以及《山堂肆考》卷三"侍儿谪春"条引李元《独异志》均作"衙城小仙洞"。③《汉书》卷二八上《地理志上》"左冯翊"条："衙，莽曰达昌。"颜师古注："即《春秋》所云'秦晋战于彭衙'。"④ 很可能"衙"是正字，事在"衙城"而非"卫城"，"太白星窃织女侍儿梁玉清、卫承庄""淫奔"潜居的地点"少仙洞"或"小仙洞"其实位于秦地。而"太白星"在当时人的天体秩序观念中，位置亦正当西方。⑤

────────────

① （宋）李昉等编：《太平广记》，中华书局 1961 年 9 月版，第 364 页。
② （唐）李冗撰，张永钦、侯志明点校：《独异志》，中华书局 1983 年 6 月版，第 81 页。
③ （明）陈耀文编：《天中记》，《景印文渊阁四库全书》，第 965 册第 61 页。（明）彭大翼：《山堂肆考》，《景印文渊阁四库全书》，第 974 册第 52 页。
④ 《汉书》，第 1545 页。
⑤ 《史记》卷二七《天官书》："秦之疆也，候在太白，占于狼、弧。"张守节《正义》："太白、狼、弧，皆西方之星，故秦占候也。"又说："天库一星，主太白，秦也，在五车中。""西北大星曰天库，主太白，秦也。"《天官占》云：'太白者，西方金之精。……'"第 1346、1304、1323 页。《汉书》卷二一上《律历志上》："金合于太白。"第 985 页。卷二五下《郊祀志下》：王莽奏言："分群神以类相从为五部，兆天墬之别神。"其中，"西方帝少皞白灵蓐收畤及太白星、西宿西宫于西郊兆"。第 1268 页。

　　所谓梁玉清子休"配于河伯骖乘行雨",也使人自然联想到秦人先祖多有御车经历的情形。①

　　而"子休每至少仙洞,耻其母淫奔之所,辄回驭"的态度,或许也可以理解为与秦国贵族妇女生活较为放纵的传统有关。② 与"耻其母淫奔"类似的最典型的史例,是秦王嬴政发现其生母与嫪毐的私情之后的激烈反应。

　　据有的学者的研究,《东方朔传》《东方朔别传》均著于南朝齐。又称"梁前不明朝代者"。③ 也有学者引录两种说法,提示其年代可能在西汉:"清人姚振宗《隋志考证》谓'《史记·滑稽列传》附载褚少孙所补六事,中有东方朔事,与《汉书·朔传》所载互有异同,似即本之《别传》。……然则此《别传》岂犹是前汉所传,为褚少孙、刘子政、班孟坚所见者欤?'今人逯钦立则进一步考证,以为'《东方朔别传》本出西汉。'"逯钦立推测:"即当时所谓'外家传语'者","元、成之际,殆以流传,而为当时一脍炙人口之传记",此书褚少孙、刘向、班固等皆已见之,且'班固《汉书·朔传》即已钞而录之,而钞录之迹,犹可窥见'。"④

　　《独异志》卷上"东方朔出生"条:"张少平妻田氏,少平卒后,累年寡居,忽梦一人自天而下,压其腹,因而怀孕。乃曰:'无夫而孕,人闻弃我也。'居于代,依东方。五月朔旦,生一子,以其居代东方,名曰东方朔。或言岁星精,多能,无不该博。"⑤ 这一信息与《东方朔内传》"四十六日"故事也有曲折关联,附录以为参考。

---

　　① 《史记》卷五《秦本纪》:"费昌当夏桀之时,去夏归商,为汤御。""大廉玄孙曰孟戏、中衍,鸟身人言。帝太戊闻而卜之使御,吉,遂致使御而妻之。""造父以善御幸于周缪王,得骥、温骊、骅骝、騄耳之驷,西巡狩,乐而忘归。徐偃王作乱,造父为缪王御,长驱归周,一日千里以救乱。"第174、175页。

　　② 参看王子今《秦国上层社会礼俗的性别关系考察——以秦史中两位太后的事迹为例》,《秦陵秦俑研究动态》2002年第4期;《秦国女权的演变》,《光明日报》2002年8月20日。

　　③ 魏世民:《魏晋南北朝小说的嬗变》,博士学位论文,华东师范大学,2003年。

　　④ 原注:"逯钦立《汉魏六朝文学论集》,42页。"李江峰:《东方朔简论》,硕士学位论文,西北师范大学,2004年。

　　⑤ (唐)李冗撰,张永钦、侯志明点校:《独异志》,第6页。

七　"四十六日"的神秘象征

"四十六日"在战国秦汉时期人们的时间观念中，或许具有某种特殊的文化象征意义。

《管子·轻重己》："以冬日至始，数四十六日，冬尽而春始。天子东出其国四十六里而坛，服青而絻青搢，玉总带，玉监，朝诸侯卿大夫列士，循于百姓，号曰祭日。""以冬日至始，数九十二日，谓之春至。天子东出其国九十二里而坛。朝诸侯卿大夫列士，循于百姓，号曰祭星。""以春日至始，数四十六日，春尽而夏始。天子服黄而静处，朝诸侯卿大夫列士，循于百姓，发号出令曰：'毋聚大众，毋行大火，毋断大木、诛大臣，毋斩大山，毋戮大衍。灭三大而国有害也。'天子之夏禁也。""以春日至始，数九十二日，谓之夏至，而麦熟。天子祀于太宗，其盛以麦。""以夏日至始，数四十六日，夏尽而秋始，而黍熟。天子祀于太祖，其盛以黍。""以夏日至始，数九十二日，谓之秋至，秋至而禾熟。天子祀于太祕，西出其国百三十八里而坛，服白而絻白，搢玉总，带锡监，吹埙篪之风，凿动金石之音，朝诸侯卿大夫列士，循于百姓，号曰祭月。""以秋日至始，数四十六日，秋尽而冬始。天子服黑絻黑而静处，朝诸侯卿大夫列士，循于百姓，发号出令曰：'毋行大火，毋斩大山，毋塞大水，毋犯天之隆。'天子之冬禁也。""以秋日至始，数九十二日，〔谓之冬至，〕天子北出九十二里而坛，服黑而絻黑，朝诸侯卿大夫列士，号曰发繇。"[①] 所谓"以冬日至始，数四十六日，冬尽而春始"，石一参云："自冬至日夜半子时起顺数，历四十有五日而冬尽，又一日而立春，故合数为四十六日。"[②] 此后"以春日至始，数四十六日，春尽而夏始"，"以夏日至始，数四十六日，夏尽而秋始"，"以秋日至始，数四十六日，秋尽而冬始"，都体现了同样的由盛而终的转换，随后即开始另一周期。

《淮南子·天文》："距日冬至四十六日而立春，阳气冻解，音比南

---

① 黎翔凤撰，梁运华整理：《管子校注》，中华书局 2004 年 6 月版，第 1529、1533、1535、1537—1538、1539、1450 页。

② 马非百：《管子轻重篇新诠》，中华书局 1979 年 12 月版，第 727 页。

吕”；“春分则雷行，音比蕤宾”；“有四十六日而立夏，大风济，音比夹钟”[①]；“有四十六日而夏至，音比黄钟”；“有四十六日而立秋，凉风至，音比夹钟”；“秋分雷戒，蛰虫北乡，音比蕤宾”；“有四十六日而立冬，草木毕死，音比南吕”；“十一月日冬至，鹊始加巢，人气锺首”。[②] 全年有八个“四十六日”的时段。《淮南子·天文》对每一时段的表述是“加十五日……加十五日……加十五日……”实际上是四十五日。这样全年为三百六十日。又《淮南子·本经》：“距日冬至四十六日，天含和而未降，地怀气而未扬，阴阳储与，呼吸浸潭，包裹风俗，斟酌万殊，旁薄众宜，以相呕咐酝酿，而成育群生。”[③] “四十六日”是显示“天道”确定的规律性季候转换的时段，是盛衰转换的过程，也是生死转换的过程。

《灵枢经》卷一一《九宫八风》：“太一常以冬至之日居叶蛰之宫，四十六日；明日居天留，四十六日；明日居仓门，四十六日；明日居阴洛，四十五日；明日居天宫，四十六日；明日居玄委，四十六日；明日居仓果，四十六日；明日居新洛，四十五日；明日复居叶蛰之宫，曰冬至矣。”[④] 计六个四十六日，两个四十五日。这一程式，可以与《管子》与《淮南子》所列季节转换秩序对照理解。《续汉书·祭祀志中》刘昭《注补》引《皇览》曰：“迎礼春、夏、秋、冬之乐，又顺天道，是故距冬至日四十六日，则天子迎春于东堂，距邦八里，堂高八尺，堂陛八等。青税八乘，旗旄尚青，田车载矛，号曰助天生。唱之以角，舞之以羽翟，此迎春之乐也。自春分数四十六日，则天子迎夏于南堂，距邦七里，堂高七尺，堂陛七等。赤税七乘，旗旄尚赤，田车载戟，号曰助天养。唱之以徵，舞之以鼓鞉，此迎夏之乐也。自夏至数四十六日，则天子迎秋于西堂，距邦九里，堂高九尺，堂阶九等。白税九乘，旗旄尚白，田车载兵，号曰助天收。唱之以商，舞之以干戚，此迎秋之乐也。自秋分数四十六日，则天子迎冬于北堂，距邦六里，堂高六尺，堂阶六等。黑税六乘，旗旄尚黑，田车载甲铁鍪，号曰助天诛。唱之以羽，舞之以干戈，此迎冬之

① 《太平御览》卷二三引《淮南子》曰：“春分加四十六日而立夏。”（宋）李昉等撰：《太平御览》，第110页。

② 何宁撰：《淮南子集释》，中华书局1998年10月版，第214、215、216、218页。

③ 何宁撰：《淮南子集释》，第565—566页。

④ 《灵枢经》，人民卫生出版社1956年3月影印版，第126页。

乐也。"① 这段文字，可以帮助我们理解在当时人的"天道"意识中，"四十六日"有着怎样的意义。又《太平御览》卷五二八引《皇览礼》写道："天子迎四节日，天子迎春夏秋冬之乐，又顺天道，是故距冬至日四十六日，则天子迎春于东堂……；自春分四十六日，则天子迎夏于南堂……；夏至四十六日，则天子迎秋于西堂……；自秋分数至四十六日，则天子迎冬于北堂……"② 也反映了"四十六日"在季候转换中的意义。

《续汉书·律历志下》刘昭《注补》引张衡《浑仪》："设一气令十六日者，皆常率四日差少半也。令一气十五日不能半耳，故使中道三日之中差少半也。三气一节，故四十六日而差今三度也。至于差三之时，而五日同率者一，其实节之间不能四十六日也。"③ 当时天文学家的计算，已经告诉我们以"四十六日"作为确定的时间阶段并不准确。但是当时社会对于季节时段的普遍观念，有对"四十六日"意义的认同。

"四十六日"作为时间过程在历史记忆中的涵义，似乎长期有神秘的影响，甚至可以说已经形成了一种特殊的文化符号。明人黄淳耀《陶庵全集》卷三《科举论上》写道："昔黄庭坚在贡院四十六日，九人半取一人。今主司鉴裁之明，或不如古，而以数十人取一人，又程之于数日之中日力无余，故所弃之卷，有不及阅二三场者，有不及阅经义者，有并不及阅书义者。所弃如此，则其所取可知也。"④ 清人蔡世远《二希堂文集》卷一《历代名儒名臣循吏传总序》说："朱子在朝四十六日，进讲奏疏，名臣风烈，万代瞻仰，及观其浙东南康潭州诸治绩，岂两汉循吏所易及乎？"又卷五《默庐记》："文公在朝四十六日，进讲者七，奏疏无虑数万言。"⑤《山堂肆考》卷二五"白鹿"条也有这样的内容："南康府五老峰下有白鹿洞。""宋宁宗即位，召朱熹入朝为相，因忤权臣，在位四十六日而归。遂入白鹿洞著书。"⑥《曾文正公文集》卷三《季弟事恒墓志铭》

① 《后汉书》，中华书局 1965 年 5 月版，第 3182—3183 页。

② （宋）李昉等撰：《太平御览》，第 2396 页。

③ 《后汉书》，第 3076 页。

④ （明）黄淳耀：《陶庵全集》，《景印文渊阁四库全书》，第 1297 册第 662 页。

⑤ （清）蔡世远：《二希堂文集》，《清代诗文集汇编》编纂委员会编《清代诗文集汇编》，上海古籍出版社 2010 年 12 月版，第 250 册第 30、102 页。

⑥ （明）彭大翼：《山堂肆考》，《景印文渊阁四库全书》，第 974 册第 419 页。

写道："兄弟复会师，进薄金陵之雨花台。江东久虐于兵，沴疫繁兴，将士物故相属。弟病亦屡濒于危，定议假归养疾，适以援贼大至，强起，战守四十六日，贼退而疾甚不可复治矣。"①

对所谓"四十六日"这一时间符号进行全面的深刻的文化解读，也许还需要进一步的认真的工作。然而我们从现有的认识出发，将《史记》中说到的秦史中的三个"四十六日"理解为具有时间寓言意义的记录，也许是读《史记》者未可简单否定的一种思路。也许司马迁"四十六日"的记述，似暗示"究天人之际"的史学追求作为潜意识的某种影响。

《朱子语类》卷一三四记录了朱熹这样的评论："班固作《汉书》，不合要添改《史记》字，行文有不识当时意思处。"②《汉书》不取《史记》"四十六日"之说的处理，出发点可能更在于对历史真实的追求。然而司马迁的"当时意思"，却是我们应当认真探求的。③

---

① （清）曾国藩：《曾文正公文集》，《清代诗文集汇编》编纂委员会编《清代诗文集汇编》，第641册第548—549页。

② （宋）黎靖德编，王星贤点校：《朱子语类》，中华书局1986年3月版，第3202页。

③ 王子今：《〈史记〉时间寓言试解读：神秘的"四十六日"》，《人文杂志》2008年第2期。

后 记

自 2018 年起，我承担中国人民大学重大规划项目"秦史与秦文化研究"（项目批准号：18XNLG02），现在仍在进行中。近年从事的以秦史为主题的项目，还有已经结项的国家社会科学基金重大项目"秦统一及其历史意义再研究"（项目编号：14ZDB028）。另外，我主编的"秦史与秦文化研究丛书"第一辑 14 种，也由西北大学出版社于 2021 年推出。其中我撰写的是《秦交通史》（西北大学出版社 2021 年 2 月版）。明确列为中国人民大学重大规划项目"秦史与秦文化研究"成果的有拙著《秦史人物论稿》（中国社会科学出版社 2021 年 7 月版），随后就是这本《秦人的信仰世界》了。

题名《秦人的信仰世界》的这一研究收获，也可以看作我正在进行的 2020 年度国家社科基金中国历史研究院重大研究专项（"兰台学术计划"）"中华文明起源与历史文化研究专题"委托项目"中华文化基因的渊源与演进"（20@ WTC004）的阶段性成果。我隶属的以孙家洲、吕学明为首的科研团队归列于"古文字与中华文明传承发展工程"协同攻关创新平台。本书自然也是这一平台的研究成果。

《秦人的信仰世界》中的内容有些曾经以学术论文的形式发表，收入本书进行了充实和补正。现在回看初刊时间，最早的一篇《秦人屈肢葬仿象"窀卧"说》（《考古》1987 年 12 期）距今已经 34 年。晚近则有《试说秦人出行"结驷连骑"习尚》[《重庆师范大学学报》（社会科学版）2020 年 1 期]、《"大神""威神"祀告：秦军事史的神巫文化色彩》（《社会科学战线》2020 年 8 期）、《略说里耶秦简"祠器""鬗檽车"》（《简牍学研究》第 9 辑，甘肃人民出版社 2020 年 7 月版）、《战国秦汉"盐神"记忆》（《盐业史研究》2020 年 3 期）、《秦都咸阳"冀阙"考》

（《中国古都研究》2020 年 2 辑《古都与交通》，陕西师范大学出版总社2020 年 12 月版）等。2021 年即本书已经开始整理定稿程序时刊发的，则有《论秦始皇陵"水银为海"》[《北京师范大学学报》（社会科学版）2021 年 5 期]等。待刊稿《论"雕鸷之秦"》中的部分内容也收入了本书。

这一情形，除了体现作者学术思考的迟钝以及工作进程的延滞，也说明"秦人的信仰世界"主题之宽衍与内容之纷杂。现在本书收入的 26 篇文字，应当说只是进行了非常初步的工作。不过，诚恳说来，其中点滴心得和片段收获，私心以为如果能够对学界朋友有一点点帮助，则以为幸甚。

"信仰"语汇正史中出现较晚。《清史稿》卷二〇《文宗本纪》："得旨：'江孜、定日汛、马布加各地，均属中道要害，即宜扼守。噶布伦中择其为夷情信仰者，令协同办事，以辅兵力之不及。……'"① 此所谓"信仰"与现今语义不同。又《清史稿》卷四六八《崇绮传》："义和团起，朝贵崇奉者十之七八，而崇绮亦信仰之。"② 时届晚清，"信仰"的意思已经与现代汉语通行语义接近。③"信仰"一语较早使用的实例，《汉语大词典》引书证为："《法苑珠林》卷九四：'生无信仰心，恒被他笑具。'"④ 我们还看到唐人译《大方广佛华严经》卷一四《大方广佛华严经贤首品第十二之一》："一切仙人殊胜行，人天等类同信仰。"⑤《广汉和辞典》"信仰"条即用此书证似乎"信仰"一语起初也是来自佛教文献。⑥ 三民书局《大辞典》没有"信仰"辞条，而"信仰体系"的解说，其实涉及"信仰"的定义："【信仰体系】（belief system）以超经验的态

---

① 《清史稿》，中华书局 1976 年 7 月版，第 737 页。

② 《清史稿》，中华书局 1977 年 8 月版，第 12776 页。

③ 《现代汉语词典》："【信仰】①动对某人或某种主张、主义、宗教极度相信和尊敬，拿来作为自己行动的榜样或指南：～佛教｜～马克思主义。②名相信并奉为准则或指南的某种主张、主义、宗教等：有～｜尊重公民的宗教～。"中国社会科学院语言研究所词典编辑室编：《现代汉语词典》（第 7 版），商务印书馆 2017 年 3 月版，第 1462 页。

④ 汉语大词典编辑委员会、汉语大词典编纂处编纂：《汉语大词典》，汉语大词典出版社1990 年 12 月版，第 1 卷第 1417 页。

⑤ （唐）实叉难陀译：《大方广佛华严经》，上海古籍出版社 1991 年 3 月版，第 71 页。

⑥ ［日］諸橋轍次、鎌田正、米山寅太郎著《廣漢和辭典》："〔八十華嚴經、十四〕人天等類同 信仰。"大修館書店昭和五十六年十一月版，第 198 页。

度去解释人世间所发生的事，或者自然对人世间所发生的影响，这种解释的体系称作信仰体系。"① 如果避开"体系"一语，说"以超经验的态度去解释人世间所发生的事，或者自然对人世间所发生的影响"，这种"以超经验的态度去解释解释"两种现象，一是"人世间所发生的事"，二是"自然对人世间所发生的影响"，以为这就是"信仰"，其实也是一种值得重视的认识。

书名取用"信仰世界"四字，其实只是模糊言之。讨论的内容其实可以归入思想史、意识史。涉及秦人社会礼俗、知识构成、文化理念以及政治权力集团意识形态导向等有关问题，其中诸多现象颇多巫术或说数术色彩。相关历史文化现象，笔者此前虽然有《史记的文化发掘：中国早期史学的人类学探索》（湖北人民出版社 1997 年 10 月版）、《睡虎地秦简〈日书〉甲种疏证》（湖北教育出版社 2003 年 2 月）、《秦汉社会意识研究》（商务印书馆 2012 年 9 月）等拙著有所涉及，但考察都是零星的、局部的，认识都是浅层次的。有朋友曾经以"浅尝辄止"有所批评，是确当中肯的。这本《秦人的信仰世界》也许有些微进步。而其中误读、谬识和浅见，都期望读者有所教正。

书稿的最终完成，注文规范的统一等若干非常繁琐非常劳累的工作，得到中国人民大学国学院邱文杰的大力帮助。谨此致谢。

王子今

2022 年 5 月 4 日

北京大有北里

2022 年 7 月 1 日校后补记

---

① 三民书局大辞典编纂委员会编辑：《大辞典》，三民书局 2000 年版，第 266 页。